Geheimes Israel

Der Norden

Markus Hartmann

Geheimes Israel

Der Norden

Engelsdorfer Verlag
2012

Bibliografische Information der Deutschen Nationalbibliothek:
Die Deutsche Nationalbibliothek verzeichnet diese Publikation in der Deutschen Nationalbibliografie; detaillierte bibliografische Daten sind im Internet über www.dnb.de abrufbar.

ISBN: 978-3-86268-934-7

Umschlag: Markus Hartmann/Sven Glock
Karten: Markus Hartmann, erstellt mit www.stepmap.de
Fotos: Markus Hartmann/Sven Glock
Lektorat: Birgit Rentz, www.fehlerjägerin.de

Internet: www.geheimes-israel.de
E-Mail: info@geheimes-israel.de

Printed in Leipzig, Germany

Anmerkungen zum Buch

In diesem Buch erzähle ich Ihnen von über 160 Sehenswürdigkeiten, die ich auf meiner Couchsurfing-Reise im Dezember 2010 durch Galiläa, die Golanhöhen und das Karmelgebirge besucht habe. Drei dieser Sehenswürdigkeiten hatte ich bereits im September 2010 mit meiner Freundin besichtigt. Diese drei Orte hier einzubeziehen, war notwendig, um dem Buch eine gewisse Vollständigkeit zu geben.

Aus Gründen der Privatsphäre sind im Buch alle Namen von beteiligten Personen geändert. Ich versichere aber, dass sämtliche Personen mir bekannt sind und mit echtem Namen vorliegen. Darüber hinaus entsprechen alle Erzählungen und Erlebnisse der Wahrheit und die Geschichte ist nach bestem Wissen und Gewissen wiedergegeben.

Ortsnamen entsprechen der gebräuchlichen deutschen Schreibweise bzw. der englischen Ausgabe des „Israel Road Atlas" der Firma MAPA Publishers, Tel Aviv.

Aus optischen Gründen sind alle Einheiten im Buch direkt an die Zahl gestellt. Anstelle von „10 m" habe ich somit „10m" geschrieben.

Die abgedruckten Landkarten erheben keinen Anspruch auf absolute Genauigkeit. Aus Gründen der Darstellung sind einige Orte nicht exakt platziert.
In den Landkarten und im Text bedeuten z.B. 400m = 400 Meter über dem Meeresspiegel, also einer Höhenangabe. Dementsprechend bedeutet -209m = 209 Meter unter dem Meeresspiegel.
Angaben mit „Hm" stehen für die Höhendifferenz, z.B. von 400m auf 450m = 50Hm.
Alle Landkarten sind beim Lesen Richtung Norden orientiert.

Begriffe und Abkürzungen

- Ein = Wasserquelle
- El Al = Größte israelische Fluggesellschaft
- Flavius Josephus = Jüdischer Widerstandskämpfer und Geschichtsschreiber, der eigentlich Joseph Ben Mathitjahu ha-Kohen hieß. Nach seiner Gefangennahme durch die Römer wechselte er die Seiten und nannte sich fortan Flavius Josephus. Berühmt wurde er durch seine Bücher über den Jüdischen Krieg gegen Rom.
- Har = Berg oder Gipfel, z.B. Har Meron = Berg von Meron
- Highway = Ich bezeichne alle israelischen Schnellstraßen, die mit einer 1- oder 2-stelligen Zahl nummeriert sind, als Highway. Die 3- und 4-stelligen Straßennummern, z.B. 667, sind Landstraßen oder kleinere Nebenstraßen.
- Hisbollah = Als Terrororganisation eingestufte libanesisch-paramilitärische-schiitische Partei Gottes. Entstanden 1982 aus Splittergruppen, um gegen die israelische Besetzung des südlichen Libanon zu kämpfen.
- Hm = Höhenmeter, km = Kilometer, NP = Nationalpark
- Host = Englisch für „Gastgeber“
- IDF = Israel Defence Force = Israelische Armee
- Jhd.v.Chr. oder Jhd.n.Chr. = Jahrhundert vor Christus oder Jahrhundert nach Christus. Dementsprechend v.Chr. und n.Chr.
- Khan = Altes Gebäude, z.B. eine Karawanserei
- Khirbet = Antike Siedlung mit nur einer oder sehr wenigen Siedlungsschichten, die zeitlich begrenzt besiedelt war.
- Tel = Alte Siedlung bzw. Ausgrabung, die aus mehreren übereinander liegenden Siedlungsschichten besteht, wodurch sich ein Hügel, der sogenannte Tel, entwickelt hat. Große Tels erreichen dabei über 20 Siedlungsschichten, die Hügel bis zu 25m Höhe schufen.

Personen in der Reihenfolge des Erscheinens

Yosef = Mein Sitznachbar auf dem Hinflug, stammt aus Nazareth
Revital = Mein Host in Amirim
Ofra = Mein eigentlicher Host in Amirim
Rachel = Freundin von Revital
Noam = Führer in der Bala'a-Synagoge
Liron = Mein Host in Ya'ara
Yifat = Meine Bekannte bei der israelischen Armee
Levi = Mann von Doron aus Rosh Pina
Doron = Frau von Levi aus Rosh Pina
Almog = Mein Host in Kiryat Shmona, Lebensgefährtin von Shani
Shani = Mein Host in Kiryat Shmona, Lebensgefährtin von Almog
Assaf = Erbauer des prähistorischen Ma'ayan-Barukh-Museums
Neta = Anhalterin in den Golanhöhen
Ibrahim = Restaurant-Chef in Jish
Paulo = Priester aus Ecuador im Domus Galiläa
Yael = Mein Host in Lehavot ha-Baschan
Nici = Amerikanerin im Urlaub
Nicis Oma = Großmutter von Nici, mit der sie durch Israel reist
Timna = Einheimische Bekannte von Nici aus Tiberias
Sharon = Führerin im Moschaw Kinneret
Amon = Führer auf der Friedensinsel
Hadar = Mein Host in Haifa
Chen = Leiter des Eisenbahnmuseums in Haifa
Harun = Christlicher Araber aus Nazareth, studiert in Deutschland
Elias und Martina = Besitzer des „Cactus" in Nazareth
Zipora = Führerin im römischen Aquädukttunnel von Amirim
Uri = Mann von Elena aus Givat Yesha'ayahu
Elena = Frau von Uri aus Givat Yesha'ayahu

Zur Person

Bevor ich Sie mitnehme auf diese Reise, kreuz und quer durch den Norden Israels, möchte ich etwas über mich erzählen. 1978 in Kassel geboren, reiste ich schon immer gerne und erlebte mit meinen Eltern viele Länder Europas. Dies setzte sich auch mit meiner Freundin fort, nachdem ich sie Anfang 2000 kennengelernt hatte.

Gerne würde ich selbst behaupten, ich wäre absolut tolerant, weltoffen und neutral, denn jeder von uns trägt wohl zu viele Einflüsse aus Erziehung, Medien und seinem Umfeld in sich. Dennoch versuche ich es zumindest und lege großen Wert darauf, immer beide Seiten zu betrachten und Falsches aus der Vergangenheit durch neue Erkenntnisse zu ersetzen.

Es wird Sie vielleicht überraschen, aber ich bin nicht sonderlich religiös, denn dies ist für Israel keine Grundvoraussetzung. Ganz im Gegenteil, es kann sogar helfen, Israel entspannter und neutraler zu betrachten.

In meinen Augen darf jeder seine Religion ausleben. Jeder sollte aber auch wiederum Religion oder nicht Religion anderer respektieren. Das gilt insbesondere für das Judentum, das Christentum und den Islam, die ja alle einen gemeinsamen Ursprung durch den Urvater Abraham haben. Nicht umsonst nennt man sie daher auch abrahamitische Religionen.

Erstaunt bin ich daher immer wieder darüber, wie wenig Christen und Muslime überhaupt über das Judentum wissen. Es ist für mich oft erheiternd, gläubige Christen und Muslime anzutreffen, die nicht wissen, dass Jesus Jude und kein Christ war.

Seien wir doch einmal ehrlich zu uns selbst, ohne das Judentum wäre weder das Christentum noch der Islam entstanden. Für mich ist es daher unbegreiflich, warum Juden von Christen und Muslimen verfolgt wurden und werden.

Ich stehe auch zum Staat Israel an sich, dennoch bin ich nicht immer konform mit Israels Politik und Entscheidungen. Es muss auch erlaubt sein, Israel zu kritisieren. Im Gegenzug ist es aber auch für mich erschreckend, wie oft die westlichen und arabischen Medien falsch und einseitig über Israel und den Nahostkonflikt berichten.

Das alles erklärt natürlich noch nicht, wie ich zu Israel gekommen bin. Im Jahr 1999 bot mir die Daimler Chrysler AG während meiner Ausbildung zum Zerspanungsmechaniker eine kostenlose Studienreise nach Israel an. Offen gesagt zögerte ich aber mit einer Zusage.
Nicht aus Angst vor Israel, sondern weil die Reise im März 2000, genau während meiner Prüfungsvorbereitungen, stattfinden sollte. Diese Sorge nahm mir aber mein Ausbildungsmeister und so flog ich mit 20 anderen Azubis von Daimler Chrysler, der Deutschen Bahn und der Deutschen Telekom nach Israel.
Diese 14 Tage wurden die anstrengendsten, aber auch zugleich faszinierendsten meines Lebens. Um es kurz zu fassen, ich verliebte mich in Israel. Zwei Wochen zuvor hatte ich mich in meine Freundin verliebt, mit der ich während meiner Reise fast 200 D-Mark vertelefonierte.
Es dauerte anschließend 3 Jahre, bis ich meine Freundin überzeugen konnte, mit mir gemeinsam nach Israel zu fliegen. In Unkenntnis der damals tobenden 2. Intifada flogen wir im April/Mai 2003 für 11 Tage nach Israel und verbrachten die meiste Zeit am See Genezareth.
Angst hatten wir nie, aber anscheinend viele andere Touristen, denn Israel war wie leer gefegt. Vielleicht gerade deswegen erlebten wir eine wundervolle Zeit in Israel. Aufgrund der kurzen Reisedauer fuhren wir fast 3000km und sogar durch ganz Israel bis nach Eilat.
Meiner Freundin gefiel Israel so gut, dass sie jegliche Bedenken über Bord warf und wir im April/Mai 2004 wieder dorthin flogen, diesmal aber für 13 Tage. Nach fünf Tagen am See Genezareth verließen wir Israel in Richtung Jordanien, folgten dem Königs-Highway gen Süden bis nach Petra und kehrten nach vier Tagen über Akaba am Roten Meer zurück nach Israel.
Mit einem zweiten Reisepass – ohne Israel-Stempel – im Gepäck, flogen wir im Mai 2005 für 14 Tage in den Libanon und verbrachten eine

chaotische, aber auch schöne Zeit zwischen westlichem Lebensstil und Hisbollah.
Unsere 2006 geplante Syrien-Reise mussten wir aus persönlichen Gründen absagen und so flogen wir erst 2007 wieder in den Nahen Osten, diesmal 17 Tage nach Jordanien.
Im Januar 2009 buchten wir zum ersten und letzten Mal eine Pauschalreise nach Israel. Acht Tage Eilat zum Schnäppchenpreis. Den Reiseleiter sahen wir zum ersten Mal beim Heimflug, denn wir hatten Eilat und dem grausigen Hotel gleich am zweiten Tag den Rücken gekehrt und waren durch den Negev bis zum Toten Meer gefahren.
Im September 2009 standen wir schon wieder auf israelischem Boden und verbrachten zwei Wochen in einem Apartment bei Safed.
Wir konnten es natürlich nicht lassen und flogen im September 2010 erneut nach Israel. Diesmal eine Woche in das vorherige Apartment bei Safed und eine Woche in ein neues Apartment 25km vor Jerusalem, wo auch die hier beschriebene Reise ihr Ende finden wird.
Im Mai/Juni 2012 reisten wir für 18 Tage wieder nach Israel. Der Schwerpunkt war Jerusalem und diente als Vorbereitung für den 2. Teil dieses Buches „Geheimes Israel – Der Süden“.

Seit 2006 beschäftige ich mich fast täglich mit Israel und ich begann damit, Reiseführer zu schreiben. Anfang 2010 trat ich in die Deutsch-Israelische Gesellschaft e.V. in Kassel ein, um mich weiter rund um Israel zu engagieren. Im Dezember 2011 startete meine Webseite:

www.geheimes-israel.de

Zukünftig werden auch Jordanien und der Libanon in den Fokus rücken und das Thema Israel geschichtlich, kulturell und politisch ergänzen.

Vorwort

Es ist Ende November 2010 und ich halte wieder eine Jobabsage in den Händen, was gerade mein kleines persönliches Frustrationsfass zum Überlaufen bringt. Mein Maß ist voll und ich kaufe mir aus Trotz – für 264€ – ein El-Al-Flugticket von Frankfurt nach Tel Aviv. Dazu bestelle ich mir online einen Mietwagen, kontaktiere ein paar Couchsurfing-Kontakte in Israel und frage an, ob ich bei ihnen unterkommen kann.
Aber was war bloß mein Beweggrund, mich allein auf ein solches Experiment einzulassen?
Couchsurfing, was übersetzt so viel bedeutet wie kostenlos von einer privaten Couch zur nächsten Couch zu ziehen, um eine Unterkunft zu haben. Dieses Abenteuer steht mir bald für 18 Tage in Israel bevor.
Ist es mein Interesse, einfach noch mehr aus erster Hand zu erfahren und zu sehen, wie Israelis leben? Ja, sicherlich ist das einer der Gründe, aber eigentlich bin ich völlig pleite und nur so kann ich mir die Reise leisten. Meine Erwartungen sind jedenfalls gering, denn ich weiß ja, dass viele Israelis in durchaus einfachen Verhältnissen leben.
Ich werde aber auch keinen Urlaub in Israel verbringen, sondern diese 18 Tage dazu nutzen, an meinem Projekt „Geheimes Israel" zu arbeiten. Über 4 Jahre lang habe ich dafür jede freie Minute investiert. Aus diesem Grund ist der Norden Israels mein Ziel auf meiner Reise, denn ich möchte genau diese Region in meinen Reiseführern weiter bearbeiten.
Meine Freundin ist überrascht von meiner Entscheidung, aber sie trägt es mit Fassung. Dennoch weiß ich genau, dass sie jetzt vor Weihnachten in ihrem Job Stress pur hat und sie ohne mich zu Hause alles selbst organisieren muss.

Um sich einen optischen Eindruck der Sehenswürdigkeiten im Buch zu machen, besuchen Sie meine Bildergalerie unter:

www.geheimes-israel.de/bildergalerie/der-norden

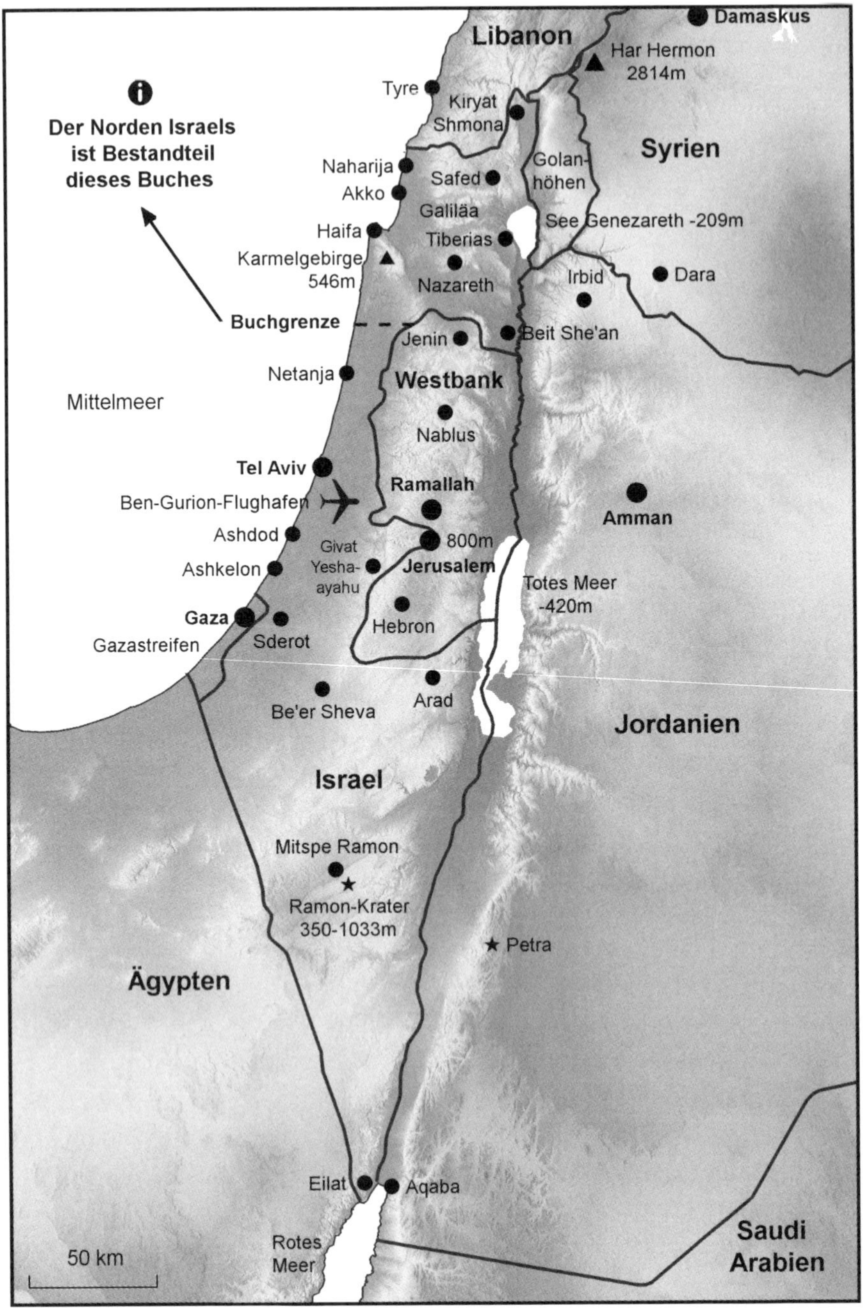

Damaskus
Libanon
Har Hermon
2814m
Tyre
Kiryat
Shmona
Der Norden Israels
ist Bestandteil
dieses Buches
Syrien
Golan-
höhen
Naharija
Safed
Akko
Galiläa
See Genezareth -209m
Haifa
Tiberias
Karmelgebirge
546m
Nazareth
Irbid
Dara
Buchgrenze
Jenin
Beit She'an
Netanja
Westbank
Mittelmeer
Nablus
Tel Aviv
Ramallah
Ben-Gurion-Flughafen
Amman
Ashdod
800m
Givat
Yesha-
ayahu
Jerusalem
Ashkelon
Totes Meer
-420m
Gaza
Hebron
Sderot
Gazastreifen
Arad
Be'er Sheva
Jordanien
Israel
Mitspe Ramon
Ramon-Krater
350-1033m
Petra
Ägypten
Eilat
Aqaba
Rotes
Meer
Saudi
Arabien
50 km

Übersichtskarte des Buches „Der Norden“

Dieses Buch handelt von den Golanhöhen, dem Hula-Tal, dem See Genezareth, dem unteren und oberen Galiläa, dem Jordan- und Kharod-Tal, dem Yizre'el-Tal sowie Teilen des Karmelgebirges.

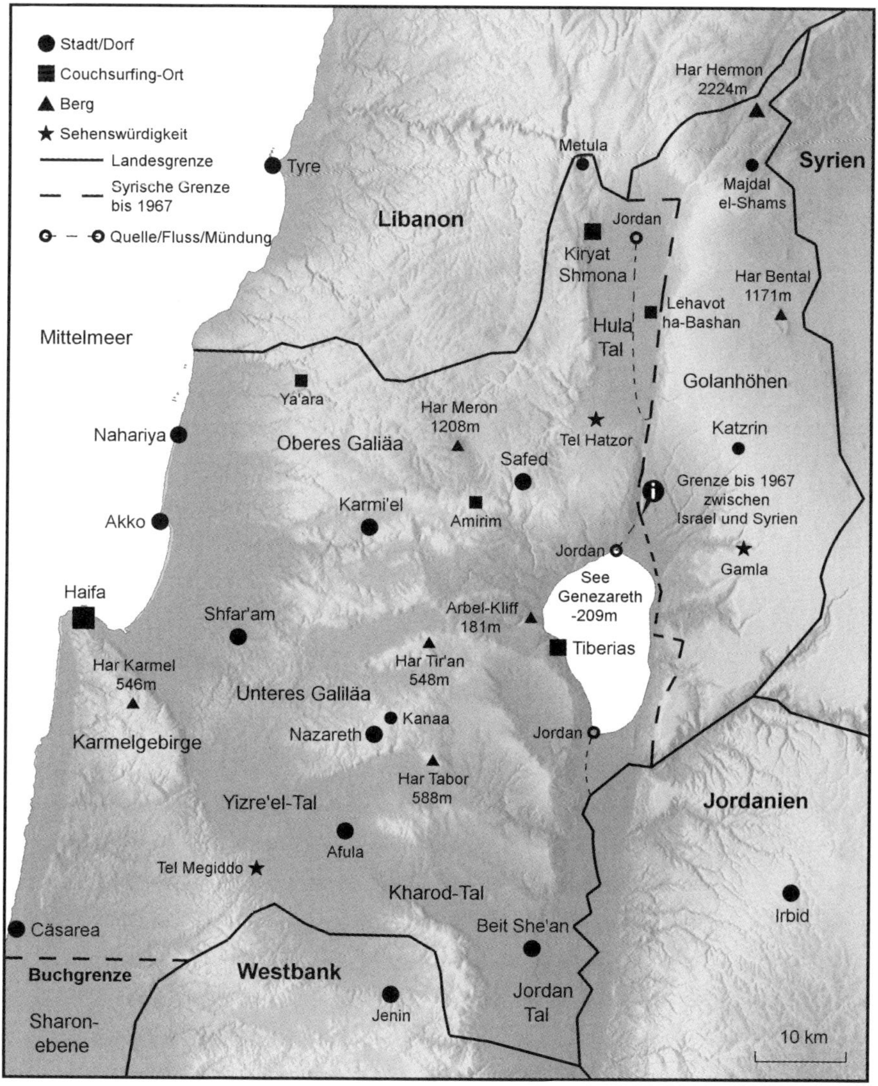

Karte der ottomanischen Hedschasbahn 1900–1914:

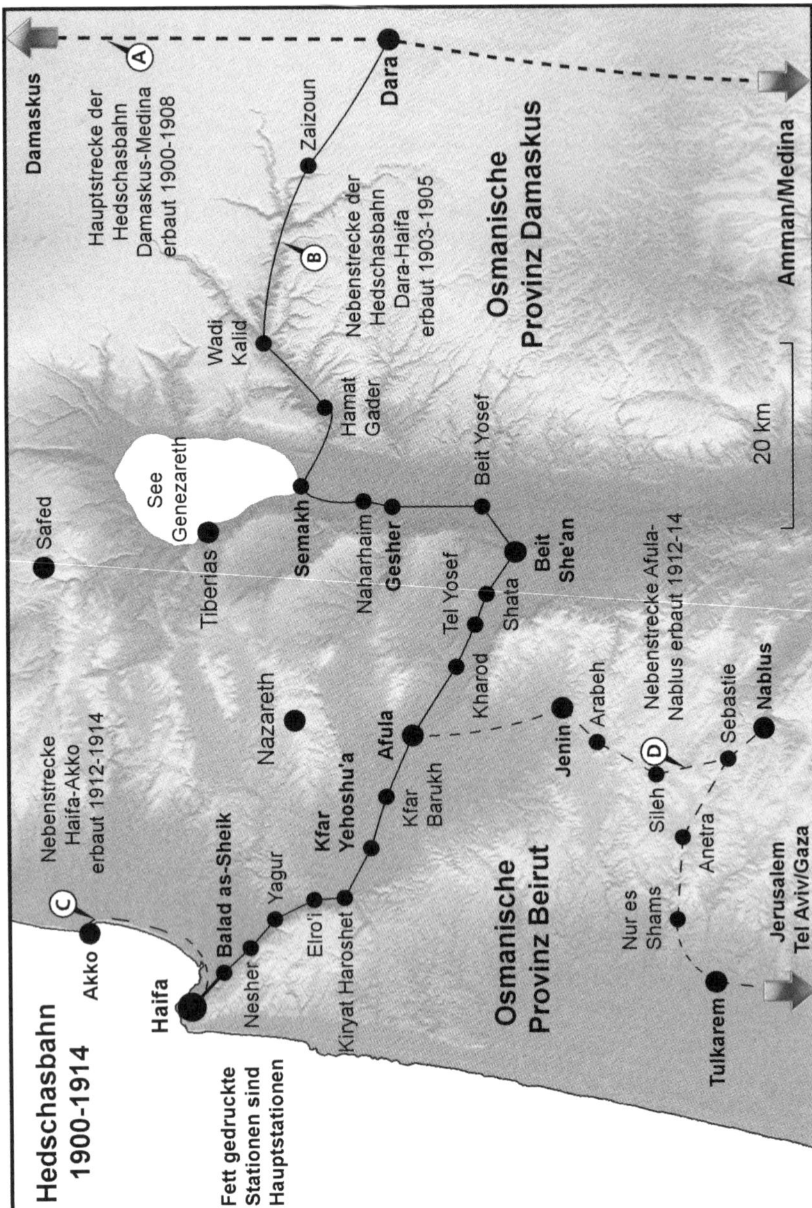

1. Tag – Sonntag, 05.12.2010

Zwei Tage vor der Abreise packe ich meine Sachen. Maximal 23kg im Koffer plus 8kg Handgepäck sind dabei eine echte Herausforderung. Mit Laptop, GPS und Kamera kommen schon 6kg an technischer Ausrüstung zusammen, dazu noch ein Schlafsack und Bergstiefel. Am Ende werden es 33kg Gepäck sein, die mit mir auf die Reise nach Israel gehen.

Flughafen Frankfurt

Mit meinem El-Al-Ticket nebst Gepäck fahre ich gerade von Kassel nach Frankfurt. Ich bin immer noch von meiner Spontaneität überrascht, denn ich fliege in wenigen Stunden zum 7. Mal nach Israel.
In Kelsterbach angekommen, fahre ich in eines der vielen Parkhäuser, wo ich mir vorab den günstigsten Parkplatz auf dem offenen Oberdeck bestellt habe. Aber das Parkhaus ist nicht ganz voll, und als ich dem Mitarbeiter meine Buchung zeige, sagt er zu mir im Türkisch-Frankfurter Dialekt:
»*Ei horsche maa, mach isch dir konkretes Angebot, kannscht du parken, wo du willscht, muscht aber zaggisch ruffzuus fahre!*«
Ich bedanke mich und bekomme – für nur 57€ – einen 18-tägigen überdachten Stellplatz in der 6. Etage. Der im Preis inbegriffene Shuttlebus bringt mich und zwei weitere Passagiere in wenigen Minuten zum Terminal 1 und ich betrete die Abflughalle B.

Mein Blick auf die Anzeigetafel hält keine Überraschung parat und ich habe noch etwas mehr als 2 Stunden bis zum Abflug. So hole ich mir bei Starbucks einen mit Käse und Tomaten belegten Beagle und eine Bionade. Anschließend laufe ich zur Halle C im Terminal 1, denn dort befindet sich seit einigen Jahren der Check-in der El Al.
Im Gegensatz zu früheren Jahren, wo die El Al noch eine extra gesicherte Halle außerhalb des Terminals 1 hatte und man sich die Hacken

ablaufen musste, ist heute das Einchecken genauso bequem wie bei allen anderen Airlines.
Ich bin dennoch überrascht, denn absolut jeder könnte in diese Halle gelangen und einen Anschlag auf wartende Israelis verüben. Der terroristische Anschlag auf die Amerikaner am Frankfurter Flughafen hat anscheinend immer noch keine Konsequenzen nach sich gezogen. In Tel Aviv wäre dies kaum möglich, denn jeder wird bereits beim Betreten des Flughafengeländes überprüft.
Eine Besonderheit gibt es aber immer noch, denn vor dem Check-in wartet die Security der El Al auf den Fluggast. Aus Sicherheitsgründen möchte ich hier keine Details nennen, aber prinzipiell handelt es sich um eine Befragung. Alles läuft dabei ganz freundlich ab und es gibt keinen Grund, sich verrückt zu machen. Am Ende der Befragung halte ich noch ein privates Schwätzchen mit dem Security-Mitarbeiter, um an ein paar Infos für meine Israel-Reiseführer zu gelangen.
Ich gebe meinen Koffer auf und verlasse den Check-in-Bereich Richtung Gate. Durch die Passkontrolle der Bundespolizei geht es für mich zügig zum Duty Free und ich mache einen Fehler.
Mein Blick auf den Wegweiser zum El-Al-Gate war offensichtlich zu flüchtig und anstelle rechts abzubiegen, nehme ich den Gang geradeaus. Ich wundere mich kurz, dass die El Al ihr Gate geändert hat, denke mir aber nichts dabei.

Der Gang ist endlos, aber irgendwann erreiche ich die Sicherheitskontrolle und werde durchsucht. Erst nach der Kontrolle werfe ich einen erneuten Blick auf mein Boardingticket und stelle mit Schrecken fest, dass ich völlig falsch bin.
Na super, denke ich mir, als ob die eigentliche El-Al-Kontrolle nicht schon reichen würde, bin ich gerade freiwillig durch eine zweite Kontrolle gelaufen. Ich bitte einen Beamten der Bundespolizei, mich wieder herauszulassen und er geleitet mich durch eine Sicherheitsschleuse zurück. Jetzt laufe ich ein zweites Mal den endlosen Gang entlang und biege an dessen Ende zum richtigen Gate ab.

Der El-Al-Passagier-Check-in ist eigentlich einfach zu finden, denn man braucht nur nach dem Polizeibeamten mit der Maschinenpistole Ausschau zu halten.
Mich begrüßt dort der gleiche Herr, der mich schon beim Koffer-Check-in befragt hat. Er bittet mich zur „Sonderuntersuchung" in einen extra Raum. Ich habe nichts anderes erwartet, denn als männlicher Alleinreisender gehöre ich zur höchsten Bedrohungskategorie.
Bei der gesonderten Untersuchung werden alle meine Elektrogeräte aus dem Handgepäck auf Sprengstoff untersucht. Eine junge Frau erwartet mich dazu in einem kleinen Nebenraum. Sie ist überaus höflich und wir quatschen die ganze Zeit darüber, wie schön Israel ist.
Sie geht äußerst vorsichtig mit meinen zahlreichen Geräten um und hilft mir, alles wieder einzupacken. Nach einer freundlichen Verabschiedung geht es gleich nebenan zur Personen- und erneuten Handgepäckkontrolle.

Hier gibt es die einzige etwas längere Schlange, aber nach nur wenigen Minuten bin ich dran. Ich packe alle meine mitgeführten Gegenstände zum Röntgen in eine Kiste und werde sehr gründlich abgetastet. Im Gegensatz zum El-Al-Flug vom September 2010 werden aber meine Hoden diesmal nicht einzeln begutachtet.
Geschafft, ich bin in der Abflughalle angekommen und kaufe mir zwei Getränke und den „Stern", in dem es passend zu meiner Reise um das Judentum geht. 20 Minuten muss ich jetzt noch auf das Boarding warten.
Was mir diesmal sofort auffällt: Kein einziger ultraorthodoxer Jude sitzt in der Abflughalle. Vor 3 Tagen begann das jüdische Chanukka-Fest, wo es an einigen Tagen gläubigen Juden verboten ist, eine Flamme zu entzünden, ohne die Düsentriebwerke bekanntlich nicht auskommen.
Kurz darauf beginnt das Boarding und ich nehme am Fenster über dem linken Flügel Platz. Auf dem Rollfeld wartet bereits der kleine Schützenpanzer der Bundespolizei darauf, die El-Al-Maschine bis zum Abheben zu begleiten. Für einen Israel-Reisenden, der das zum ersten Mal

sieht, sicherlich überraschend. Für mich ist der Schützenpanzer mit seinem Maschinengewehr auf dem Dach ein gewohnter Anblick.

Hinflug

Rollend erreicht die El-Al-Boeing die Startbahn West, lässt wenige Sekunden später den Schützenpanzer hinter sich und hebt ab Richtung Tel Aviv. Der Flug ist ruhig und mein Essen mit Hähnchenbrust überaus lecker. Auch das dazu gereichte Hummus – aus Kichererbsen – weckt alte Erinnerungen, wenngleich es auch nicht so gut schmeckt wie selbst gemacht.
Ich nutze die Zeit, meine ersten Tage in Israel zu planen, bis es vier Reihen vor mir zu lautstarken Diskussionen zwischen drei El-Al-Angestellten und einem Paar kommt.
Der Grund bleibt mir vor lauter Ivrit – dem Neuhebräisch – verborgen, aber es dauert 20 Minuten, bis alles geklärt ist und das Paar mit drei anderen Passagieren die Reihen tauscht, was eine weitere halbe Stunde Diskussionen mit den drei anderen Passagieren auslöst und dem Chef des Kabinenpersonals alles an Geschick abverlangt. Wie heißt es so schön im El-Al-Werbetext: „It's not just an airline, it's Israel." Wie wahr, ohne heftige Diskussion gibt kein Israeli so leicht auf.

Neben mir sitzt ein arabischer Israeli, den ich auf 35 Jahre schätze. Nach einiger Zeit kommen wir ins Gespräch und ich erfahre, dass er in Nazareth lebt und Yosef heißt. Dass er christlicher Araber ist, wird durch seine Halskette mit einem Kreuz unterstrichen. Er ist Ingenieur und war im Auftrage seiner Firma aus Tiberias in Deutschland.
Nicht ohne Stolz erzählt er mir, dass seine Firma die erste Handyantenne überhaupt für Motorola erfunden habe und heute viele Hersteller auf der ganzen Welt beliefere. Ich erzähle ihm daraufhin, was mein Anliegen in Israel ist und er interessiert sich sehr dafür. Auf meinem Laptop zeige ich ihm meine Ziele auf dieser Reise und er ist angetan, dass sich jemand aus Deutschland so für Israel interessiert.

Um 19:40 Uhr setzt die Boeing 737-800 der El Al ziemlich ruppig – aber sicher – auf dem Ben-Gurion-Flughafen auf. Ich verabschiede mich von meinem netten Sitznachbarn Yosef, packe meine Sachen und betrete israelischen Boden.
Wussten Sie, dass der Ben-Gurion-Flughafen 2010 zum besten Flughafen Europas gewählt wurde? Hoffe, Sie haben die Pointe verstanden, denn dieser Flughafen liegt ja gar nicht in Europa. Dennoch zu Recht, denn das im November 2004 in Betrieb genommene neue Terminal 3 ist übersichtlich, praktisch und von der Architektur her einfach wunderschön.
Es geht einen Gang entlang und ich erreiche am Ende das Herzstück des Airports, die Abflughalle. Diese ist rund und komplett durch Glas vom Ankunftsbereich im 1. Stock getrennt. In seiner Mitte fällt ein großer Wasserfall durch eine runde Öffnung in der Hallendecke. Am Boden fängt ein Wasserbecken die Fluten auf und sorgt für eine entspannte Atmosphäre.

Selbsterklärend gelange ich zum langen Verbindungsgang, der mich leicht bergab zur Passkontrolle bringt. Hier kommen mir die abfliegenden Passagiere entgegen und am Ende hängen drei beeindruckende alte Mosaike an der Wand.
Ich erreiche die Passkontrolle, an der ich noch nie länger warten musste als 5 Minuten. Die obligatorischen Fragen, was ich in Israel vorhabe und wo ich hingehe, sind natürlich inbegriffen. Mein Antworten entsprechen zwar nicht ganz der Wahrheit, denn der Dame an der Passkontrolle jede meiner Unterkünfte zu erklären, wäre wirklich zu viel des Guten.
Einige Meter weiter wird noch einmal auf den Pass geschaut und ich erreiche die Gepäckausgabe. Das Kofferband meines Fluges läuft schon und binnen kürzester Zeit habe ich meinen Koffer.
Bei der Gepäckausgabe gibt es zwei Geldwechselschalter und ich tausche gleich 600 Euro in 2775 Schekel um. Der Wechselkurs des Schekels liegt somit unter 1:5 und war auch schon mal besser.

Am Zoll vorbei, stehe ich nach wenigen Metern in der Eingangshalle des Flughafens, wo ich mir für 10 Schekel etwas zu trinken kaufe, denn ich muss noch gut zwei Stunden mit dem Auto fahren.

Mietwagen

Leider kam es einige Monate zuvor aus Sicherheitsgründen zu einer Änderung mit den Mietwagen. Anstelle direkt am Terminal den Mietwagen zu mieten, muss ich jetzt den rechten Ausgang in der Ankunftshalle nehmen und auf den Flughafenbus warten. Dieser bringt mich in wenigen Minuten zum ehemaligen Mietwagen-Parkplatz des Ben-Gurion-Flughafens.
Die Fahrt ist unangenehm, denn der Busfahrer nimmt keine Rücksicht auf die Passagiere, und wer keinen Sitzplatz ergattern konnte, der hat Mühe, sich festzuhalten. Gepäck rutscht hin und her und der Bus ist laut und klapprig. Diese unhaltbaren Zustände wurden inzwischen abgestellt und nun hat jeder Autovermieter einen eigenen Shuttleservice. Nach gut 5 Minuten ist der Spuk vorbei und ich stehe vor meinem Autovermieter Eldan. Dieser Anbieter teilt sich das Gelände mit Avis, Sixt/Shlomo, Budget, Hertz und Europcar.

Für 18 Tage zahle ich nur 360€, dafür gibt es wenig Service und einen komischen Renault Stufenheck, den Europa noch nie gesehen hat. Ich packe mein Gepäck in den Wagen und versuche Revital, meinen ersten Host, anzurufen.
Mein Handy geht natürlich mal wieder nicht sofort und ich muss mich manuell in das israelische Netz einwählen. Revital geht beim zweiten Versuch gleich ran und freut sich hörbar über meinen Anruf.
Ich fahre los, die Fußmatten sind schön rutschig, weil der Vermieter sie mit Cockpitspray behandelt hat, eine Unsitte, die im ganzen Nahen Osten anzutreffen ist.
Ständig zwinge ich mich in meinem Kopf, den linken Fuß nicht zu benutzen. Der Mietwagen hat eine Automatik und ich habe 2004 schon

einmal in Israel eine Vollbremsung hingelegt, als ich die nicht vorhandene Kupplung treten wollte.
Obendrein sitze ich total ungewohnt und der Wagen fährt sich sehr weich und indirekt, aber ich fahre, und zwar auf dem Highway 1. Dieser verläuft zwischen Tel Aviv und Jerusalem, bis ich nach nur wenigen Kilometern Richtung Norden auf die 6, den Yitzhak-Rabin-Highway, wechsle.
Ich überlege mir, einen Umweg über Haifa zu fahren, mit dem Hintergedanken, etwas vom Karmel-Waldbrand zu sehen. Meine Vernunft ist aber dann doch stärker als meine Neugier. Wie ich später erfahre, ist das Feuer auch an diesem Tag gelöscht worden.
So fahre ich auf dem Highway nur knapp 70km bis zur 65, die mich gen Osten über Afula Richtung Safed bringt. Ein kurzer Stopp hinter Afula lässt mich in einem Schnellrestaurant meinen Hunger stillen und nach insgesamt 160km erreiche ich endlich das Moschaw Amirim, 5km südwestlich von Safed. Hier wohnt mein erster Host Revital.

Amirim

Das Tor von Amirim ist geschlossen, aber der hilfsbereite Torwächter ruft sofort Revital an und erklärt mir auf der Ortskarte, wo sie wohnt. Ich ahne aber schon, dass Karte und Realität sich nicht unbedingt decken werden. Das äußerst grüne Moschaw ist in den 50er Jahren von Vegetariern gegründet worden und gilt als eines der Pioniere im biologischen Landbau.
Nach gut 1km endet meine Fahrt in einer Sackgasse. Also zurück zum letzten sicheren Punkt und ein neuer Versuch, ich fahre noch mal durch den ganzen Ort, Revital finde ich jedoch nicht. Ich rufe sie erneut an und bitte sie, an der Straße auf mich zu warten. So finde ich sie nach gut 10 Minuten Irrfahrt.
Die Begrüßung ist leicht verhalten, aber trotzdem freundlich. Revital ist mit ihrem Hund gekommen und der tollt mit einem Spielkameraden wie wild um mich herum und fordert meine Aufmerksamkeit.

Zu meiner Überraschung ist Revital in ihrer Wohnung nicht allein, ein etwa 25-jähriger Mann in einer verlotterten Jogginghose und völlig verdrecktem T-Shirt begrüßt mich ebenso freundlich. Er trägt sichtbar und leicht erregt keine Unterwäsche.
Revital ist groß, schlank und ihren Kleidungsstil würde ich als „alternativ" beschreiben. Ihre Wohnung liegt im 2. Stock mit einer riesigen umbauten Terrasse, die sie sich mit dem Nachbarn teilt.
Der Ausblick von hier ist unglaublich, denn ich blicke über weite Teile Galiläas, sehe die Lichter der umliegenden Dörfer und erkenne gut das hell erleuchtete und 18km entfernte Tiberias am See Genezareth.

Revitals Wohnung hingegen ist nicht gerade ein sehenswerter Anblick, es ist furchtbar unordentlich, die Küche steht voll mit dreckigem Geschirr und überall liegt etwas herum.
Mein Zimmer besteht aus zwei Matratzen, einer Ansammlung von Schränken, ihrem Computer und jeder Menge Unrat. Das Bad ist sehenswert dreckig und es ist kaum möglich, sich die Hände zu waschen, da der Schlauch der Waschmaschine um den Wasserhahn gebunden ist und ins Waschbecken abläuft. Mir sticht dabei Revitals Bio-Zahnpasta ins Auge. Sie liegt offen herum und sieht aus wie Handwaschpaste aus der Autowerkstatt.

Ich setze mich mit den beiden in die geräumige Wohnküche. Sie sind total nett und wir sprechen über die verschiedensten Themen wie Couchsurfing, Autos und Israel. Revitals Liebhaber, wie ich inzwischen weiß, liegt dabei auf der Couch und Revital sitzt oder sollte ich besser sagen liegt halb auf ihm, während er ständig an seinem besten Stück herumspielt. Ich bemühe mich wegzuschauen und beschließe, nach einer Dusche endlich ins Bett zu gehen.

Die Matratze ist hart, das Kopfkissen zu flach und ich habe seit Jahren nicht mehr in einem Schlafsack gepennt. Darüber hinaus bin ich auch noch aufgedreht von der Anreise, aber ich will einfach nur schlafen.

Als ich krampfhaft den Punkt kurz vor meinem verdienten Schlaf erreiche, wecken mich Geräusche von nebenan. Die zwei schieben doch ernsthaft eine Nummer im Nebenzimmer und das in voller Lautstärke. Die weiteren Versuche einzuschlafen scheitern, wie zu erwarten war, und erst lange nach Mitternacht bekomme ich nichts mehr mit. Eines weiß ich jetzt jedenfalls, Sex klingt auf Hebräisch wie in jeder anderen Sprache auch.

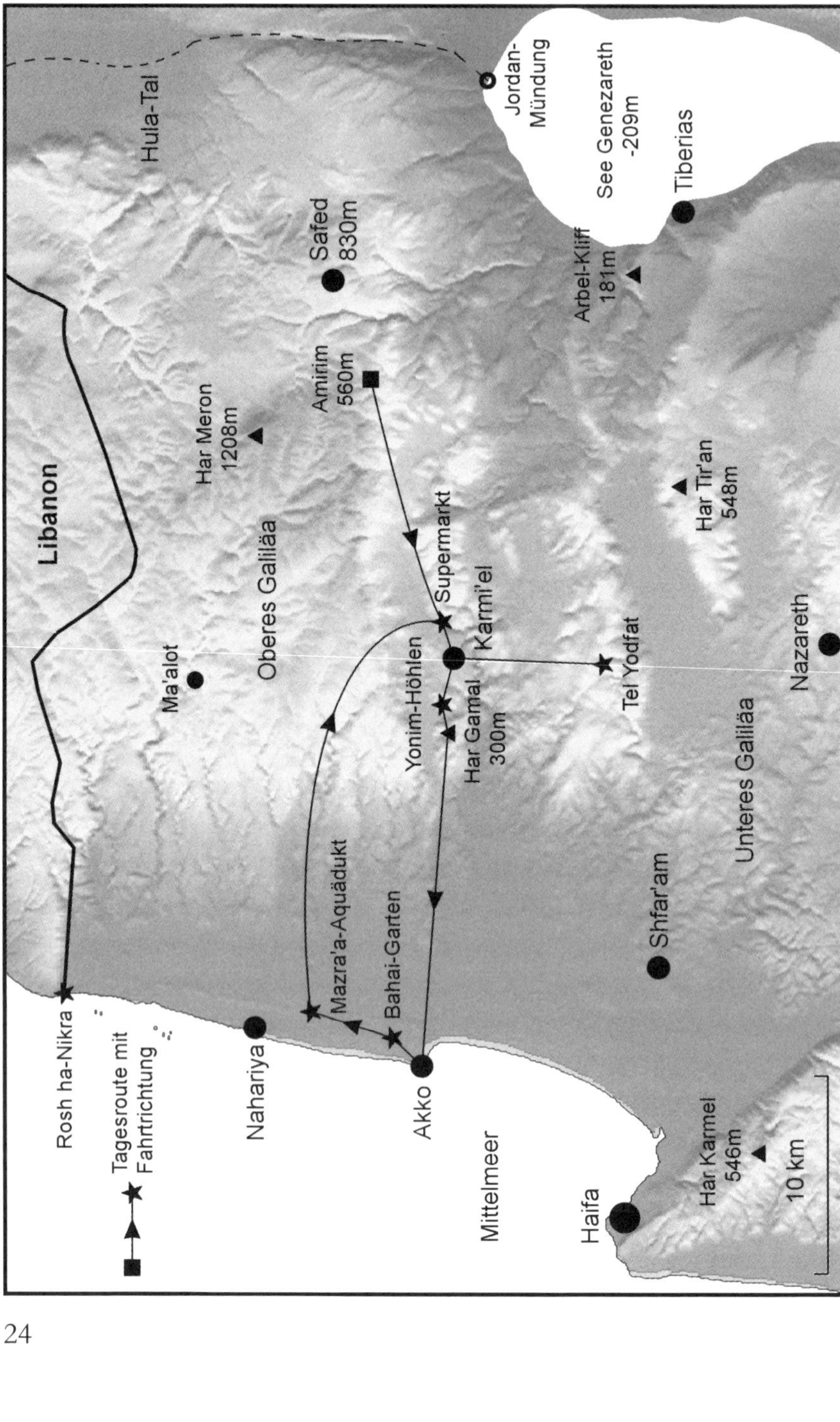
Libanon
Hula-Tal
Jordan-
Mündung
See Genezareth
-209m
Tiberias
Safed
830m
Arbel-Kliff
181m
Amirim
560m
Har Meron
1208m
Har Tir'an
548m
Supermarkt
Karmi'el
Oberes Galiläa
Ma'alot
Yonim-Höhlen
Tel Yodfat
Nazareth
Har Gamal
300m
Unteres Galiläa
Shfar'am
Mazra'a-Aquädukt
Bahai-Garten
Rosh ha-Nikra
Nahariya
Akko
Tagesroute mit
Fahrtrichtung
Mittelmeer
Haifa
Har Karmel
546m
10 km

2. Tag – Montag, 06.12.2010

Amirim

Meine erste Nacht endet um 06:30 Uhr, ich habe kaum geschlafen und bin völlig ausgekühlt. Die Zimmertemperatur ist stark gefallen und mein neu gekaufter Schlafsack ist doch dünner, als ich dachte. Dennoch, es ist mein erster Tag in Israel und ich freue mich auf das, was mich heute und die nächsten Tage erwarten wird.

Revital und ihr Liebhaber sind bereits wach. Als ich die Tür öffne und den Wohnbereich betrete, liegen die zwei knapp bekleidet auf der Couch und tauschen wieder Zärtlichkeiten aus. Als ob die Nacht nicht schon gereicht hätte. Geht das jetzt im gleichen Takt weiter?, frage ich mich.
Beide begrüßen mich überschwänglich und Revital kann sich losreißen und macht mir ein karges, aber leckeres Frühstück aus Weißbrot und frischem Käse. Kurz darauf verabschiedet sich ihr Liebhaber und ich bin auch auf dem Sprung, meinen ersten Tag in Israel zu erleben. Ich habe mir auf jeden Fall vorgenommen, diesen Tag etwas ruhiger angehen zu lassen.

Supermarkt

Damit mein nächstes Frühstück etwas üppiger wird und weil ich etwas Verpflegung für den Tag gut gebrauchen kann, ist mein erster Halt am Highway 85 ein großes Shoppingcenter östlich der Stadt Karmi'el. Nirgends kann man Israelis so natürlich erleben wie im Supermarkt und ich werde nicht enttäuscht.
Der Wachmann mustert mich, aber sein Metalldetektor schlägt nicht an und ich betrete ungehindert den großen Supermarkt. Es gibt praktisch alles, wie auch in einem deutschen Supermarkt, nur sind die Packungsgrößen der meisten Produkte deutlich größer als bei uns.

Nach einer Runde, mit 36 Litern Wasser, 48 Rollen Toilettenpapier, dazu etwas Gebäck und Müsli im Einkaufswagen, rolle ich Richtung Kassen. Das Toilettenpapier kaufe ich einfach mal aus Vorsicht, denn Revital hat nur noch zwei Rollen auf Lager und für jeden Gang zur Toilette geht gut und gerne eine halbe Rolle israelischen Toilettenpapiers drauf.
Ich erreiche die Quengelzone vor einer der offenen Kassen und es herrscht das übliche israelische Chaos im Kassenbereich. Der Einkaufswagen an der ersten Kasse ist verlassen, aber die Ware schon zur Hälfte auf dem Kassenband und so ist der Durchgang blockiert. Ein völlig normales Bild in Israel, weil die Damen noch etwas vergessen haben und bei der Gelegenheit gleich noch eine Handvoll weiterer Artikel einkaufen.

Das kann also dauern und ich versuche es an der zweiten Kasse. Hier diskutiert eine Frau heftig mit der Kassiererin und in der Regel dauert das noch länger als der eigentliche Einkauf, so fahre ich zur Kasse 3. Hier hängt die Kundin am Handy und hat ihren Einkaufsvorgang deswegen unterbrochen, während die Kassiererin ihre Fingernägel manikürt.
Herrlich, denk ich mir, endlich kein Stress mehr wie in einem heimischen Supermarkt, wo ein solches Verhalten wohl zu einem Aufstand führen würde.

Aber es gibt noch eine vierte Kasse und an der wird wirklich zügig kassiert. Eine weitere israelische Eigenart ist das Fehlen von Warentrennstäben für das Kassenband. Wer braucht die auch schon? Man kann die Ware ja auch nachher wieder aufteilen.
Vor mir stehen einige IDF-Soldaten mit israelischen Galil und M16-Schnellfeuergewehren auf dem Rücken, die aber nur Kleinigkeiten eingekauft haben. Die Kassiererin ist freundlich, kann aber kein Wort Englisch. Das spielt jedoch keine Rolle, den Preis kann ich auch so von ihrem Monitor ablesen und zahle die angezeigten 184 Schekel.

Überaus praktisch sind die Automaten, die einem Tüten für den Einkauf zureichen. Zieht man eine Tüte heraus, wird gleich die nächste offene Tüte nachgeschoben. Glauben Sie bloß nicht, dass auch nur ein Israeli einen Einkaufskorb benutzt, hier wird so gut wie alles in Plastiktüten gepackt.

Mein Plan geht auf, denn durch meinen Großeinkauf an Toilettenpapier polstere ich den Kofferraum meines Mietwagens aus und muss mich nicht in jeder Kurve mit polternden Flaschen herumärgern.

Als ich an der Kreuzung stehe und wieder auf die 85 abbiegen will, übersieht mich ein anderer Autofahrer, der ebenfalls links abbiegt. Dummerweise benötigt er dazu die beiden Fahrspuren und ich reiße das Lenkrad herum und lande auf der Verkehrsinsel.
Der andere Fahrer bemerkt nichts davon und ich komme mit einer zerkratzten Radkappe und einer kleinen Delle in der Felge davon. Nur wenige Zentimeter haben für einen echten Blechschaden gefehlt. Ich habe noch nichts gesehen und schon fast den Mietwagen verschrottet, na, das fängt ja gut an.

Karmi'el

Mein erster Besuch einer Sehenswürdigkeit führt mich in die nah gelegene Stadt Karmi'el zum Tel Zagag, wo ich aber außer ein paar Grundmauern nicht mehr viel entdecke. Dafür genieße ich einen blauen Himmel, über den nur wenige Wolkenfetzen huschen, und angenehme 18°C.
Etwas weiter erheben sich unübersehbar einige Wohnblöcke. Sie sehen aus wie ein auf dem Kopf stehendes U. Zu ihren Füßen liegen der Rabin-Park mit den Resten einer alten Kirche aus byzantinischer Zeit und eine Karawanserei. Ich schlendere kurz durch den Park mit seinen kleinen Sportplätzen, wo gerade ein paar Skater unterwegs sind, und erreiche die Reste der alten Kirche.

Einige Mosaike sind noch erhalten und die östlich gelegene Apsis lässt sich gut erkennen. Die Kirche misst gerade einmal 10x10m und nur vier Säulen trugen einst das Dach.
Die dahinterliegenden Reste einer Karawanserei sind ein Schandfleck. Von außen ist der Gewölbetunnel schön begrünt, aber innen total zugemüllt. So stapfe ich über Plastikflaschen, Müllsäcke und ein Bettgestell und verlasse die Karawanserei wieder auf der anderen Seite. Der herumliegende Müll hat sich in Israel zwar stark reduziert, dennoch findet man immer wieder Ecken, wo sich der Müll angesammelt hat, leider auch an historischen Stätten.

Tel Yodfat

Von Karmi'el aus fahre ich südlich zum Tel Yodfat. Im gleichnamigen Kibbuz angekommen frage ich nach dem Weg, denn mehr als ein Schild an der Hauptstraße gibt es nicht. Ich kann zwar den Tel im Süden sehen, aber ich finde einfach keinen Weg durch das umzäunte Kibbuz. So verlasse ich Yodfat wieder und entscheide mich für einen ziemlich schlechten Feldweg, der stetig abwärts und um den Ort herum führt.
Nach gut 500m bekomme ich Sorge, den Wagen zu beschädigen und gehe zu Fuß weiter. Ich laufe ins Tal hinab und sehe jetzt zum ersten Mal den ganzen Tel Yodfat, der sich vor mir erhebt.
Es geht anschließend steil hinauf, bis ich das Plateau des 400m hohen Hügels erreiche. Von hier bietet sich mir ein freier Blick auf das nördlich gelegene Kibbuz Yodfat und die Umgebung.
Erst jetzt erkenne ich die gut ausgebaute Zufahrt zum Tel, die auf der anderen Seite des Kibbuz abgegangen wäre. Was soll's, ich war ja nur kurz davor, mich mit dem Renault festzufahren und mir den Unterboden an Steinen aufzureißen.
Der Tel Yodfat war eine jüdische Siedlung zu Zeiten des 2. Tempels, bis sie von den Römern im 1. Jüdischen Krieg 67n.Chr. erobert wurde. Doch warum ist der Tel Yodfat bis heute so bekannt? Dafür sorgte der jüdische Geschichtsschreiber Josephus Flavius, der zu diesem Zeitpunkt

noch Joseph Ben Mathitjahu ha-Kohen hieß und hier von den Römern gefangen genommen wurde, als die Siedlung fiel. Josephus war zuvor einer der Anführer der jüdischen Revolte gegen Rom gewesen und hatte nach seiner Gefangennahme die Seiten gewechselt.

Seine schriftlichen Werke über den Jüdischen Krieg gegen Rom geben uns heute fundiertes Wissen über die Vorgänge der damaligen Zeit und so wird er uns immer wieder im Buch und Ihnen in Israel über den Weg laufen.
Mein Rundweg um den kargen Hügel bringt mich an Höhlen, Mauerresten und Wasserspeichern vorbei, bis ich an der südlichen Hanglage die alten Siedlungsreste finde.
Besonders das alte jüdische Ritualbad, das sogenannte Mikve, steht hier klar für die ehemaligen jüdischen Bewohner. Einige Stufen führen in das nur gut 1m³ große Becken, das noch heute vom Originalputz überzogen ist.
Über einen Trampelpfad an der Ostseite beende ich meine Runde um den Hügel und kehre zum Auto zurück. Der Rückweg zur Hauptstraße gestaltet sich noch schwieriger, denn bergauf fehlt mir der Grip in dem schroffen Gelände und nur Vollgas bringt mich den steilen Feldweg wieder hinauf.

Yonim-Höhlen

Wieder zurück in Karmi'el fahre ich weiter auf dem Highway 85 in Richtung Mittelmeer, bis der Har Gamal, der „Kamel Berg", auftaucht. Dessen Bergrücken gab dem Berg seinen Namen, denn seine zwei Erhebungen erinnern an einen Kamelrücken.
Ich fahre vor dem Har Gamal von der 85 hinter einer Tankstelle ab und weiter auf einer breiten Teerstraße etwa 2km Richtung Norden. Hier folge ich zu Fuß einem kleinen Pfad, der immer steiler und letztendlich mit etwas Kletterei gut 50Hm hinab ins Tal führt. Dort bringt mich der Pfad zu den drei Yonim-Höhlen.

Diese Höhlen beherbergten in früher Zeit unsere Vorfahren und dienen heute – gutes Wetter vorausgesetzt – vielen Kletterern, die hier nicht nur an der Felswand, sondern auch in den Höhlen ihre Fertigkeiten zur Schau stellen.
In der ersten Höhle wird noch von den Archäologen gegraben, aber die beiden nächsten – gut 100m weiter – sind frei zugänglich.
Etwa 20 Kletterer, darunter viele Kinder, tummeln sich vor den beiden Höhlen und einige hängen in der steilen Felswand. Die meisten schauen mich etwas überrascht an, als ich um die Ecke biege. Selbst zwei, die gerade mitten in der Wand hängen, verharren kurz in ihrer Position. Ich winke und grüße die ganze Gruppe mit einem Shalom. Sogleich kümmert sich kaum noch einer um mich und alle gehen wieder ihrem Sport nach.

Die mittlere Höhle ist zugleich die größte und ich betrete den mit feinem Staub bedeckten Boden, der leicht ansteigt. Die Wände aus weißem Kalkstein sind teilweise rotbraun verfärbt, vermutlich durch eingelagerte Metalle. Mehrere Nebenräume säumen die gut 15m hohe Höhle. An dessen Ende öffnet sich ein Schlot von gut 5m Durchmesser, der nach oben hin offen ist und Sonnenstrahlen in die Höhle fallen lässt.
An seinen Wänden hängen etliche Felsschrauben und Karabiner für die Kletterer, die sich hier teils über Kopf unter der Höhlendecke bewegen. Mehr gibt es nicht zu sehen und ich folge dem Pfad zurück zu meinem Parkplatz.
Oben angekommen bin ich ganz schön aus der Puste. 50Hm im steilen Fels und in der prallen Sonne machen mir im Dezember sehr zu schaffen. Ich muss mich wohl erst ein paar Tage an das israelische Klima gewöhnen, dessen Temperaturen zumeist 15°C über den deutschen liegen.

Zurück an der 85 quere ich diese, denn gleich gegenüber, direkt an der Straße, liegt der Beit-ha-Kerem-Canyon, dessen Wasser ich schon vom

Parkplatz rauschen höre. Der Canyon ist heute nur am oberen Rand begehbar, denn er führt erstaunlich viel Wasser, das vor Dreck und jeder Menge Müll schäumt und nicht besonders appetitlich aussieht. Es wird wohl heftiger Regen nötig sein, um den Dreck wegzuspülen. Mein Gedanke soll schon bald erhört werden und Israel ins Wetterchaos stürzen.

Ich quere die 85 erneut, kaufe mir an der Tankstelle ein paar Gebäckstückchen aus gefülltem Blätterteig und fahre gleich neben der Tankstelle gen Westen in den Akhihud-Wald hinein. Dieser liegt zwischen der 85 und dem Har Gamal und eine Schotterpiste verläuft hier parallel zum Highway. Die Piste wird mich hoffentlich nach gut 6km wieder auf den Highway bringen.
Der Forstweg ist ganz gut befahrbar und geleitet mich konstant hinauf durch den lichten Wald. Am höchsten Punkt erreiche ich einen Feuerwachturm, der sogar mit einem Feuerwächter besetzt ist. Leider hat sich der Beobachter im Turm eingeschlossen und so bleibt mir nichts anderes übrig, als meine Fahrt fortzusetzen.
Interessanterweise riecht es plötzlich wirklich nach Feuer und vom nördlich liegenden Tal steigen Rauchschwaden auf. Einige Meter weiter sehe ich den Grund: Im Tal verbrennt jemand etwas, was sehr nach Autoreifen aussieht und inzwischen auch danach riecht.

Kurz darauf überkommt mich der Zwang, mal hinter einen Busch zu müssen, dem ich mich auch hingebe und am Wegesrand in die Botanik springe. Genau in dem Moment, als ich mich von meinem Druck auf der Blase erleichtere, kommt die Feuerwehr in vollem Tempo den Forstweg entlang gefahren.
Drei Gedanken schwirren mir jetzt durch den Kopf. Erstens: Wie vermeide ich eine peinliche Situation? So schnell, wie sie fahren, schaffe ich es kaum aus dem Wald. Zum Zweiten steht mein Auto im Weg und der dritte Gedanke ist der Schlimmste: Wenn ich jetzt übereilt aus dem Wald stürze, halten sie mich bestimmt für den Brandstifter.

Sie nicht zu behindern, ist jetzt aber erst mal das Wichtigste. Dass ich nicht der Brandstifter bin, wird sich sicher klären lassen, auch wenn im Moment – nach dem Karmel-Feuer – bestimmt alle total nervös sind, was Feuer angeht. Es gab inzwischen auch die ersten Nachahmer, die mit Absicht Feuer legten. Vermutlich auch als neue Terrorwaffe, denn auf das Karmel-Feuer folgten einige gezielt gelegte Brände neben jüdischen Dörfern und Siedlungen.
So breche ich meine Erleichterung mittendrin ab, stürze aus dem Buschwerk und springe ins Auto. Kaum habe ich den Motor angelassen und bin halb in die Böschung gefahren, da prescht auch schon der Tankwagen der Feuerwehr an mir vorbei.
Beide Feuerwehrmänner schauen mich verdutzt an, belassen es aber bei fragenden Blicken. Ich entscheide mich weiterzufahren und an einer anderen Stelle noch mal ins Gebüsch zu springen. Diesmal ist meine Erleichterung erfolgreich, ich verlasse den Wald und erreiche kurz darauf wieder den Highway 85.

Akko

Ich fahre weiter gen Westen bis nach Akko, wo ich noch vor der Altstadt den Tel Akko mit der Figur Napoleons auf einem Pferd erreiche. Ich suche mir einen Parkplatz und laufe los. Plötzlich ruft jemand hinter mir her. Es ist einer der Stadtreiniger, der gerade den Rasen mäht. Ich verstehe nichts, sehe aber das Licht an meinem Mietwagen brennen. Ich bedanke mich mit einer Geste und laufe zurück zum Auto.

Wege durchziehen das gesamte Plateau des Tels und mehrere Aussichtspunkte ermöglichen mir den Blick über Akko bis hinüber nach Haifa mit seinen Hochhäusern auf dem Karmelgebirge. Rauch vom Waldbrand sehe ich nicht, auch keine Löschflugzeuge, das Feuer scheint wirklich gelöscht zu sein.
Etwas weiter blicke ich auf die malerische Altstadt von Akko und erreiche schließlich die aus Blech geschnittene Statue Napoleons. Dieser

hatte im Juli 1798 Alexandria und Kairo erobert, verlor aber seine Seeflotte im Kampf mit dem britischen Admiral Nelson in der Seeschlacht bei Abukir am 01. und 02.08.1798.
Am 19.03.1799 begann Napoleon seine 61-tägige Belagerung von Akko ohne seine so wichtige Flotte. Abgeschnitten von jedem Nachschub stand Napoleon der Stadt Akko gegenüber, die von den Engländern zur Festung ausgebaut worden war. So musste sich Napoleon am Ende geschlagen nach Ägypten zurückziehen. Von dort floh er ohne seine Soldaten zurück nach Frankreich und pries seinen Feldzug als vollen Erfolg an. Akko ist somit die einzige Stadt, die Napoleon während seiner gesamten Feldzüge nicht erobern konnte.

Ich fahre weiter zur Altstadt, nutze meine gute Ortskenntnis und erreiche einen Parkplatz innerhalb der Stadtmauern, etwas abseits der Touristenecke.
Die Altstadt von Akko liegt auf einer Halbinsel und ist auf einer Länge von 1400m von Wasser und 900m von Land umgeben. Anschauen will ich in Akko eigentlich nichts, aber ich muss schon wieder auf die Toilette. Aber erstens kommt es anders und zweitens als man denkt ...
Ich liebe das authentische Flair der arabischen Altstadt in ihren hohen Mauern, aufgebaut auf Jahrtausenden Geschichte. Heute ist die Altstadt von Akko zu Recht Weltkulturerbe und für mich persönlich ist Akko die schönste Stadt in Israel, denn die Gassen und Sehenswürdigkeiten sind gefüllt mit Leben wie vor Jahrhunderten und an jeder Ecke spüre ich die so wechselhafte und langjährige Geschichte der Stadt.
Ich laufe Richtung Leuchtturm und folge einer Rampe, die mich neben der Kirche St. John dem Baptisten auf die südliche Mauer bringt. Der Wind ist stürmisch, aber es ist angenehm warm und ich genieße das heute so raue Mittelmeer, das mit schäumenden Wellen gegen die gut 8m hohe Stadtmauer klatscht. Ich bin kurz unaufmerksam und mich erwischt eine besonders starke Welle, die über die Mauer schwappt. Mir die Wassertropfen aus dem Gesicht wischend und meine Kameralinse polierend laufe ich oben auf der Stadtmauer entlang Richtung Osten.

Bei ruhiger See trifft man hier junge Männer, die von der Stadtmauer springen, dass es so manchem Touristen den Atem stocken lässt. Heute würde man den Sprung über die Mauer aber kaum überleben, so heftig sind die Wellen. Ich gehe weiter bis zum Ende der südlichen Mauer und gelange an zwei Restaurants vorbei über eine Treppe in die engen Gassen von Akko. Dort erleichtere ich mich für 1 Schekel auf einer ekelig anmutenden öffentlichen Toilette. Wäre ich doch lieber in eines der nahen Fischrestaurants gegangen.
Nur wenige Meter weiter erreiche ich eines der beiden Eingangstore zum Khan el-Umdan. Im Torbogen steht ein arabischer Junge mit seiner Saftpresse und einem Karren voller Orangen. Eigentlich unterstütze ich Kinderarbeit grundsätzlich nicht, kaufe mir aber dennoch einen frisch gepressten Orangensaft und betrete, an meinem leckeren Saft nippend, die alte Karawanserei.

Der Khan el-Umdan, was so viel wie „Karawanserei der Säulen" bedeutet, wurde 1784 unter osmanischer Herrschaft erbaut und macht seinem Namen alle Ehre. Der Khan ist im Innenhof von zwei übereinanderliegenden Reihen Säulen umgeben, die in Steinbögen enden.
Als die Karawanen im ausgehenden 19.Jhd. an Bedeutung verloren, nutzen die Anhänger der Bahai-Religion das Gebäude als Versammlungsort und später als Schule. Auffallend ist der erst 1904 erbaute Uhrenturm, der in die Nordseite integriert wurde und unter dem mich ein Tor zum Venedigplatz bringt.
Rechter Hand laufe ich kurz zum kleinen Hafen. Dieser ist aber heute wegen des heftigen Windes nicht gerade gut besucht und so quere ich den Venedigplatz, am Khan el-Umdan vorbei, bis ich den alten Markt mitten in der Altstadt erreiche.

Mein Magen meldet mir unverhohlen, dass er Hunger hat. Und da die Altstadt fest in arabischer Hand ist, kaufe ich mir einen Falafel. Der arabische Imbissbesitzer fragt mich, womit er die Köstlichkeit füllen soll und ich entscheide mich spontan für alles.

Mein erster Falafel auf dieser Reise schmeckt mir vorzüglich, während ich weiter durch die Gassen schlendere, ist aber mit 20 Schekeln auch relativ teuer gewesen.

Falafel sind ähnlich wie Döner, nur dass sie mit gewürzten und frittierten Kichererbsenbällchen gefüllt sind und die Teigtasche aus ungesäuertem Teig ohne Hefe besteht. Dazu gesellen sich praktisch alle Arten von heimischem Gemüse wie Tomaten, Gurken, Rotkraut, aber auch Hummus.

Wenige Meter weiter erstehe ich ein paar Baklava. Die mit Honig getränkten Leckereien möchte ich Revital mitbringen und mich so für ihre Gastfreundschaft bedanken.

Ich gehe weiter den Markt entlang, es riecht nach Gewürzen und Fisch und ich treffe sogar einige ultraorthodoxe Juden, die bei arabischen Händlern einkaufen. Nicht dass dies ungewöhnlich wäre, aber in Akko kam es an Jom Kippur 2010 wieder mal zu heftigen Auseinandersetzungen zwischen meist jungen Juden und Arabern. Heute ist aber alles friedlich und die engen Gassen sind zu meiner Überraschung auch ziemlich leer.

Am Ende des Marktes öffnet sich die Gasse und der Markt setzt sich an einer breiten Straße fort, bis ich vor der Zitadelle mit dem Besucherzentrum von Akko stehe.

Die Zitadelle zeugt bis heute davon, dass Akko von 1104 bis 1291 das Zentrum der Kreuzritter mit dem wichtigsten Hafen der Levante nach Europa war. Ein guter Zeitpunkt, noch etwas mehr über Akkos Geschichte zu erzählen. Diese begann im 3. Jahrtausend v.Chr. und fand die erste schriftliche Erwähnung in ägyptischen Schriften um 1800v.Chr. wie auch in mesopotamischen Schriften.

Die Säulenhalle von Karnak zeigt die Zerstörung Akkos um 1275v.Chr. durch die Ägypter. 1000v.Chr. fiel Akko unter den Einfluss der Phönizier aus dem benachbarten Tyros im heutigen Libanon. Zu diesem Zeitpunkt beschränkte sich die Besiedlung auf den Tel Akko etwa 1km östlich der Altstadt, den ich ja anfangs besucht habe.

Um 700v.Chr. eroberten die Assyrer Akko, aber erst mit der Eroberung des Gebietes durch die Perser ab 539v.Chr. begann Akko zu wachsen und wurde mit dem Persischen Feldzug ab 526v.Chr. zu einem wichtigen Militärstützpunkt. 332v.Chr. unterwarf Alexander der Große Akko, das später durch die Ptolemäer in Ptolemais umbenannt wurde. Die Stadt wurde in dieser Zeit zu einem der wichtigsten Häfen im Mittelmeerraum. Im 5. Syrischen Krieg eroberten die griechischen Seleukiden 198v.Chr. Akko und lösten damit die griechischen Ptolemäer ab.
Mit der Eroberung durch die Römer um 64v.Chr. setzte sich die Blüte Akkos weiter fort und nach der Teilung des Römischen Reiches im Jahre 395n.Chr. gehörte Akko zu Byzanz. Diese Epoche währte nur bis 638n.Chr., als die Araber – in ihrer islamischen Expansion – Akko erfolgreich einnahmen und bis zur Erstürmung durch die Kreuzritter 1104 unter König Balduin I. halten konnten.
Akko wurde fortan nicht nur zum Sitz des Hochmeisters des Deutschen Ritterordens, sondern auch zum wichtigsten Hafen für das Kreuzfahrerheer, denn nur in seinem geschützten Hafenbecken können Güter bei jedem Seegang verladen werden.

Nach der Schlacht bei den Hörnern von Hattin fiel auch Akko 1187 in die Hände von Sultan Saladin. Erst mit dem 3. Kreuzzug und monatelanger Belagerung eroberten die Kreuzritter Akko im Jahre 1191 mit Hilfe von Richard Löwenherz zurück. Akko wurde fortan Hauptstadt des Königreichs Jerusalem, bis Kaiser Friedrich II. Jerusalem 1229 bis 1244 durch Verhandlungen wieder zurückgewinnen konnte.
1291 fiel Akko endgültig an die Mameluken, die damit die Kreuzzüge für immer beendeten. Doch die arabische Herrschaft hielt nur bis 1517, als die Osmanen Akko für sich beanspruchten.
1730 begann der schnelle Aufstieg des Dhaher al-Omar aus Safed, in dem er Tiberias gegen den Willen von Damaskus befestigte. In den folgenden Jahren einte er die verfeindeten Beduinenstämme durch Heirat, half Juden bei der Ansiedlung und pflegte ein gutes Verhältnis zu den Christen in Nazareth. Al-Omar dehnte seinen Machtbereich

immer mehr aus, gewann Haifa und Akko für sich und wurde vom Volk geliebt.
Er erkannte, wie wichtig eine gute Wirtschaft ist, entlastete die Bauern von Steuern und erschloss mit Baumwolle einen neuen Wirtschaftszweig. Bis 1768 wurde al-Omar so mächtig, dass er als Scheich von ganz Galiläa vom Osmanischen Reich akzeptiert wurde, ihnen aber ein Dorn im Auge blieb.
Mit der kurz darauf folgenden Unabhängigkeitserklärung Ägyptens, das von seinem Freund Ali Bey al-Kabir regiert wurde, begann der Niedergang al-Omars. Er stellte sich gegen die vorrückenden Truppen der Osmanen, die Ägypten wieder unter ihre Kontrolle bringen wollten. Daraufhin zerstörten die Osmanen im August 1774 Akko und nahmen al-Omar gefangen, der 1775 bei seinem Fluchtversuch getötet wurde.
Der Gouverneur von Damaskus al-Jazzar-Pascha ließ daraufhin das größtenteils verwüstete Akko Ende des 18. Jahrhunderts wieder aufbauen.

1799 folgte das kurze Intermezzo Akkos mit Napoleon, bis 1869 die Osmanen einen ganz besonderen quasi Gefangenen nach Akko überstellten, den im Exil lebenden Bahá'u'lláh, den Mitbegründer der Bahai-Religion.
Kurz darauf verlor Akko immer mehr von seiner Bedeutung als Handelshafen, denn die neuen Typen von Schiffen konnten den kleinen Hafen nicht mehr ansteuern und wichen nach Haifa aus.
Während des 1. Weltkrieges eroberten die Briten 1918 Akko und beendeten damit die osmanische Herrschaft. Zuletzt wurde die Altstadt von Akko im Jahre 2001 zum UNESCO-Weltkulturerbe erklärt.

Ich betrete die Zitadelle, zahle Eintritt und bekomme einen tragbaren Audioguide sowie ein paar Unterlagen über Akko. Zuerst laufe ich durch das Erdgeschoss der Zitadelle, betrete atemberaubende Säle aus Stein, sehe alte Fundamente, bestaune die nicht gerade private Kreuzrittertoilette und betrete den großen Innenhof. Von hier führt eine ver-

sperrte Treppe in das 1. Stockwerk, das ein Museum beherbergt. Dies besuche ich unwissend noch am Ende meines Akko-Rundgangs.
Am Südende des Innenhofes betrete ich das zweischiffige Refektorium. Auf dessen gewaltigen runden Säulen ruht ein gotisches Kreuzrippengewölbe, das ca. 1100 erbaut wurde und als Mutter aller Kreuzrippengewölbe gilt. Denn diese verbreiteten sich erst um 1130 in Europa.
Von hier führt mich ein geheimer Tunnel aus der Burg heraus, bis ich in einer Gasse stehe. Diese bringt mich am türkischen Basar vorbei bis zum türkischen Bad. Dieses hervorragend renovierte und unter dem Stadtoberhaupt al-Jazzar-Pascha um 1790 erbaute Hammam vermittelt mir Schritt für Schritt die damalige Badekultur.
Ein Video, in dem der Bademeister die Geschichte und Gebräuche erläutert, schließt dabei meine letzten Bildungslücken. Sanfte Nebelschwaden durchziehen die Räume und simulieren die damaligen heißen Dämpfe im Hammam.
Mit mir ist ein älteres israelisches Ehepaar im Hammam und lauscht ebenfalls ihrem Audioguide. Der Mann trägt einen recht alt wirkenden 6-schüssigen Revolver am Gürtel. Für mich ein gewohnter Anblick, wobei dann doch eine Pistole mit zwei zusätzlichen Magazinen zumeist die normale Waffe der Israelis ist, die auch in Zivil bewaffnet sind, auch wenn dies nur eine Minderheit betrifft.
Am Ende werde ich durch einen Shop mit kitschigem Touristenallerlei geleitet und stehe wieder in einer der unzähligen Gassen Akkos.
Ich mache mich auf den Rückweg zur Zitadelle und betrete kurz darauf die ganz Akko überragende al-Jazzar-Moschee mit ihrem so typischen Minarett. Der wunderschöne Hof rund um die Moschee ist gesäumt von Bäumen, Blumen und einem Brunnen. Der gesamte Moscheekomplex wirkt überaus gepflegt. Die 6 Säulen, die den Vorbau der Moschee tragen, stammen aus dem antiken Cäsarea und Tyros.
Ich betrete die Moschee, die zumeist weiß getüncht und mit beigefarbenem bis braunem Marmor abgesetzt ist. Die Wände werden in drei Ebenen von einem blauen Band mit weißer arabischer Schrift gesäumt. Der Teppich hingegen wurde nach meinem letzten Besuch in 2003

ausgewechselt und ist jetzt dunkelrot mit eingewebten Säulendarstellungen, die die Plätze für die Betenden optisch trennen.
Ich verlasse die Moschee wieder und gehe zur Ostseite des Innenhofes. Hier führt eine Treppe in den Untergrund, diese ist leider verschlossen. Doch ich habe bereits im Jahr 2000 das Geheimnis dieser Treppe erfahren. Sie führt etliche Meter tief in die alten Gewölbe der Kreuzritter. Einst befand sich dort, wo heute die Moschee steht, die Kreuzritterkirche. Diese Gewölbe spannen unter dem Moscheegelände gewaltige Hallen auf, die teils unter Wasser stehen und nur über Stege zu belaufen sind. Wegen Einsturzgefahr werden die Gewölbe aber immer wieder geschlossen.

So verlasse ich das Gelände der Moschee, gebe meinen Audioguide in der Kreuzritterfeste wieder ab und laufe Richtung Norden zum mittleren Stadttor. Dort beginne ich den Mauerrundgang, wobei man im Falle Akkos kaum von einer Mauer sprechen kann. Es ist ein Verteidigungsbollwerk, das mit Doppelgraben und 3-fach-Mauern teils über 100m breit ist.
Ich besuche kurz das Ethnographiemuseum, welches in der nordöstlichen Stadtmauer untergebracht ist und bezahle den Damen am Eingang 15 Schekel Eintritt. Das Museum zeigt Einrichtungen des alltäglichen Lebens aus osmanischer Zeit und der ersten jüdischen Einwanderer, wie eine Schmiede und eine alte Apotheke. Dennoch ist das Museum ziemlich langweilig und ich verlasse es nach einigen Minuten wieder.
Ich laufe weiter an Mörsern und Kanonen aus Zeiten Napoleons vorbei und gelange an das Ende der Mauer. Von hier blicke ich herüber zum kleinen Hafen von Akko, sehe den Uhrenturm der Karawanserei, die al-Jazzar-Moschee und die Zitadelle. Auf meinem Rückweg gelange ich durch den inneren Graben und folge den engen Gassen zurück zum Khan el-Umdan.
Wieder an der Karawanserei angekommen, umrunde ich diese und betrete einen etwas versteckten Hinterhof zwischen den Häusern. Hier beginnt der erst 1994 entdeckte ca. 150m lange Kreuzritter-Tunnel. Er

verband die heute nicht mehr existente Burg des Templerordens im Westen – dort wo ich parke – mit dem östlich liegenden Hafen.

Nach einem kleinen Eintrittsgeld steige ich steile Stufen hinab, etliche Meter unter die heutige Stadtebene. Ich erwarte einen engen Tunnel, ähnlich dem der Zitadelle im Norden der Altstadt, doch ich stehe in einem gut 4m breiten und 2,5m hohen Gewölbetunnel aus sauber gehauenen Steinen. Hier konnten bequem drei Ritter nebeneinander laufen und große Truppenverbände ungesehen in beide Richtungen verschoben werden.
Der Boden ist direkt aus dem Fels gehauen und steht teilweise unter Wasser. Vorbei an einem Tunnelabzweig, der noch nicht zur Besichtigung freigegeben ist, führt mich ein breiter Holzsteg zum westlichen Ausgang. Dort gelange ich wieder in die Sonne und zu meiner Überraschung direkt zu meinem Auto. Ich laufe aber an meinem Wagen vorbei zum nordwestlichen Stadttor. Hier befindet sich der Eingang zum Gefängnismuseum.

Als ich das Museum betreten will, führt sich die Security ziemlich arrogant auf. Der Mann verlangt unerwartet meinen Reisepass. Dieser liegt natürlich im Auto. Daraufhin werde ich gefragt, ob ich schon mal im Libanon oder in Syrien war. Was für eine blöde Frage, ja, ich war schon im Libanon, aber das werde ich dem Typ wohl kaum erzählen. Also lüge ich ihm ins Gesicht und verneine seine Frage, ein Ja hätte mich wohl offensichtlich für den Besuch disqualifiziert.
Ein kurzer Blick in meine bedrohliche Fototasche und ich darf nach 15 Schekeln Eintritt doch das Museum betreten. So eine Behandlung habe ich in ganz Israel noch nie erlebt, aber ich schlucke meinen Ärger herunter.
Dieses Museum befindet sich im 1. Stock der alten Kreuzfahrerburg, was ich aber erst jetzt realisiere. Hier wurden die Gefangenen der jüdischen Untergrundarmeen wie Haganah oder Etzel durch die Briten inhaftiert, gefoltert und teils gehängt.

Ich laufe an den alten Zellen vorbei, betrete den Gerichtssaal und schlendere lange vergitterte Gänge entlang. Die harten Haftbedingungen werden deutlich und auch der erfolgreich stattgefundene Ausbruch aus dem Gefängnis mit Hilfe eines Haganah-Angriffs von außen auf das Gefängnis, bei dem viele Insassen befreit wurden, aber auch einige ihr Leben ließen.
Zwischen den Gitterstäben blicke ich hinunter auf das Dach des türkischen Badehauses, das durch seine kleinen Kuppeln mit den eingelassenen runden Glasfenstern nicht zu übersehen ist. Durch sie sollen die schlechten Dinge gen Himmel entweichen und der Badende von Sorgen und Schuld befreit werden.
Ich betrete den großen Exerzierplatz und blicke auf den darunter liegenden Innenhof der Kreuzritterburg, den ich vorhin durchquerte. Auf der anderen Seite betrete ich den Todestrakt mit dem Galgen und es läuft sogar mir etwas eiskalt über den Rücken, als ich neben der Fallklappe am Galgen stehe.
Die jüdischen Untergrundkämpfer kämpften gegen die Briten für die jüdische Unabhängigkeit und beschützten gleichzeitig die jüdische Bevölkerung vor arabischen Übergriffen. Sie setzten den Briten schwer zu, indem sie Anschläge auf Schienen und Militärlager durchführten. Machen wir uns aber nichts vor, einige der Untergrundkämpfer und Organisationen wie Irgun oder Lehi wurden immer radikaler und waren verantwortlich für Terroranschläge gegen Briten und Araber.

Aus der gemäßigten Haganah ging nach 1948 die IDF hervor, während Gruppen wie Irgun (Etzel) und Lehi (Stern) sich der IDF unterordneten oder sich auflösten und ihre Anführer zumeist in die Politik wechselten. Ein wirklich nachdenkenswertes Beispiel ist dabei der damalige Anführer der Irgun, Menachem Begin. Berühmt und berüchtigt wurde Begin am 09.04.1948 durch das „Massaker von Deir Yasin". Dieses arabische Dorf bei Jerusalem eroberte die Irgun und Lehi mit Begin als Kommandeur. Dabei starben ca. 100 arabische Zivilisten im Häuserkampf. Nicht ganz von der Hand zu weisende Gerüchte halten sich bis heute,

dass einige sogar hingerichtet wurden. Begins späteres Zitat spricht Bände:
»Das Massaker von Deir Jassin hatte nicht nur seine Berechtigung, ohne den Sieg von Deir Jassin hätte es auch niemals einen Staat Israel gegeben.«
Er spielte dabei auf die Nakba an, denn durch den Vorfall von Deir Yasin wurden alle Araber schon von Panik erfasst, wenn sich auch nur ein jüdischer Soldat einem ihrer Dörfer näherte. So flohen Hunderttausende in die Nachbarländer und schufen damit das bis heute ungelöste Flüchtlingsproblem im Nahen Osten.
Unter Begins Befehl wurde 1946 das King-David-Hotel in Jerusalem teilweise gesprengt, das als Hauptquartier der Briten diente. 91 Menschen, darunter 17 Juden, kamen dabei ums Leben.
Vermutlich war Begin auch 1952 Drahtzieher der drei an Konrad Adenauer adressierten Briefbomben, die einen deutschen Polizisten töteten. Ziel war es wohl, Deutschland daran zu hindern, Wiedergutmachungsgeld an Israel zu zahlen. Dieses Geld lehnte Begin zutiefst ab, ganz im Gegensatz zu Ben Gurion.
Trotz allem wurde Begin 1977 Ministerpräsident und erhielt 1978 den Friedensnobelpreis für den Frieden mit Ägypten.
Das nenne ich mal einen Wandel, vom Terroristen zum Friedensnobelpreisträger, aber das hat Arafat ja auch geschafft. Dabei blieb Arafat aber zeitlebens ein Terrorist, der am Tag nach der Nobelpreisverleihung im jordanischen Fernsehen die Zerstörung Israels weiterhin proklamierte und seine Terrorkommandos entsandte.
Ich verlasse das Museum über eine Brücke, beende nach gut drei Stunden meinen Akko-Besuch und kehre zum Parkplatz zurück. Nur wenige Kilometer nördlich von Akko biege ich gleich darauf zum Garten der Bahai ab.

Bahai-Garten Akko

Hier verstarb am 29.05.1892 Bahá'u'lláh, den wir uns heute als Jesus- oder Mohammed-Figur vorstellen müssen, denn seine Schriften enthalten die Lehren der Bahai-Religion. 1817 in Teheran geboren, musste er vor Verfolgung im Persischen Reich fliehen. Sein Weg ins Exil brachte ihn für seine letzten 24 Lebensjahre in die Gegend um Akko. Hier stellte ihn die osmanische Regierung unter Hausarrest und ihm wurde nur ein kleiner Bewegungsraum zugesprochen.

Die Bahai-Religion entwickelte sich seitdem zu einer weltweiten Religionsgemeinschaft und ist heute die viertgrößte und offiziell anerkannte Religion Israels. Die Bahai werden heute insbesondere im Iran verfolgt und dort mit dem Tode bedroht.
Der Wächter am Nordtor begrüßt mich freundlich und erklärt mir, wie ich mich im Garten zu verhalten habe. Kurz gesagt, jeder darf rein – was für die Offenheit der Bahai steht –, aber im Garten selbst ist praktisch alles verboten, außer zu atmen.
Heute ist dieser Garten das geistige Zentrum der Bahai, in dessen Mitte der Schrein Bahá'u'lláhs steht. Seitdem beten alle Bahai weltweit in diese Richtung.

Ich laufe über die Wege aus zerbrochenen und rundgelaufenen roten Ziegeln durch eine der gepflegtesten Parkanlagen, die es wohl weltweit geben dürfte. Alles ist perfekt geometrisch angelegt, die Bäume und Sträucher sind akkurat geschnitten und der Rasen ist in 1A-Golfplatzqualität. Kakteenfelder, Tausende Blumen und einige Adlerfiguren säumen meinen Weg zum Grab des Bahá'u'lláh.
Das Grab ist geschlossen, ich kann mich aber vage erinnern, wie es auf meiner Reise im Jahr 2000 aussah. Das Grab liegt in einem kleinen, schmucklosen, weiß gestrichenen Raum und ist lediglich mit vielen Blumen belegt. Ich laufe noch ein wenig durch den wunderschönen Park und kehre zum Auto zurück.
Ich fahre auf den Highway 4 gen Norden, bis rechter Hand das gewaltige osmanische Aquädukt von Akko auftaucht.
Die Steinbögen entspringen einer Plantage und die inzwischen teils schiefen Pfeiler spannen sich 250m lang über die Ebene und enden am

„Haus der Ghettokämpfer“. Das Holocaust-Museum ist bereits geschlossen. Also fahre ich vorbei und hebe mir dessen Besuch für später auf.
Gleich darauf läuft das Aquädukt weiter parallel zur 4, direkt am Kibbuz Lokhamei ha-Getaot entlang. Ich folge dem nur gut 2m hohen Aquädukt auf einem Feldweg, bis es sich nach 600m im Ackerboden verliert.

Mazra’a-Aquädukt

Zwei Kilometer nördlich erreiche ich den kleinen arabisch geprägten Ort Mazra'a. Hier taucht wieder das zuvor verschwundene Aquädukt auf, das sich mitten im Ort über das kleine Tal spannt. Gut die Hälfte der hohen Pfeiler zeugen bis heute von der ehemaligen Größe des Aquäduktes. Auf der anderen Seite verliert es sich zwischen den Häusern und verschwindet endgültig.
Mehr kann ich vom alten Aquädukt nicht entdecken, da es nicht mehr erhalten ist. Ich weiß nur, dass es kurz darauf die Richtung nach Osten wechselt und zu den Hügeln im Bereich des Highway 89 östlich von Nahariya verläuft.

Der 89 folge ich jetzt auch Richtung Osten zurück nach Amirim. Ich biege zwischenzeitlich – über Nebenstraßen – südlich nach Karmi'el ab, wo ich wieder zu dem Supermarkt vom Morgen fahre. Diesmal betrete ich aber das Einkaufscenter gegenüber, wo ich, nachdem ich mit einem Metalldetektor abgetastet wurde, das dortige McDonald’s aufsuche. Ich fülle meinen hungrigen Magen, bevor ich in der Dunkelheit wieder nach Amirim fahre.

Amirim

Diesmal ist das Tor von Amirim noch offen, aber ich verfahre mich schon wieder. Alle Straßen sehen hier einfach gleich aus. Erst im dritten Anlauf finde ich Revitals Wohnung wieder. Mein Host ist allein zu Hause

und begrüßt mich freundlich. Sie fragt, was ich an diesem Tag erlebt habe und freut sich sehr über mein mitgebrachtes Baklava aus Akko.
Wir reden noch ein bisschen miteinander, während sie sich im Chaos der Küche um etwas Ordnung bemüht. Ich bin aber so müde, dass ich mich noch kurz an meinen Laptop setze und anschließend den Tag mit einer Dusche beende. Dann quäle ich mich wieder in meinen Schlafsack. Es ist kalt geworden und ich friere schon beim Einschlafen.

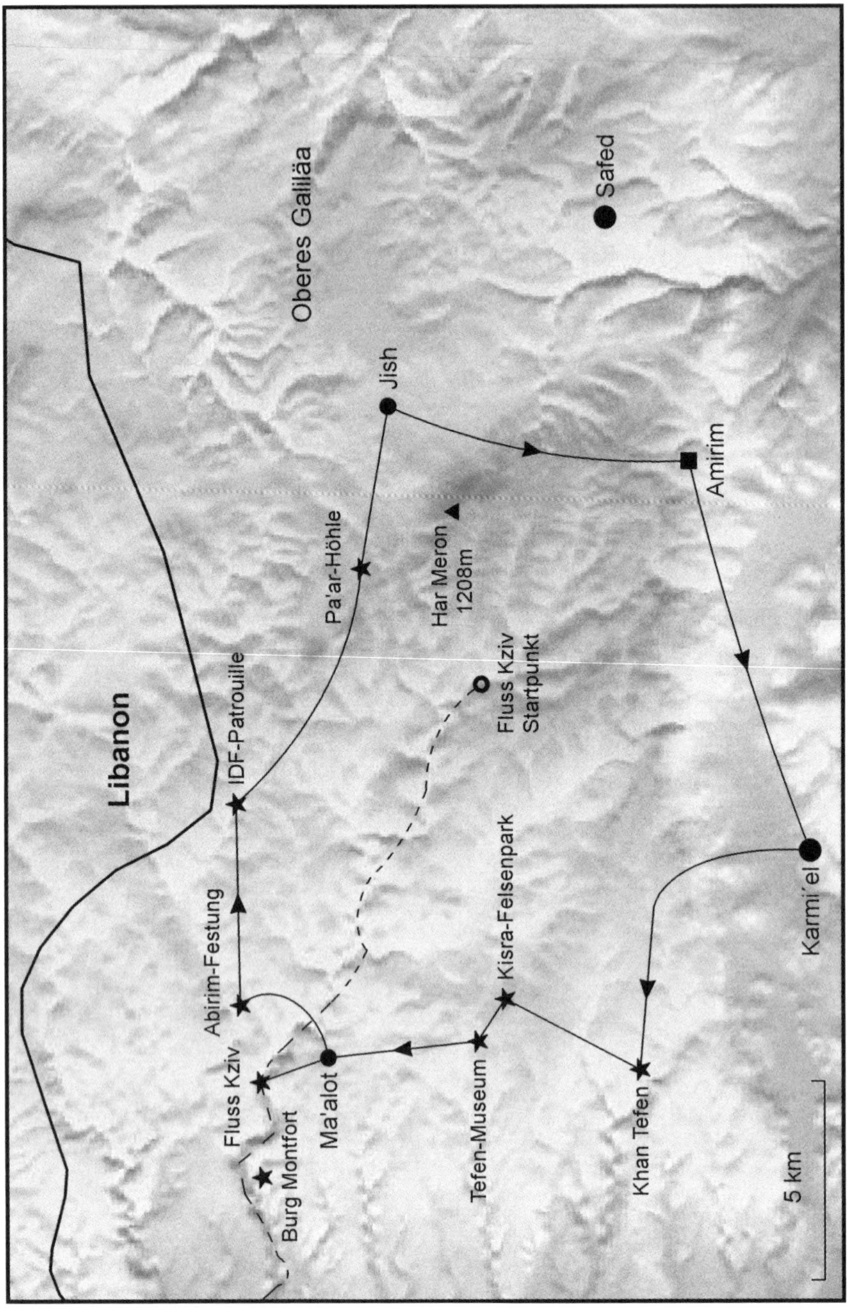
Libanon
Oberes Galiläa
Safed
Jish
Amirim
Pa'ar-Höhle
Har Meron
1208m
IDF-Patrouille
Fluss Kziv
Startpunkt
Karmi'el
Kisra-Felsenpark
Abirim-Festung
Fluss Kziv
Ma'alot
Tefen-Museum
Khan Tefen
Burg Montfort
5 km

3. Tag – Dienstag, 07.12.2010

Amirim

Revital ist schon wach, als ich in meinem eiskalten, feuchten Schlafsack aufwache und mich aus ihm herausschäle. Wenigstens sind meine Klamotten trocken, wenn auch genauso kalt wie das ganze Zimmer. Als ich nach draußen blicke, überrascht mich der Morgen mit nächtlichem Regen und dunklen Wolken am Himmel.

Ich betrete die Wohnküche, in der Revital schon herumwuselt und mich mit einem freundlichen „Boker Tov“, dem israelischen „Guten Morgen“, begrüßt. Sie bereitet gerade für Gäste einiger Apartments im Ort Frühstück zu, damit verdient sie im Moment ihr Geld. Dabei tappe ich in eine Falle, als ich unbewusst eine Keramikschale greife, um sie mit Milch für meine Cerealien zu füllen.

Plötzlich hält mich Revital zurück, denn ich habe – ohne es zu wissen – das koschere Geschirr für Fleisch aus dem Gästeschrank genommen. Dieses Geschirr darf nicht mit Milch in Berührung kommen, um die Koscher-Gebote einzuhalten. Ich finde das zwar in dieser Situation übertrieben, denn nie könnte danach ein Gast feststellen, dass ich da mal Milch drin hatte, aber ich respektiere Revitals Ordnung natürlich und nehme mir eine andere Schale.

Mein Frühstück fällt heute etwas üppiger aus, denn neben dem leckeren Müsli gönne ich mir einen Apfel und Toast mit Wurst.

Revital gibt sich wirklich alle Mühe, die Frühstücksbestellungen zu bearbeiten. Als Tourist, der sich ein Frühstück in sein Apartment hätte kommen lassen, wäre ich damit sehr zufrieden gewesen. Dennoch stellt sich Skepsis bei mir ein, denn Revital hat in den zwei Tagen gerade mal drei Bestellungen gehabt. Wenn ich die Nebenkosten für Wareneinkauf und Energie kalkuliere, dann hat sie vielleicht 20€ verdient.

Mehr als 300€ werden so im Monat kaum zusammenkommen, wie sie selbst auch durchblicken lässt und andeutet, dass sie davon eigentlich nicht leben kann. Nach etwa 20 Minuten packe ich meine Sachen und wünsche Revital einen schönen Tag.

Khan Tefen

Ich fahre wieder auf der 85 gen Westen, biege diesmal aber bei Karmi'el auf die 854 nach Norden ab und steuere in Richtung Tefen-Industriegebiet. Ich bin auf der Suche nach einer alten Festung, dem Khan Tefen. Das Wetter ist unangenehm kühl und windig mit tief hängenden Wolken. Meine Sicht beschränkt sich stellenweise auf nur einige Hundert Meter.
Ich parke unterhalb eines Bergrückens und oben sehe ich schon die Reste der alten Tefen-Festung. Meine Entscheidung steht aber trotz des Wetters fest, ich ziehe meine Bergstiefel an und erklimme die alte Feste ca. 30Hm über mir.
Es ist unglaublich matschig, die Erde klebt wie Beton an meinen Schuhen und die Steine sind rutschig wie Schmierseife. Spätestens alle 50m muss ich die Erde von den Schuhen abtreten, sonst komme ich nicht mehr weiter. Ich schliddere mehr, als dass ich laufe, und muss aufpassen, nicht am Hang abzurutschen. Ich darf gar nicht darüber nachdenken, wie der Abstieg wird.
Oben angekommen betrete ich die Feste durch ein altes Steintor und folge der Außenmauer, um das Plateau einmal zu umrunden. Die Steine liegen quer durcheinandergewürfelt und sind wie zu erwarten rutschig wie Eis. Ich nehme kaum etwas von meiner Umgebung wahr, weil ich eigentlich nur aufpasse, nicht hinzufallen.
In der Mitte des Plateaus erreiche ich die innere Festung. Mit ihren großen Steinblöcken zeugt sie bis heute von der damaligen Stärke, auch wenn sie mit guten 10x10m nicht gerade groß ist. Wer diese Festungsanlage gebaut hat, bleibt mir aber schleierhaft.
Wie ich auf dem Rückweg den steilen Hang hinunter gelange, ohne auf den Hintern zu fallen, kann ich gar nicht sagen. Ich habe wohl einfach Glück.

Kisra-Felsenpark

Bevor ich zum nächsten Ziel fahre, kratze ich den Schlamm von meinen Schuhen und versuche sie im Auto zu verstauen, ohne das Interieur in ein zartes Braun zu tauchen. Es geht weiter gen Norden und ich mache einen Abstecher zur Kisra-Siedlung. Am Rande dieses Neubaugebietes liegt ein ziemlich unbekannter Park mit sehenswerten Felsformationen. Ein gut ausgebauter Weg führt mich durch einen lichten Wald unterhalb der Straße. Im ganzen Park verstreut liegen Felsen und Felswände, die aussehen wie geschichtete Fleischspieße. Schicht um Schicht haben sich hier vor Millionen von Jahren Ablagerungen zu festem Stein verwandelt und diese bizarren Felsen entstehen lassen.
Ich schlendere den Weg entlang, der immer wieder in Wald übergeht, um zu weiteren Felsen und Felswänden zu führen. Nach einigen Hundert Metern führt der Weg zurück zum Parkplatz.

Tefen-Museum

Etwas östlich von Kisra liegt das Tefen-Industriegebiet, wo ich mich beim Wachschutz anmelde, um auf das Industriegelände zu gelangen. Hier liegt das weitläufige Tefen-Museum. Dieses Museum teilt sich seine Fläche mit hochentwickelter Hightech-Industrie wie z.B. dem Speicherkarten-Hersteller SanDisk.
Gleich nebenan liegen die Produktionshallen der Firma ISCAR, einem der größten Unternehmen Israels mit seiner Produktion von Schneidstoffen für die Metallzerspanung.

ISCAR ist eine israelische Erfolgsgeschichte durch und durch. Dessen Gründer Stef Wertheimer floh mit seiner Familie 1937 aus dem badischen Kippenheim vor der Verfolgung im Deutschen Reich. Zuerst in Tel Aviv lebend, gründete er 1952 in Nahariya das Unternehmen ISCAR. Durch ständiges Wachstum entwickelte Stef Wertheimer 1982 den Tefen-Industriepark und siedelte ISCAR dorthin um. Der Tefen-

Industriepark war zugleich ein Modell für die Koexistenz zwischen Juden und Arabern. Nicht zuletzt prägte Wertheimer die Worte:
»Wenn Menschen zusammenarbeiten, dann haben sie keine Zeit für Unfug und sind nachts zu müde, um Terroristen zu sein.«
Wertheimer stand sogar kurz vor dem Bau eines fünften Industrieparks, diesmal im Gazastreifen, bis ihm 2001 die 2. Intifada einen Strich durch die Rechnung machte.
Heute gehört ISCAR innerhalb der IMC-Gruppe zum amerikanischen Konzern Berkshire Hathaway, der unter Warren Buffett 80% des Konzerns für 4 Mrd. US-$ kaufte. Noch nie hatte Warren Buffet zuvor eine Nicht-US-Firma gekauft und schloss damit den größten Deal der israelischen Wirtschaftsgeschichte ab.

Das Tefen-Museum an sich beherbergt auf dem gesamten Gelände verstreute Kunstobjekte, ein Automuseum, eine Kunstgalerie, ein Industriemuseum mit alten Maschinen und das Museum der deutschsprachigen Juden. Die Kunstgalerie ist mir einen Tick zu extrovertiert und unverständlich, so betrete ich das angrenzende Automuseum.
Hier werden Fahrzeuge aus allen Epochen ausgestellt, darunter auch ein paar deutsche Fahrzeuge wie ein 1937 Ford Eifel oder drei Porsche-Modelle. Auch das einzige israelische Auto – der 1964er Sabra Sport – ist hier zu sehen. Viel sehenswerter finde ich aber die alten Ami-Schlitten wie Mustang oder Firebird.

Auf der anderen Seite des Tefen-Museums, vorbei an mehreren Skulpturen, erreiche ich das Museum der deutschsprachigen Juden. Es glänzt nicht nur mit zahlreichen Exponaten und Erklärungen zum Thema, sondern besitzt auch ein Archiv, das von jedem eingesehen werden kann. Ich komme mit der netten älteren Dame am Eingang ins Gespräch, denn sie spricht fließend Deutsch; Mein erstes Deutsch seit zwei Tagen.
Wir sprechen einige Minuten miteinander und sie startet dann für mich ein deutsches Video zum Thema. Anschließend schlendere ich durch

das Museum und erfahre mehr über bedeutende jüdische Persönlichkeiten, die aus dem deutschsprachigen Raum nach Palästina kamen, und was sie an Wissenschaft, Musik, Architektur und Kunst mit ins Heilige Land brachten. Etwas stört mich aber am Museum: Die Schautafeln sind alle nur auf Ivrit und Englisch. Komisches deutsches Museum, denke ich mir.
Am Ende des Geländes besuche ich noch kurz das Industriemuseum mit seinen historischen Maschinen, darunter viele Dreh-, Säge- und Bohrmaschinen, und kehre am Schluss zurück zum Auto.

Der Fluss Kziv

Weiter geht es für mich auf der 854 gen Norden nach Ma'alot. Dort angekommen, gelange ich auf einer steilen Straße die 140Hm hinab an das Ufer des Kziv. Im Tal möchte ich zur Tamir-Quelle wandern und ich muss mich ranhalten. Es ist schon fast 15:00 Uhr und in einer Stunde setzt langsam die Dunkelheit ein.
Ich halte in einer scharfen Kehre, die Straße ist schmal und führt steil hinab. Ich schnappe meine Digitalkamera, weil ich von hier einen tollen Blick in das grüne Tal habe. Plötzlich entdecke ich 200m Luftlinie entfernt und gut 30Hm unter mir eine große Ziegenherde, welche die Straße blockiert.
Ein Geländewagen nähert sich der Herde und der arabische Ziegenhirte und der Fahrer beginnen sichtlich heftig zu diskutieren. Der Hirte lässt den Fahrer wenden und gibt ihm zu verstehen, dass es wegen der Ziegen nicht möglich sei, die Straße zu passieren. Kurz darauf fährt der Geländewagen an mir vorbei, am Steuer ein sichtlich verärgerter jüdischer Mann.

Ich überlege, auch zu wenden, wenn ich sowieso nicht an der Herde vorbeikomme. Einige Fotos später passiert mich talabwärts ein anderes Auto mit zwei Arabern und ich beobachte die Situation weiter. Die beiden grüßen den Ziegenhirten und er lässt sie passieren.

Okay, wenn die vorbeifahren dürfen, darf ich es auch. Ich habe Glück, ein freundliches „as-salāmu 'alaikum" meinerseits und schon scheucht der Ziegenhirte seine Tiere zur Seite. Tja, was lernen wir daraus? Auch Araber können Juden diskriminieren.
Nachdem ich gut 200 Ziegen im Schritttempo passiert habe, parke ich kurz vor dem Wasserkraftwerk am Rande des Kziv und beginne die 2,5km lange Wanderung zur Tamir-Quelle.
Ich folge dem Flusslauf und treffe auf viele Wanderer und Spaziergänger, die mir aber alle entgegenkommen; ich bin also mal wieder der Letzte. Das Tal ist tief eingeschnitten und die Hänge sind durchweg mit Bäumen überzogen.

Linker Hand und 200Hm über mir liegt der Ort Hila. Von hier stammt der IDF-Soldat Gilad Shalit, der am 25.06.2006 von der Hamas durch einen Tunnel in den Gazastreifen entführt wurde. Es ist ein komisches Gefühl: Während ich hier durch die freie Natur laufe, sitzt Shalit seit fast viereinhalb Jahren irgendwo im Gazastreifen in Gefangenschaft.
Die gute Nachricht ist aber, dass er am 18.10.2011 freigelassen wurde, wenn auch zu einem hohen Preis von 1027 freigelassenen Gefangenen in einem einmaligen Austausch.
Ein Mensch gegen 1027 Menschen, die zum Teil wegen mehrfachen Mordes in israelischen Gefängnissen inhaftiert waren, darunter viele gefürchtete Terroristen. Der Aufschrei in Israel war groß, schließlich haben die Freigelassenen ca. 600 Israelis getötet, die jetzt in Freiheit wieder neue Anschläge auf Israelis durchführen könnten und wohl auch werden. Einige der Freigelassenen sind inzwischen wieder in Haft, da sie beim Planen oder Durchführen von Anschlägen erneut verhaftet wurden.

Der Austausch führte auch zu unangenehmen Begleiterscheinungen, denn die Führer von Hamas und Hisbollah forderten daraufhin ihre Anhänger auf, weitere IDF-Soldaten zu entführen, um alle Gefangenen freizupressen. Seitdem wurde mehrfach versucht, israelische Soldaten – direkt in Israel oder an dessen Grenzen – zu entführen.

Der israelische Inlandsgeheimdienst Shin Beth vermutet sogar Entführungskommandos, die in Israel operieren. IDF-Soldaten sind daher inzwischen angewiesen, nicht mehr allein zu trampen oder nachts an Bushaltestellen zu stehen.
Erst die Zukunft wird zeigen, ob diese Entscheidung eines Gefangenenaustausches die Richtige war, wenn es überhaupt eine richtige Entscheidung gibt, denn wie soll man Menschenleben gegeneinander aufwiegen!?

Hier und dort schießen Forellen durch Betonfurten, in denen der Fluss meinen Weg kreuzt. Es geht stetig leicht bergab und der Weg ist gut, so erreiche ich nach 40 Minuten die Quelle. Diese entspringt einer kleinen Felsspalte, nur gut einen Meter über dem Flusslevel. Das Wasser läuft dann in Rinnen auf einem pflanzenlosen Felsplateau, bis es nach nur wenigen Metern in den Kziv mündet.

Unerwartet kommen vier sichtlich erschöpfte Wanderer flussaufwärts aus dem Wald. Sie sind offensichtlich von der flussabwärts liegenden Burg Montfort losgewandert. Ich grüße sie mit einem Schalom und wir quatschen etwas über den weiteren Weg, denn sie wissen nicht genau, wie sie weiterlaufen wollen.
Sie fragen mich, woher ich denn sei, was ich mit „Germany" beantworte. Jetzt kommt es zu einem mir bekannten Phänomen: Alle vier verstummen kurz in einer Art Phase der Überlegung. Ich sehe dann jedes Mal das gleiche Fragezeichen in den Gesichtern, das in dieser Situation fast jeder Israeli auf der Stirn hat. Ich lese immer folgende Frage: „Wie setzen wir jetzt bloß das Gespräch mit einem Deutschen fort?"
Keine Panik, ich habe erst einmal erlebt, dass ein Israeli nach dieser Antwort nicht mehr mit mir geredet hat. Gute 500 Millisekunden später finden auch die vier Wanderer ihre Sprache wieder und fragen mich, was ein Deutscher ganz allein in dieser Wildnis macht?
Ich erkläre ihnen, dass ich schon öfter in Israel war und dieses Land liebe. Außerdem würde ich immer nach unbekannten und geheimen

Orten in Israel suchen. Da sei ich hier genau richtig, bestätigt mir daraufhin einer der vier Männer.

Wir quatschen noch etwas und studieren gemeinsam ihre Wanderkarte. Gerne würde ich mich weiter unterhalten, aber es wird jetzt wirklich langsam dunkel und die vier haben sich für einen anderen Weg entschieden. So trennen sich unsere Wege und ich laufe den gleichen Weg, den ich gekommen bin, wieder zurück zum Auto.

Auf dem Weg zum nächsten Ziel verrät mir meine Tankanzeige, dass der Tank gerne eine Benzinfüllung hätte. So steuere ich nach gefahrenen 381km an die nächste Tankstelle. 29L kosten mich 200 Schekel inklusive Trinkgeld und schon bin ich wieder zwei Tage mobil.

Tanken in Israel hat so seine Tücken, denn wer bar zahlen möchte, bekommt an den meisten Zapfsäulen mit Selbstbedienung keinen Tropfen Sprit. Entweder man besitzt eine israelische Tankkarte oder man muss die Zapfsäule zunächst an der Kasse freischalten lassen. Teilweise geht das dann auch nur gegen Vorkasse. Ein radikaler, aber effektiver Weg, Spritklau zu verhindern.
Das Ganze wäre ja nicht so schlimm, aber wenn gerade ein Israeli mit Handy am Ohr oder dem Wunsch nach einem Kaffee an der Kasse steht, dann dauert schon das Freischalten 5 Minuten, und wenn man richtig Pech hat, dauert das anschließende Bezahlen wieder 5 Minuten. Wer keine Geduld hat, der wird sie spätestens in Israel lernen.

Abirim-Festung

Im Kziv-Tal gab es einen beschilderten Abzweig zur Abirim-Festung, aber keiner der Wanderer, die ich traf, konnte mir sagen, wie weit es zur Festung ist. So fahre ich jetzt 20km Umweg, um direkt zur Abirim-Festung zu gelangen. Ich weiß allerdings weder, wo sie genau liegt, noch worum es sich dabei handelt, hoffe aber auf eine positive Überraschung.

Kurz vor dem Dorf Abirim erreiche ich den Punkt, den ich mir mit dem GPS gesetzt habe, und liege damit ziemlich gut, denn nur wenige Meter davon entfernt beginnt am Waldesrand der markierte Wanderweg in das Kziv-Tal, an dem irgendwo die Festung liegen soll.
Es ist schon stark am Dämmern und das Wetter wird immer schlechter. Tief hängende Wolken begleiten meinen Weg und meine Schuhe werden schwer wie Blei, denn große Matschklumpen sammeln sich wieder unter meinen Sohlen. Ständig muss ich anhalten und mir den rostbraunen Knatsch an einem Stein von den Schuhen schaben.

Ich folge dem Pfad stetig bergab und zu meiner Überraschung finde ich immer wieder kleine Flecken voll mit Hagelkörnern. Diese sind hier – auf fast 550m über dem Meer – wohl in den letzten Stunden liegen geblieben. Zum ersten Mal erlebe ich Eis und Schnee in Israel. Dementsprechend kalt ist es und ich bin jetzt schon fast 1km bergab gelaufen, ohne auch nur den geringsten Hinweis auf eine Festung zu finden.

Langsam befürchte ich, vom rechten Weg abgekommen zu sein, obwohl ich immer noch auf dem markierten Wanderweg unterwegs bin. So entscheide ich mich, wegen der Dunkelheit umzudrehen. Jetzt beginnt es auch noch stark zu regnen. Mir reicht es langsam, ich friere und schwitze zugleich, denn ich bin binnen Minuten nass bis auf die Unterhose und die Matschklumpen an meinen Füßen sind bergauf unglaublich anstrengend.

Kurz bevor ich das Auto erreiche, entdecke ich ein umgefallenes Schild, das offensichtlich den Abzweig zur Festung markiert. Ich konnte es auf dem Hinweg nicht sehen, da es genau dort liegt, wo sich der Weg für ein paar Meter gabelt.
Jetzt will ich es aber wissen und folge dem Pfad, der mich durch Gestrüpp nach nur wenigen Metern zur Festung bringt. Ich bin also gerade 2km umsonst durch Regen und Matsch gelaufen, habe aber endlich mein Ziel erreicht.

Wie ich jetzt bemerke, ist die Festung Abirim nur ein quadratischer turmartiger Bau mit ca. 12m Kantenlänge, ähnlich dem Khan Tefen. Diese kleine Festung erhebt sich auf einem nur gut 5m hohen Felshügel über die niedrigen Bäume und Sträucher. Seine Mauern aus zumeist grob oder gar nicht behauenen Steinblöcken sind noch bis zu 4m hoch erhalten.

Ich klettere an der Ostseite auf die rutschige Mauer und muss aufpassen, nicht herunterzufallen. Das Innere der Festung ist übersät mit Steinblöcken, die wohl durch ein Erdbeben heruntergefallen sind. Die Bauweise und Einfachheit der Festung lässt auf eine Bauzeit schließen, die mindestens 2500 Jahre oder länger zurückliegt. Ich quere das Innere, indem ich von Steinquader zu Steinquader springe, immer darauf bedacht, nicht auszurutschen.

Auf der Westseite liegt der einzige Eingang in die Festung. Dieser ist zwar halb verschüttet und nur gut 1,2m hoch, aber ich quetsche mich hindurch und stehe vor der westlichen Mauer, wieder außerhalb der Festung. An dieser Seite ist die Mauer am höchsten erhalten und insbesondere der gewaltige behauene Quader über dem Eingangportal beeindruckt. Seine Maße lassen auf gut 1,5t Gewicht schließen, die hier als Türsturz verbaut wurden.

Ich umrunde die Festung und kehre zum Auto zurück, wo ich mich fast ganz ausziehe, trockenrubbele und die schlammverschmierten Schuhe so gut es geht in einer Pfütze reinige.

IDF-Patrouille

Ich fahre nordöstlich bis zur 899, der nördlichen Grenzstraße zum Libanon. An einigen Stellen berührt sie direkt den Sicherheitszaun mit der Patrouillenstraße der IDF. Genau in dem Moment, wo ich recht langsam fahrend diesen Punkt passiere, taucht eine IDF-Patrouille mit ihrem schwer gepanzerten Hummer-Geländewagen parallel zu mir auf.

Nur etwa 10m entfernt von mir fahren die Soldaten auf der Grenzstraße und riskieren tagtäglich ihr Leben. Aus dem Hummer heraus können sie das Maschinengewehr auf der Dachlafette von innen heraus fernsteuern. Es ist während der ganzen Fahrt auf den Libanon gerichtet, um sofort Angreifer bekämpfen zu können, denn hier kann hinter jedem Baum der Tod – in Form der Hisbollah – lauern.

Nur wenige Kilometer nordwestlich von hier wurde am 12.07.2006 eine solche IDF-Patrouille von der Hisbollah-Miliz mit Panzerabwehrraketen angegriffen. Dabei wurden drei IDF-Soldaten getötet und die schwer verletzten Soldaten Ehud Goldwasser und Eldad Regev entführt. Sie erlagen vermutlich kurze Zeit darauf ihren Verletzungen. Dieser Vorfall führte zum 2. Libanon-Krieg, der bis zum 14.08.2006 den Norden Israels in Atem hielt.
Für Israel wurde dieser Krieg zum Desaster, denn die Hisbollah war viel stärker und effektiver als vermutet. Ihre Kämpfer versteckten sich, schlugen überraschend zu und verschwanden kurz darauf wieder in einem von Hunderten von Tunneln und Bunkern auf libanesischer Seite.
Die IDF verlor fast 50 Merkava-Panzer, in denen 23 Soldaten starben. Bei fast jedem zweiten Panzer wurde die Panzerung durchschlagen, da die Hisbollah durch den Iran und Syrien mit alten, aber effektiven russischen AT-13-Saxhorn-2-Panzerabwehrwaffen ausgerüstet war.
IDF-Soldaten berichteten hinter vorgehaltener Hand, dass sie „wie die Hasen" gelaufen seien und ganze Panzerbataillone von der Hisbollah zum Rückzug gezwungen wurden. Teilweise sollen komplette Panzerbesatzungen in Panik geflohen sein und die Panzer einfach zurückgelassen haben.
Insgesamt hat der 2. Libanon-Krieg etwa 120 IDF-Soldaten und 44 israelischen Zivilisten, darunter 15 israelische Araber, das Leben gekostet. Auf libanesischer Seite starben ungefähr 1200 Menschen, von denen schätzungsweise 400 Hisbollah-Kämpfer waren. Insgesamt feuerte die Hisbollah über 4200 Raketen auf Israel ab. Insbesondere durch die Explosionen dieser Raketen verbrannten in Israel 1 Million Bäume.

Pa’ar-Höhle

Ich folge der 899 weiter und erreiche beim Kibbuz Sasa einen Parkplatz, von wo mich ein kleiner Weg gut 200m durch eine Obstplantage zur Pa'ar-Höhle bringt. Die Höhle liegt in einem von Bäumen und Sträuchern umsäumten Kessel, einer sogenannten Depression, und ist von außerhalb nicht zu sehen. Der Weg führt gut 8m tief – über hölzerne Eisenbahnschwellen – in den Kessel, an dessen Ostseite sich die kleine Höhle befindet.

Im Kessel ist es schon fast völlig dunkel. Am nördlichen Kesselrand plätschert ein kleines Rinnsal den Hang herunter und läuft in die Höhle hinein. Eigentlich ist sie nur eine 2x3m große Öffnung im Erdreich, die sich nach wenigen Metern in einen schmalen Spalt verjüngt, in dem ich gerade noch aufrecht stehen kann.

Ein Kleinasiatischer Feuersalamander huscht plötzlich im Licht meiner Taschenlampe an mir vorbei und versucht erfolglos, sich unter einem Stein zu verstecken. So verharrt er regungslos am Fels und gibt ein schönes Fotomotiv ab.

Ich gehe tiefer in die Höhle hinein, die aber bereits nach gut 10m endet. Das wenige Wasser – aus dem Rinnsal – ist hier längst in den Tiefen des Bodens versickert. Ich verlasse die kleine Höhle wieder und laufe zurück zum Auto. Es ist inzwischen dunkel geworden, als ich meine Fahrt zurück nach Amirim antrete.

Jish

Auf dem Rückweg verspüre ich immer mehr Hunger, und als mich die 89 nach Jish bringt, sehe ich ein hell erleuchtetes Restaurant. Es ist das „Lebanese Restaurant“, direkt an der Ortseinfahrt von Jish. Im Restaurant sitzt nur eine arabische Familie und ich nehme zwei Tische weiter Platz. Der Chef grüßt mich freundlich und bringt mir die Speisekarte.

Im Restaurant hängen mehrere Rauchverbotsschilder, die halten den Chef aber nicht davon ab, mir gleich einen Aschenbecher auf den Tisch

zu stellen. Eine durchaus normale Praxis in Israel, wo Gesetze teils lascher gehandhabt werden als bei uns.
Der Chef bedient mich sehr zuvorkommend, ist aber nicht sonderlich gesprächig, obwohl sein Englisch ganz ordentlich ist. Ich erzähle ihm, dass ich schon im Libanon war, und hoffe, damit das Eis zu brechen. Meine Bemerkung erzeugt aber genau das Gegenteil, er redet jetzt noch weniger und ich kann ihm nur entlocken, dass er noch nie im Libanon gewesen ist.
Ich vermute, er will sich einfach nicht blamieren, und beschränke mich auf den Verzehr meiner leckeren Hähnchenspieße. Ich zahle 115 Schekel und fahre gut gesättigt Richtung Süden, zurück nach Amirim.

Amirim

Heute möchte ich noch ein Versprechen einlösen und Ofra besuchen. Sie lebt ebenfalls in Amirim und war mein eigentlicher Host. Leider musste sie mir kurzfristig absagen und so landete ich bei Revital. Dennoch hatte sie mich gebeten, einmal kurz vorbeizuschauen.
Als ich Amirim erreiche, rufe ich sie kurz an und sie erklärt mir, dass sie gerade in Karmi'el in den Bus gestiegen ist und in 10 Minuten Amirim erreichen wird. Ich sage ihr, dass ich am Tor auf sie warte. Als sie aus dem Bus steigt, begrüßt sie mich mit einer Umarmung und wir fahren zu ihrer Wohnung.

Als wir ihre Wohnung betreten, riecht es offen gesagt etwas streng und das Chaos ist groß. Die Quelle des unangenehmen Geruchs ist schnell gefunden, fremde Katzen sind in die Wohnung eingedrungen und haben nicht nur ihrer Katze das Futter weggefressen, sondern auch noch gleich das Revier markiert; lecker! Nach kurzer Reinigungsphase macht Ofra mir einen leckeren Minze-Tee und reicht mir Gebäck.
Ofra übersetzt und schreibt Bücher und so haben wir auch gleich ein Gesprächsthema. Es ist kühl geworden und sie entzündet ihren Ölofen. Somit kommen wir neben Büchern irgendwie auf das Thema Heizun-

gen, das zu einem ziemlich peinlichen, aber unbeabsichtigten Lapsus meinerseits führen wird. Aber alles der Reihe nach.
Ich erkläre ihr, dass wir in Deutschland ja fast das ganze Jahr über heizen müssen und sie in Israel solch ein Glück haben, dies nur an wenigen Tagen im Jahr tun zu müssen. Wir sprechen auch über Klimaschutz und Energiethemen, bis mir ein unbeabsichtigter Wortwitz über die Lippen kommt.
Ich sage zu Ofra, dass die meisten Deutschen mit Öl- oder Gasheizungen heizen. Wobei viele Deutsche Angst hätten vor Gas; im Sinne von Explosionsgefahr. Ofra schaut mich kurz an und meint trocken: »*Eigentlich sollten doch wir Juden Angst haben vor deutschem Gas!*«
Ich zucke kurz zusammen, weil ich nicht weiß, wie ich darauf reagieren soll. Ofra bricht urplötzlich in lautes Gelächter aus und ich kann auch nicht mehr innehalten und stimme mit ein. Als wir uns wieder beruhigt haben, merkt sie an, sie sei eigentlich in ihrem Denken gar nicht jüdisch. Oh, wie recht sie hat, denn ihr Humor ist schwarz wie die Nacht.
Sie erzählt mir von einem Buch, an dem sie arbeitet. Das Thema dürfte ausreichen, so manchem schon kalten Schweiß auf die Stirn zu treiben. Es geht darum, was wäre, wenn Hitler den Krieg gewonnen hätte. Doch es ist kein Geschichtsbuch, sondern nimmt derbe den Nationalsozialismus auf die Schippe.
Im Buch hat Hitler den Krieg gewonnen und alle Juden vernichtet. Jetzt sitzt Hitler im eroberten Peking in einem Kino und sieht einen Film darüber an, was passiert wäre, wenn er 1945 den Krieg verloren hätte. Ich lache mich schlapp, und zwar nicht nur wegen des aberwitzigen Themas des Buches, sondern darüber, wie trocken Ofra die Story erzählt. Sie ist wirklich keine normale Jüdin.
So geht das den ganzen Abend und ich habe mich selten so köstlich amüsiert. Ofra ist einfach nur witzig und unser Humor liegt voll auf der gleichen Wellenlänge.
Es hilft ja alles nichts, aber ich muss mich langsam von Ofra verabschieden und zur Nachtruhe begeben. Ofra bedankt sich sehr für den netten Abend und ich fahre die paar Meter zu Revital.

Zum ersten Mal finde ich Revitals Wohnung beim ersten Versuch, aber Revital ist nicht zu Hause. Die Haustür ist wie fast immer offen und der Fernseher eingeschaltet. Wie ich später erfahre, schon einige Stunden. Ich nutze die Zeit für eine Dusche und kurz darauf kommt Revital zurück. Sie war bei ein paar Freunden Hanukkah feiern. Dieses einwöchige Fest wird insbesondere mit Freunden und Familie gefeiert. Wir sprechen eine Weile über meinen Tag, bis mich die Müdigkeit übermannt und ich mich in mein so kaltes Schlafgemach zurückziehe.

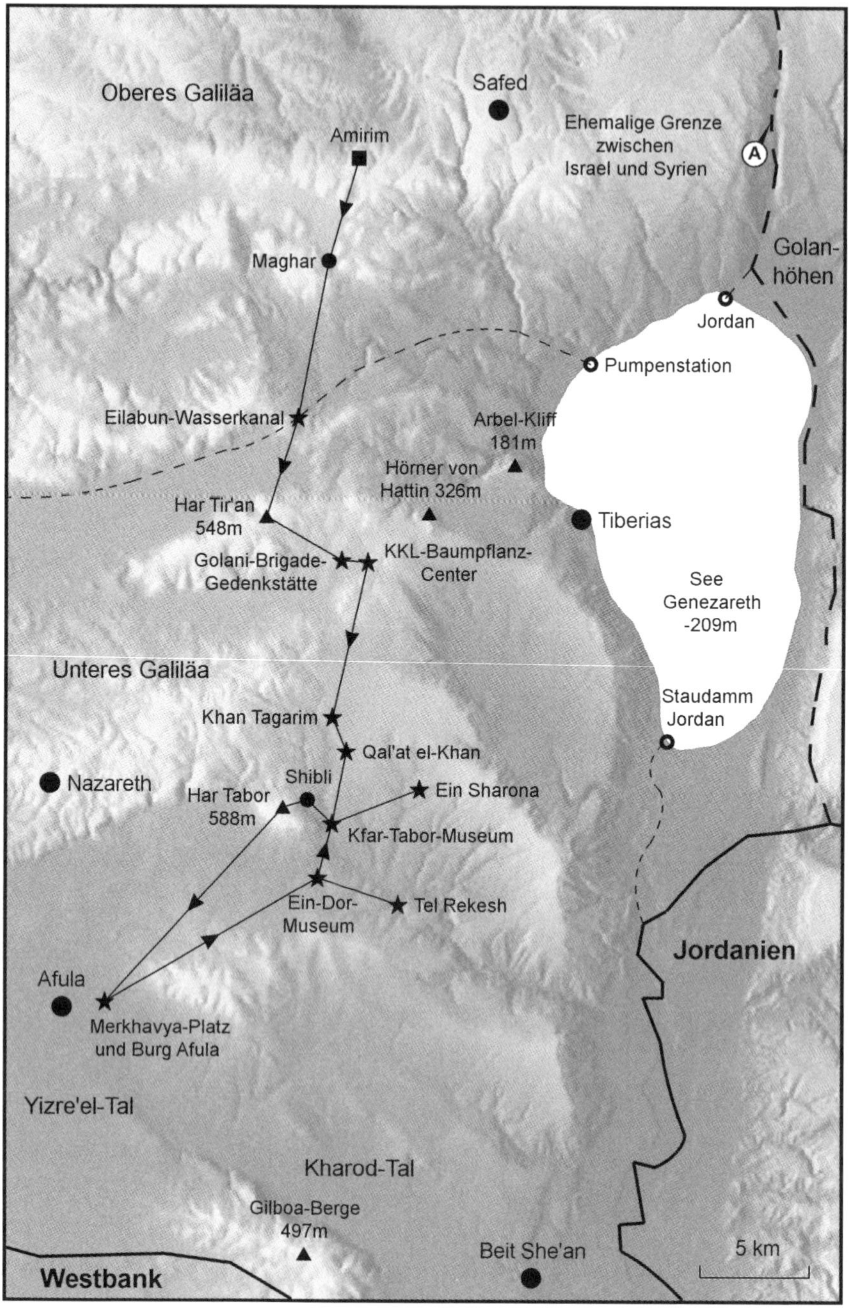
Oberes Galiläa
Safed
Amirim
Ehemalige Grenze
zwischen
Israel und Syrien
A
Golan-
höhen
Maghar
Jordan
Pumpenstation
Eilabun-Wasserkanal
Arbel-Kliff
181m
Hörner von
Hattin 326m
Har Tir'an
548m
Tiberias
Golani-Brigade-
Gedenkstätte
KKL-Baumpflanz-
Center
See
Genezareth
-209m
Unteres Galiläa
Staudamm
Jordan
Khan Tagarim
Qal'at el-Khan
Nazareth
Shibli
Har Tabor
588m
Ein Sharona
Kfar-Tabor-Museum
Ein-Dor-
Museum
Tel Rekesh
Jordanien
Afula
Merkhavya-Platz
und Burg Afula
Yizre'el-Tal
Kharod-Tal
Gilboa-Berge
497m
Beit She'an
5 km
Westbank

4. Tag – Mittwoch, 08.12.2010

Amirim

Gleich nach dem Aufwachen beschließe ich, heute nach Süden Richtung Afula zu fahren. Ich konnte im südlichen Galiläa keine Unterkunft finden und Revital ist einfach am nächsten dran an dieser Gegend.
Beim Frühstück frage ich Revital, ob es okay wäre, wenn ich noch eine Nacht bliebe. Sie freut sich sichtlich über meine Frage und sagt ohne Umschweife zu. Kurz darauf packe ich mein Tagesgepäck in den Wagen und starte in diesen Tag, der mehr Sonne verspricht als der gestrige.

Maghar

Mein Weg gen Süden führt mich zuerst über die 806 durch den Ort Maghar. Ein beschauliches kleines Städtchen in den Hügeln Galiläas, 11km westlich des Sees Genezareth.
Hier fällt mir sofort die Mehrheit an Drusen auf, denn in Maghar wohnen 58% Drusen, 19% Muslime und 23% Christen, zumindest bis zum 10.02.2005. An diesem Tag ging das Gerücht um, ein christlicher Junge habe pornografische Bilder eines drusischen Mädchens ins Internet gestellt. Die Folgen waren 4-tägige Ausschreitungen der Drusen gegen ihre christlichen Nachbarn. 70 Wohnungen wurden schwer beschädigt, 150 Autos angezündet und ca. 2000 Christen flohen aus der Stadt. Acht von ihnen wurden verletzt, bis die israelische Polizei erst am dritten Tag eingriff. Am Ende stellte sich heraus, dass ein drusischer Junge die Bilder online gestellt hatte. Ein tragisches Beispiel, wie aus einem kleinen Funken ein Pogrom direkt in Israel entstehen konnte.

Um das Handeln der Drusen zumindest ansatzweise zu verstehen, aber es auch nicht zu entschuldigen, ist ein Blick in deren Geschichte nötig. Die Drusen sind eine islamische Religionsgemeinschaft, die sich nach außen verschlossen gibt und ihre Bräuche und Religion weitestgehend

geheim hält. Nur diejenigen kennen alle Geheimnisse, die als Drusen geboren werden, und das sind nur solche, deren Mutter und Vater Drusen sind. Nicht also nur die Mutter, wie im jüdischen Glauben.
Entstanden im Jahr 1010 aus den Ismaeliten, einem Zweig der Schiiten, bleibt bis heute die Frage eines echten Gründers der Religion umstritten. Zwei gelehrte Schiiten namens Hamza ibn-Ali und Mohammed al-Darazi entwickelten die Lehre der Drusen, in der der ägyptische Fatimidenherrscher Kalif al-Hakim als letzter Gott in Menschengestalt gilt. Dabei glauben die Drusen selbst, dass sie immer schon existiert haben.
Kalif al-Hakim ... klingelt es Ihnen bei diesem Namen? Dieser Kalif ließ 1009 die Grabeskirche zerstören und unterdrückte Christen und Juden, was letztendlich einer der Auslöser für die Kreuzzüge war.
Als al-Hakim 1021 starb, wurde das von den Anhängern als Beginn einer neuen Zeit angesehen. In dieser zogen sich die Gläubigen in die Verborgenheit zurück und es entwickelte sich der Glaube, dass al-Hakim im Jahre 2021 zurückkehren werde, um die Weltherrschaft anzutreten. Wir dürfen also gespannt sein, ob die Grabeskirche bald wieder zerstört wird.

Mit dem Tod von al-Hakim begann die Verfolgung der Drusen in Ägypten durch andere Muslime und deren Flucht gen Norden, zumeist in die zerklüfteten Berge des Libanon. Hier kam es immer wieder zu Konflikten mit Christen, zuletzt im libanesischen Bürgerkrieg 1975 bis 1990.
Weil die Drusen an Reinkarnation, die Wiedergeburt, glauben und nur Gott allein über die Geburt entscheidet, betreiben Drusen keine Missionierung und Konvertierung, denn damit stellt sich der Mensch über Gott. Dieser Glaube an die Wiedergeburt macht die Drusen sehr tolerant gegenüber Andersgläubigen, denn die Seele des Verstorbenen geht in ihrem Glauben von Mensch zu Mensch und der eben verstorbene Druse kann ja auch als Christ wiedergeboren werden. Doch die Jahrhunderte der Verfolgung lösen bei den Drusen schnell eine gewisse „Empfindlichkeit“ für äußere Einflüsse wie Diskriminierung aus.

Durch diese Glaubensgrundsätze blieben die Drusen eine Minderheit und zählen heute weniger als 1 Mio. Gläubige, die zumeist in Syrien, Libanon und Israel leben. In Israel konzentrieren sich die Drusen auf das Karmelgebirge und die Golanhöhen. In Galiläa gibt es aber einzelne Dörfer oder drusische Stadtteile.
Drusen tragen fast ausschließlich ihre so unverwechselbare schwarze Kleidung mit zumeist einer weißen Kopfbedeckung und die sogenannten Scherwall-Hosen, die sehr weit geschnitten sind. Drusen meiden viele Aspekte der Moderne, schauen kein Fernsehen und trinken keinen Alkohol.
Insbesondere die drusischen Männer wirken auf mich immer sehr gepflegt und ein wenig majestätisch. Drusen sind dabei loyal zu jeder Regierung, solange sie unter ihr in Ruhe ihren Glauben leben können.
Israel erkennt die Drusen als Religionsgemeinschaft an und sie leisten heute ihren Dienst in der IDF. Drusen gelten daher auch als weitaus integrierter als israelische Araber.

Eilabun-Wasserkanal

Ich verlasse Maghar und folge der 806 südlich bis zum Ort Eilabun. Entlang des Ortes fließt der Nationale Wasserkanal, der das Wasser vom See Genezareth zur Landesmitte bringt, und nur hier fließt das moderne Aquädukt durch einen Tunnel.

Mein GPS leitet mich am Ortsrand über eine Schotterpiste, bis ich kurz darauf vor dem eingezäunten Wasserkanal stehe. Der betonierte Wassergraben schlängelt sich durch die Felder gen Haifa und endet 15km von hier im Eshkol-Speicherbecken an der 77, nordwestlich von Nazareth. Von dort aus wird das Wasser in großen Rohrleitungen bis hinab zum Negev gepumpt.
Der Energiebedarf dafür ist gewaltig, denn zählt man alle Pumpen in Israel zusammen, dann verbrauchen diese 25% des gesamten in Israel zur Verfügung stehenden Stromes.

Den Tunnelausgang kann ich nicht direkt sehen, das machen mir die Umzäunung und das Gelände unmöglich. Dafür sehe ich das Wasser wie von Geisterhand unter mir aus dem Berg fließen. Der Kanal gehört zum „National Water Carrier“ und wurde 1964 eingeweiht, um Israel mit ausreichend Trinkwasser versorgen zu können.

Heute reicht dieses Wasser, das aus dem See Genezareth kommt, bei Weitem nicht mehr aus. Trotz aller Anstrengungen und Sparmaßnahmen, die Israel in den letzten Jahrzehnten beim Wasserverbrauch erreicht hat. Um den See Genezareth nicht unter das kritische Maß leeren zu müssen, übernehmen heute immer mehr Meerentsalzungsanlagen, Tiefbrunnen und Speicherbecken bereits einen Großteil der israelischen Wasserversorgung. Dies wird weiter unterstützt durch recyceltes Abwasser und salzhaltiges Brackwasser, das in der Landwirtschaft zum Einsatz kommt.

Har Tir'an

Ich gelange wieder auf die große Schnellstraße 65, diese bringt mich südlich nach Mitspe Netofa, wo ich über eine breite Schotterstraße zum Har Tir'an hinauffahre. Der 548m hohe Har Tir'an mit seinem von Weitem zu sehenden Aussichtsturm ermöglicht mir hoffentlich einen weiten Blick über fast ganz Galiläa.
Ich erreiche den höchsten Punkt und laufe den gut 15m hohen Betonturm hinauf. Oben sitzt ein arabischer Mann, der seine Zeitung liest, und ich begrüße ihn. Er erwidert meinen Gruß, kümmert sich dann aber nicht weiter um mich.
Ich werde nicht enttäuscht, denn mein Blick schweift sofort in die Ferne. Im Osten sehe ich die Golanhöhen, Teile von Tiberias und die zwei Erhebungen der Hörner von Hattin. Der Har Tabor mit seiner Verklärungsbasilika erhebt sich im Süden, südwestlich erahne ich Nazareth im Dunst und im klareren Norden sehe ich die 800m hoch gelegene Stadt Safed.

Ich kehre zur 65 zurück und fahre zur „Golani Junction“, einer der größten Verkehrsknotenpunkte in Galiläa. Hier kreuzen sich zwei der wichtigsten Highways, die 77 von Haifa nach Tiberias und die 65 von Afula nach Safed.

Golani-Brigade-Gedenkstätte

Direkt neben der Golani-Kreuzung befindet sich die Golani-Brigade-Gedenkstätte. Ich stehe jetzt, unglaublich, aber wahr, zum fünften Mal in drei Israel-Reisen vor dem Eingang der Gedenkstätte. Sie gehört der IDF und hat daher schwankende Öffnungszeiten. Denn wenn die Soldaten gerade keine Lust haben oder es drei Tropfen regnet, steht man vor verschlossenen Türen.

Diesmal habe ich endlich Glück, denn zwei junge Soldaten unterhalten sich lautstark im Kassenhäuschen. Der eine ist offensichtlich afrikanischer Abstammung und der andere eine junge Frau. Die zwei schäkern herum wie ein verliebtes Pärchen, dabei pendeln ihre M16 auf ihren Rücken hin und her.
Beide können kaum Englisch, aber die 12 Schekel Eintritt stehen ja außen angeschlagen. Ich habe aber nur einen 20-Schekel-Schein und die beiden haben doch wirklich keinen einzigen Schekel Wechselgeld.
Ich erwarte jetzt eigentlich, dass man mich umsonst reinlässt, schließlich kann ich ja nichts dafür, dass sie mir nicht rausgeben können. Die beiden zucken aber nur mit den Schultern und beharren auf 12 Schekel. Gut, lege ich mich jetzt mit zwei Soldaten an oder schenke ich der IDF 8 Schekel?
Ob ich nun der IDF direkt Geld schenke oder sie es über subventionierte U-Boote – durch meine deutschen Steuern – bekommt, ist mir aber gerade egal. So lege ich die 20 Schekel auf den Tisch und bekomme eine Eintrittskarte über 12 Schekel, aber kein Wechselgeld.
Etwas genervt betrete ich die Gedenkstätte. Einen Faltplan der Anlage gibt es auch nicht und so laufe ich unbemerkt auch noch falsch herum

durch den Park. So was Peinliches habe ich in ganz Israel noch nicht erlebt und es ist dazu auch noch eine Gedenkstätte für die Gefallenen ihrer eigenen Golani-Brigade.
Mein erster Weg führt mich zu den Toiletten oben am Hang. Ich merke erst jetzt, dass man von der Straße nur einen kleinen Teil der Anlage sehen kann und sie in Wirklichkeit viel größer ist.
Der Weg führt mich vorbei an alten Panzerfahrzeugen hin zu einigen bunkerartigen Gebäuden, in denen das Museum untergebracht ist. Im Inneren werden Schicksale gefallener Soldaten gezeigt und an welchen Einsätzen die Golani-Brigade beteiligt war, darunter der Libanon-Krieg 1982, die Operation Entebbe in Uganda 1976 und der Jom-Kippur-Krieg 1973. Kleine Modelle veranschaulichen dabei die Situation an der Front oder erläutern den Verlauf einer der Militäroperationen.

Am Ende der Gedenkstätte erreiche ich die 2010 neu eingeweihte Gedenktafel. Hier wird den seit 1947 Gefallen der Golani-Brigade gedacht. Über 1400 Namen zieren die Tafeln auf der Betonwand und es sind noch viele Hundert Plätze frei für neue Namen, die zukünftig hier sicher ihren Platz finden werden.
Auf meinem Rückweg an vielen weiteren Militärfahrzeugen vorbei gelange ich zurück zum Ausgang. Er ist mal wieder unbesetzt, beide Soldaten sind verschwunden.

KKL-Baumpflanz-Center

Nur wenige Hundert Meter östlich der Golani-Brigade-Gedenkstätte, erreiche ich das leider verschlossene KKL-Baumpflanz-Center. Diese Organisation namens „Keren Kayemeth LeIsrael“ arbeitet unter dem Dach des JNF, dem „Jewish National Fund“.
Hier kann jeder einen Baumsetzling kaufen und ihn eigenhändig in den israelischen Boden pflanzen. Mit diesem Projekt wurden in Israel seit 1901 schon über 240Mio. Bäume gepflanzt. Die KKL gehört somit zu einer der ältesten Naturschutzorganisationen der Welt.

Es gibt auch über ganz Israel verteilte „Wälder der Nationen“, die mit Spenden aus diesen Ländern gepflanzt wurden. Auch Sie können ganz bequem von Ihrem PC aus einen Baum in Israel pflanzen lassen. Gerade nach dem Karmel-Feuer besteht wieder ein großer Bedarf an Spendern.
Meinen Beitrag dazu habe ich inzwischen schon geleistet, denn am 29.05.2012 habe ich hier zusammen mit meiner Freundin einen Baumsetzling in den israelischen Boden gepflanzt. Damit habe ich mir an meinem Geburtstag einen lang gehegten Wunsch erfüllt.

Ich möchte kurz darauf eingehen, warum die Anpflanzung von Bäumen einen so hohen Stellenwert für Israel hat, der nämlich nicht nur auf biblischen Quellen beruht, sich das Land untertan zu machen.
Unter osmanischer Herrschaft wurde in einigen Ländern eine Baumsteuer eingeführt, so auch in der damaligen osmanischen Provinz Beirut und Jerusalem, und wer zahlt schon gerne Steuern? So setzten die Besitzer der Bäume die Axt an und fällten alle Bäume auf ihren Ländereien. Diese Steuer erwies sich als so sinnvoll wie die Fenstersteuer in weiten Teilen Europas, die auch nur zum Zumauern der Fenster führte. Die Folgen der Baumfällungen waren aber gravierender. Es entstanden nicht nur erschreckende Umweltschäden für Natur und Tiere, sondern auch der wirtschaftliche Schaden war auf Dauer enorm, denn selbst Obstbäume fielen der Axt zum Opfer. Im Libanon rettete die britische Königin die letzten Zedernwälder, indem sie die Steuern dafür bezahlte. Auch Syrien war von dieser fragwürdigen osmanischen Steuerpolitik betroffen.
So lag die gesamte Region um 1900 regelrecht am Boden. Nicht zuletzt trug die Baumsteuer sogar dazu bei, dass die Osmanen im 1. Weltkrieg – gegenüber den Briten – ins Hintertreffen gerieten. Denn um militärische Güter an die Front im Sinai zu transportieren, benötigten die Lokomotiven Unmengen an Brennmaterial. Zuletzt verbrannte das osmanische Militär sogar Holzvertäfelung und Sitze der Waggons, um überhaupt noch Soldaten und Waffen transportieren zu können.

Das Thema Wald wird daher auch von den Israelis anders ausgelegt als von uns Europäern. Etwas scherzhaft sagte einmal eine Israelin zu mir: »*Wo mehr als drei Bäume zusammenstehen, wird es in Israel als Wald bezeichnet.*« Wie recht sie hat, auch wenn es doch eher zehn Bäume sein müssen.

Kfar-Tabor-Museum

Auf meinem Weg Richtung Süden passiere ich zwei Karawansereien an der 65. Diese lasse ich aber links liegen und werde sie am Abend auf dem Rückweg noch besuchen. Kurz darauf erreiche ich das 1901 gegründete Dorf Kfar Tabor.
Ein Verkehrsunfall vom 21.09.2007 erhitzte nicht nur hier die Gemüter, sondern in ganz Israel. Ein arabischer Israeli aus dem nah gelegenen Ort Shibli raste am Abend des Jom Kippur durch Kfar Tabor und erfasste mit seinem Quad die 8-jährige Tal, die sofort starb. Nur ein Wachmann konnte letztlich die aufgebrachte Menge daran hindern, dass die Bewohner von Kfar Tabor den Fahrer der Selbstjustiz überantworteten.
Dazu muss man wissen, dass in Israel am Jom Kippur praktisch keine Autos fahren und das ganze Land stillsteht, selbst der Flughafen ist geschlossen. So spielen die Kinder in ganz Israel auf den Straßen. Immer wieder ignorieren arabische Israelis diesen jüdischen Feiertag und nutzen die leeren Straßen dazu, mal richtig Gas zu geben.
Es war im Vorfeld auch immer wieder zu Hinweisen der jüdischen Bewohner und der arabischen Nachbarn gekommen, die sich über rasende junge Männer aus Shibli beschwerten. Der Fahrer wurde schließlich zu 9 Jahren und der Beifahrer zu 2 Jahren Haft verurteilt.

Kfar Tabor gehört bis heute zu den wenigen Orten in Israel, durch den eine Hauptstraße führt. Der stark befahrene Highway 65 teilt den Ort und macht es Fußgängern fast unmöglich, die Seite zu wechseln. Die heutige Straße war einst eine Umgehungsstraße, bis sie vom wachsenden Ort geschluckt wurde.

Das historische Kfar Tabor begann 1903 mit dem Bau fester Häuser in einer Doppelreihe und wurde 1911 im Norden T-förmig um neun weitere Häuser erweitert. Das heutige Kfar-Tabor-Museum war damals die westliche Eckfarm dieser 1911 erbauten Häuserreihe.

Ausgerechnet jetzt war ein voll besetzter Bus schneller und ich muss mich im Vorhof der Kasse durch die Busgesellschaft drängen. Genau in dem Moment, als ich mir ein Ticket für 12 Schekel kaufen will, ruft der Reiseleiter zur Ruhe und beginnt mit seinen hebräischen Erläuterungen. Die Dame an der Kasse versteht mich aber kaum, weil das Gerede im Vorhof so laut ist und sie nicht besonders gut Englisch spricht. Da werde ich etwas lauter und schon höre ich hinter mir die halbe Busreisegesellschaft „Psssst!" rufen. Ich verstehe es zwar nicht wörtlich, aber in ihren Gesichtern kann ich genau ablesen, dass ich die Klappe halten soll.
Zu meinem Glück betritt in diesem Moment ein Mann die Kasse, er spricht hervorragend Englisch und ich zahle meinen Eintritt. Er erklärt mir kurz den Weg und erwartet mich sogleich im Museum. Er wäre immer für mich da, wenn ich Fragen hätte, und wünscht mir eine gute Besichtigung. Genau in diesem Augenblick drängt sich die Gruppe durch die schmale Eingangstür.
Mit der Ruhe ist es vorbei und ich ergreife die Flucht nach vorn und beschließe, das Museum später noch mal zu besuchen. Der Weg führt in den 1. Stock und bringt mich anschließend in den originalen Innenhof der damaligen Farm mit seinen kleinen Häusern. Auf dem Platz laufen Hühner herum und ein alter britischer Traktor von 1944 des Modells „David Brown 50D" steht gut gepflegt unter einer Überdachung. Einst zog er im 2. Weltkrieg die britischen Kampfflugzeuge und ackerte danach 30 Jahre lang die Felder von Kfar Tabor.
Ich betrete auf der anderen Seite ein blau angestrichenes altes Farmhaus. Es ist voll eingerichtet mit Möbeln und Gegenständen der damaligen Zeit. Das Leben vor gut 100 Jahren in diesem kargen Land muss wirklich voller Entbehrungen gewesen sein.

In einem Nebengebäude steht ein Modell der alten Siedlung. Dieses zeigt gut die einzelnen, immer gleich großen Parzellen der ersten Farmer und wie die Siedlung von einer Mauer umgeben war, um eine bestmögliche Verteidigung zu schaffen.
Es ist Zeit für mich, ins Museum zurückzukehren. Zu meinem Schrecken ist die Busgesellschaft immer noch da, aber gerade im Begriff, das Museum zu verlassen. Endlich herrscht Ruhe und ich kann ungestört die Ausstellungsstücke und die Geschichte von Kfar Tabor in Augenschein nehmen. Alte Fotos ergänzen unzählige Tafeln mit wertvollen Informationen in diesem sehr modernen Museum.

Har Tabor

Ich möchte mir auch noch das Beduinen-Museum in Shibli am nördlichen Hang des Har Tabor anschauen. So fahre ich durch ganz Shibli bis zum Museum an der Rückseite dieses so markanten Berges, der von weiten Teilen Galiläas aus zu sehen ist. Das Museum stellt sich aber eher als „Beduinenzelt für Touristen“ heraus.
Der arabische Chef sitzt gelangweilt mit einem Kaffee vor der Tür und grüßt mich freundlich, will mich aber nicht ins Museum lassen, da ich allein bin. Er lässt nur Gruppen herein, denen kann er danach wohl mehr Schekel in seinem Beduinenzelt abzwacken. Etwas verärgert setze ich somit meinen Weg fort bis zum Shuttleparkplatz.
Hier müssen alle „Standard“-Touristen von ihrem Bus auf kleinere Shuttlebusse und Taxis umsteigen und dafür meist eine lange Wartezeit in Kauf nehmen. Denn Reisebusse können nicht auf den Har Tabor hinauffahren. Die Fahrer rasen dabei ihre Hausstrecke wie die Wilden hinauf und herunter. Somit bin ich doppelt froh, dass mich das mit meinem Mietwagen mal gar nicht juckt.

Wenige Meter hinter dem Busparkplatz zweigt die kleine Straße hoch auf den Har Tabor ab. In 13 Kehren überwinde ich 250Hm auf nur 2,5km Strecke. Diese wäre malerisch und die Kehren würden richtig

Spaß machen, wenn ich nicht ständig aufpassen müsste, ob mich einer der Taxifahrer schneidet oder abdrängt.
Ich erreiche aber unbeschadet und mit nur einer Vollbremsung den Y-Abzweig oben auf dem Bergrücken. Links geht es zum griechischen Kloster, das meist geschlossen ist und dessen Mönche den Ruf haben, einen Touristen auch mal wieder vor die Tür zu setzen. Dennoch biege ich hier kurz ab und parke wenige Meter weiter.
Über eine Treppe gelange ich zu einer kleinen, aber verschlossenen Kapelle und etwas weiter erreiche ich die Reste der Ayyubiden- und Kreuzfahrer-Festung, die vor 800 Jahren den gesamten Bergrücken umgab.
Ich betrete einen der Ecktürme und sehe noch den gut erhaltenen Burggraben, kehre aber schnell wieder zurück und nehme diesmal die rechte Abfahrt. Sie bringt mich durch das alte Burgtor der Feste an einer weiteren abgeschlossenen Kapelle vorbei, bis ich den Parkplatz vor der Verklärungsbasilika erreiche.

Diese Basilika wurde von 1921 bis 1924 von den Franziskanern erbaut, die sich hier schon 1631 niederließen. Sie ist so gewaltig, dass sie als markanter Punkt aus bis zu 15km Entfernung zu sehen ist.
Der Har Tabor gilt als Ort der Verklärung Jesu, weil er diesen Ort zum Gebet mit seinen drei Jüngern Petrus, Jakobus und Johannes aufsuchte. Der genaue Ort wird aber in der Bibel gar nicht genannt. Die Evangelisten Lukas, Markus und Matthäus schrieben nur davon, dass sich Jesu Antlitz veränderte und seine Kleidung leuchtend weiß wurde. Dieses „Taborlicht“ überstrahlte ihn und plötzlich erschienen Mose und Elija, die mit Jesus sprachen.

Ich schlendere in das kirchliche Gelände hinein und direkt auf die Basilika zu. Besonders auffallend sind die vorgesetzten Glockentürme an der Westseite, die niedriger sind als das eigentliche Kirchenschiff. Beide sind durch einen Steinbogen miteinander verbunden, unter dem sich das Torportal in die Basilika öffnet.

Als ich die Basilika betrete, fällt plötzlich eine Frau vor mir auf die Knie, reißt die Hände hoch und murmelt etwas Unverständliches. Dann beginnt sie – auf den Knien rutschend – den Steinboden bis zum Altar auf der Ostseite zu queren.
Bei solchen Momenten bin ich immer zwiegespalten. Auf der einen Seite habe ich großen Respekt davor, wie sich jemand seinem Glauben hingibt und welche Kraft Menschen dafür aufbringen. Für viele Gläubige ist Israel ein einmaliger Besuch. Sie sparen jahrzehntelang darauf hin, ihrem Gott einmal so nah sein zu können wie sonst nirgends auf der Welt. Auf der anderen Seite kann ich es für mich selbst aber auch einfach nicht nachvollziehen.

Ich lasse der betenden Frau vor dem Altar ihre Ruhe und blicke nochkurz hinauf in die große hölzerne Dachkonstruktion des Kirchenschiffes. Bis auf die goldene Kuppel über dem Altar und das bunte Kirchenfenster der Ostseite mit zwei wunderschönen Pfauen ist die Basilika schlicht. Inzwischen schluchzt und jammert die kniende Frau nur noch, was ab und an nur durch Stoßgebete unterbrochen wird.
So beende ich meine Runde durch die Basilika, kehre zum Auto zurück und fahre mit teils quietschenden Reifen die 13 Kehren wieder hinunter an den Fuß des Har Tabor. Dort setze ich meine Umrundung des Har Tabor fort, bis ich zurück zur 65 gelange, wo ich Richtung Westen nach Afula abbiege.

Merkhavya-Platz und Burg Afula

Ich bin auf der Suche nach dem Tel Shunem einige Kilometer östlich von Afula. Den Tel zwischen dem Moschaw Merkhavya und dem arabischen Dorf Shunem finde ich nicht, aber mir fällt eine ziemliche Besonderheit auf.
Alle arabischen Bewohner müssen durch das Moshaw und das angrenzende Kibbuz Merkhavya hindurchfahren, da es die einzige Straße ist. Hier trennt nichts die beiden so unterschiedlichen Nachbarn. Es scheint

sich um eine gute Nachbarschaft zu handeln, aber das war nicht immer so, wie ich gleich erfahren werde.

Eine glückliche Fügung lässt mich auf dem Rückweg in das Kibbuz Merkhavya fahren. Ein Schild weist mich zum mir gänzlich unbekannten „Great Court", dem Großen Platz. Was von außen wie ein Exerzierplatz – mit Gebäuden ringsherum – wirkt, stellt sich als wahrhaft sehenswertes Kleinod heraus.
Der alte Getreidespeicher in der Nordostecke beherbergt heute das Museum. Der anwesende ältere Mann versucht wirklich alles, mir den Besuch so angenehm wie möglich zu machen und die Technik zum Laufen zu bringen. Ich bekomme nicht nur einen Jägerklappstuhl, sondern die gesamten Videopräsentationen auf Deutsch und erfahre viele mir bislang unbekannte Hintergrundinformationen.

Merkhavya lag an einem Knotenpunkt der Tausende Jahre alten Handelswege zwischen Ägypten und Mesopotamien, der Via Maris, und war seit der kanaanitischen Zeit durchgehend besiedelt.
Das heutige Kibbuz Merkhavya wurde 1912 als erste kooperative Siedlung im Yizre'el-Tal nach dem sozialistischen Gedanken des deutschen Franz Oppenheimer gegründet. Oppenheimer schrieb Bücher über Agrarwirtschaft und Sozialismus, darunter sein Buch „Freiland in Deutschland" von 1895, in dem er die Monopolstellung der Oberschicht anprangert und fordert, dass der Boden an die unteren Schichten zurückgegeben werden müsse. Seine Idee war die Erschaffung des kollektiven Sozialismus, wo der Einzelne nach seiner Arbeitsleistung und nicht nach seinem Stand bezahlt wird.

Nach diesem Gedanken wurde 1896 in Bayern ein landwirtschaftliches „Freiland-Dorf" gegründet, das kurz darauf an internen Differenzen scheiterte. Ein ähnliches Schicksal sollte auch Merkhavya zuteilwerden, denn die Kooperative scheiterte schon nach wenigen Jahren aufgrund innerer Unzufriedenheit der Bewohner. Während der Verwalter das 10-

fache verdiente, mussten seine untergebenen Farmer schuften und teilweise hungern. So kam es nach einigen Jahren zum Bruch innerhalb der so sozialen Gemeinschaft.

Direkt neben der Siedlung richtete im 1. Weltkrieg die bayrische Fliegerstaffel 304b aus Schleißheim einen provisorischen Flugplatz ein und nahm am 11. November 1917 den Flugbetrieb auf.
Die deutschen Piloten sollten in Palästina die türkischen Verbündeten durch Luftaufklärung unterstützen. Zuvor war die deutsche Flugstaffel aus Be'er Sheva und Gaza vor den näher rückenden Briten hierher verlegt worden. Die Piloten veranstalteten in Merkhavya aber nicht nur Tauziehen, sondern auch wilde Partys, die im gesamten Yizre'el-Tal berüchtigt waren.
Als kurz darauf die arabischen Bewohner von Shunem die Kooperative Merkhavya angriffen, bombardierten die deutschen Piloten die Angreifer und schlugen sie in die Flucht. Doch mit den vorrückenden Briten musste sich die bayrische Fliegerstaffel am 20.08.1918 nach Aleppo in Syrien zurückziehen, bis sie Anfang 1919 zurück nach Deutschland verlegt und 1920 durch den Versailler Vertrag aufgelöst wurde.

Damit endet mein Rundgang durch das Museum und ich werde noch über den Hof begleitet und von dem netten Herrn mit einem deutschen „Auf Wiedersehen!“ verabschiedet. Im Innenhof betrachte ich noch kurz den 1914 auf vier Pfeilern erbauten Wasserturm. Er gilt als der Älteste seiner Bauart in Israel.
An der Ostseite des Platzes stehen mehrere kleine einstöckige Häuser. In einem davon wohnte 1925 die spätere israelische Ministerpräsidentin Golda Meir in einem kleinen Zimmer. Ihr war das Leben hier aber zu entbehrungsreich und sie zog alsbald nach Tel Aviv.
Eines der Häuser beherbergte eine geheime Funkstation der jüdischen Untergrundarmee Haganah. Von hier aus kommunizierte die Haganah mit den jüdischen Flüchtlingsschiffen im Mittelmeer. Die Briten suchten diese Funkstation erfolglos an der Küste, denn sie vermuteten diese

nicht so weit im Inland und schon gar nicht im flachen Yizre'el-Tal hinter dem Karmelgebirge.

Besonders der Hinweis im Museum auf die Kreuzritterburg La Fève weckt meine Neugier. Diese Burg suche ich schon seit 4 Jahren und jetzt ist sie gerade einmal 200m vom Museum entfernt. Die Kreuzritter bauten und hielten diese recht unbekannte Burg seit 1087, bis sie 1191 von Saladins Truppen geschleift wurde.
Napoleon nutzte die Reste der Burg als Kommandoposten und gewann hier seine Schlacht am 15.04.1799, indem er nur 4.000 Mann gegen die 25.000 Mann der Osmanen in die Schlacht warf. Dabei verlor Napoleon lediglich 275 Soldaten, wohingegen die Osmanen 5000 Soldaten verloren.

Ich mache mich auf die Suche nach den Resten der Kreuzritterburg. Was ich aber noch zwischen ein paar modernen Häusern finde, ernüchtert mich schnell. Lediglich der Burggraben und ein kleiner Gewölbebogen zeugen heute noch von der Burg.
Aus „Kurz mal schauen“ ist ein über einstündiger Aufenthalt geworden. Ich muss dringend weiter, denke ich mir, um meinen Zeitplan nicht völlig durcheinanderzubringen.

Ein-Dor-Museum

Der südlichste Teil meines heutigen Ausfluges ist mit Merkhavya erreicht und ich trete die Rückfahrt über die 65 zurück nach Norden an. Am Har Tabor biege ich auf die 7276 zum Kibbuz Ein Dor ab. Dort erwarten mich ein kleines archäologisches Museum mit Funden aus der Region und zwei nette Damen, die das Museum betreuen.

Ich werde höflich empfangen, aber gebeten, noch ein paar Minuten draußen zu warten, denn die Putzfrau sei gerade da. Also schaue ich mir zuerst die Ausstellungsstücke vor dem Museum an. Von besonderem

Interesse ist der originalgetreue Nachbau verschiedener Olivenölpressen und Mühlen.

Die Putzfrau verlässt gerade das Museum und ich betrete es zum zweiten Mal. Das Museum besteht nur aus einem großen Raum und zeigt Fundstücke wie Figuren und Gefäße, die zumeist vom nahen Tel Kishon stammen.
Prunkstück des Museums ist ein über 3100 Jahre altes hethitisches Grab aus Kfar Yehoshu'a zwischen Nazareth und Haifa. Dieses überdimensionale Tongefäß besteht aus zwei Amphorenhälften, die zusammengeschoben einen Sarg ergaben. Gut zu erkennen sind noch die Griffe an den Amphoren. Diese beherbergten die menschlichen Überreste eines Mannes.
Schon ist meine kleine Runde vorbei, ich verabschiede mich noch bei den beiden Damen und verlasse das Museum.

Tel Rekhesh

Mein Weg führt mich wieder zurück Richtung Highway, aber ich biege gleich ab zum Moschaw Kfar Kish. Mein Ziel ist der Tel Rekesh, eine alte Siedlung inmitten des östlich gelegenen Wadi Tabor.
Der Feldweg ist erst gut, dann wird er immer schlechter und steiler. Es kostet mich doch etwas Überwindung, das Auto so zu quälen. Dann wird die Strecke wieder besser und ich folge dem Wadi immer tiefer hinein, bis ich nach gut 2,5km den Tel sehen kann.
Ich passiere eine alte Wassermühle und erreiche kurz darauf den Tel Rekesh. An dessen Ostseite fahre ich mit Vollgas durch eine steile Fahrrinne des Flusses Rekesh und erreiche die einzige Seite, an der der Tel nicht von Wadis umgeben ist.

Der Tel liegt gerade 17m über dem Meeresspiegel und ist von 50 bis 100m höheren Hügeln umgeben, während das umgebende Wadi auf Meeresniveau liegt. Somit war Rekesh gut geschützt, aus der Ferne nicht

zu sehen und besaß mit der nah gelegenen Rekesh-Quelle eine ganzjährige Wasserversorgung.
Meinen Wagen stelle ich auf einem kleinen Plateau ab und folge einem Trampelpfad, der den Tel offensichtlich umrundet. Kleine Grabungen säumen meinen Weg, bis ich die Westseite erreiche, wo sich der Pfad auf das obere Plateau hinaufschlängelt. Das Gras, das den Hügel bedeckt, ist niedrig, aber knochig, und der kaum begangene Pfad wird immer steiler. Hier und dort rutsche ich auf der losen Erde fast wieder den Hang herunter, gelange aber am Ende dennoch bis ganz oben.
Das Plateau fällt von Nord nach Süd leicht ab und ich erreiche an der Südseite einen gut 10x20m großen Teil der Ausgrabung. Einige Grundmauern eines Gebäudes sind hier noch gut zu erkennen, haben aber keine sehenswerten Highlights.
Ich erreiche anschließend den mit 17m über dem Meer höchsten Punkt des Hügels. Hier wurden einige Gebäude freigelegt, darunter ein Tordurchgang und ein paar Quadratmeter einer Straße. Einen Treppenaufgang und einen Getreidemühlstein entdecke ich noch, das war es aber auch schon. Im Westen nähert sich die Sonne dem Horizont und so laufe ich den Hügel wieder herunter zum Auto.

Ein Sharona

Ich fahre durch die Felder zurück und über die 7276 wieder zur 65 nach Kfar Tabor. Dort biege ich für einen Abstecher auf die 767 ab, die bis zum See Genezareth verläuft. Ich suche hier am Straßenrand die Sharona-Quelle.
Mich erwartet dort, wo ich sie vermute, ein kleiner Picknickplatz, aber keine Quelle. Einzig ein markierter und mit Schilf gesäumter Weg führt bergab. Irgendwo muss die Quelle ja sein, bei so starkem Bewuchs, und ein markierter Weg ist ja schon mal ein Anfang.
Es geht gut 200m bergab, bis ich linker Hand ein kleines rundes Becken entdecke, in das ein bisschen Wasser aus einem Rohr plätschert. Dafür bin ich jetzt 15km Umweg gefahren?

Etwas enttäuscht will ich den Rückweg antreten, als ich plötzlich hinter mir am Hang die echte Quelle sehe, die vorher durch den hohen Schilfbewuchs nicht zu entdecken war.
Die Quelle ist mit einem Steinportal in den Berghang gebaut und wirkt wie eine alte Grabkammer. Zwei Eingänge öffnen sich hinter dem Portal, der rechte führt in ein geflutetes, kleines Gewölbe, aus dem sanft das Wasser sprudelt. Der linke Eingang geht sofort 90° ums Eck. Aus ihm fließt das Wasser in einer kleinen Rinne heraus.
Ausgerechnet jetzt habe ich keine Taschenlampe dabei, aber ich krieche trotzdem durch die kleine Öffnung und taste mich, unterstützt vom Blitz meiner Kamera, 5m in den niedrigen Tunnel hinein. Dort verzweigt sich der kleine Tunnel in zwei noch kleinere und endet abrupt. Aus dem linken fließt das Wasser direkt aus dem Hang, während der rechte Gang trocken ist. Ich zwänge mich wieder nach draußen und versuche mir dabei keine nassen Füße zu holen. Jetzt fühle ich mich doch für den Umweg entschädigt und fahre zurück nach Kfar Tabor.

Khan Tagarim und Qal'at el-Khan

Die zwei Karawansereien stehen ja noch auf meinem Programmzettel und kurz vor der Dämmerung erreiche ich sie 4km nördlich von Kfar Tabor, wo beide die 65 säumen. Die vermutlich ältere Karawanserei Qal'at el-Khan liegt westlich und etwas oberhalb der Straße. Ihre Außenmauer ist noch bis zu 2m hoch erhalten und bedeckt eine Fläche von 70x70m. Die Karawanserei ist fast komplett mit Gras und Gestrüpp überwuchert und nur noch die Mauerreste recken sich aus dem Grün.

Direkt östlich, etwas unterhalb an der 65, liegt der Khan Tagarim, der deutlich besser erhalten und mit ca. 75x100m auch größer ist. Ich brauche nur über die Leitplanke zu springen und den Straßengraben zu durchqueren und schon stehe ich in der alten Karawanserei. Leider behindern auch hier Gestrüpp und Disteln einen guten Rundweg und so beende ich, nicht zuletzt auch wegen der einbrechenden Dämmerung, den kleinen Abstecher.

Amirim

Als ich die Wohnung von Revital betrete, sitzt sie mit einer Frau am Küchentisch, die sie mir als ihre Freundin Rachel vorstellt. Beide begrüßen mich sehr freundlich und laden mich ein, mit ihnen Hanukkah zu feiern, was ich natürlich auf keinen Fall ablehne.
Es ist der letzte Tag von Hanukkah, dem jüdischen Lichterfest, und auf dem Tisch steht ein 9-armiger bunter Kerzenleuchter, die sogenannte Hanukkah Menora, die nur für die 8-tägigen Hanukkah-Feiertage benutzt wird. Diese haben in diesem Jahr am 01. Dezember begonnen und enden heute mit dem Anzünden der achten Kerze. Dabei dient die neunte Kerze nur zum Anzünden der anderen acht Kerzen, denn auf keinen Fall darf eine der acht Kerzen zum Anzünden einer der anderen Kerzen verwendet werden.

Hanukkah erinnert an den Wiederaufbau des 2. Tempels in Jerusalem 164v.Chr. durch die Makkabäer und findet seit der Zerstörung des Tempels im Jahre 70n.Chr. alljährlich statt. Die jüdische Gemeinschaft feiert dieses Fest insbesondere als Familienfest.
Warum aber ausgerechnet acht Kerzen? Der Überlieferung nach fanden die Makkabäer nach der Rückeroberung des Tempels nur noch geweihtes Öl für einen Tag vor, um die dortige Menora brennen zu lassen. Geweihtes Öl herzustellen dauerte aber acht Tage und so geschah ein Wunder und die Flamme brannte die vollen acht Tage durch, bis neues Öl geweiht war. So entstand Hanukkah, das so lange lebendig bleiben wird, bis der 3. Tempel errichtet wird.
Revital spricht ein mir unverständliches Gebet und zündet die letzte Kerze an. Ab jetzt muss die Kerze 30 Minuten brennen und so lange darf niemand der Anwesenden Arbeit verrichten, also nicht mal den Lichtschalter betätigen.

Es gibt kleine Süßigkeiten und Gebäck und nach einer Weile tischt uns Revital etwas Fisch und ein Linsengericht auf. Es ist lecker, aber ich esse nur wenig, da ich nicht hungrig bin. Die Stimmung ist gut und feierlich und ich empfinde mich überhaupt nicht als Störenfried. Ganz im Gegenteil, wir drei quatschen locker und lachen zusammen.

Irgendwie kommen wir auf das Thema Beziehung und Kinder zu sprechen und ich trete völlig blauäugig und mit Schwung ins Fettnäpfchen. Rachel erzählt etwas beiläufig, dass sie gerne mit ihrem Freund Kinder hätte, sie aber nicht verheiratet seien.

Meine Antwort darauf entspricht etwas lapidar dem modernen europäischen Denken, indem ich sage: »*Wo liegt das Problem, man kann ja auch ohne Hochzeit Kinder bekommen!?*«

Sie schaut mich etwas erschrocken an und Revital beeilt sich, das Thema zu wechseln. Erst jetzt wird mir bewusst, dass Rachel trotz ihrer Lockerheit und der normalen Kleidung eine streng gläubige Jüdin ist. Tja, so schnell kann es peinlich werden, aber Rachel sieht es locker und ist den Rest des Abends genauso freundlich zu mir wie zuvor. Ich nehme mir für die Zukunft vor, im Vorfeld herauszufinden, wie religiös mein Gesprächspartner ist. Nicht, dass mir so etwas noch einmal passiert.

Die zwei Frauen haben Sitzfleisch und ich mache langsam schlapp, so verabschiede ich mich von den beiden.

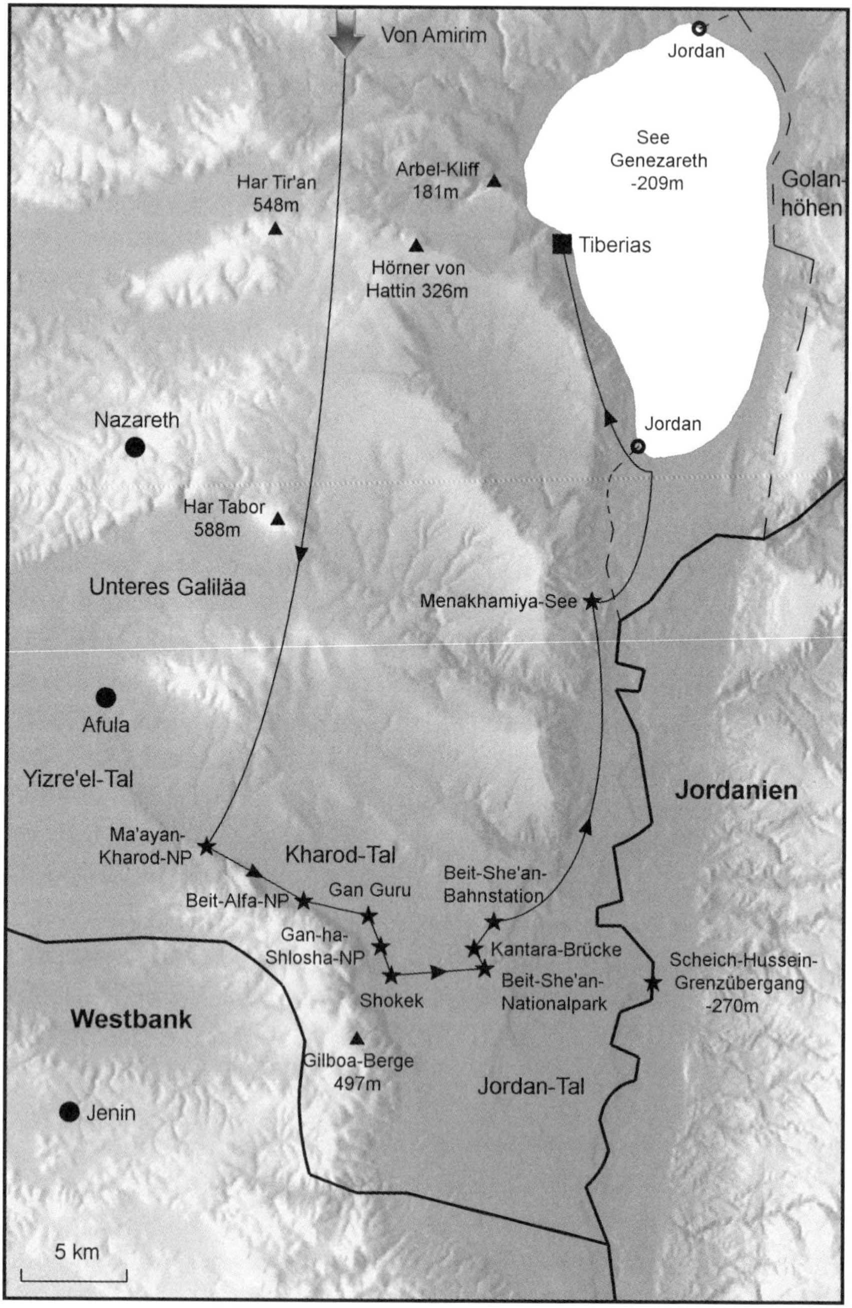
Von Amirim
Jordan
See
Genezareth
-209m
Golan-
höhen
Har Tir'an
548m
Arbel-Kliff
181m
Tiberias
Hörner von
Hattin 326m
Nazareth
Jordan
Har Tabor
588m
Unteres Galiläa
Menakhamiya-See
Afula
Yizre'el-Tal
Jordanien
Ma'ayan-
Kharod-NP
Kharod-Tal
Beit-She'an-
Bahnstation
Beit-Alfa-NP
Gan Guru
Gan-ha-
Shlosha-NP
Kantara-Brücke
Scheich-Hussein-
Grenzübergang
-270m
Beit-She'an-
Nationalpark
Shokek
Westbank
Gilboa-Berge
497m
Jordan-Tal
Jenin
5 km

5. Tag – Donnerstag, 09.12.2010

Amirim

Ich verlasse heute meinen ersten Host und so, wie es im Moment aussieht, muss ich eine Nacht im Hotel überbrücken. Ich konnte einfach keine andere Hostmöglichkeit finden und Revital will heute für ein paar Tage zu ihrer Mutter fahren, ich kann somit nicht noch eine Nacht bleiben.
So entscheide ich mich, in Tiberias oder Beit She'an zu übernachten, da ich im Süden Galiläas sowieso keinen Host habe und mir so einige Kilometer sparen kann.
Meine paar Sachen sind schnell gepackt und ich lege Revital heimlich 50 Schekel unter mein Kopfkissen. Ich will einfach nicht, dass sie durch meinen Aufenthalt Kosten hat, denn ihre finanzielle Situation ist spürbar nicht gerade rosig.
Ich bitte ihren Nachbarn, noch ein Foto von uns beiden zu machen und verabschiede mich von Revital mit einer Umarmung. Sie scheint wirklich etwas traurig darüber zu sein, dass ich mich auf den Weg mache, und verabschiedet mich überaus herzlich.
Von Amirim fahre ich wie gestern wieder gen Süden, biege aber vor Afula von der 65 auf die 716 ab, immer in Richtung der Gilboa-Berge an der nördlichen Westbank.

Ma'ayan-Kharod-Nationalpark

Kurz vor dem Nationalpark passiere ich den Afula-Beit-She'an-Damm der Hedschasbahn, die einst von Haifa über Afula nach Beit She'an verlief, dort einen Bogen nach Norden machte und am Jordan entlang den See Genezareth tangierte. Schließlich verlief sie durch das Yarmuk-Tal zwischen Syrien und Jordanien entlang bis nach Dara in Syrien. Hier erreichte diese Nebenstrecke die Hauptstrecke, die von Damaskus über Amman bis nach Medina in Saudi Arabien verlief.

Jetzt besuche ich meinen ersten israelischen Nationalpark Ma'ayan Kharod zwischen Afula und Beit She'an und nutze gleich die Gelegenheit, mir eine „Green Card“ zu kaufen. Diese Karte ermöglicht ausschließlich Touristen 14 Tage lang den Besuch aller Nationalparks in Israel und kostet gerade einmal 145 Schekel. Wer also ein hohes Reisetempo vorlegt, der kann alle 65 Nationalparks für je nur 50 Cent besuchen. Früher war diese Karte auch wirklich grün, heute ist sie rot und rentiert sich bereits nach etwa 7 Nationalparkbesuchen.

Ma'ayan Kharod an sich ist aber eher ein Picknick-Park für Einheimische mit einem großen Schwimmbad und Bademeister-Turm. Ich bin der einzige Besucher im Park und am Eingang lungern drei Mitarbeiter des Parks herum, die sich auf Schippe und Schubkarre stützen.
Unter Palmen überquere ich eine Wiese und trotz des leeren Schwimmbeckens schallt laute israelische Musik aus unzähligen Lautsprechern durch den Park.

Mein Ziel ist die kleine Gideon-Höhle am Fuße der angrenzenden Gilboa-Berge. In ihr entspringt die Kharod-Quelle, die bereits in der Bibel erwähnt wird, denn hier besiegte Gideon die Midianiter:
»*Da machte sich Jerubbal – der ist Gideon – früh auf und das ganze Kriegsvolk, das mit ihm war, und sie lagerten sich an der Quelle Kharod, sodass er das Heerlager der Midianiter nördlich von dem Hügel More im Tal hatte. Der* HERR *aber sprach zu Gideon: ›Zu zahlreich ist das Volk, das bei dir ist. So lass nun ausrufen vor den Ohren des Volks: Wer ängstlich und verzagt ist, der kehre um.‹ Da kehrten vom Kriegsvolk zweiundzwanzigtausend um, sodass nur zehntausend übrig blieben.*
Und der HERR *sprach zu Gideon: ›Das Volk ist noch zu zahlreich. Führe sie hinab ans Wasser; dort will ich sie dir sichten.‹ Und er führte das Volk hinab ans Wasser. Und der* HERR *sprach zu Gideon: ›Wer mit seiner Zunge Wasser leckt, wie ein Hund leckt, den stelle besonders.‹ Da war die Zahl derer, die geleckt hatten, dreihundert Mann. Und der* HERR *sprach zu Gideon: ›Durch die dreihundert Mann, die geleckt haben, will ich euch erretten und die Midianiter in deine Hände geben; aber alles übrige Volk lass gehen an seinen Ort.‹*

Und er teilte die dreihundert Mann in drei Heerhaufen und gab jedem eine Posaune in die Hand und leere Krüge mit Fackeln darin und sprach zu ihnen: ›Seht auf mich und tut ebenso; wenn ich nun an das Lager (der Midianiter) komme, wie ich tue, so tut ihr auch! Wenn ich die Posaune blase und alle, die mit mir sind, so sollt ihr auch die Posaune blasen und rufen: Für den HERRN und für Gideon!‹
So kam Gideon mit hundert Mann an das Lager zu Anfang der mittleren Nachtwache, als sie eben die Wachen aufgestellt hatten, und sie bliesen die Posaunen und zerschlugen die Krüge in ihren Händen. Da bliesen alle drei Heerhaufen die Posaunen und zerbrachen die Krüge. Sie hielten aber die Fackeln in ihrer linken Hand und die Posaunen in ihrer rechten Hand, um zu blasen und riefen: ›Hier Schwert des HERRN und Gideons!‹ Und sie blieben stehen, jeder an seiner Stelle, rings um das Lager her.
Da fing das ganze Heer (der Midianiter) an zu laufen und sie schrien und flohen. Und die Männer Israels von Naftali, von Asser und von ganz Manasse wurden zusammengerufen und jagten den Midianitern nach.« (Richter 7,1–25 gekürzt)

Das kriegerische Nomadenvolk der Midianiter lebte um 1200–1000v.Chr. im nordwestlichen Bereich des heutigen Saudi Arabiens, unternahm aber weit entfernte Raubzüge und galt als Feind der Israeliten. Sie werden zu den Hebräern gezählt und entstammen dem Stammvater Midian, dem vierten Sohn Abrahams.
Abraham schickte Midian nach Osten, um einen Konflikt mit seinem ersten Sohn Isaak zu vermeiden. Auch Mose war mit den Midianitern verbunden, denn nach seinem Mord an dem ägyptischen Aufseher floh Mose zu ihnen und heiratete eine Frau der Midianiter.
Die Midianiter gelten auch als Vorfahren der heutigen Araber, daraus lässt sich ableiten, dass Juden und Araber sich viel näher sind, als man glaubt, und unter Umständen sogar gleicher Abstammung sind. Dies wird heute auch von Gentests weiter gestützt.
Im Kharod-Tal, in direkter Umgebung der Kharod-Quelle, fand am 03.09.1260 auch die Entscheidungsschlacht zwischen den ägyptischen Mameluken unter Baibars und den vorrückenden Mongolen statt, die zuvor einen Pakt mit den Kreuzrittern geschlossen hatten. Die Mame-

luken setzten an diesem Tag der weiteren mongolischen Expansion ein Ende, in dem sie das Mongolenheer vernichtend schlugen.

Beit-Alfa-Nationalpark

Ich fahre weiter über die 71 Richtung Osten nach Beit She'an, biege kurz darauf südlich auf die 669 ab und erreiche das Kibbuz Beit Alfa bzw. das angrenzende Kibbuz Heftziba, in dem die berühmte Beit-Alfa-Synagoge liegt.
Vor dem Eingang des Nationalparks erwartet mich ein kleines Modell der Synagoge, das mir einen ersten Eindruck vermittelt, wie sie einst aussah. Ein kleiner Shop mit zwei Damen erwartet mich vor der eigentlichen Synagoge, die direkt dahinter in einer Halle liegt.
Eintritt brauche ich ja in den Nationalparks ab sofort nicht mehr zu bezahlen und eine kleine Lochung meiner Green Card reicht aus. Die Gerätschaften zur Lochung reichen dabei in Israel über ganz normale Bürolocher über altertümliche Lochungsgeräte, mit denen man Blech stanzen könnte, bis hin zu simplem Lochen mit einem Stift. Teilweise artet die Lochung der Karte in ein interessantes Schauspiel aus, bis hin zur Unkenntnis der Karte überhaupt.
Aber die zwei Damen meistern die Lochung souverän, und da mit mir noch eine kleine Touristengruppe angekommen ist, komme ich ohne Wartezeit in den Genuss der Videoshow.
Ich betrete die Halle, die zum Schutz der alten Synagoge errichtet wurde. Die wenigen Mauerreste umgeben ein komplett erhaltenes Mosaik aus dem 6. Jahrhundert. Dieses wurde 1928 durch Farmer entdeckt und 1929 ausgegraben.

Wer schon ein paar Mosaike gesehen hat, der wird beim Gang um das sanft beleuchtete Mosaik schnell bemerken, dass dieses von sehr geringer Qualität ist. Figuren und Tiere sind teils sehr einfach dargestellt und von ungewöhnlich verzerrten Proportionen. Aber genau diese Einfachheit macht das Mosaik auch so sehenswert.

Das Licht geht aus und ein Video beginnt. Es erzählt die Geschichte der Synagoge und erklärt einzelne Bereiche des Mosaiks, die dann durch Spots besonders beleuchtet werden. Als das Video endet, umrunde ich das Mosaik auf einem erhöhten Gang und verlasse schließlich den Nationalpark.

Gan Guru

Mein Weg führt mich jetzt weiter auf der 669 gen Osten und ich erreiche das Kibbuz Nir David, auch Tel Amal genannt. Das Kibbuz liegt 4km westlich von Beit She'an und ist durch seine Quellen in ganz Israel bekannt, dazu tragen auch zwei Museen und insbesondere „Gan Guru“ bei, was nichts weiter bedeutet als „Australischer Park“. Dieser liegt direkt am Ortseingang und ist mein erstes Ziel.
Am Eingang steht der Chef noch selbst an der Kasse und der Andrang ist für einen Wochentag im Dezember ganz ordentlich. Der Zoo ist als Rundweg – mit einem großen Teich in der Mitte – angelegt und beherbergt verschiedenste australische Tierarten.
Ein paar einzelne Kängurus dösen gelangweilt im Eingangsbereich und so schweift mein Blick zu einem Wildgänsepärchen, das sich am Teichrand putzt und das sprenkelnde Wasser eines Schaufelrades sichtlich genießt.
Nur einige Meter weiter sitzen – in einem offenen Gehege – zwei schlafende Koalabären, die sich auch nicht durch die zwei anwesenden Tierpfleger zu mehr als einem Blinzeln bewegen lassen.
Ich betrete ein extra eingezäuntes Gehege mit den heimlichen Stars des Parks, einer großen Herde von Kängurus. Aber auch diese dösen gelangweilt vor sich hin. So folge ich dem Rundweg weiter und laufe über eine Brücke auf die andere Seite des Parks.
Hier tummeln sich zwei Emus, australische Schafe und diverse Kleintiere. Ich gelange auf dem Rundweg wieder zum Ausgang, wo der australische Chef immer noch Tickets verkauft, und verlasse den kleinen, aber feinen australischen Tierpark.

Gan-ha-Shlosha-Nationalpark

Direkt hinter dem Zoo fahre ich durch eine Reihe von Kassenhäuschen, wo ich meine Green Card zum Lochen vorzeige und mir einen Parkplatz suche. Während der Woche ist hier sichtbar wenig los, jedoch im Sommer und an den Wochenenden ist hier meist alles überfüllt, sodass es weder Parkplätze noch Picknickplätze gibt.
Ich laufe über eine saftig grüne Wiese bis zur gut 50m entfernten unterirdischen Quelle. Sie speist hier einen Badesee und lässt am Ende – durch einen gut 5m tiefen und 10m breiten Wasserfall – einen Fluss entstehen, den Amal.
Es ist unglaublich, wie viel Wasser hier pro Sekunde den Wasserfall hinabströmt. Die unterirdische Quelle muss gewaltig sein für eine so trockene Region. Das Wasser ist kristallklar und trotz der kühlen Lufttemperatur von 23°C badet sogar der ein oder andere Israeli.
Vorbei an einem kaum noch erhaltenen griechischen Theater und einer osmanischen Getreidemühle, folge ich dem Fluss einige Hundert Meter. Plötzlich liegt unregelmäßiges Ding-Ding-Ding oder Dong-Dong-Dong in der Luft und wird mit jedem Schritt lauter. Es kommt deutlich von der nördlichen Flussseite, aber durch Schilf und Bäume kann ich die Quelle der Töne nicht ausmachen.
Erst einige Meter weiter bekomme ich ein freies Sichtfeld und sehe viele Kinder, die mit Metallklöppeln auf eine Reihe von Gasflaschen, Felgen oder sonstige Metallgegenstände schlagen. Keine Sorge, die Gasflaschen sind leer und die Gegenstände dienten einst als akustische Signale der umliegenden Pionier-Siedlungen. Mit ihnen riefen die Bewohner früher zum Essen, aber auch zu den Waffen, wenn die Siedlung von Beduinen angegriffen wurde.

Etwas erhöht, am Ende des Parks, erwartet mich ein etwas in die Jahre gekommenes Museum. Es zeigt Fundstücke aus den umliegenden Grabungen des Kharod-Tales, darunter eine Kopie einer Kaiser-Hadrian-Statue, verschiedene Vasen und Öllampen sowie viele Infor-

mationen über die Grabungen. Ansonsten ist das Museum nicht sonderlich sehenswert.
Viel interessanter hingegen ist die große steinerne Brücke, die das archäologische Museum mit dem Pioniermuseum auf der anderen Flussseite verbindet. Als ich die Brücke überquere, blicke ich links und rechts nur auf klares Wasser. Wenn es eine grüne Oase mit niemals versiegendem Wasser gibt, dann ist sie genau hier. Aus diesem Grund ist das Kharod-Tal auch so übersät mit alten Siedlungshügeln, die wohl schon vor Tausenden von Jahren die zahlreichen Quellen zu schätzen wussten.

Etwas bergauf gelange ich zum wiederaufgebauten Tel Amal. Die Wachsiedlung ist typisch für viele weitere Siedlungen aus der Pionierzeit in Israel, als sich die ersten jüdischen Siedler das Land urbar machten. Das Museum ist umgeben von einer gut 2m hohen Verbundmauer aus einer doppelten Holzwand, deren Zwischenraum mit kleinen Steinen aufgefüllt ist. So schufen die jüdischen Bewohner eine effektive schusssichere Mauer.
Ich betrete den inneren Teil der 30x30m großen Palisadensiedlung. In der Mitte steht ein gut 10m hoher Wachturm, der umgeben ist von mehreren Holzbaracken. Diese sind wieder original eingerichtet und zeigen Schlafräume, Küche, Speisesaal und Lagerräume. In den Baracken war es spartanisch eingerichtet und heiß, sicherlich war das damalige Leben hier ohne Strom, fließend Wasser und Klimaanlage eine Herausforderung. Ein Stall ist in die Palisadenwand integriert, die überall von Schießscharten durchzogen ist.

Über eine steile Leiter erklimme ich anschließend die Plattform des Wachturms. Von hier oben bietet sich mir ein guter Blick über weite Teile des Parks und den vorbeischlängelnden Fluss. Ich blicke herüber auf die südlichen Gilboa-Berge und mein Blick reicht gen Osten bis zu den 15km entfernten Bergen Jordaniens. Erst jetzt sehe ich, dass die Siedlung im Grundriss ähnlich wie eine alte Burg angelegt ist, mit vorgelagerten Ecken, die den Beschuss von Angreifern auch direkt an der

Mauer ermöglichten. Ich rutsche die Leiter – wie bei der Feuerwehr – wieder herunter und verlasse das Pioniermuseum.
Auf meinem Rückweg laufe ich durch die Sammlung der Alarmglocken und lasse hier und dort den Hammer auf das Metall niederfahren. Ein helles Ding-Ding-Ding oder dumpfes Dong-Dong-Dong schallt durch den Park. Ich folge den Schallwellen nach, weiter am nördlichen Ufer entlang zurück zum Parkplatz.

Ich fahre aber nicht zurück zur Straße, sondern biege am Ausgang auf eine Nebenstraße, die südlich am Gan-ha-Shlosha-Park vorbeiführt. Im September 2010 hatte ich mich bereits gewundert, warum die Feldwege südlich des angrenzenden Kibbuz Nir David vom Feinsten geteert worden waren.
Jetzt sehe ich den Grund, als ich kurz hinter dem Park von einem Golfkarren geschnitten werde und voll in die Eisen gehen muss. Ein großer Golfwagen-, Fahrrad- und Kettcar-Verleih säumt die Straße und Dutzende Besucher tummeln sich zwischen den Fahrzeugen. Ganze Armeen von Golfwagen brettern durch die Felder, liefern sich untereinander und mit den Radfahrern Rennen und machen diese einst so ruhige Ecke zum Chaos-Ort.
Ich muss mich voll auf den Verkehr konzentrieren, um nicht mit einem der Golfwagen zu kollidieren oder einen der kaum zu sehenden Kettcarfahrer zu rammen.
Eigentlich wollte ich zum Shokek-Aquädukt und der Shokek-Quelle, aber ich habe gerade die Lust daran verloren und bin von dem Trubel genervt. So erzähle ich Ihnen jetzt von unserem Besuch dieser beiden Orte im September 2010.

Shokek

Mit meiner Freundin suche ich zuerst das kleine Shokek-Aquädukt. Wir wissen nur, dass es irgendwo zwischen den Feldern südlich von Gan ha-Shlosha liegen muss. Nach einer wirren Fahrt durch die Felder stoppen

wir an einer kleinen Baumgruppe, hinter der ich das Aquädukt erspäht habe. Meine Freundin steigt gerade aus, als ich noch die Landkarte zur Seite lege und mir den Fotoapparat schnappe.
Plötzlich parkt ein Auto direkt neben mir, als ich gerade aussteige. Ohne Vorwarnung springen drei Männer heraus, umstellen mich und halten mir ihren Polizeiausweis unter die Nase. Einer fordert mit strenger Miene meinen Ausweis. Ich gebe ihnen meinen Reisepass und der Polizist sagt – leicht enttäuscht auf Englisch – zu seinen Kollegen: »*Nur ein Tourist!*«
Er gibt mir den Ausweis zurück, entschuldigt sich für die Unannehmlichkeit und erklärt mir, dass sie dachten, ich wäre ein Entführer, der gerade eine Frau verschleppt.
Dass meine Freundin ganz entspannt zwischen den Bäumen entlang spaziert, ist ihnen wohl entgangen. Sie springen in den Wagen und verschwinden so schnell, wie sie gekommen sind.
Das Ganze ging so schnell, dass meine Freundin gar nichts davon mitbekommen hat und mich fragt, was denn los war. Ich antworte ihr: »*Das war gerade die Zivilpolizei und sie dachten, ich hätte dich entführt.*«
Ein etwas ungläubiger Blick ist die Antwort. Kein Wunder, denn das war gerade ziemlich irreal. Am Ende lachen wir dann doch über das gerade Passierte und vergessen fast das Aquädukt.

Es erstreckt sich über nur gut 50m und beginnt unverhofft an einem kleinen Hang, zieht sich in gut 3m Höhe in Bogenbauweise durch trockenes Gras und endet in drei Fallrohren, die früher einmal darunter liegende Mühlräder antrieben. Interessant ist ein seitlicher Überlauf, der verhinderte, dass zu viel Wasser durch die Fallrohre strömen konnte und die Mühle beschädigte.
Wir klettern auf dem ziemlich bewucherten Aquädukt herum und betreten die Reste der Wassermühle, die aber nur noch in der Fantasie zu erkennen ist, insbesondere weil das Kellergeschoss eingestürzt ist.
Anschließend fahren wir weiter zur Shokek-Quelle, die nur 300m vom Aquädukt entfernt ist. Die Quelle speist einen kleinen kristallklaren

Teich, der heute nicht völlig überlaufen ist. Nur ein Pärchen liegt an seinem Ufer. Die beiden sprechen uns augenblicklich an, fragen uns, woher wir kommen und bieten uns ohne zu zögern selbst gemachtes Gebäck an. Das ist für uns Deutsche so überraschend und irgendwie unangenehm, dass wir diesen nett gemeinten Überfall dankend ablehnen.
Insbesondere mir steckt noch die Polizeiaktion in den Knochen, sodass ich mich nicht auf die beiden konzentrieren kann. Im Nachhinein betrachtet waren wir wohl ziemlich unfreundlich, aber es lässt sich nicht mehr ändern.
Wir schauen uns noch ein wenig um, stecken die Finger in das kühle Nass, das bei der gerade herrschenden Lufttemperatur von 42°C mehr als angenehm ist, und beenden unsere Shokek-Erkundung mit der Rückfahrt durch die frisch geteerten, aber noch leeren Feldwege.

Beit-She'an-Nationalpark

Nur 3km in östlicher Richtung erreiche ich die Stadt Beit She'an und besuche an deren Nordrand den Beit-She'an-Nationalpark.
Beit She'an, damals noch Scythopolis, war die Hauptstadt der griechisch-römischen Dekapolis-Städte. Neben ihr liegt heute noch Susita in Israels Grenzen. Wohingegen Jerash, Pella, Abila, Capitolias, Amman und das nur wenige Kilometer nordöstlich liegende Gadara in Jordanien liegen.
Die restlichen Städte der Dekapolis wie Dara, Bosra und Damaskus komplettieren im heutigen Syrien den damaligen offenen Städtebund. Bis heute ist aber umstritten, welche Städte sich genau dem Städtebund der Dekapolis anschlossen und welche Funktion dieser Bund überhaupt hatte.

Heute ist Beit She'an eines der am meisten besuchten Touristenziele in Israel und das völlig zu Recht. Beit She'an ist nicht nur eine der größten Ausgrabungen des Landes, sondern auch eine der sehenswertesten.

Gleich nach dem Besucherzentrum erblicke ich von der Cafeteria-Terrasse aus einen Großteil der antiken Stadt. Direkt vor mir erstreckt sich der 150m lange Palladius-Cardo mit seinen imposanten Säulen. Links davon liegt der Thermenkomplex und rechter Hand imponieren die Reste des römischen Theaters. Am Ende des Cardos erhebt sich ein steiler Hügel, der oben abgeflacht ist und mir sicher einen tollen Ausblick über die Ausgrabung ermöglichen wird.
Am Rande der Cafeteria steht ein Bronzemodell der römischen Phase Beit She'ans. Es zeigt, wie groß und wichtig diese Stadt einst gewesen sein muss. Die damalige Stadtmauer umgab die Stadt auf etwa 5km Länge und überquerte dabei zweimal den Kharod.
Doch zuerst halte ich mich rechts und betrete das gut zu einem Drittel erhaltene Theater, dessen nordöstliche Ecke sogar bis zum 2. Stockwerk rekonstruiert wurde. Die Ränge der ersten Etage sind hingegen komplett erhalten, ebenso große Teile der Kulisse.
Einst besaß das Theater drei Stockwerke und bot 7000 Personen Platz. Eine seitliche Mauer an der Kulisse schloss damals das Theater ab und machte es zu einem geschlossenen Kessel für Philosophen, Theater, Tanz und Musik.

Mein weiterer Weg führt mich kurz über den Cardo zur 9000m² großen römischen Therme. Ich erkenne im Thermenkomplex noch gut die mit Säulen gesäumte Vorhalle, wo sich die Badegäste mit sportlichen Aktivitäten und Diskussionen die Zeit vertreiben konnten. Anschließend betrete ich einen überdachten Bereich, der sich gleich als das Hippocaust und Caldarium entpuppt. Teile des beheizten Bodens und der Wandheizung sind gut erkennbar. Dazu tragen auch Hunderte von kleinen Säulen bei, die einst den Fußboden trugen und von den heißen Gasen der Öfen umströmt wurden.
Etwas versteckt hinter dem zentralen Badehaus liegen noch die Latrinen der Therme. In nicht gerade intimer Atmosphäre konnten sich hier die Badegäste freien Herzens erleichtern und dabei weiter mit ihrem Sitznachbarn diskutieren.

Zurück auf dem Cardo, folge ich dieser beeindruckenden Einkaufsstraße, deren Säulen auf beiden Seiten noch zu gut einem Drittel komplett erhalten sind. Sie trugen einst das Dach über dem Bürgersteig, der sogleich meine Aufmerksamkeit auf sich zieht, denn er wurde im 4.Jhd. renoviert.

Gut zu erkennen ist, wie der ältere römische Bürgersteig mit einem einfachen, zumeist geometrischen Mosaik über die gesamte Länge von 150m belegt war. Auf dieses alte Mosaik wurde später von den Byzantinern eine gut 10cm dicke Mörtelmischung aufgebracht und diese dann mit größeren Marmorplatten belegt. Auch die Fassaden der Geschäfte verkleideten die Baumeister mit diesem edlen Material.

Genau in der Mitte des Cardos öffnete sich linker Hand auf der Westseite ein halbrunder Platz, der um zwei Stufen zum Cardo erhöht lag. In einem seiner Geschäfte entdeckten die Archäologen ein Mosaik mit dem Bildnis der griechischen Tyche, der Schutzgöttin von Beit She'an. Sie trug die Stadtmauer von Beit She'an als Krone und hielt in ihrer linken Hand ein mit Früchten gefülltes Füllhorn. Leider blicke ich nur auf eine Kopie, das Original wurde nach seiner Freilegung gestohlen.

Auf der anderen Seite des Cardos betrete ich die angrenzende byzantinische Agora, deren 50x90m großer Platz einst von einer Säulenreihe umgeben war. Der Begriff Agora stammt aus griechischer Zeit und umschreibt einen zentralen Platz, der nicht nur als Markt, sondern auch für Feste und Versammlungen genutzt wurde.

Zu sehen gibt es hier wenig, so kehre ich auf den Cardo zurück und erreiche gleich darauf das Ende der Palladius-Straße. Sie mündet in einer T-Kreuzung und bildet mit zwei weiteren Cardos den zentralen Kreuzungspunkt der historischen Stadt. Nach Nordwesten zweigt ein noch nicht gänzlich ausgegrabener Cardo ab und so wende ich mich dem nach Osten laufenden Silvanus-Cardo zu.

An der Ecke zwischen Palladius- und Silvanus-Cardo stand ein imposanter, gut 15m hoher römischer Tempel, der von vier gewaltigen Säulen getragen wurde und über zwei Treppenebenen zu erreichen war. Zwei dieser Säulen liegen heute noch so, wie sie nach dem Erdbeben

749n.Chr. zum Liegen gekommen sind, und blockieren halb den Cardo. Zwei der reich verzierten Säulenkapitelle liegen wie gewaltige Würfel direkt auf der gepflasterten Straße und reichen mir bis zur Brust. Unglaublich, wie gut erhalten die Kapitelle sind, insbesondere wo sie beim Erdbeben aus gut 10m Höhe hier direkt auf die Straße gekracht sind.
Direkt neben dem Heiligtum stehen die Reste des Nymphäums, dem öffentlichen Brunnen der Stadt. In einer tiefen Rinne vor dem Brunnen floss einst das Wasser. Vom Nymphäum ist leider nicht mehr viel erhalten.
Gegenüber dem Nymphäum befand sich das Auditorium, welches in den Hang des Tels von Beit She'an gebaut war, der sich jetzt vor mir erhebt. Wo früher römische Veranstaltungen, Lesungen und Diskussionsrunden stattfanden, erinnert heute gar nichts mehr an dieses Gebäude. Gleich neben dem Nymphäum liegen noch die Reste des später überbauten römischen zentralen Monuments.

Direkt gegenüber zweigt nördlich die „Tal-Straße“ ab. Dieser folgen die wenigsten Besucher des Nationalparks, insbesondere die Busgruppen werden hier vorbeigelotst und verpassen so eines der Highlights Israels. Der einst von Säulen und Geschäften gesäumte über 300m lange Cardo ist heute mit Palmen und Olivenbäumen bewachsen und hier und dort wurden Grundmauern freigelegt. Früher lag rechter Hand des Cardos, hinter der Geschäftszeile, die Pferderennbahn, von der nicht auch nur ein Stein erhalten ist.
Der Cardo führt mich direkt hinab zum Kharod und endet in einem großen, runden Platz. Hier begann ein gewaltiger, gut 100m langer und 20m hoher künstlicher Damm. Dieser endete in einer ca. 60m langen Brücke, die in drei Bögen den Fluss Kharod überspannte.
Dies gewaltige Bauwerk war nicht nur Brücke, unter dem der Kharod hindurchströmte, sondern gleichzeitig auch die Stadtmauer. Das Doppeltor befand sich einst in der Mitte der Brücke und vorgelagert auf der gegenüberliegenden Hangseite. So besaß die Brücke kein niedriges Geländer, sondern war auf beiden Seiten von hohen Mauern gesäumt.

Ich laufe auf den Resten des Damms herum und blicke herüber auf die nördliche Flussseite, hier erhebt sich der Tel Istaba, auf dem in byzantinischer Zeit drei Kirchen erbaut wurden. In römischer Zeit lief die Stadtmauer über diesen etwa 50m höheren Hügel und schützte die Stadt von Norden her. Einen Kilometer westlich wechselte die Stadtmauer über eine weitere Brücke die Flussseite, zurück auf die südliche Flussseite, und setzte ihren Weg um das römische Beit She'an fort.

Ich erreiche das Ende des Damms und mir fällt eine Besonderheit ins Auge, denn die zwei Säulen der drei Brückenbögen stehen schräg zum Damm und sind nach dem Flusslauf ausgerichtet. Der Damm endet abrupt und stellt sich als Sackgasse heraus, so klettere ich über Steinblöcke bis zum Fuß der Brücke herunter.
Vor mir erhebt sich einer der halb erhaltenen Bögen der alten Brücke und etwas unterhalb fließt der Kharod vorbei. Höhe und Breite des Brückenpfeilers beeindrucken mich und lassen nur erahnen, welches Ausmaß die damalige Brücke gehabt haben muss. Dennoch hatte die Befestigung einen entscheidenden Nachteil, denn der Fluss durchbrach an zwei Stellen die Stadtmauer und ermöglichte so Eindringlingen, zumindest bei Niedrigwasser, ein leichtes Betreten der Stadt, wenn sie es denn an den Wachen vorbeischafften.

Über einen gut ausgebauten Weg gelange ich zurück zum Cardo, bis ich kurz vor dem Nymphäum rechts abbiege und mich mein Weg über unzählige Treppenstufen hinauf auf den Tel Beit She'an führt. Der Tel überragt das römische Beit She'an um etwa 25 Höhenmeter und besteht aus etwa 20 Siedlungsschichten, die in neolithischer Zeit vor 7000 Jahren begannen.
Später folgten Kanaaniter, Ägypter und Israeliten. Nach der assyrischen Zerstörung wurde die Stadt durch die Griechen wiederbesiedelt. Die Römer erbauten auf dem Tel einen Zeus gewidmeten Tempel und die Byzantiner eine Kirche. Die Kreuzritter umgaben den Hügel mit einer Mauer, besiedelten ihn – den Funden nach – aber nicht.

Ich schlendere über den Hügel, auf dem überall von Archäologen gegraben wurde. Die Funde sind bereits sehenswert, aber die hohe Position ermöglicht zusätzlich einen fantastischen 360°-Blick.
Erst von hier oben werden mir die Ausmaße des römischen Beit She'an klar, und das, was ich unter mir sehe, war nur das relativ kleine Stadtzentrum. Die Cardos und Gebäude füllen die Senke, in dem das Stadtzentrum einmal lag, vollständig aus.
300m entfernt liegen das große Theater und die Thermen, dazwischen verläuft der Palladius-Cardo, der geradewegs auf mich zuläuft und dessen so hohen Säulen von hier oben wie kleine Steinpfosten aussehen. Auch die über den Kharod spannende römische Brücke sehe ich und die hell strahlenden Berge Jordaniens, die zum Jordan hin steil abfallen.
Etwas am Rand versteckt laufe ich noch durch das alte Tor der Kreuzrittermauer und steige die Stufen vom Tel wieder herab. Ich halte mich am Nymphäum links und laufe den Silvanus-Cardo entlang. Seinen Namen fand man in einer der Gebäudeinschriften. Die Straße und deren Gebäude wurden von Byzantinern und in früher muslimischer Zeit mehrfach umgebaut und wie der Rest der Stadt im schweren Erdbeben von 749n.Chr. zerstört.
Ich trete den Rückweg Richtung Theater an und laufe vorbei an den kleineren östlichen Thermen, einer öffentlichen Toilette mit ihren so typischen Steinsitzen und passiere noch ein kleines Heiligtum mit einem Tempel. Dessen Altarfundament ist noch erhalten und aus den kleinen Löwenköpfen des benachbarten Brunnens floss einst das Wasser.

Ich laufe noch einmal durch das Theater und stehe kurz darauf auf dem Platz des Besucherzentrums. Der Ausgang führt durch den Souvenirshop, dessen Größe davon zeugt, wie viele Besucher nach Beit She'an kommen. Ältere Zahlen sprechen von 400.000 Besuchern pro Jahr und liegen damit auf dem Niveau von Petra in Jordanien. Inzwischen dürften es noch mehr Besucher sein, da jährlich mehr Reisende nach Israel kommen.

Im Shop erfülle ich meine touristischen Pflichten, kaufe eine Beit-She'an-Panoramapostkarte mit Briefmarke und sende sie als Überraschung an die Arbeit meiner Freundin. Die Karte wird erst in fünf Wochen ihr Ziel erreichen, da bin ich längst wieder zurück.
Etwas abseits der zentralen römischen Stadt besuche ich noch kurz das römische Hippodrom und spätere Amphitheater. Es liegt 300m südlich der heutigen Ausgrabung, aber noch innerhalb der damaligen Stadtmauern und war von Wohnhäusern der einfachen Bürger umgeben. Der ovale Grundriss mit 40x80m ist komplett erhalten, von der Tribüne aber nur noch ein paar wenige Reihen.

Nur 100m weiter westlich stehen die Reste der kleinen Kreuzritterburg, die aber von Arabern und Osmanen überbaut wurde und nur noch im Grundriss zu erkennen ist.
So endet mein Beit-She'an-Besuch, der sicherlich zu den Highlights in Israel gehört.

Ich versuche mein Glück, in Beit She'an zu übernachten, doch genau hier liegt dessen touristischer Schwachpunkt. Beit She'an ist für die Reisenden zumeist ein Durchgangslager. Es gibt hier nur das völlig überlaufene Beit-She'an-Gästehaus. Es macht von außen einen sehr guten Eindruck. Das scheinen auch die anderen Gäste so zu sehen und so ist das Hostel mal wieder bis auf das letzte Bett ausgebucht.
Ich versuche noch auf dem Parkplatz, mit meinem Notebook ein Hotel in Tiberias zu finden. Das klappt aber wegen der schlechten Internetverbindung nicht. Ich werde es also am Abend noch mal in Tiberias versuchen.

Kantara-Brücke

Ich verlasse Beit She'an gen Nordwesten, Richtung der 71, und nur wegen meiner guten Ortskenntnis fahre ich in einer Senke auf einen nach Westen abzweigenden Feldweg. Da ich die Kantara-Brücke schon

einmal mit meiner Freundin besucht habe, kenne ich inzwischen alle drei Zufahrtsmöglichkeiten.
Mein Weg führt mich immer entlang des Kharod, bis nach 2km die römische Kantara-Brücke auftaucht, die hier seit fast 2000 Jahren den Kharod überspannt. Zwei Brückenbögen sind noch komplett erhalten. Nur etwa ein Drittel der Brücke ist durch eine moderne Beton- und Eisenkonstruktion ersetzt worden.
Zuerst laufe ich den Hang bis zum Kharod hinab. Sein Wasser fließt durch den mittleren Brückenbogen und stürzt danach über einen Wasserfall gute 3m tief in ein Wasserbecken hinter der Brücke. Viel Wasser läuft im Moment nicht und trinkbar ist es definitiv nicht, denn die umliegenden Fischzuchtbecken leiten ihre Abwässer teils in den Kharod. Dennoch ziehe ich meine Schuhe aus und bade meine Füße im kühlen Nass.
Um mich herum schwirren gelb-schwarze Insekten, ich vermute, es ist eine Hornissenart, die hier zum Fluss fliegt, um zu trinken. Als meine Füße wieder trocken sind, gehe ich zur Nordseite der Brücke.
Die Brücke ist sehr schmal und ich laufe in einer nur etwa 60cm breiten U-förmigen und mit Stahlseilen gesicherten Rinne über die gut 30m lange Brücke. Von oben blicke ich auf den Wasserfall und die nördlich liegenden Felder.
Auf der Südseite der Brücke angekommen, laufe ich den Hang hinab und erreiche das Wasserbecken am Fuße der Brücke mit dem kleinen Wasserfall. Ich genieße noch einen Moment diesen so ruhigen Ort und laufe über die Brücke wieder zurück zum Auto.

Beit-She'an-Bahnstation

Zurück an der Hauptstraße fahre ich nördlich zur 71 und erreiche das Beit-She'an-Industriegebiet. Direkt gegenüber, auf der südlichen Seite der 71, liegt die 5. Bahnstation der Hedschasbahn 120m unter dem Meeresspiegel. Gut ein halbes Dutzend an Gebäuden zeugt noch heute von der damaligen Größe dieser Eisenbahnstation.

Ich laufe über das Gelände und entdecke noch einige der alten Gleise, laufe vorbei an einer Lagerhalle mit ihrer Verladerampe und erreiche den komplett erhaltenen Wasserturm. Über 100 Jahre Korrosion nagen aber inzwischen deutlich an der Eisenkonstruktion und so klaffen große Löcher im Boden des Wassertanks. Gut erkennen kann ich aber noch die Rohrleitungen und Pumpenanschlüsse, die einst die Dampfloks mit Wasser versorgten.
Fahrgastfreundlich war die Bahnstation hingegen nicht, denn von der Bahnstation bis zum Zentrum in Beit She'an sind es 1,5km Fußweg. Dabei gehört das Kharod-Tal zu einem der wärmsten Orte in Israel. Die Bahnstation näher an Beit She'an zu bauen, hätte aber mindestens zwei Brücken und viele Meter an Gleisen erfordert. Zur damaligen Zeit ein hoher technischer Aufwand für etwas mehr Komfort.
Auf meinem Weg nördlich auf der 90 Richtung Tiberias passiere ich immer wieder Reste der Hedschasbahn. Kleine Brückenbögen, das Gleisbett und sogar eine komplett erhaltene Drei-Bögen-Brücke mit Schienenresten, die sich über den Fluss Yisakhar spannt, kann ich noch entdecken. Kurz darauf biege ich nach dem Kibbuz Gesher auf eine Nebenstraße Richtung Westen ab.

Menakhamiya-See

Die zunächst geteerte Straße wandelt sich in eine Schotterpiste, die sich immer tiefer in das Wadi hineinzieht. Gesäumt von Dutzenden leeren Flaschen und Mülltüten erreiche ich in der einsetzenden Dämmerung den abgelegenen Menakhamiya-See. Eine Geländewagengruppe ist mit mir am See und zwei mutige Israelis baden sogar.
Einst wohl ein Steinbruch, hat sich daraus dieser 100x250m große See gebildet. Ein dichter Schilfgürtel zieht sich um die Nord- und Westseite und macht diesen Ort zu einem grünen Kleinod in dieser so trockenen Region.
Kurz vor mir bricht die Gruppe mit ihren fünf Geländewagen wieder auf und ich folge ihnen. Sogleich verlassen sie die Straße und wühlen

sich einen steilen Hang hinauf. Die ersten vier schaffen den Hang mit Untersetzung, knirschenden Achsen und jeder Menge umherfliegenden Steinen. Der Letzte aber packt den etwa 30° steilen Hang nicht und rutscht nach einigen Metern immer wieder zurück auf die Straße.

So muss ich zwangsweise warten. Ich beobachte das Schauspiel, wie der Fahrer inzwischen verzweifelt versucht, den anderen zu folgen, die bereits den gesamten Hang bezwungen haben. Im siebten Anlauf packt er es endlich und mit Vollgas ackert sich sein betagter Toyota über loses Geröll den Hang hinauf. Ich betrachte noch einen Moment die Kletterpartie und fahre weiter nach Tiberias.

Tiberias

Jetzt stehe ich in Tiberias und versuche – schon zum dritten Mal – eine ungeschützte Wireless-Verbindung anzuzapfen. Die Verbindung reißt aber immer wieder ab und der Akku meines Notebooks ist fast leer. Ich finde zwar noch die Hotelbewertungen, aber zum Buchen ist die Verbindung zu instabil. Gut, denke ich mir, fahre ich halt zum Prima-Galil-Hotel, das hat mir vom Preis-Leistungs-Verhältnis am besten gefallen, und buche an der Rezeption.

Das Thema Hotel ist so eine Sache in Israel. Die meisten Hotels sind völlig überteuert und bieten dafür schlechten Service, Ausstattung und abgenutzte Zimmer. Das liegt allerdings auch an der schlechten Planungssicherheit für die Hotelbetreiber, denn jeder militärische Konflikt lässt die Zimmer leer bleiben. Schlechte Voraussetzungen für dringend nötige Investitionen.

Zum Glück finde ich das Hotel recht schnell. Davor stehen bereits drei Busse mit chinesischen Schildern hinter der Frontscheibe.
Die Eingangstür des Hotels muss ich mir natürlich selbst öffnen. Der Wachmann trägt eine Pistole am Gürtel, um seine Wichtigkeit zu de-

monstrieren und scheint den Service zu vergessen. Dabei bin ich völlig überladen mit Koffer, Rucksack, Tüten und Taschen und habe Mühe, die schwere Tür zu bewegen.

An der Rezeption empfängt mich ein adretter Mann und ich bin ziemlich offensiv und erkläre, dass ich im Internet gesehen habe, dass noch ein Zimmer frei ist. Er fragt mich, ob ich dort auch gebucht habe, was ich ja wegen meiner technischen Probleme nicht konnte. Ich verneine daher seine Frage.
Im Hotel wäre es aber teurer, wenn ich erst hier buche. Dieses Phänomen verstehe ich bis heute nicht, denn nutze ich einen Online-Anbieter, der auch noch etwas verdienen will, so muss ich weniger bezahlen, als wenn ich mein Zimmer direkt im Hotel buche.
Was soll's, er macht mir einen guten Preis von 450 Schekeln für ein Doppelzimmer. Laut seiner Aussage bekomme ich extra ein gutes Zimmer im 9. Stock, da sei die am Hotel vorbeiführende Hauptstraße nicht so laut.
Das Zimmer ist wirklich groß und sehr sauber, dafür sind aber ein Fenster und der Duschhalter kaputt. Also alles im Rahmen für über 90€ die Nacht in einem israelischen 3-Sterne-Hotel. So etwas gehört selbst in 5-Sterne-Hotels zum Standard.
Aus einem der drei Fenster habe ich einen schönen Blick über Tiberias und ich mache ein paar Nachtaufnahmen von der Stadt, kopiere meine Bilder des Tages auf den Laptop und dusche.

Am frühen Abend laufe ich eine Weile durch Tiberias. Es ist nicht viel los und ich habe mal wieder Hunger. Als ich an das südlich Ende der Promenade gelange, erwartet mich eine große Menschenmenge. Schätzungsweise 1000 Touristen säumen hier das Geländer zum kleinen Hafen hin, wo sonst die Jesus-Boote ankern.
Da muss also irgendwas los sein, vermute ich und nähere mich der Ansammlung. Plötzlich beginnt eine Lichtershow im fast leeren Hafenbecken und laute Musik ertönt.

Der Beginn der Show gefällt mir gar nicht, sie ist irgendwie langweilig. So laufe ich etwas weiter bis zum Ende der Promenade. Dort steht ein senkrecht aufgestelltes Edelstahlmodell des Sees Genezareth, an dem Wasser herabläuft. Es ist der Pegelmesser des Sees.
Er zeigt -214,12m und eigentlich darf der Pegel nicht unter -213m fallen. Bei -214,87m muss die israelische Wasserbehörde jegliche Wasserentnahme stoppen. Der Wasserstand soll eigentlich bei -208,8m liegen, also ganze 5,32m höher.
Dies ist nicht nur eine Auswirkung der Wasserentnahme aus dem See und seinen Zuflüssen, sondern liegt insbesondere an einer seit 2003 anhaltenden Dürre in Israel.

In diesem Moment startet die Sound- und Lichtshow hinter mir voll durch. Auf der anderen Seite des Hafens, gut 50m entfernt, werden Wasserfontänen in Gang gesetzt, Palmen aus Plastik werden aufgeblasen, Beamer projizieren Bilder und Videos auf die Wasserwände und die Musik wechselt in rhythmische Beats bis hin zu Technoklängen. Okay, denke ich, jetzt wird es spannend und ich gehe die paar Meter zurück ans Hafenbecken.

In diesem Moment huschen mir unangenehme Gedanken durch den Kopf. Was für ein perfekter Platz für einen Terroranschlag! Hier stehen Hunderte von Menschen dicht gedrängt und es gibt nicht mal eine Security. Es ist mir egal, ich stelle mich mitten rein und genieße die jetzt viel interessantere Show.

Vor mir steht eine kleine übergewichtige Frau, die die Show mit ihrer gut 8 Jahre alten Digitalkamera festzuhalten versucht. Irgendwie tut sie mir leid, aber die Situation ist so lustig, dass ich ihr einfach nicht helfen mag. Sie benutzt ständig den Blitz für die mindestens 50m entfernte Show und ist so klein, dass sie die Kamera selbst mit ausgestreckten Armen nicht richtig über die Köpfe der vor ihr stehenden Männer heben kann. Sie macht etwa 15 Fotos und alle, aber auch wirklich alle, zeigen nur die Glatze des vor ihr stehenden Mannes im gleißenden Licht ihres Blitzes. Nicht ein einziges Foto zeigt auch nur ansatzweise etwas von der Show! Nach jedem Foto schaut sie hilflos auf das Display, dann startet sie einen neuen Versuch – und wieder erwischt sie nur die Glatze! Ich muss mich beherrschen, nicht laut loszulachen und belasse es bei einem inneren Grinsen.

Neben mir stehen zwei ultraorthodoxe jüdische Familien, beide Männer haben je eines ihrer unzähligen Kinder auf den Schultern und sie tanzen und klatschen wie von Sinnen zur immer schneller werdenden Technomusik. Ihre Kinder drohen fast abgeworfen zu werden, aber sie haben eine solche Freude in ihren Gesichtern, dass es sogar mich berührt.

Es ist ein Bild, wie man es sich kaum vorstellen kann. Diese so religiösen Menschen mit ihren festen Regeln und Traditionen feiern hier, bis der Arzt kommt. Es ist wahrlich ein Bild, wie es gegensätzlicher kaum sein kann. Nach 20 Minuten ist alles vorbei und die Menschenmasse zerstreut sich binnen Minuten in Tiberias. Kein Wunder, fast alle Geschäfte und Bars sind ja im Winter geschlossen und die meisten kehren in ihre Hotels zurück.

Ich folge der Promenade und sehe einen weiteren ultraorthodoxen Juden, der mit seinen zwei Töchtern wie ein Wahnsinniger auf einem Trampolin hüpft, dass all ihre Zöpfe nur so durch die Luft fliegen. Alle drei lachen und singen dabei, als ob sie allein wären. Ich beobachte kurz die Szene und schmunzle, wie lebensfroh diese Situation auf mich wirkt.

Ich bin aber immer noch hungrig und suche ziemlich verzweifelt nach einem Restaurant, von dem ich denke, das Essen dort könnte genießbar sein. Letztendlich siegt mein Hunger und ich setze mich in ein Restaurant direkt an der Hauptstraße. Der arabische Wirt ist nett und ich bestelle mir Hähnchenspieße. Die Qualität ist aber mehr als dürftig und die Pommes schmecken wie dreimal aufgewärmt. Ich fühle mich jetzt zwar satt, aber auch irgendwie angeekelt.

Zum ersten Mal auf meiner Reise verspüre ich eine gewisse Einsamkeit. Zu gerne hätte ich jetzt etwas Gesellschaft oder, noch viel besser, meine Freundin bei mir.
Es ist ein guter Zeitpunkt, zurück ins Hotel zu fahren und einfach nur noch zu schlafen.

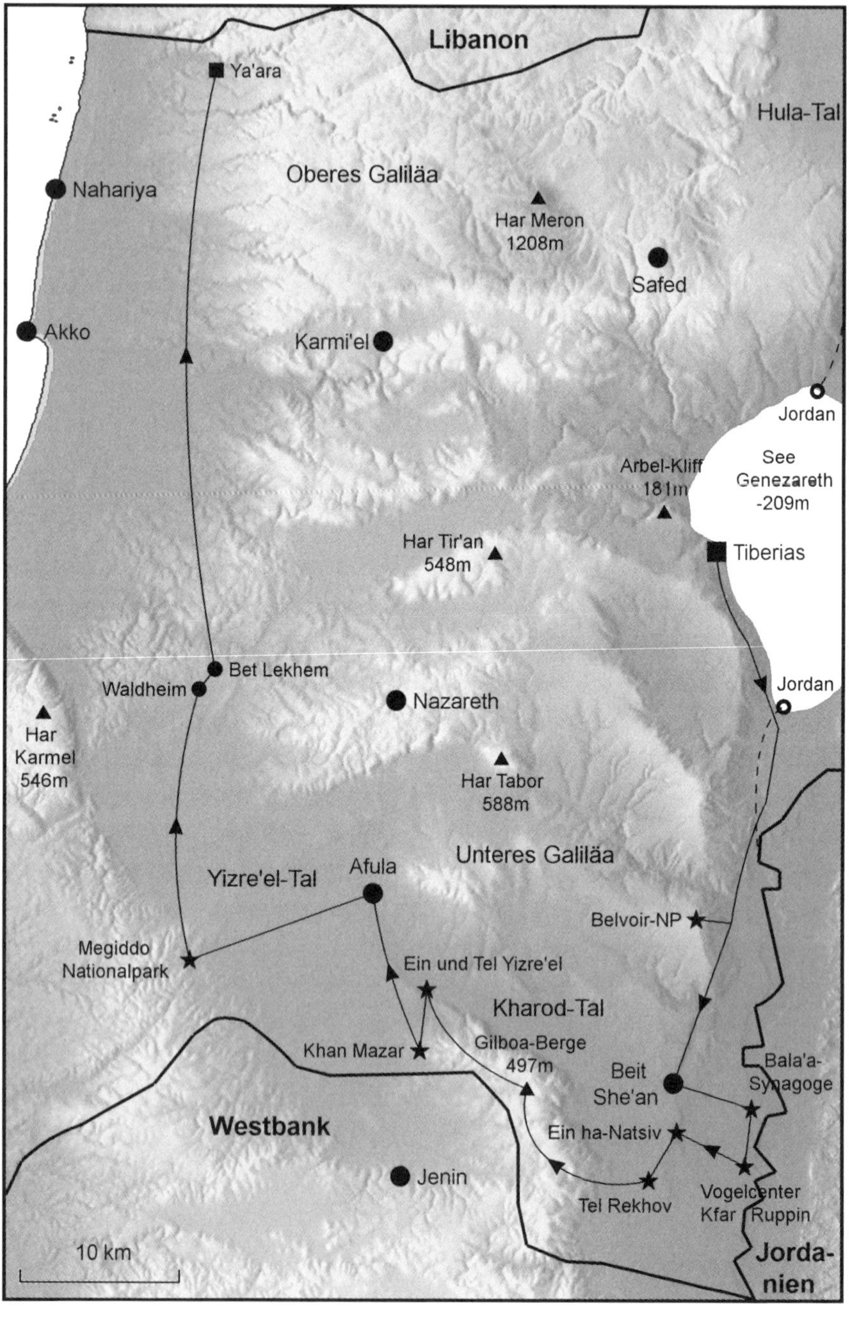
Libanon
Ya'ara
Hula-Tal
Oberes Galiläa
Nahariya
Har Meron
1208m
Safed
Akko
Karmi'el
Jordan
See
Genezareth
-209m
Arbel-Kliff
181m
Har Tir'an
548m
Tiberias
Bet Lekhem
Waldheim
Jordan
Nazareth
Har
Karmel
546m
Har Tabor
588m
Unteres Galiläa
Yizre'el-Tal
Afula
Belvoir-NP
Megiddo
Nationalpark
Ein und Tel Yizre'el
Kharod-Tal
Gilboa-Berge
497m
Khan Mazar
Beit
She'an
Bala'a-
Synagoge
Westbank
Ein ha-Natsiv
Jenin
Tel Rekhov
Vogelcenter
Kfar Ruppin
10 km
Jorda-
nien

6. Tag – Freitag, 10.12.2010

Tiberias-Hotel

Ich befolge völlig unbeabsichtigt den abendlichen Rat der Rezeption, wegen der drei Busse voll mit Chinesen doch lieber 30 Minuten später zum Frühstück zu kommen. Mein Wecker hat nicht geklingelt, weil ich Depp ihn aus- statt eingeschaltet habe. So habe ich eine Stunde länger geschlafen. Die Chinesen haben jetzt bestimmt das Buffet geplündert, aber ich habe meine Ruhe im Frühstücksaal.
Ich bin überrascht, das Buffet sieht aus wie frisch aufgebaut und kein Anzeichen erinnert an über 100 Chinesen, deren Busse inzwischen abgereist sind. Das Frühstücksbuffet ist für den Zimmerpreis sehr gut und ein Koch bereitet mir sogar frische Omeletts mit Kräutern.
Wieder auf dem Zimmer packe ich meine paar Habseligkeiten zusammen und checke aus dem Hotel aus. Nachdem ich alles im Auto verstaut habe, fahre ich auf direktem Weg nach Süden, wieder Richtung Beit She'an.

Belvoir-Nationalpark

Südlich des Sees Genezareth, kurz nach Gesher, zweigt eine Sackgasse nach Westen zur Burg Belvoir ab. Die Burg liegt auf 300m und somit über 550Hm oberhalb von mir und dem nahen Jordan. Sie ist auch nur mit einem geschulten Auge aus dieser Entfernung zu sehen, da sie fast mit der Umgebung verschmilzt.

Die Straße zur Burg windet sich steil bergauf und passiert einige Bunkeranlagen, die sich gegen die „alte" Bedrohung aus Jordanien richten. Oben angekommen stehe ich vor einem leeren Kassenhäuschen. Die Kassiererin ist allein und muss die 100m zwischen Kasse und Kiosk ständig hin- und herlaufen. Ich lasse meine Green Card lochen und parke meinen Wagen.

Der Weg zur Burg ist kurz und ich muss mich entscheiden, welchen der beiden Eingänge ich wähle. Da ich schon in 2003 mit meiner Freundin hier war und dort durch das Burgtor gelangt bin, wähle ich diesmal den umgekehrten Weg über eine schmale Brücke an der westlichen Seite.
Als ich mich der Burg nähere, gerät das in mein Blickfeld, was diese unglaubliche Feste ausmacht. Der Burggraben ist ein wahrer Augenöffner, denn er wurde tief und breit in den festen Basaltfelsen getrieben und aus dessen Steinen die Burg erbaut. Ich laufe langsam über die Brücke und blicke dabei fasziniert hinab in den 15m breiten Burggraben, bis ich den äußeren Bereich der Burg betrete.
Was viele Besucher übersehen, ist der kleine Geheimgang im südwestlichen Eckturm, der hinunter in den Graben führt. Den haben wir 2003 auch selbst übersehen und so ist er mein erstes Ziel.
Eine schmale Treppe führt innerhalb der Burgmauer steil hinab und schon stehe ich im gewaltigen Burggraben, der erst jetzt seine wahre Größe greifbar macht. Ich laufe ein wenig im Graben herum und entdecke am westlichen Turm einen weiteren Geheimgang, der mich wieder zurück in die Burg bringt.
Die fast 15.000m² große Burg beherbergte in der Mitte noch das sogenannte Donjon. In diese autarke Burg konnten sich die Ritter zurückziehen, wenn die äußere Befestigungsanlage schon gefallen war.

Die Vorgeschichte der Burg begann im 1. Jahrhundert als kleine jüdisch-zelotische Siedlung namens Kochav ha-Yarden, was so viel wie „Stern des Jordan“ bedeutet. 1138–1140 wurde die Burg unter dem Namen Belvoir, „Schöner Blick“, von den Franken erbaut. 1168 kaufte der Johanniterorden die Burg und baute sie bis 1187 zur heutigen Feste aus. Sie beherbergte zur damaligen Zeit etwa 50 Kreuzritter und 500 Soldaten mit deren Familien und Personal, die außerhalb der Burg wohnten.
Belvoir kontrollierte die Straße im Jordantal und somit die Handelsroute nach Damaskus und Jerusalem. Während der Invasion von Saladin 1181–1183 war sie die einzige Burg in der Region, die dem arabischen

Ansturm standhielt. Selbst 1187, nach der großen Schlacht von Hattin und als Jerusalem schon gefallen war, hielten die Kreuzritter Belvoir noch immer. Erst am 05.01.1189 gelang es den Truppen Saladins, nach mehreren Monaten der Belagerung die Burg über die östliche, talseitige Mauer einzunehmen.
Doch Saladin hatte großen Respekt vor ihrem Mut und gab den Rittern samt Gefolge freies Geleit bis nach Akko. Belvoir wurde 1217 von den Arabern zerstört, da sie eine Rückeroberung durch die Kreuzfahrer befürchteten. Diese erwarben 1240 Belvoir zurück; Geldmangel erlaubte es ihnen jedoch nicht, die Burg wieder aufzubauen. Wenige Jahre später fiel die Burg erneut unter arabische Kontrolle und wurde langsam vergessen.

Ich betrete das Donjon mit seinen großen Sälen und dem zentralen Innenhof. Einst befand sich hier auch eine Kirche, die im Gegensatz zur Burg nicht aus Basalt, sondern aus weißem Kalkstein erbaut worden war.
Mein Weg führt mich anschließend in die nordöstliche Ecke der Burg. Von hier reicht mein Blick bis zum nördlich liegenden See Genezareth und ich schaue hinüber auf die Golanhöhen und direkt gegenüber nach Jordanien. Im Tal schlängelt sich das, was vom Jordan übrig geblieben ist, Richtung Totes Meer und die bewässerten Felder tauchen die so trockene Gegend in sattes Grün.
Hier wird auch eine Besonderheit der Burg ersichtlich, denn an der steil abfallenden Ostflanke besaß die Burg keinen Graben und nur einen vorgelagerten Turm. Die Burg war somit ein Fünfeck und bot an der östlichen Seite genau den Schwachpunkt, den Saladins Truppen zur Eroberung nutzten.

Auf dem Weg zum Burgtor laufe ich an einem unscheinbaren Eingang in der Mauer vorbei. Es geht einige Stufen hinab und ich stehe in einem der Wasserspeicher, der bei Belagerung sicherlich eine lange Zeit zur Versorgung ausgereicht hat. Der Boden ist heute mit feinem Staub

bedeckt, der bei jedem meiner Tritte aufgewirbelt wird. Von Wasser ist hier keine Spur mehr.
Ich laufe weiter zur südöstlichen Ecke. Die dortige Toranlage zeugt noch heute von der durchdachten Konstruktion. Der Gegner wurde gezwungen, durch einen engen Gang um mehrere Ecken zu gehen und konnte dabei – durch Schießscharten – an jedem Punkt mit Pfeilen und Armbrustbolzen beschossen werden.
Ich verlasse die Burg, quere den Burggraben und gelange wieder auf das südliche Plateau in Richtung Parkplatz. Mein Weg folgt dem Highway 90 weiter gen Süden, da ich noch einmal in die Region um Beit She'an möchte.

Bala'a-Synagoge

Mein Plan war eigentlich, bei Beit She'an noch die byzantinischen Kirchen nördlich des Nationalparks zu besuchen. Doch bereits an einem Kreisel vor Beit She'an hat die Polizei die Straße Richtung Afula abgesperrt. Wie zu erwarten war, diskutieren etliche Autofahrer mit der anwesenden Polizistin, denn ohne eine lautstarke Diskussion gibt ja bekanntlich kein Israeli so leicht auf.
Ich gebe aber auch nicht auf und gehe von einer einzelnen Straßensperre wegen eines Unfalls aus. Kurz darauf werde ich aber eines Besseren belehrt, denn alle Straßen rund um Beit She'an sind abgesperrt und das Verkehrschaos ist perfekt. Wer heute von Beit She'an Richtung Afula möchte, der steht vor einem Problem, denn er muss entweder über das Gilboa-Gebirge fahren oder 70km Umweg über Tiberias in Kauf nehmen.
So bleibt mir nur, Beit She'an auszulassen. Ich biege somit auf die 71 nach Osten hin zur jordanischen Grenze ab. Diesmal will ich aber nicht, wie 2004 mit meiner Freundin, den Scheich-Hussein-Grenzübergang nach Jordanien überqueren. Damals sind wir von hier aus von Nord nach Süd durch ganz Jordanien gereist und über Aqaba wieder zurück nach Eilat gekommen. Eine sehr empfehlenswerte Variante, Jordanien

mit Israel zu kombinieren, denn fast alle jordanischen Sehenswürdigkeiten liegen an einem schmalen Streifen entlang dem „Königs-Highway“.

Ich biege diesmal also kurz vor dem Grenzübergang nach Süden auf eine kleine Nebenstraße zum Kibbuz Ma'oz Khayim ab. Durch die Nähe zur jordanischen Grenze ist die kleine Siedlung umgeben von Zäunen, Wachtürmen und Stacheldraht, die aber sichtlich in die Jahre gekommen sind.
Die Bedrohung aus Jordanien ist inzwischen so gering, dass in solch alte militärische Anlagen nicht mehr viel investiert wird.
So steht das Tor des Kibbuz weit offen und ich suche nach einer alten Synagoge, die sich hier irgendwo befinden soll. Um mir das Suchen zu ersparen, steuere ich gleich gegenüber eine Autowerkstatt an. Die Mechaniker sind freundlich, aber unsere Kommunikation ist sinnlos. So werde ich von dem Mechaniker ins Büro geleitet, wo mich eine ältere Dame auf Englisch versteht und mir mitteilt, dass sie jemanden anrufen müsse. Offensichtlich ist die Synagoge verschlossen und nur mit einem Führer aus dem Kibbuz zu besichtigen.
Etwas geschockt nehme ich zur Kenntnis, dass ich 100 Schekel dafür zahlen soll, aber jetzt bin ich schon mal hier und so stimme ich etwas zähneknirschend zu. Ich soll im Kibbuz am Sicherheitszaun entlang bis zum Schwimmbad auf der anderen Seite fahren und dort auf Noam warten.
Das Schwimmbad finde ich natürlich nicht, aber mir kommt ein älterer Herr auf dem Fahrrad entgegen. Er winkt mir und gibt mir zu verstehen, dass er Noam ist.
Zu meinem Erstaunen liegt die Synagoge gar nicht im Kibbuz, sondern Noam öffnet eine Tür im Sicherheitszaun und wir laufen über eine Wiese zu einer gut 100m entfernten Scheune. Sie wurde offensichtlich zum Schutz über die Reste der Synagoge erbaut. Noam öffnet die Tür und wir betreten die Scheune aus asbestverseuchten Wellplatten.
Eine Seite der Scheune ist zum Dach hin gut 1m hoch offen und die gleißende Sonne taucht einen Teil des Bodens in grelles Licht. Als sich

meine Augen an den extremen Hell-Dunkel-Kontrast gewöhnt haben, erkenne ich die Grundmauern und die Mosaike der etwa 1600 Jahre alten Synagoge. Mir wird auch schnell klar, dass es hier mit guten Fotos nichts werden wird, so kontrastreich sind die Lichtbedingungen.

Noam greift sich plötzlich eine Metallgießkanne, füllt sie mit Wasser und beginnt die Mosaike zu wässern. Sofort treten diese viel deutlicher hervor und zeigen ihre Details klar und deutlich. Er erwähnt, dass er dies normalerweise vor dem Eintreffen der Besucher mache, aber ich sei etwas spontan vorbeigekommen.

Noam stellt mir anschließend einen weißen Plastikstuhl hin und beginnt, um englische Vokabeln ringend, mir die Geschichte der Synagoge zu erzählen. Die gesamte folgende Konversation hat etwas Abstruses, denn ich muss Noam die ganze Zeit über mit Vokabeln aushelfen. Trotz allem verstehe ich in dem ganzen Kauderwelsch den Kern seiner Erzählung. Noam erklärt mir, wie der Ort zu seinem Namen Bala'a kam, denn es fand sich bei den Ausgrabungen kein sicherer schriftlicher Beweis, mit dem sich dieser Name dem heutigen Ort zuweisen ließe. Josephus Flavius schrieb aber von einem jüdischen Dorf namens Bala'a, das sich in der Nähe von Beit She'an befunden haben soll. Der Name rührt letztendlich von einer nur gut 100m entfernten Wasserquelle her, die bei den Beduinen Bala'a-Quelle hieß.

»*Die arabischen Bewohner übernahmen zumeist den vorherigen jüdischen Ortsnamen und passten ihn nur an ihre Sprache an*«, sagt Noam zu mir.

So überlieferte sich der Name ins 20. Jahrhundert, bis die Reste der Synagoge 1974 beim Bau des Sicherheitszaunes wiederentdeckt wurden. Dabei legte ein Bagger Teile des Mosaikbodens frei.

Auf einer Tafel zeigt mir Noam die drei Bauphasen der Synagoge, die um 380n.Chr. begannen. Etwa um 480n.Chr. wurde die Synagoge Richtung Norden erweitert, um mehr Besuchern Platz bieten zu können, und mit einer Apsis in der Südwand ausgestattet.

Die Synagoge besaß kein 2. Stockwerk für die Frauen, war aber mit einem typischen Ziegeldach gedeckt. Noam zeigt mir daraufhin einige originale Ziegel, die in einer Ecke der Halle aufbewahrt werden.

Sehr interessant sind auch seine Ausführungen über den Wandel des jüdischen Glaubens wie die Veränderung von geometrischen Mosaiken hin zu Tier- und Fruchtdarstellungen oder dass Frauen und Männer zu jener Zeit hier noch zusammen beteten. Auch der Wandel der Synagoge vom reinen Gotteshaus hin zum Treffpunkt der Gemeinschaft, wo Versammlungen und Lehre stattfanden, greift Noam auf.
In der dritten Bauphase wurde die Synagoge erneut vergrößert und mit Sitzbänken an den Außenwänden ausgestattet.
Mit der Eroberung durch die Perser ab 613n.Chr. verließen die Bewohner den Ort fluchtartig, aber sie versteckten zuvor Münzen hinter einem Stein in der Synagoge. Sie hegten wohl die Hoffnung, später wieder zurückkehren zu können. Doch erst die Archäologen fanden ihre Münzen.

Als Noam seine Ausführungen beendet, frage ich ihn ganz direkt, wie er über den Konflikt zwischen Juden und Arabern denkt. Seine Antwort überrascht mich etwas. Er erzählt mir von seinem Großvater, wie er hierher kam und das Kibbuz aufbaute. Regelmäßig wurden sie von den Beduinen angegriffen, aber niemals mit Schusswaffen. Man habe sich immer nur geprügelt und die Beduinen dann wieder in die Flucht geschlagen. So habe man auch selbst nie Schusswaffen eingesetzt, damit die Gegenseite nicht auch Schusswaffen benutzte.
Sein Großvater habe auch niemandem das Land gestohlen, denn schließlich besaßen die damaligen Beduinen ja gar kein Land, sondern zogen nur der wachsenden Vegetation mit ihrem Vieh hinterher. Das Land sei Niemandsland gewesen und nach dem damaligen osmanischen Recht gehörte es demjenigen, der über Nacht ein Haus darauf baute.
Auf dieses alte Recht berufen sich auch heute noch die jüdischen Siedler in der Westbank, wenn sie mal wieder über Nacht ein neues Dorf gründen.
Ich lasse Noams Aussage im Raum stehen und verabschiede mich von ihm. Er radelt genauso langsam von dannen, wie er gekommen ist und ich verlasse das Kibbuz wieder am Sicherheitszaun entlang.

Vogelbeobachtungscenter Kfar Ruppin

Von Ma'oz Khayim fahre ich weiter gen Süden, immer parallel zum 1km entfernten Jordan entlang. Dieser wird zwischen der Friedensinsel bis zum Toten Meer zum Grenzfluss zwischen Israel und Jordanien.
Kurz darauf erreiche ich das Kibbuz Kfar Ruppin. Es ist umgeben von mehr als 10 kleineren Grabungshügeln, diese stehen bis heute als stumme Zeugen dieser so fruchtbaren Region am Jordan.
Der Ort ist verschlafen, dennoch werden gerade viele neue Häuser gebaut und ich folge der äußeren Straße durch den ebenso eingezäunten Ort.
Ich suche das international anerkannte Vogelbeobachtungscenter und fahre glatt daran vorbei, denn es liegt versteckt zwischen Bäumen und die Beschilderung hat mich nicht wirklich zum Ziel geführt. So spreche ich eine Frau an, die gerade ihre Blumen gießt. Sie erklärt mir, dass ich 1km bis zum Schwimmbad – immer am Sicherheitszaun entlang – zurückfahren muss.
Diesmal finde ich das Schwimmbad, fahre direkt gegenüber auf einen Schotterparkplatz und betrete das angrenzende Büro. Eine Frau begrüßt mich hinter der Theke und ich komme mit ihr ins Gespräch über die Vogelbeobachtungsstation und meine Bücher über Israel. Sie erklärt mir, dass im Moment nicht viele Vögel hier seien und wo ich dennoch – an einem See – welche entdecken könne. Sie warnt mich aber dringend davor, von den Wegen abzuweichen, denn das Gelände hinter dem Sicherheitszaun sei vermintes Grenzgebiet zu Jordanien.
Sie gibt mir noch einen Hinweis auf den angrenzenden, gut 10m hohen Hügel. Auf dem seien einige Szenen des holländischen Films „Das schwarze Buch" gedreht worden. Den Film kenne ich nicht, laufe aber kurz den Hügel hinauf, um mir den Drehort anzuschauen. Oben stehen einige ältere Baracken und der Ausblick ist wegen der vielen Bäume sehr eingeschränkt. So suche ich die Plätze, die mir die Frau beschrieben hat, und fahre den Sicherheitszaun entlang, bis mich ein Tor mitten hinein in die Minenfelder bringt.

Kurz darauf erreiche ich den so angepriesenen See, an dem ich Vögel finden soll. Der See liegt gut 30m tiefer und ist ein fast ausgetrockneter Tümpel. Kaum 10 Vögel paddeln auf den Resten des Sees herum. Sie sind so weit entfernt, dass ich sie kaum einer Art zuordnen kann. Man spürt die anhaltende Dürre in Israel inzwischen an allen Ecken, insbesondere an den fast leeren Speicherbecken, die jetzt Mitte Dezember immer noch nicht für den nächsten Sommer gefüllt sind.
Ich steuere noch eine zweite Stelle im Süden des Kibbuz an, aber hier nehme ich nur einen starken Geruch von Rinderexkrementen wahr, sehe aber so gut wie keine Vögel. Es ist halt Dezember und die Vogelzugsaison ist einfach durch bzw. hat noch nicht begonnen.
Ich verlasse Kfar Ruppin Richtung Westen und erreiche kurz darauf ein weiteres Vogelschutzreservat. Ein befestigter Weg führt mich hier durch hohes Schilf und ich schrecke etwa ein Dutzend Vögel auf. Sonst sehe ich nichts. Ich habe jetzt lange genug nichts gesehen und setze daher meine Fahrt fort.

Ein ha-Natsiv

Ich fahre durch die Felder westlich von Kfar Ruppin, bis ich auf die 6678 gelange und das Kibbuz Ein ha-Natsiv erreiche. Direkt nach dem Sicherheitstor liegt eine etwas versteckte Quelle, die einen gut 15x50m großen Teich speist.
Das Gelände ist eingezäunt und mit unleserlichen Warntafeln gespickt, dennoch tummeln sich etliche Leute in der Umgebung. Ich spreche ein Pärchen an, das mir gerade entgegenkommt, und frage, wofür die Warnschilder stehen und ob ich das Gelände betreten dürfe. Sie erklären mir, das sei nur wegen der Haftung und ich könne bedenkenlos hineingehen.

Der Teich liegt in einem kleinen, stark bewachsenen Talkessel und das Tor im Zaun ist offen. So laufe ich den schmalen Weg entlang und beobachte ein paar Kinder mit Luftmatratzen auf dem Wasser. Das

Quellwasser muss ziemlich kalt sein, denn in dem schattigen Talkessel kann auch die Sonne keine Energie an das Wasser abgeben.
Am Ende des Teiches grillt eine kleine Männerrunde, die alle so um die 20 Jahre alt sind und mich sofort ansprechen. Wo ich denn herkäme, ob ich ein Foto von ihnen machen könne und welches meine Lieblings-Fußballmannschaft sei, Tel Aviv oder Jerusalem? Viele Fragen auf einmal, denke ich mir, aber ich bemühe mich, sie alle zu beantworten.

Meine Aussage, dass ich aus Deutschland bin, führt zu dem üblichen kurzen Zucken innerhalb der Gruppe, legt sich aber nach wenigen Sekunden völlig. Die jungen Männer kommen aus Tel Aviv. Nur gut, dass ich bis zu dem Zeitpunkt noch nichts zum Thema Fußball gesagt habe.
Als Nächstes bitten sie mich, ein Foto von sich zu machen, und kaum habe ich die Blende ausgelöst, beackern sie mich schon wieder mit Fußball.
Ich muss sie enttäuschen, denn mit Fußball kann ich so gar nichts anfangen. Um nicht völlig dumm dazustehen, sage ich, dass ich nur Maccabi Tel Aviv kenne und die immer gegen die deutschen Vereine verlieren. Der Gruppe bleibt somit nichts anderes übrig, als mir recht zu geben, aber merkt noch stolz an, dass Maccabi Tel Aviv in Israel ein Top-Verein sei.
So verabschiede ich mich und gelange wieder auf die 90 etwas südlich von Beit She'an. Ohne es geplant zu haben, bin ich jetzt einmal um Beit She'an durch die Felder gefahren und habe so die Absperrung elegant umfahren.

Tel Rekhov

Ich biege in südlicher Richtung ab und kurz darauf sehe ich schon mein nächstes Ziel, den sich prägnant erhebenden Tel Rekhov. Dessen Fundstücke finden sich auch überall in israelischen Museen. Der Tel ragt gut 15m über die Ebene und misst ca. 200x300m. Reifenspuren zieren den

gesamten Hügel und zeugen davon, dass die Israelis mit ihren Geländewagen über den antiken Hügel brettern.
An fast jeder Ecke, am Hang und auf dem Tel, wurde schon gegraben und man hat Grundmauern aus Lehmziegeln freigelegt. An einer Stelle der Westseite stoppe ich, denn hier haben sich die Archäologen fast 10m tief in den Tel gegraben und legten verschiedene Siedlungsschichten frei.
Als ein Highlight der Grabung gilt der Fund von zahlreichen Tonrohren, die mit einem Deckel fast gänzlich verschlossen waren. In den Röhren lebten Bienen, die von den Bewohnern zur Honigherstellung gehalten wurden.
Eine scheinbar gute Piste führt steil auf den Tel hinauf und ich wage, unter Vollgas und mit Anlauf ganz nach oben zu fahren. Hier und dort drehen mir die Räder des Renaults durch, aber ich schaffe es und erreiche – auf mittlerer Höhe – die größte Grabungsstelle. Auf gut 500m² sehe ich Grundmauern und kleine Räume aus Lehmziegeln, die teils nur noch schlecht erhalten sind.
Ein Schutthügel aus Tausenden von Keramikresten, bestehend aus Krügen, Geschirr und Amphoren, säumt die nächste Rampe ganz nach oben hinauf auf den Tel Rekhov.

Der Ausblick auf die umliegenden Dörfer, Jordanien und das nördliche Beit She'an war die holprige Fahrt schon wert und ich genieße kurz den Rundumblick. Bergab lasse ich den Wagen einfach den Berghang hinabrollen und fahre wieder zurück zum Highway 90.
Etwas südlich vom Tel Rekhov entdecke ich einen kleinen Supermarkt direkt an der Straße und ich bekomme plötzlich Lust auf mein erstes Eis. Der Supermarkt ist eher ein Kiosk und mit Ware vollgestopft bis unter die Decke. Der Besitzer grüßt mich nur mit einem Nicken, denn er wird die ganze Zeit über sein Handy nicht vom Ohr nehmen.
Ich kaufe mir ein Eis und zahle 7 Schekel. Anschließend gebe ich dem Mann hinter der Kasse zu verstehen, dass ich noch eine Frage habe, und er unterbricht kurz sein Gespräch.

»*Warum ist denn Beit She'an komplett von der Polizei abgesperrt?*«, frage ich ihn. Er erzählt mir daraufhin etwas von einer Sportveranstaltung, er wisse es aber auch nicht ganz genau.

Gilboa-Berge

Der 90 weiter südlich folgend, passiere ich den letzten Ort vor der Westbank, Sdei Trumot, und biege kurz darauf rechts auf die 667. Diese Straße zieht sich jetzt in etlichen Kurven 550Hm die Gilboa-Bergkette hinauf. Die wundervolle Aussicht über das Kharod- und das Jordan-Tal, bis hin nach Jordanien, begleitet dabei meine Fahrt.
Ein Autowrack, gute 100Hm tiefer als die Straße, ist dabei stummer Zeuge, wie gefährlich es werden kann, wenn man hier von der Straße abkommt.
Ich erreiche den ersten Aussichtspunkt, benannt nach Dubi und Eran Shamir, zwischen den Orten Meirav und Ma'ale Gilboa auf 400m. Den aufgeschütteten Hügel mit seiner überdachten Aussichtsplattform erreiche ich über einen Fußweg an dessen Rückseite.
Oben angekommen reicht mein Blick vom links im Kharod-Tal liegenden Gan-ha-Shlosha-Park über Beit She'an und das Jordan-Tal bis hin nach Jordanien. Im gesamten Kharod-Tal liegen zahlreiche Fischteiche, die sich mit ihrem Blau deutlich von den grün-braunen Ackerflächen abheben.
Kein anderer Ort in Israel zählt so viele Wasserquellen wie das Kharod-Tal. Hier kann selbst das Quellgebiet des Jordan zu Füßen des Hermon nicht mehr mithalten. Allerdings sind die Wassermengen hier deutlich geringer bzw. werden die Quellen schon unterirdisch angezapft und deren Wasser direkt auf die Felder gepumpt.

Ein guter Zeitpunkt, meinen neuen Host Liron anzurufen, denn ich hatte ihr versprochen, mich gegen Mittag telefonisch zu melden. Liron ist sehr nett am Telefon und erklärt mir, wie ich ihr Haus finde. Ich soll einfach in ihren Heimatort Ya'ara hereinfahren, dann würde ich ihr großes weißes Haus schon sehen. Klingt einfach, zumindest jetzt in der Theorie, die abendliche Praxis wird mich eines Besseren belehren.

Mein Weg führt mich auf der 667 weiter. Ich passiere Ma'ale Gilboa und fahre kurz auf der 6666 hinab. Nur diese Straße führt, neben der 667, noch von den Gilboa-Bergen ins Kharod-Tal. Ich befahre sie ohne Ziel und nur für die Aussicht, bis ich nach etwa der halben Strecke stoppe und die Fernsicht genieße.
Über mir kreist ein himmelfüllender Schwarm Störche, der aus über 100 Tieren besteht und sich mit Hilfe der Thermik immer höher in den Himmel schraubt. Unter mir blicke ich auf den großen Steinbruch an der Nordseite der Gilboa-Berge und die Felder zwischen Beit Alfa und Tel Amal. Dabei entdecke ich den Grund für die Absperrungen rund um Beit She'an.
Bei Gan ha-Shlosha ist jeder kleine Fleck mit Autos und Bussen zugeparkt, der Stau reicht die ganze Landstraße zurück bis hin nach Beit Alfa. Durch das Teleobjektiv meiner Kamera sehe ich Dutzende von Israelis auf der Landstraße laufen und alle tragen eine Startnummer. Es ist also wirklich eine Sportveranstaltung, die mal eben einen ganzen Landesteil lahmlegt. So wende ich und fahre zurück zur 667, biege rechts ab und erreiche den mit 497m höchsten Punkt auf der Gilboa-Bergkette, den Har Barkan.

Ein Aussichtsturm wurde hier errichtet, um über die Baumwipfel zu gelangen, und nach kurzem Aufstieg stehe ich oben auf dem Aussichtsturm. An keinem anderen Ort lassen sich die Gilboa-Berge und das Kharod-Tal so weit überblicken. Im Norden sehe ich den 19km entfernten Har Tabor, im Osten das 9km entfernte Beit She'an und die 20km entfernten steil abfallenden Hänge des jordanischen Hochplateaus.
Nur 2km südlich verläuft die Grenze zur Westbank, die hier nicht aus der Betonmauer, sondern aus einem einfachen Maschendrahtzaun besteht, der allerdings ausgerüstet ist mit elektrischen Kontakten, Bewe-

gungsmeldern und Kameras. Hinter der Grenze liegt der Ort Faqu'a. Das nur 10km entfernte Jenin kann ich aber nicht sehen, da es hinter einer Hügelkette in einer Senke liegt. Gen Westen reicht mein Blick über die bewaldeten Hügel bis zum Ende der Gilboa-Berge.
Ich reiße mich vom Rundumblick los und laufe die Metallstufen des Turmes wieder hinab. Für mich geht es jetzt weiter zum Aussichtspunkt Har Sha'ul, dieser liegt auf einem nördlichen Ausläufer der Gilboa-Bergkette und ermöglicht einen freien Blick von West nach Ost bis zum in der Ferne liegenden Beit She'an. Die dortige Startrampe für Paraglider ist leer, nur eine Reisegruppe teilt sich mit mir den Ausblick über das Kharod-Tal.

Etwa 1km südwestlich des Sha'ul-Aussichtspunktes parke ich erneut und betrete den mich umgebenden Wald. Ich verfolge einen Tipp, den mir ein Einheimischer vor ein paar Jahren gegeben hat. Hier zwischen den Bäumen soll irgendwo eine versteckte Olivenölmühle liegen.
Nach gut 300m kreuz und quer im Wald entdecke ich den fast gänzlich von Laub und Nadeln bedeckten Mühlstein. Nachdem ich ihn vom Waldboden befreit habe, erstrahlt der runde Stein wie vor Hunderten von Jahren, nur der darauf liegende und sich einst drehende Mühlstein ist verschwunden.

Zufrieden über meinen Fund kehre ich zum Auto zurück und die 667 bringt mich jetzt stetig bergab bis zur 675, wo ich rechts abbiege.
Direkt an der Kreuzung befindet sich eine echte israelische Kuriosität. Ein Skilift ist der Beweis, dass hier an einem der wärmsten Orte im Norden Israels tatsächlich eine 220m lange Skipiste gebaut wurde. Der Lift ist zwar heute nicht in Betrieb und echten Schnee gibt es – wie zu erwarten war – auch nicht. Dafür ermöglicht eine weiße, aber künstliche Rasenpiste das ganze Jahr über Skispaß, auch im wärmsten Sommer. Selbst ein „Idiotenhügel“ fehlt dabei nicht. Etwas ungläubig fahre ich leicht bergab, am „Gilboa Ski Resort“ vorbei, und biege gleich darauf gen Norden zur Yizre'el-Quelle ab.

Ein und Tel Yizre'el

Die Abfahrt zur Quelle ist abenteuerlich schlecht und ich schaffe es gerade so mit meinem Mietwagen, ohne mir den Unterboden aufzureißen. Die schweren Reisebusse nutzen die Zufahrt ebenso und haben die Straße völlig kaputtgefahren.
Über einen Feldweg gelange ich anschließend direkt zum Parkplatz, wo sich vor mir eine Baumgruppe erhebt, die wie eine kleine Insel in der Umgebung wirkt. Diese nur ein Hektar große bewaldete Fläche wird ja, wie erwähnt, in Israel durchaus als Wald bezeichnet. Für mich ist es aber eher eine Ansammlung einiger weniger Bäume.
Zu meinem Erstaunen sind viele Einheimische an der Quelle und machen ein Picknick oder planschen mit ihren Kindern im Wasser herum, das über einen Betonkanal in einen Teich inmitten der Bäume fließt.
Die Quelle liegt einige Meter außerhalb der Baumgruppe und entspringt am Fuß des westlichen Hanges, auf dem sich der Tel Yizre'el befindet. Romantisch ist die Quelle nicht gerade und mein Blick fällt in einen gut 2m tiefen Betonschacht, in dem das Wasser entlangfließt. Einige Meter weiter gibt es einen Kanal, in dem gerade einige Kinder herumtoben und die offensichtlich nicht vorhaben, ihn für mich zu verlassen. So fahre ich zurück zur Hauptstraße, blicke vor lauter Staunen noch einmal auf die Skipiste und fahre den Hügel wieder hinauf.

Auf ihm liegt die antike Siedlung Tel Yizre'el, dessen Geschichte als kleines Dorf in der frühen Bronzezeit um 2500v.Chr. begann. Erste Erwähnung fand der Ort im Alten Testament unter Josua, dem Nachfolger Mose. Um 860v.Chr. entwickelt sich Yizre'el zur befestigten Stadt, entweder unter König Omri oder seinem Sohn König Ahab.
Die Stadt war damals auf einer Fläche von 4,5 Hektar angesiedelt und von einer Mauer umgeben. König Ahab und dessen phönizische Frau Isebel sollen hier dem Baal-Kult gehuldigt haben. Der König Jehu strafte sie dafür:

»Und da Jehu gen Yizre'el kam und Isebel das erfuhr, schminkte sie ihr Angesicht und schmückte ihr Haupt und guckte zum Fenster hinaus. Und er hob sein Angesicht auf zum Fenster und sprach: ›Wer ist bei dir?‹ Da sahen zwei oder drei Kämmerer zu ihm heraus. Er sprach: ›Stürzt sie herab!‹ Und sie stürzten sie herab, dass die Wand und die Rosse mit ihrem Blut besprengt wurden, und sie ward zertreten.« (2. Könige 9,30–33)

Mit dem Eintreffen der Kreuzritter wurde der Ort in „le Petite Gerin“, das „Kleine Jenin“, umbenannt und grenzte sich somit klar vom 10km südlich liegenden „le Grand Gerin“, dem „Großen Jenin“, ab. Die Kreuzritter erbauten hier eine kleine Burg mit einer angrenzenden Kirche.

Unter muslimischer Kontrolle, nach Saladins Sieg bei den Hörnern von Hattin, wurde der Name Yizre'el (was so viel wie „Gott sät“ bedeutet) ins Arabische transferiert und ab sofort Zir'in genannt.

Unter den Osmanen wuchs der kleine Ort von wenigen Einwohnern auf eine Zahl von etwa 1000 an und auf den Resten der Kreuzritterburg wurde erneut eine kleine Burg erbaut.

Im Unabhängigkeitskrieg 1948 eroberte die Golani-Brigade den arabischen Ort, um den irakischen Truppen zuvorzukommen. Drei Monate später wurden, östlich angrenzend, das heutige Kibbuz Yizre'el gegründet und 1984 die Reste des arabischen Dorfes Zir'in beseitigt.

Jetzt stehe ich vor einem neuen Weidezaun aus Stacheldraht, der sollte eigentlich nicht hier sein und versperrt mir den Weg zur alten Kreuzritterburg. Um über ihn hinwegzusteigen, ist er zu hoch, also fasse ich zwei Drähte, ziehe sie auseinander und quetsche mich zwischen den Stacheln hindurch. Die Rinder auf der Weide schauen schon etwas überrascht, aber ich bleibe nur kurz mit meiner Fototasche hängen und erspare mir Blessuren.

Über die Weide geht es vorbei an einigen Grabungsstellen und einem langen Graben, wo sich die Archäologen durch den sanften Hügel gewühlt haben. Zu sehen gibt es hier nichts, aber die Mauerreste des osmanischen Turms erwarten mich schon.

Er wurde auf den Resten der kleinen Kreuzritterburg erbaut und ermöglicht einen weiten Blick über das Kharod-Tal gen Osten und über das Yizre'el-Tal im Nordwesten. Ich laufe ein wenig über einen Mauergrat zum höchsten Punkt der Ruine und blicke mich um. Die Reste sind ziemlich übersichtlich. Fast alles ist eingestürzt und von hohem Gras überwuchert.
Als ich gen Norden schaue, gleitet plötzlich ein einsamer Pelikan majestätisch durch die Luft. Unglaublich, wie groß diese Vögel sind.

Ich umrunde den Steinhaufen und entdecke etwas versteckt eine weitere Ruine hangabwärts. Dessen Grundrissstruktur weckt meine Neugier, denn sie erinnert mich an eine Kirche. Als ich näher komme, wird es zur Gewissheit: Die halbkreisförmige Apsis steht klar für eine Kirche der Kreuzritter.
Vermutlich wurde sie umgebaut oder zumindest erweitert, denn Vorsprünge und verschiedene Steine zeugen bis heute von einer wechselhaften Geschichte. Im Eingangsbereich ist die Torschwelle mit seiner Doppeltür noch klar zu erkennen und die Archäologen haben sich einige Meter tief unter den heutigen Level der Apsis gegraben, aber offensichtlich nicht viel gefunden.

Ich trete den Rückweg an, zwänge mich wieder durch den Stacheldraht und laufe noch kurz über den angrenzenden, leicht bewaldeten östlichen Tel. Vorbei an einfachen Mosaiken, Wasserspeichern und einigen Gräbern blicke ich herab zur Yizre'el-Quelle. Die dort stehenden hohen und dichten Bäume wirken tatsächlich wie eine Oase zwischen den umliegenden Feldern. So endet mein kleiner Yizre'el-Besuch, der mehr Geschichte als Sehenswertes zu bieten hatte.

Khan Mazar

Ich biege von der 675 auf die 60 gen Süden ab und fahre Richtung Jenin. Mein Tacho zeigt 110km/h, trotz der nur erlaubten 80km/h. Die

Musik ist voll aufgedreht und es sind sonnige 23°C. Besser kann es eigentlich im Dezember kaum sein und ich muss an das aktuelle Wetter in Deutschland denken. Mein Mitleid für die Daheimgebliebenen hält sich aber irgendwie in Grenzen.
Kurz vor der Westbank biege ich zum Dorf Gan Ner ab und beginne mit der Suche nach dem Khan Mazar, von dem ich rein gar nicht weiß, worum es sich dabei handelt. Meine Suche endet aber immer am Sicherheitszaun von Gan Ner, in dem ich einfach keine Lücke finde, um in das Tal dahinter zu gelangen.
Doch zumindest sehe ich den Khan Mazar im Tal unter mir liegen. Er wirkt wie ein verbranntes Stück Erde mitten in einem Feld. Gut, ich kann den Khan Mazar auf diesem Weg nicht erreichen und möchte auch nicht noch länger nach einem Weg suchen. Ich beschließe somit, meine Route Richtung Haifa fortzusetzen.
Als ich den Ort Gan Ner verlassen will, steht eine Anhalterin am Tor. Ich frage sie nach ihrem Ziel, worauf sie „Afula“ erwidert. Ich überlege kurz. Das wären gut 10km Umweg für mich. Aber jetzt habe ich schon angehalten und sie ist echt hübsch.
Wir quatschen die ganze Fahrt über. Sie erzählt mir, dass sie wieder zu ihren Eltern nach Gan Ner gezogen ist und ab morgen in Afula Sozialwesen studieren wird. Ich erzähle ihr von meinem Israel-Projekt, was sie auch sehr zu interessieren scheint. Dann sind wir aber schon in Afula angekommen und ich verabschiede mich von ihr.

Megiddo-Nationalpark

Über die neue Afula-Umgehungsstraße fahre ich zügig nach Westen bis zum Megiddo-Gefängnis. Hier wurde nicht nur im Inneren vor einigen Jahren ein altes Kirchenmosaik gefunden, sondern auch der „Sohn der Hamas“, Mosab Hassan Yousef, zum Schein vom israelischen Inlandsgeheimdienst Shin Beth inhaftiert.
In Wirklichkeit war Mosab zu den Israelis und zum Christentum übergelaufen und spionierte die Hamas in der Westbank jahrelang aus. Seine

mutige Entscheidung rettete unzähligen Israelis das Leben. Dafür durfte Mosab nach Jahren im Dienste des Shin Beth in die USA einwandern. Als ob das nicht schon spannend genug wäre, ist Mosabs Vater, Scheich Hassan Yousef, einer der Hamas-Gründer.
Besonders zwei Dinge sind faszinierend an dieser Geschichte, denn die Israelis hielten immer ihr Wort und Mosab wurde so viel Vertrauen entgegengebracht, dass er mit einem Anruf ganze israelische Panzerverbände stoppen konnte.
Mein Ziel ist natürlich nicht dieses Hochsicherheitsgefängnis für verurteilte palästinensische Terroristen, sondern der nur wenige Kilometer nördlich liegende Tel Megiddo.
Erste trübe Wolken schweben über Megiddo, die nach Regen aussehen und nichts Gutes erwarten lassen.

Megiddo ist heute eines der Highlights in Israel und seit 2005 Weltkulturerbe. Seine über 8000-jährige Geschichte in beeindruckenden 20 Siedlungsschichten ist geprägt von heiligen Tempeln, die sich schon ab 3300v.Chr. nachweisen lassen, und großen Schlachten.
Die wohl bedeutendste Schlacht ereignete sich unter Pharao Thutmosis III. im Jahre 1457v.Chr. gegen mehr als 300 syrische Fürsten mit ihren Soldaten. Diese hatten sich unter der Führung des Fürsten von Kadesh gegen Ägypten aufgelehnt und planten, von Megiddo aus Ägypten zu erobern. Doch Thutmosis III. umging das syrische Heer, das südlich von Megiddo lagerte, indem er seine 20.000 Soldaten durch das enge Wadi Ara und über den Aruna-Pass westlich von Megiddo führte.
Mit diesem Wagnis setzte der Pharao alles auf eine Karte, denn der schmale Pfad zwang das ägyptische Heer, in einer langen Schlange zu laufen und die Streitwagen zu zerlegen. Doch sein Mut wurde belohnt und er überraschte das syrische Heer, welches südlich von Megiddo auf ihn wartete.
Als seine Soldaten die überraschten Syrer angriffen, konnten sie sich aber nicht dem Drang der Plünderung entziehen. Anstatt das syrische Heer zu vernichten, raubten sie lieber die gefallenen Soldaten aus und

ermöglichten so dem Fürstenheer, sich nach Megiddo zurückzuziehen. So musste Thutmosis III. die Stadt 7 Monate lang belagern, bis die syrischen Fürsten schließlich kapitulierten und ihre Kinder als Pfand dem Pharao übergeben mussten. Dabei kam es zum ersten schriftlich belegten Friedensvertrag der Welt.
Insgesamt fanden gut drei Dutzend Schlachten um Megiddo statt, denn Megiddo liegt an der Via Maris, der großen antiken Handelsstraße, die von Ägypten bis nach Babylon reichte. Zuletzt kämpften hier 1918 die Briten erfolgreich gegen die Osmanen.
Schon Thutmosis erkannte die wichtige strategische Lage von Megiddo und sprach:
»*Die Eroberung Megiddos ist die Eroberung Tausender Städte!*«

Aufgrund dieser strategischen Lage und der Kontrolle über die Kornkammer Yizre'el-Tal umgaben die Hyksos Megiddo bereits um 1800v.Chr. mit einem Erdwall. Hier kämpften die ersten Israeliten erfolglos gegen die Kanaaniter, die erst von den Philistern um 1130v.Chr. aus Megiddo vertrieben wurden.
Erst König David eroberte die Stadt um 1000v.Chr. für die Israeliten und deren Bedeutung wuchs in den folgenden Jahrzehnten als Militärbasis. Die lebendige Geschichte Megiddos endete unter persischer Herrschaft im 5.Jhd.v.Chr. und die Stadt geriet in Vergessenheit.

Nach meinem Rundgang durch das kleine, aber sehr sehenswerte Museum mit seinem aufschlussreichen Modell des Tels gelange ich über eine Rampe zum älteren Teil des nördlichen Stadttores. Unter der Herrschaft der Ägypter wurde es im 15.Jhd.v.Chr. von den Kanaanitern erbaut. Dieses Stadttor beeindruckt noch heute den Besucher mit seinen großen behauenen Steinen und seiner massiven Bauweise. Darüber liegt das 6-Kammer-Tor aus dem 9.Jhd.v.Chr. Vermutlich wurde es von König Salomon erbaut.
Gleich nach den beiden historischen Toren erreiche ich einen 10m tiefen Graben, der fast schon einem Tal gleicht und den östlichen Teil

des Tels in zwei Hälften trennt. Hier haben sich die Archäologen viele Hundert Jahre Zeitgeschichte in die Tiefe gegraben. Erst als sie einen runden Altar aus der frühen kanaanitischen Epoche um 3000v.Chr. fanden, hörten sie auf zu graben.

Eigentlich geht es jetzt linker Hand auf einen Aussichtshügel mit einem Sonnenschutzdach. Dort hält sich aber eine Gruppe auf, die allem Anschein nach an der Ausgrabung kein Interesse hat, sondern eher an der Offenbarung des Johannes:

»Und der Herr hat sie versammelt an einen Ort, der da heißt auf Hebräisch Harmagedon, das ist ›Berg von Megiddo‹. Megiddo war eine Stadt in Palästina, bei der zwei vernichtende Schlachten stattfanden. Und der siebente Engel goss aus seine Schale in die Luft; und es ging aus eine Stimme vom Himmel aus dem Stuhl, die sprach: ›Es ist geschehen.‹ Und es wurden Stimmen und Donner und Blitze; und ward ein solches Erdbeben, wie solches nicht gewesen ist, seit Menschen auf Erden gewesen sind. Und aus der großen Stadt wurden drei Teile und die Städte der Heiden fielen. Und Babylon, der großen, ward gedacht vor Gott, ihr zu geben den Kelch des Weins von seinem grimmigen Zorn. Und alle Inseln entflohen und keine Berge wurden gefunden. Und ein großer Hagel, wie ein Zentner, fiel vom Himmel auf die Menschen; und die Menschen lästerten Gott über die Plage des Hagels, denn seine Plage war sehr groß.« (Offenbarung 16,16–21)

Die Gruppe scheint die Prophezeiung über das biblische Armageddon ziemlich ernst zu nehmen. Alle recken die Hände zum Himmel und stoßen unverständliche Laute aus, die über die Ausgrabung schallen. Ich habe kein Interesse, mich zu ihnen zu gesellen und laufe rechter Hand zum gegenüberliegenden Aussichtspunkt. Leider schallen auch hier die Rufe und Schreie der Gruppe herüber.

Da hilft nicht mal der Fluglärm der zwei aufsteigenden F16-Kampfjets von der nah gelegenen Ramat-David-Luftwaffenbasis. Diese ist im Yizre'el-Tal gelegen und mit Bäumen so gut getarnt, dass sie kaum zu erkennen ist.

So langsam nerven mich die Weltuntergangsfanatiker und ich laufe wieder etwas bergab zum Getreidesilo. Zwei Treppen führen hier tief in den Boden des 450m³ fassenden Getreidespeichers, der unter König

Jerobam II. im 8.Jhd.v.Chr. erbaut wurde. An diesen grenzen südlich die wenigen Reste des Palastes. Ob dessen Erbauer Salomon oder Ahab war, bleibt bis heute ungeklärt.

Westlich von Silo und Palast betrete ich die Pferdeställe. Hier konnten etwa 150 Pferde untergebracht und trainiert werden. Die Archäologen rekonstruierten Teile eines Stalles und so erkenne ich gut die einzelnen Pferdeboxen mit ihrem Futtertrog. Bereits die Assyrer sprachen in Inschriften aus Babylon von 2000 Streitwagen des israelitischen Königs Ahab. Zusammen mit dem nördlichen Stall konnte somit Megiddo allein 300 Streitwagen bereitstellen. Setzt man diese 2000 Streitwagen in Relation zur damaligen Bevölkerung, sind die etwa 3500 Panzer, die Israel heute maximal aufbieten kann, geradezu lächerlich.

Am westlichen Rand des Tels erreiche ich den sehenswertesten Teil von Megiddo, das unterirdische Wasserversorgungssystem. Bei Belagerung stand Megiddo vor einem großen Problem, denn innerhalb der Stadtmauern gab es keine Wasserquelle. Diese lag einige Meter außerhalb der Stadtmauer. Daher deckten die Bewohner die Quelle ab und gruben einen 80m langen Tunnel unter der Stadtmauer hindurch, ähnlich dem Wasserversorgungssystem von Jerusalem.
Von der Oberfläche des Tels steige ich ca. 35m tief über 183 Beton- und Stahlstufen hinab zum Eingang des Tunnels. Er ist in sanftes Licht getaucht und voller Bewunderung folge ich dem vor fast 3000 Jahren aus dem Fels gehauenen Tunnel bis zur kleinen Quelle. Hier schöpften damals die Bewohner Wasser und trugen es sicher in die Stadt.
Weiter geht es über 80 Stufen wieder bergauf, bis ich durch eine Öffnung im Hang des Tels das Tageslicht wieder erreiche. Hier führt mich ein nach oben offener Gang aus der Ausgrabung heraus und ein langer Fußweg halb um den Tel herum wieder zurück zum Parkplatz.
Von Megiddo sind es nur 5km Richtung Süden bis zur Westbank, mein Ziel des Tages ist aber ein kleiner Ort namens Ya'ara ganz im Nordwesten Galiläas, kurz vor dem Libanon.

Waldheim

Somit fahre ich jetzt am späten Nachmittag stetig Richtung Norden und lege 12km westlich von Nazareth bei den Moshaws Alonei Abba und Beit Lekhem ha-Glilit noch einen Zwischenstopp ein.
An beiden kleinen Moschaws ist äußerlich nichts Ungewöhnliches, außer ihrer schönen Lage inmitten von Tabor-Eichen und der Tatsache, dass bei Alonei Abba gerade 55 neue Häuser gebaut werden. Doch als ich in das Moschaw Alonei Abba einfahre, stehe ich nach wenigen Hundert Metern vor einem Gebäude, das so gar nicht in ein Moschaw passt, einer typisch europäischen Kirche.

Jetzt aber erst mal von Anfang an. Die Geschichte der Anhänger der „unierten Kirchen“ und der „Templer“, die keinen Bezug zu den Templern der Kreuzritter haben, begann in einem kleinen Dorf in Baden-Württemberg namens Kirschenhardthof. Ihre Gründungsinitiatoren waren Christoph Hoffmann und Georg David Hardegg, die ab 1854 mit der Planung einer Umsiedlung nach Palästina begannen. Dazu besuchten sie Palästina 1858 persönlich. Doch weder die Osmanen noch deutsche Politiker wollten das Vorhaben unterstützen.
Erst 1868 trafen Christoph Hoffmann und Georg David Hardegg mit ihren kompletten Familien in Haifa ein und gründeten dort die deutsche Kolonie entlang der Straße, die heute zum Bahai-Garten führt. Damals lagen die Häuser der Templer noch weit außerhalb der historischen Stadt Haifa, die nur 4000 Einwohner zählte.
In Haifa kam es nach und nach zu Meinungsverschiedenheiten zwischen den deutschen Templern und den Lutheranern der unierten Kirchen. Beide lebten einen unterschiedlichen christlichen Glauben und den Templern haftete die Nachrede einer Sekte an, da sie aus der Kirche ausgetreten waren.
So entwickelte sich der Wunsch, eigene Siedlungen aufzubauen, in denen die jeweiligen Gruppen für sich leben konnten. Daher erwarben 1907 deutsche Christen der „Unierten Evangelischen Kirche der Alt-

preußischen Union“ Land. Dies kauften sie für 170.000 Franken den hier bei Alonei Abba ansässigen arabischen Fellachen ab. Da sämtliche Anhänger der unierten Kirchen aus Baden-Württemberg stammten, finanzierte die „Stuttgarter Gesellschaft zur Förderung der deutschen Ansiedlungen in Palästina“ den Kauf des Landes.
So wurde am Erntedankfest 1907 aus dem arabischen Ort, 12km westlich von Nazareth, offiziell der christliche Ort Waldheim. Zuerst mussten die Siedler mit den bestehenden Lehmhütten der Araber vorliebnehmen, bis die ersten eigenen Häuser gebaut wurden.
1913 gründeten Waldheim und das benachbarte Bet Lekhem der Templer eine landwirtschaftliche Kooperation und lieferten Milch nach Haifa. Bei der Dorfgestaltung von Waldheim ließen die Siedler bewusst in der Ortsmitte Platz für einen späteren Kirchenbau. Wo sich jetzt der Kreis wieder schließt, denn 1914 begann unter dem Architekten Otto Lutz aus Haifa der Bau der Kirche und endete mit der Fertigstellung 1921. Die finanziellen Mittel hatte der Bürgermeister Gottlob Weinmann gesammelt, auch mit der Unterstützung des Jerusalem-Vereins. Zeitgleich begannen die Farmer mit der Anpflanzung von Weinreben und Olivenbäumen.

Mit dem Aufkommen der NSDAP im Deutschen Reich änderten sich nicht nur politische Verhältnisse, sondern auch die Ideologie wandelte sich. Die Partei Hitlers versuchte auch Deutschen im Ausland die Naziideologie zu vermitteln und diese als Getreue Hitlers zu gewinnen. Die NSDAP bezahlte dazu Lehrer, damit sie entsprechende Ideologien verbreiteten, und so unwirklich es klingt, wurde sogar Hebräischunterricht angeboten. Die Milchtransporte nach Haifa wurden fortan mit Hakenkreuzfahnen ausgerüstet und in den deutschen Siedlungen hielt man Naziparaden an Hitlers Geburtstag ab.
In Haifa traten bereits 1932 die ersten Deutschen in die NSDAP ein. Vor dem Beginn des 2. Weltkrieges gehörten knapp 20% aller Deutschen in Palästina der NSDAP an und wurden somit nach und nach zum Problem für die Briten.

Am 20.08.1939 rief die Wehrmacht in Palästina zur allgemeinen Mobilmachung auf und ca. 350 Deutschstämmige aus Waldheim und Bet Lekhem sowie den vier anderen deutschen Siedlungen Haifa, Jerusalem, Sarona bei Tel Aviv und Wilhelma, dem heutigen Bnei Atarot beim Ben-Gurion-Flughafen, machten sich auf den Weg in den bevorstehenden Krieg.

Mit dem Beginn des 2. Weltkrieges wurden in Palästina alle Deutschen, Ungarn und Italiener zu Feinden der Briten und von ihnen in Lager interniert oder in ihren Siedlungen festgesetzt.
Die Gesunden und Jüngeren wurden ab 1941 aus Palästina zwangsumgesiedelt. Zuerst in einem Zwischenlager auf Zypern, wurden sie schließlich per Schiff nach Australien gebracht und dort neu angesiedelt. Dies war auch im Sinne der meisten deutschen Farmer. Hatten sie doch alles in Deutschland hinter sich gelassen und bekamen in Australien neues Farmland.
Noch heute gibt es die Templergesellschaft im Staat Victoria in Australien. Einige Auswanderer fanden aber auch den Weg zurück in ihre Heimat nach Deutschland.

Am 17.04.1948 eroberte die jüdische Haganah Waldheim und Bet Lekhem noch vor der Staatsgründung Israels. Trotz der Aufsicht durch die Britische Armee starben dabei zwei deutsche Siedler. Dieser Zwischenfall führte dazu, dass die Briten und später der Staat Israel die letzten paar Deutschen ohne Rücksicht auf Alter oder Gesundheitszustand aus dem Staat Israel auswiesen.
Nach der Eroberung ließen sich im ehemaligen Waldheim jüdische Pioniere aus der Tschechoslowakei, Rumänien und Österreich nieder und nannten das Kibbuz Ba Ma'avak. Einige Jahre später wandelte sich das Kibbuz zum Moschaw und sein Name wurde in Alonei Abba geändert. Stellvertretend für den jüdischen Partisanen Abba Berdichey, der ab 1943 in der Tschechoslowakei gegen die Nazis kämpfte und dafür 1945 mit seinem Leben bezahlte.

Jetzt aber zurück zur Kirche. Sie wirkt auf mich etwas gedrungen und ihr kleiner Kirchturm ragt an der Nordwand nur wenige Meter über das Dach hinaus. Dennoch ist sie mit ihren akkurat behauenen Steinen überaus gut verarbeitet. Würde man sich den Kirchenturm und die kirchentypischen Elemente wie Fenster wegdenken, könnte sie auch eine klassische deutsche Feldscheune sein.
Ich laufe einmal um die leider abgeschlossene Kirche herum und es beginnt – wie zu erwarten war – ziemlich stark zu regen. So verlasse ich die einzige je in Palästina gebaute Kirche deutscher Siedler.

Bet Lekhem

Nur 1km nördlich von Alonei Abba erreiche ich Bet Lekhem. Wären da nicht die so charakteristischen Häuser der Templer, die sich an der Hauptstraße entlang aufreihen, wäre der Ort ein für Israel typisches Moschaw.
Die Häuser sehen aus wie kleine Burgen, so massiv und stark gebaut wie sonst kaum etwas in Israel, und schon gar nicht zu dieser Zeit. Alle sehen gepflegt aus und sind von einem schönen Garten umgeben. Heute beherbergen die Häuser Cafés, einen Gewürzladen oder Gästezimmer.

Bereits ein Jahr zuvor, im Jahre 1906, gründeten die Templer aus Haifa Bet Lekhem. Dessen Geschichte reicht zurück bis zur Eroberung Kanaans durch die Stämme der Israeliten. So wurde dieses „Bethlehem von Galiläa" schon im Alten Testament erwähnt, denn es gehörte zum Gebiet des Stammes Sebulon:
»Das dritte Los fiel auf die Kinder Sebulon und die Grenze ihres Erbteils war bis gen Sarid [...] und endete im Tal Jephthah-El und Kattath, Nahalal, Simron, Jedeala und Bethlehem. Das ist der Erbteil der Kinder Sebulon, das sind ihre Städte und Dörfer.« (Josua 19,10–16)
Diese Erwähnung von Bethlehem im Alten Testament bringt mich etwas zum Nachdenken. Ist Jesus nicht in Bethlehem geboren? Welches

Bethlehem ist aber das richtige, dieses in Galiläa mit einer ebenfalls gesicherten jüdischen Besiedlung zu Zeiten Jesu, das nur 12km von Nazareth entfernt ist, oder das Bethlehem südlich von Jerusalem, das immerhin 110km Luftlinie entfernt und hinter vielen Bergen liegt?

Lukas und Matthäus berichten in der Bibel sehr unterschiedlich, was geschah. Lukas schreibt:
»Und jedermann ging, dass er sich schätzen ließe, in seine Stadt. Da machte sich Josef aus Galiläa auf, aus der Stadt Nazareth, in das jüdische Land zur Stadt Davids, die da heißt Bethlehem, darum dass er von dem Hause und Geschlechte Davids war, auf dass er sich schätzen ließe mit Maria, seinem vertrauten Weibe, die ward schwanger.« (Lukas 2,2–5)
Dies wirft erhebliche Fragen auf, denn jeder sollte seine Geburtsstadt aufsuchen, um sich in die Steuerlisten eintragen zu lassen. Niemand weiß aber, woher Maria stammte, warum sollte sie also hochschwanger weit über 100km reisen? Wieso lebte der königlich abstammende Josef als Zimmermann überhaupt in Nazareth, einem unbedeutenden Dorf mit nur wenigen Lehmhütten?

Matthäus hingegen berichtet uns etwas völlig anderes, wonach Maria in Bethlehem ihr Kind gebar, und lässt vermuten, dass Josef und Maria auch von dort stammten. Dann erzählt Matthäus von Weisen aus dem Morgenland, dem Kindermord zu Bethlehem, der Flucht nach Ägypten und vom Weg in ihre neue Heimatstadt Nazareth. Lukas hingegen schreibt gar nichts darüber.
Auch der königliche Stammbaum von Josef wirft bei Matthäus Fragen auf. Nach seiner Darstellung liegen zwischen König David und Josef 26 Generationen in ca. 1000 Jahren. Somit zeugte jeder im Schnitt erst mit 36 Jahren seinen Nachfolger. In der damaligen Zeit ein doch sehr ungewöhnliches hohes Alter.
Wurde Jesus wirklich im judäischen Bethlehem geboren, oder war es doch vielleicht das unbekanntere Bethlehem in Galiläa? Diese Frage stellen sich auch immer mehr Historiker und Archäologen. Eine sichere

Antwort darauf werden wir wohl nie erhalten, es darf somit weiter spekuliert werden.

Heute sind Alonei Abba und Bet Lekhem umgeben von einem über 240 Hektar großen Eichenwald, der sich einst von der Mittelmeerküste bis nach Nazareth zog. Nur hier blieb er weitestgehend erhalten, denn die deutschen Siedler zahlten die osmanische Baumsteuer und retteten somit die Bäume vor dem Abholzen.
Nach dem Niedergang von Nazi-Deutschland ersetzten die Briten in Bet Lekhem 222 Deutsche Gefangene durch 222 überlebende niederländische Juden, die im Konzentrationslager Bergen-Belsen überlebt hatten.
So endet mein viel zu kurzer Besuch von Bet Lekhem, der mir durch noch stärkeren Regen und einsetzende Dunkelheit aufgezwungen wird.

Ya'ara

Nach gut 50km Richtung Norden erreiche ich kurz vor der libanesischen Grenze den Ort Ya'ara. Was hatte Liron am Telefon gesagt? „Fahre einfach in den Ort herein, dann siehst du auch schon mein großes weißes Haus."
Ich fahre über Schwellen, an Pubs vorbei, bestaune die hell erleuchtete Synagoge, in der gerade der Sabbat eingeleitet wird, und erreiche das Ende von Ya'ara, aber kein großes weißes Haus, auf das die Beschreibung gepasst hätte. Also alles wieder zurück und noch mal suchen. Wieder kein Erfolg.

Ich rufe Liron an und sie erklärt mir den gleichen Weg noch einmal, sie will jetzt aber auf die Straße gehen und auf mich warten.
Als ich durch den Ort fahre, schreit Liron plötzlich durch mein Handy in mein Ohr, dass ich gerade an ihr vorbeigefahren sei. Ich sehe gar nichts und lege den Rückwärtsgang ein. Wieder ruft sie, dass sie mich sieht.

Erst jetzt raffe ich, dass ihr Haus gar nicht an der Hauptstraße liegt, sondern sie mich aus einer Seitenstraße sieht. Endlich sehe ich sie auch, winkend am Ende der Straße. Erst später wird mir klar, dass ich gerade über 30€ vertelefoniert habe, nur um ihr Haus zu finden.

Die Begrüßung ist herzlich, ihre beiden Brüder und ihre Mutter warten schon mit dem Abendessen auf mich. Liron zeigt mir aber erst mal mein Zimmer oder sollte ich besser sagen: meine Wohnung. Auf geschätzten 150m² habe ich gleich zwei Toiletten, ein großes Bad mit Whirlpool und Dusche, ein großes Wohnzimmer, eine Küche mit riesigem Kühlschrank und einen Flur, so groß wie zu Hause mein Wohnzimmer und Wintergarten zusammen. Meine „Couch" ist ein ganz neues Kingsize-Doppelbett mit feinster Bettwäsche.
Ich bin etwas baff über so viel Luxus, den ich wahrlich nicht erwartet habe. Liron erklärt mir, ihre Familie wohne nur im Erdgeschoss und wolle irgendwann in den 1. Stock ziehen, unten renovieren und dann wieder herunterziehen.
Ich lade nur schnell meine Sachen ab, um mich dann zum Essen zu den anderen zu gesellen. Die beiden Brüder sitzen schon am Tisch und Liron und ich setzen uns ihnen gegenüber. Der eine Bruder beginnt daraufhin, ein paar Zeilen aus der Thora zu lesen und es wird Brot verteilt und etwas Rotwein.
Ich weiß nicht so recht, wie ich mich verhalten soll, mache daher einfach gar nichts und beobachte nur. Das Gebet endet und Lirons Mutter beginnt mit dem, was sie offensichtlich am besten kann: Essen auftischen.
Ich kann zwischen zwei warmen Mahlzeiten wählen, es gibt Hähnchenschenkel oder Rindfleisch. Ich wähle die Hähnchenschenkel, ebenso wie Liron. Dazu gibt es Reis, Salat, Hummus, Brot, Gemüse in allen Variationen und vieles mehr. Der Tisch quillt vor Leckereien nur so über.
Es schmeckt fantastisch und Liron berichtet mir mehr über ihre Familie. Sie sind Eierproduzenten und ihr Vater hat das Geschäft aufgebaut, bevor er 2009 verstarb. Der ältere Bruder übernahm daraufhin die

Hühnerfarm, während der Jüngere in einer Industriefirma bei Akko arbeitet.
Ich frage Liron, warum überall libanesische Bilder und Abbildungen hängen. Auch in die Holzvertäfelung der Küche ist der Umriss einer Zeder eingelassen. Liron erklärt mir, dass ihre Mutter christliche Libanesin war.
Sie hatte ihren jüdischen Vater 1979, noch vor dem 1. Libanon-Krieg, kennengelernt. Daraufhin konvertierte sie zum Judentum und zog nach Israel. Eine absolute Besonderheit für die damalige Zeit. So landete ihre einzigartige Liebesgeschichte sogar in den israelischen Medien.

Man merkt ihr bis heute ihre Herkunft an, besonders ihre Gastfreundschaft ist typisch libanesisch. Leider spricht sie kein Englisch, ebenso wie die beiden Brüder, was aber der sehr lockeren Kommunikation keinen Abbruch tut, da Liron alles übersetzt.

Ich frage Liron, warum sie nicht zur Synagoge gegangen sind, worauf sie meint, es würde regnen und ihre Brüder hätten keine Lust. Sie erzählt mir, dass auch einige der orthodoxen Juden aus Ya'ara heute nicht zur Synagoge gehen. Denn bei dem Wetter müssten sie ja einen Regenschirm aufspannen, was der Verrichtung von Arbeit gleichkommt, die ja am Sabbat verboten ist.
Sie meint das Ganze etwas im Scherz, aber grundlegend hat sie damit recht. Streng gläubige Juden nutzen z.B. Zeitschaltuhren, damit sie am Morgen des Sabbats nicht den Schalter der Kaffeemaschine betätigen müssen, was zugleich Arbeit, aber auch einen elektrischen Funken am Schalter entstehen lässt.

So langsam werde ich satt, dennoch wird mir immer mehr auf den Teller aufgefüllt, Nein zu sagen ist praktisch unmöglich. Beide Brüder essen ohne Anstand, es wird geschmatzt, was das Zeug hält. Ab und an fällt den beiden sogar vor lauter Gerede Essen aus dem Mund, aber mir schmeckt es dennoch vorzüglich.

Ich versuche mehr über die Eierproduktion zu erfahren, denn ich denke mir, Legebatterien sind sicherlich der normale Zustand in Israel, dem Land mit dem weltweit höchsten Pro-Kopf-Verbrauch an Eiern. Tierschutz ist nach unseren Maßstäben so eine Sache in Israel. Erste Schritte im Tier- und Naturschutz sind aber auf den Weg gebracht. Inzwischen sind die Jagd auf Wildtiere und das Züchten von Krokodilen sowie Straußen in Israel verboten.

Die Familie besitzt 2200 Hühner – natürlich in engen Legebatterien – die 1950 Eier am Tag legen. Der gesamte Betrieb erfolgt noch in Handarbeit. Füttern, Eier aufsammeln und verpacken, all das erledigt der ältere Bruder Tag für Tag.

»*Demnächst will ich aber eine automatische Fütterungsanlage anschaffen*«, übersetzt mir Liron einen Kommentar ihres älteren Bruders.

Ich erkläre ihnen, dass ab 2012 in der EU diese Art der Haltung, nämlich die in ganz kleinen Käfigen, nicht mehr erlaubt ist. Ihre Antwort entspricht meinen Erwartungen:

»*Wir sind ja noch human, denn wir geben nicht nach einem Jahr für eine Woche kein Futter mehr. So machen es fast alle anderen israelischen Hühnerfarmer, denn die Tiere verlieren dann ihre Federn und legen danach wieder viel mehr Eier*«, sagt der ältere Bruder zu mir.

Ich bin nicht gerade erleichtert über diese Antwort und dann führt er noch ein ziemlich absurdes Beispiel an, indem er sagt:

»*Ein Huhn ist vor Kurzem aus einem der Ställe gefallen, brach in Panik aus und versuchte mit allen Mitteln, wieder zurück in den Käfig zu gelangen. Das ist doch ein Zeichen dafür, dass es den Hühnern in den Käfigen gefällt.*«

Ich bin schockiert darüber, wie man ein solches Verhalten noch positiv deuten kann, sage aber lieber mal nichts, denn die beiden haben einen Waffenschein. Um mir den Tag nicht zu verderben, lehne ich eine Besichtigung der Ställe aber lieber dankend ab. Zugleich verweigere ich jedes weitere Essen, denn ich kann einfach nicht mehr.

Ich setze mich mit Liron auf die Couch und wir quatschen noch etwas. Liron ist Rechtsanwältin in Haifa, sie hat gerade ihr Studium beendet

und ist ziemlich jung für eine Anwältin. Dies ist typisch für Israel, wo man insbesondere in der Armee regelrecht Blitzkarrieren machen kann. Wie bei Yifat, einer guten Bekannten von mir. Sie ist Ärztin in der israelischen Marine und hat sich als deutsche Jüdin freiwillig zur IDF gemeldet. In der Armee leistete sie ihren Wehrdienst ab und studierte dort Medizin. Darüber hinaus ließ sie sich zu einer der wenigen Scharfschützinnen ausbilden.
In Israel ist dies absolut kein Widerspruch, denn Ärzte und Scharfschützen leisten eine ähnliche Form der Lebensrettung. Der gezielte Schuss eines Scharfschützen schaltet in ihren Augen gefährliche Personen aus und rettet somit Menschenleben.
Trotz ihrer mentalen Stärke hat Yifat bis heute Albträume, die vom Libanon-Krieg 2006 herrühren, wo sie die Verletzten an der Front versorgte. Das alles und noch viel mehr hat sie in weniger als 10 Jahren erlebt.

Liron erwähnt mir gegenüber, dass sie in ihrer Armeezeit für den militärischen Geheimdienst gearbeitet hat. Sie verrät mir natürlich nichts wirklich Geheimes oder irgendwelche Interna, dafür gibt's witzige Storys aus dem Geheimdienstalltag. Sie erzählt mir von israelischen Drohnen, die syrische Soldaten filmten, wie sie Schafe vergewaltigen, weil man sie ein Jahr lang an irgendeinem verlassenen Ort in der Wüste versauern ließ. Oder von einem syrischen General, der seine Haushälterin anrief, sie möge doch bitte sofort sein Zimmer sauber machen, natürlich nackt.

Sie steckt mir noch etwas über Yassir Arafat, den „Nettesten aller Terroristen", wie Liron etwas ironisch anmerkt. Liron erzählt mir, welche speziellen sexuellen Neigungen Arafat auslebte und dabei vom israelischen Geheimdienst belauscht wurde. Das, was sie mir erzählt, ist so widerwärtig und wirft ein so schreckliches Bild auf den Friedensnobelpreisträger, dass ich es hier nicht wiedergeben werde. Alles in allem der ganz normale israelische Geheimdienstalltag.

Leider hat Liron kein WLAN im Haus, aber der Nachbar soll eine ungeschützte Verbindung haben, an der sich alle bedienen. Gut, denke ich mir, dann kommt es ja auf einen mehr oder weniger nicht an. Leider empfange ich im Haus nichts, aber das riesige Flachdach lockt mich. Meine Aussicht vom Dach auf die vielen Lichter von Ya'ara und die umliegenden Dörfer ist wunderschön. Der Wind leider weniger, aber es ist zumindest trocken.

Liron fragt mich, wie ich die 13°C bloß im T-Shirt aushalte. Sie trägt eine dicke Jacke und friert sichtbar. Meine Antwort, dass es in Deutschland gerade fast 30°C kälter ist als hier und mir die 13°C recht angenehm vorkommen, lässt sie antworten:

»*Ich glaube, bei eurem Wetter in Deutschland würde ich erfrieren.*«

Wie recht sie hat, aber die heißen Sommertemperaturen machen den Touristen aus nördlichen Ländern auch in Israel ziemlich zu schaffen.

Hier oben ist der Empfang wunderbar. Ich rufe auf dem windigen Dach meine E-Mails ab und plane mit Hilfe von Satellitenkarten meinen nächsten Tag. Dann wird es mir doch etwas frisch und ich setze mich zu Liron in das gut 60m² große Wohnzimmer, wo sie Fernsehen schaut, und bearbeite noch einiges am PC.

Ich frage Liron, ob sie am Wochenende immer von Haifa nach Hause fährt, und sie gibt offen zu, dass sie dies nur wegen ihrer Mutter mache, weil diese ohne ihren verstorbenen Mann so allein sei. Wir reden noch eine Weile über verschiedene Themen, bis mir fast die Augen zufallen und ich mich zurückziehe.

Die Nacht ist extrem stürmisch und der Regen prasselt nur so an die Rollos, dennoch schlafe ich ausgezeichnet in meinem kuscheligen Kingsize-Bett. Ich denke mir: Wenn das mit dem Couchsurfing in diesem Luxus weitergeht, dann soll es mir recht sein.

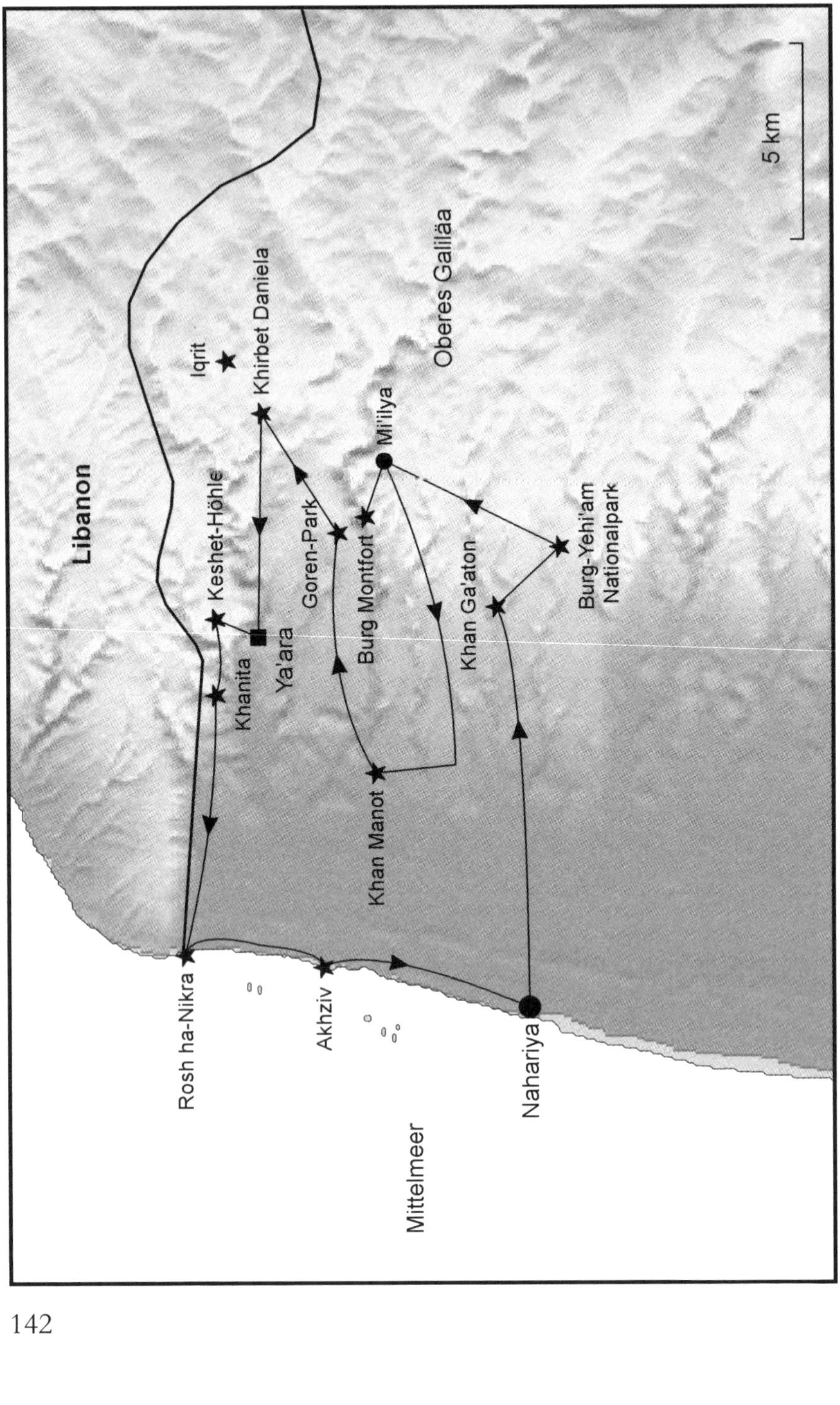
Libanon
Iqrit
Khirbet Daniela
Keshet-Höhle
Khanita
Ya'ara
Goren-Park
Burg Montfort
Mi'ilya
Oberes Galiläa
Khan Ga'aton
Burg-Yehi'am
Nationalpark
Khan Manot
Rosh ha-Nikra
Akhziv
Nahariya
Mittelmeer
5 km

7. Tag – Samstag, 11.12.2010

Ya'ara

Gegen 07:00 Uhr stehe ich auf und bevor ich frühstücke, will ich noch kurz ein paar Sachen ins Auto bringen, das vor dem Haus parkt. Zumindest ist das mein Plan.
Als ich versuche, das Haus zu verlassen, werde ich von Lirons Mutter abgepasst und lasse mich ohne Gegenwehr von ihr in die Küche verfrachten. Dort bin ich ihr jetzt hilflos ausgeliefert, Liron schläft noch und ich kann mich ja nicht mit ihrer Mutter verständigen.
Es wird praktisch der ganze Inhalt des Kühlschranks vor mir ausgebreitet und sie wirbelt durch die Küche, macht Tee, Omelett, warmes Gebäck, frisches Hummus, bis ich kaum noch Platz auf dem Tisch habe, um zu essen. Ich esse also, bis ich nicht mehr kann und verweigere dann jegliche weitere Nahrungsaufnahme. Es ist 07:30 Uhr und ich bin schon völlig überfressen.
Als Krönung packt Lirons Mutter mir dann noch ein Essenspaket wie zu meinen Schulzeiten. Kekse, eine Banane, ein Apfel und noch weitere Leckereien füllen kurz darauf einen Plastikbeutel, den sie mir unter die Nase hält. Ich versuche erst gar nicht abzulehnen, das wäre sinnlos. Nach etwa 45 Minuten schaffe ich es endlich, die Küche zu verlassen. Ich fühle mich so was von satt und träge.

Liron ist inzwischen auch auf den Beinen und begrüßt mich überschwänglich. Ich hingegen suche verzweifelt meine Laptoptasche. Als ich an mir zu zweifeln beginne, kommt mir ein Verdacht. War ich nicht gestern mit dem Laptop auf dem Dach? Mir schwant Böses und ich laufe die Treppe zum Flachdach empor.
Da steht sie nun, meine völlig durchnässte Tasche inklusive meiner Flugtickets und Reiseunterlagen. Na super, wenigstens steht mein Laptop schön trocken im Zimmer und alle Unterlagen habe ich doppelt im Koffer.

Ich zeige Liron die triefende Tasche und frage, ob sie eine Möglichkeit zum Trocknen hat. Wir beide müssen lachen, auch ihre Mutter kann sich kaum noch halten. Als Liron dann auch noch beim Gang auf die Terrasse in eine tiefe Pfütze tritt, liegen wird endgültig flach und amüsieren uns köstlich.
Ich kann die Tasche unter einer Überdachung im Freien aufhängen und denke: Bei dem Wind wird sie schon trocknen. Zwei Tage später ist sie immer noch etwas feucht.

Keshet-Höhle

Der Tag ist für israelische Verhältnisse gruselig, es stürmt, tief hängende Wolken rasen über den Himmel und bringen binnen Sekunden monsunartigen Regen. Heute und morgen wird es in Galiläa bis zu 230mm Niederschlag geben. Was soll's, denke ich mir, ich habe ja keine Zeit zu verlieren und fahre direkt gen Norden 200Hm hinauf zum Adamit-Park.
Dessen steile Klippe gibt Ya'ara ein so unvergleichliches Hintergrundbild, das von der gewaltigen, gut 50m hohen Öffnung der Keshet-Höhle unterstrichen wird. Oben im Adamit-Park angekommen, folge ich einem Pfad hinab bis zur Höhle. Dessen Besonderheit erkenne ich erst, als ich mich ihr auf dem Plateau nähere. Sie ist nicht nur zur Klippe hin offen, sondern auch im Plateau klafft ein großes Loch. Fast die ganze Decke der Höhle ist eingestürzt und es ist nur eine natürliche Steinbrücke am Rand der gut 150m hohen Klippe stehen geblieben.
Hier finden sich viele Haken im Fels, denn täglich seilen sich Wagemutige zum Grund der Höhle hinab. Nicht wie üblich am Fels entlang, sondern frei hängend unter der beeindruckenden Steinbrücke.
Mein Blick von der Naturbrücke reicht weit Richtung Süden, über Ya'ara und die Wälder Galiläas hinweg. Bei klarem Wetter könnte ich jetzt bis zum Mittelmeer und nach Rosh Hanikra blicken. Ich ärgere mich aber weniger über das Wetter, sondern über mich selbst, denn heute ist bei dem Wetter niemand hier, der sich abseilt. Hätte ich doch

bloß die Gelegenheit im September 2010 genutzt, als mich hier ein Mann ansprach, ob ich mich denn abseilen wolle. Da war ich mit meiner Freundin aber so in Eile, dass die Zeit für den Rückweg zu Fuß, einmal um die Klippe herum, nicht gereicht hätte. Ich komme irgendwann wieder, denke ich mir, denn ich will mir dieses Erlebnis nicht entgehen lassen.

Khanita

Ich fahre zurück auf die 899 gen Westen und biege kurz darauf wieder auf eine kleine Nebenstraße ab, die mich stetig bergauf an die libanesische Grenze bringt. In der letzten Kehre vor dem 350m hoch gelegenen Ort Khanita schützt eine etwa 10m hohe Betonmauer den Verkehr. Sie lässt der Hisbollah keine Möglichkeit, vom 500m entfernten gegenüberliegenden Grenzhügel auf die israelischen Fahrzeuge zu schießen. Dieser Höhenzug ist zwar von Israel kontrolliert, aber die Hisbollah könnte des Nachts hier eindringen.
Ich suche eigentlich nach einer Höhle und durchquere dazu den ganzen Ort. Der ist aber wegen des Wetters wie ausgestorben und ich finde niemanden, den ich fragen könnte.
Als ich den Ort wieder verlassen will, fällt mir ein kleines hebräisches Schild auf, das in ein Waldstück führt. Der Himmel klärt etwas auf und ich betrete den aufgeweichten Waldpfad.
Ich finde auf meinem Weg fünf teils fast verschüttete Grabkammern, die am Wegesrand in den weichen Kalkstein gehauen wurden. In zwei Kammern kann ich noch hineinkriechen und sehe jeweils drei Nischen für die Toten. So stellt sich heraus, dass meine gesuchte Höhle in Wirklichkeit Gräber sind.

Kaum erreiche ich das Ende des Weges, öffnen sich plötzlich die Schleusen des Himmels und es beginnt zu schütten und zu donnern, dass es mich durchzuckt. Ich gehe, nein, ich renne zum Auto. Als jemand, der eigentlich keine Angst vor Gewitter hat, wird mir das hier

langsam unheimlich und die Bäume zeigen inzwischen schon bedrohliche Schieflage. Die Blitze sind dermaßen nah, dass ich doch lieber in meinen Faradayschen Käfig, sprich meinen Mietwagen, möchte.
Kaum erreiche ich den Wagen, beginnt es so extrem zu hageln, dass es nur Minuten dauert, bis der Boden zentimeterdick mit Eiskugeln bedeckt ist. Bäche rauschen inzwischen die Straße herunter und spülen die eisigen Kugeln vor sich her. Ich bin total nass, fahre aber dennoch langsam zurück zur Schnellstraße, als das Unwetter nachlässt und jede Menge Äste, Hagelkörner und Schlamm auf der Straße zurücklässt.

Rosh ha-Nikra

Mein Weg bringt mich nach Westen zur Mittelmeerküste, ich möchte nach Rosh ha-Nikra, dem Grenzpunkt zum Libanon. Rosh ha-Nikra ist das „Rügen" Israels, denn sein weißer Kreidefelsen wurde vom Meer zu Grotten ausgespült. Ein künstlicher Tunnel ermöglicht heute dem Besucher, die Grotten, die knapp über Meereshöhe liegen, zu besuchen.
Auch die alte Bahnlinie von Istanbul nach Kairo führte durch den Felsen und schon Alexander der Große musste die sogenannte „Leiter von Tyros" überqueren, um nach Ägypten zu gelangen.

Heute ist Rosh ha-Nikra eine abgeriegelte und stark gesicherte Grenze zum Libanon, die nur noch zum Gefangenen- oder Leichenaustausch geöffnet wird. So auch am 16.07.2008, als die Hisbollah die Leichen von Ehud Goldwasser und Eldad Regev, die 2006 entführt worden waren, an Israel übergab.
Im Gegenzug ließ Israel mehrere Hisbollah-Kämpfer frei und übergab selbst 200 Leichen von getöteten Hisbollah-Mitgliedern.

Die Entführung der beiden israelischen Soldaten war der Grund für den Libanon-Krieg 2006. Dabei muss offen gesagt werden, dass Israel vielleicht nur auf einen solchen Grund gewartet hatte, um die immer stärker werdende Hisbollah in die Schranken zu weisen.

Mir fällt in diesem Moment eine Bemerkung meiner bekannten Ärztin Yifat ein. Sie erzählte mir, dass im Haifaer Rambam-Krankenhaus der Anteil an palästinensischen und libanesischen Patienten über 25% beträgt.
Okay, bei Palästinensern ist es klar. Israel lässt jedes Jahr Hunderttausende Palästinenser in israelische Krankenhäuser, die insbesondere im Gazastreifen nicht ausreichend medizinisch versorgt werden können. Oft kommen Patienten aus Gaza aber viel zu spät. Israel lässt sie manchmal aufgrund von Sicherheitsbedenken nicht einreisen, aber insbesondere die Hamas-Regierung verzögert oder verhindert ihre Ausreise aus dem Gazastreifen, indem sie die nötigen Papiere verweigert.
2010 retteten israelische Ärzte in Tel Aviv sogar das Leben der Tochter des Hamas-Innenministers, nachdem Ärzten in Gaza deren Herz-OP misslungen war. Nach der Operation wurde das Mädchen nach Amman zur weiteren Behandlung gebracht und anschließend leugneten Hamas und jordanische Ärzte ihre Rettung durch israelische Ärzte.

Aber wie bitte schön kommen Libanesen nach Israel? Die Grenze ist abgeriegelt und es herrscht offiziell Kriegszustand mit dem Libanon.
Die Antwort liegt eigentlich auf der Hand, denn Israel hat in jedem Land Freunde und Kollaborateure. Diese geben geheime Informationen an Israel weiter und bereiten militärische Operationen vor. Sie sind Augen und Ohren der israelischen Geheimdienste. Im Gegenzug erhalten sie z.B. Geld oder ein Familienmitglied wird in Israel operiert, was oft in den Heimatländern nicht möglich wäre. Israel schmuggelt dann die Kranken nach Israel und ihnen wird geholfen. So gelangen Libanesen nach Israel.
Aber nicht nur Menschen queren im Geheimen die Grenze zum Libanon, auch Drogen finden den Weg über diese stark gesicherte Grenze. Man soll es kaum glauben, aber es scheinen sich doch immer wieder Lücken im Grenzzaun zu finden, die leider nicht nur für gute Zwecke benutzt werden. Es bleibt zu hoffen, dass eines Tages dieser Grenzübergang wieder geöffnet wird und der Israel-Reisende auf diese Weise

einen Abstecher in den unglaublich schönen Libanon erleben kann. Der Libanon wird nämlich zu Recht als die „Schweiz des Nahen Ostens“ bezeichnet.

Das Besucherzentrum von Rosh ha-Nikra ist zu meiner Enttäuschung wegen des Sturmes geschlossen, also fahre ich direkt an die Küste. Noch nie habe ich am Mittelmeer derart gigantische Wellen gesehen, wie sie hier gegen die israelische Küste prallen. Die Gischt macht das Fotografieren fast unmöglich, teilweise steht die Straße am Strand unter Wasser, so weit drückt das Meer ins Land hinein.
Ich folge der kleinen Nebenstraße nördlich, bis ich in der Sackgasse zu Füßen des Kreidefelsens stehe. Einige Schaulustige haben sich hier ebenfalls eingefunden, um das Wetterschauspiel zu beobachten. Die Wellen peitschen gegen die Felsen und man muss aufpassen, nicht von einer erfasst zu werden. Wie ich später erfahre, stirbt an diesem Tag ein Israeli an einem anderen Küstenabschnitt. Eine der unberechenbaren Wellen erfasst den Mann und spült ihn ins Meer.
Ich folge der kleinen Straße südlich, um wieder bei Akhziv auf die 4 zu gelangen. Kurz vor der Auffahrt steht die Küstenstraße jedoch fast 1m tief unter Wasser, zu viel für meinen Mietwagen. So fahre ich ein gutes Stück wieder zurück auf die 4. Dort tanke ich und gerate in den nächsten Wolkenbruch, der genau in dem Moment losgeht, als ich die 225 Schekel für das Benzin bezahle.

Khan Ga'aton

Ich folge dem Highway 4 weiter gen Süden, bis ich die Küstenstadt Nahariya erreiche, wo ich östlich auf die 89 abbiege. Nach 7km halte ich mich südöstlich zu den Kibbuzim Ga'aton und Yekhi'am, wo ich kurz darauf in der Talsohle auf einen Feldweg abbiege.
Die Sonne kommt gerade wieder zum Vorschein, dennoch erwartet mich auf dem Feldweg eine Schlammschlacht und mir bleibt nichts anderes übrig, als mit Vollgas und maximalem Tempo zu fahren, um

nicht stecken zu bleiben. Der Schlamm spritzt bis aufs Autodach, aber irgendwie schaffe ich es, bis vor die gesuchte Karawanserei zu fahren.
Der von Bäumen umgebene Khan Ga'aton liegt leicht erhöht im Tal des Flusses Ga'aton und scheint auf die Entfernung noch gut erhalten zu sein. Die von hier zu sehenden gut 8m hohen Außenmauern wirken jedenfalls zwischen den Bäumen, als wären sie vollständig erhalten. Ich mache mich auf den Weg und betrete die Karawanserei durch das nördliche Tor.

Vor mir öffnet sich der 40x80m große Innenhof, der zu den größten Karawansereien in Israel gehört. Nordwest- und Südwestecke sowie die Westseite der umgebenden Mauer werden dabei von Gebäuden flankiert.
Das Gebäude rechter Hand in der Nordwestecke betrete ich zuerst und es empfängt mich mit einer 12x12m großen Säulenhalle und sehenswerten Deckenbögen. Auffallend sind die späteren Veränderungen, denn einige Bögen wurden zugemauert und auf diese Weise Zwischenwände eingezogen.
Das zweistöckige Gebäude gegenüber betrete ich über eine 3m hohe Steintreppe. Das Gebäude war offensichtlich das Verwaltungsgebäude, dessen Holzbalkendecke noch in einem hervorragenden Zustand ist. Ich laufe quer über den Innenhof zu den Ställen, dessen Bögen wohl einst ein zweites Stockwerk trugen. Die Bögen der Ställe ziehen sich die gesamte Nordmauer entlang und konnten sicherlich vielen Dutzend Tieren Unterkunft bieten.
Mit einer erneuten Schlammschlacht kehre ich zur Straße zurück und fahre zum nahe gelegenen Kibbuz Yekhi'am.

Burg-Yekhi'am-Nationalpark

Um zu meinem nächsten Ziel zu gelangen, fahre ich durch das gesamte Kibbuz Yekhi'am hindurch, immer auf die am Ende der Straße liegende Burg Yekhi'am zu. Auf den Resten einer Kreuzritterburg ließ hier der

arabisch-beduinische Herrscher von Galiläa, Dhaher al-Omar, die heute noch gut erhaltene Festung bauen.
Dhaher al-Omar – auch „Scheich von Akko" genannt – nutzte die Burg, um seinen Einfluss gegenüber dem Osmanischen Reich zu stärken. Er provozierte immer wieder den Sultan Mustafa III. und seinen Nachfolger Sultan Abdülhamid I. aus Konstantinopel, denn die osmanischen Sultane duldeten eigentlich keine lokalen Herrscher. Al-Omars reale Macht und seine wirtschaftlichen Erfolge waren aber so stark, dass den Osmanen nichts anderes übrig blieb, als al-Omar als Herrscher Galiläas anzuerkennen.

Ich betrete den Nationalpark, wo mich ein kleiner Weg zwischen Bäumen hindurch und an einem byzantinischen Grab vorbei zur Burg bringt. Durch den alten Torbereich betrete ich die Reste der Burg.
An einigen gut erhaltenen Gewölbehallen vorbei gelange ich in den zentralen Bereich der Burg. Hier führt eine schmale Treppe, die mich um mehrere Ecken steil nach oben bringt, auf den höchsten noch erhaltenen Burgabschnitt.
Wäre das Wetter nicht so trübe, würde mein Blick jetzt bis zur libanesischen Grenze im Norden und nach Akko im Westen reichen. Doch ich sehe nur einige umliegende Kibbuzim und die umgebenden Wälder und Hügel.

Wieder im Innenhof angekommen, verlasse ich die Burg an ihrer Nordseite und laufe an den Resten der Außenmauer entlang. Mir fallen an dieser Stelle sogleich die Renovierungen der Burg durch Dhaher al-Omar ins Auge, denn die unteren größeren Steinblöcke der Kreuzritter wurden in einigen Metern Höhe durch kleinere Steinblöcke ersetzt.
Über einen Platz und an einem modernen Veranstaltungssaal vorbei, bringt mich eine steile Treppe abwärts. An ihrem Ende betrete ich eine der größten Säulenhallen Israels. Acht gemauerte viereckige Säulen trugen einst die gesamte darauf stehende Burg. Die Gewölbe auf den acht Säulen spannen einen Saal von etwa 20x30m auf.

An den Säulen vorbeischlendernd, gelange ich zum Eingang zurück und mache mich auf den Weg zur nächsten Kreuzritterburg, die nur 5km nördlich von hier gelegen ist.

Burg Montfort

Mein Weg zur Burg Montfort führt mich direkt durch den arabischen Ort Mi'iliya und dann immer gen Westen Richtung Hila. Ich lasse Hila – mit dem Elternhaus von Gilad Shalit – rechts liegen und fahre geradeaus, bis ich den Montfort-Parkplatz erreiche.

Es geht für mich ab hier nur noch zu Fuß weiter. Erst leicht im Wald bergab, dann immer steiler. Zudem wird der Weg immer steiniger. Nach einem Kilometer tauchen die ersten Mauerreste der Burg Montfort in meinem Blickfeld auf. Ich erreiche ein Plateau, an dessen Rand sich der kaum einsehbare und offensichtlich sehr tiefe Burggraben durch den Bergrücken zieht.
Ich steige an der Südseite über einen steilen Pfad hinab bis zum Grund des Grabens. Dort angekommen durchquere ich den etwa 20m langen und 10m tiefen Burggraben und gelange auf die andere Seite des Bergrückens.
Der Pfad setzt sich fort und ich erreiche den Eingang zur Burg, der aber nur noch zu erahnen ist. Linker Hand führt mich eine Treppe hinauf auf ein gut 10x10m großes Plateau, an dessen West- und Südseite noch Teile der Wände erhalten sind. Dies muss der einstige Zugangsbereich gewesen sein, wenn man den Burggraben überquert hatte. Von der Toranlage oder einer Zugbrücke ist aber nichts mehr erhalten.

Nach einer kurzen Erkundungsrunde in den immer noch beeindruckenden Ruinen betrete ich den im Westen gelegenen Rittersaal. Die heutigen Reste des Saals am Ende des Bergrückens vermitteln mir einen guten Eindruck von der damaligen Größe. In der Mitte stehen die Reste einer mächtigen Säule, die einst die Gewölbe der Decke trug.

Die Burg Montfort wurde Anfang des 12. Jahrhunderts als kleiner Gutshof von französischen Kreuzrittern erbaut. Saladin zerstörte nach der Niederlage der Kreuzritter bei den Hörnern von Hattin vom 04.07.1187 die kleine Befestigung. Die Kreuzritter kehrten aber schnell zurück und im Jahre 1220 kaufte der deutsche Ritterorden die neu ausgebaute Burg. Sie wurde in „Starkenberg“ umbenannt und entwickelte sich zum Hauptsitz der deutschen Ritter.
Montfort wurde Teil des Verteidigungssystems, das Akko schützte, war aber vorrangig Verwaltungssitz für umliegende landwirtschaftliche Siedlungen. Beim Blick in das die Burg umgebende tiefe Tal – in dem sich der Kziv schlängelt – wird mir klar, wie gut geschützt die Burg Montfort lag. Dennoch eroberten die Mameluken unter Sultan Bayarbars die Burg im Jahre 1271 ein weiteres Mal und zerstörten sie fast vollständig.
Wie eine Burg erobert wurde, bestaune ich gerade an der südlichen Außenmauer. Hier klafft ein etwa 10m breites und 2m hohes Loch, das etwa 3m tief in das Fundament der Mauer hineinreicht. Die Mameluken zogen hier Stück für Stück die Steinquader heraus, um die Mauer zum Einsturz zu bringen, aber sie hielt und steht so freischwebend seit 740 Jahren.

Wie groß einst die Burg gewesen sein muss, ist nur noch schwer auszumachen, denn der umgebende Wald hat sich Teile der ehemaligen äußeren Befestigung einverleibt.
Eigentlich hatte ich vor, die 150Hm zum Kziv hinabzulaufen, an der alten Wassermühle den Fluss zu queren und auf der anderen Seite 200Hm hinauf zum Goren-Park zu gelangen. Von dort hat man den schönsten Blick auf die Burg Montfort und das Kziv-Tal. Insbesondere jetzt am Nachmittag und bei gutem Wetter wird die Burg herrlich ins Licht der untergehenden Sonne getaucht.
Da ich aber anschließend den ganzen Weg wieder zurücklaufen müsste, um mein Auto abzuholen, und es für die Wanderung schon zu spät ist, verzichte ich darauf. Ich kehre daher direkt zum Wagen zurück und

werde jetzt 30km Umweg über die 89, 70 und 899 zum Luftlinie nur wenige Hundert Meter entfernten Goren-Park zurücklegen.

Khan Manot

Auf meinem Weg mach ich einen Zwischenstopp am Highway 70. Hier, 7km westlich der Burg Montfort, befindet sich eine Zuckerfabrik der Kreuzritter direkt an der Hauptstraße. Ich parke an der Leitplanke und nach wenigen Metern stehe ich vor dem ehemals zweistöckigen Gebäude aus grob behauenen Steinen.
Ein noch gut erhaltenes Aquädukt grenzt östlich an das 8x35m große Fabrikgebäude an. Die steinerne Wasserleitung brachte einst das zur Zuckerherstellung benötigte Wasser von den nahen Hügeln direkt in die Fabrik.
Ich betrete das Gebäude von der Ostseite her und erkenne trotz völliger Überwucherung die 2m höher gelegene 2. Ebene. Eine Treppe führt vor mir in den ehemaligen Keller, der heute komplett eingestürzt ist. An der Nordwand erkenne ich noch die Öffnungen dreier Öfen im Kellergeschoss, mit denen man die Kessel erhitzte und das Zuckerrohr eindickte.
Der Verkauf von Zucker war eine wichtige Einnahmequelle für die Kreuzritter, denn die süßen Kristalle waren rar und teuer in Europa. Einst war die Ebene bis zum Meer im Westen mit Zuckerrohrpflanzen bedeckt, die im 1.Jhd. aus Südostasien in die Gegend gelangt waren. Zuckerrohr benötigt im Sommer ausreichend Wasser, um wachsen zu können. Ein Zeichen auch dafür, dass die Gegend in früheren Zeiten deutlich regenreicher gewesen sein muss.

Ich folge dem Aquädukt und nur wenige Meter weiter stoße ich auf unübersehbare Becken und Rinnen im Fels. Das Gesamtbild wirkt wie eine sonst übliche antike Weinpresse, aber wieso hätten die Kreuzritter hier Weintrauben pressen sollen? Erst später erfahre ich, dass der Khan Manot schon weit vor den Kreuzrittern besiedelt war. Diese Weinpresse

existierte also schon vor den Kreuzrittern, die diese später vielleicht weiter benutzten, um an den begehrten Traubensaft zu gelangen.
Wenige Meter weiter verliert sich das Aquädukt in der Landschaft und ein Weg führt mich durch struppiges Gebüsch, bis ich unter einem Baum eine Olivenölpresse finde. Fast hätte ich sie nicht erkannt, denn sie ist völlig mit Kuhdung überzogen. Erst als ich sie mit einem Stock unter den Blicken der Wiederkäuer säubere, entdecke ich die Rinnen und Löcher im Fels. Es ist eine sehr kleine Presse, dennoch freue ich mich wie ein kleines Kind über meinen Fund.
Jetzt muss ich mich ranhalten, um zum Goren-Park zu gelangen, bevor es zu dämmern beginnt. Also nehme ich die Beine in die Hand und fahre zügig, bis ich den Park erreiche.

Goren-Park

Den Aussichtspunkt im Goren-Park habe ich schnell gefunden, denn er liegt nur wenige Meter abseits der einzigen Zufahrtsstraße.
Der Blick hinab in das von Bäumen bewachsene Tal, in dem sich der Kziv schlängelt, ist atemberaubend. Ich habe Glück, die schon tief stehende Sonne blinzelt plötzlich hinter den Wolken hervor und taucht die gegenüberliegende Burg Montfort in das sanfte Licht der Abenddämmerung.
Von dieser Aussichtsplattform aus sehe ich zum ersten Mal die gesamte Burg, wie sie sich über den 50m tiefer liegenden Bergrücken zieht. Wie muss diese Burg einst in ihrer Ganzheit von hier aus gewirkt haben? So manches Mal wünsche ich mir, man würde sie wieder aufbauen, wie es die Jordanier mit Teilen einiger Burgen schon gemacht haben.
Ich sehe aber nicht einen Wanderer im Tal und an den Hängen des Kziv. Das schlechte Wetter macht heute selbst dieses wunderschöne Wandergebiet absolut unattraktiv. Bei gutem Wetter und insbesondere an den Wochenenden tummeln sich hier Hunderte von Besuchern.
Etwa 300m weiter folge ich einem Wanderweg und erreiche kurz darauf einen noch schöneren Aussichtspunkt, der die Burg in der Seitenansicht

zeigt. Auch hier mache ich viele Fotos für ein großes Panoramabild von der Burg, bis die Sonne für heute endgültig hinter Wolken verschwindet.

Khirbet Daniela

Nur 2km östlich, gleich hinter dem Dorf Gornot ha-Galil, folge ich einer kleinen Nebenstraße steil bergauf nach Khirbet Daniela. Dies wird heute meine letzte Besichtigung sein und ich habe keine Ahnung, was mich erwartet.
Vom Parkplatz führt mich ein kleiner Pfad durch den Wald, bis ich nach einigen Hundert Metern zwischen Bäumen und Gestrüpp alte Siedlungsmauern entdecke. Es handelt sich um ein kleines Dorf aus antiker Zeit, dessen Alter ich überhaupt nicht einordnen kann.
Sicher kann ich aber sagen, dass die Bewohner zu einem großen Teil vom Olivenöl gelebt haben mussten. Denn als ich durch die noch gut 1m hoch erhaltenen Reste der Siedlung laufe, entdecke ich insgesamt drei Gebäudekomplexe mit Olivenmühlen und Ölpressen. Diese Konzentration von gleich drei Olivenölmanufakturen auf einer Siedlungsfläche von gerade einmal gut 60x60m beeindruckt mich.
Dazu sind die Gebäude sehr gut erhalten und die exakt eingepassten, bis zu einer Tonne schweren Steinquader zeugen von der damaligen Handwerkskunst der Bewohner. Der Fund gut eines halben Dutzends unterirdischer Wasserreservoire rundet meine Erkundung ab.

Der Ort versetzt mich in diesem Moment in eine ganz besondere Stimmung. In meinem Kopf entsteht plötzlich ein lebendiges Bild der damaligen Zeit um mich herum. Dies wird verstärkt durch die nur 1m breiten Gassen mit ihren gut erhaltenen Hausmauern, zwischen denen ich hindurchlaufe. In meiner Fantasie ergänzen sich die Mauerreste zu kompletten Häusern, in deren schattigen Gassen ich mich gerade bewege. Ich sehe die Handwerker bei der Arbeit und Kinder tollen um mich herum. Es riecht nicht nur nach Feuer und Essen, sondern auch nach

frischem Olivenöl, das gerade neben mir in der Olivenpresse aus den Früchten gewonnen wird. Männer schleppen noch mehr dieser Früchte in Körben heran ...
Plötzlich reißt mich ein „Schalom!“ aus meiner Fantasie. Es sind zwei einheimische Spaziergänger, die meinen Weg kreuzen. Ich grüße sie freundlich zurück und mache mich wieder auf den Rückweg.

Eigentlich wollte ich heute noch das verlassene christlich-arabische Dorf Iqrit besuchen. Dies liegt auf einem Hügel direkt an der 899, nur gut 3km östlich von hier, und ist – bedingt durch seine tragische Geschichte – weithin in Israel bekannt. Leider regnet es mal wieder und die einsetzende Dunkelheit setzt meinen Besichtigungen ein endgültiges Ende. Dafür wird mir Liron am Abend indirekt etwas über Iqrit erzählen, aber das weiß ich jetzt natürlich noch nicht.
Kurz vor der Einfahrt nach Ya'ara fällt mein Blick erneut auf die nördlich liegende Klippe des Adamit-Parks mit der so charakteristischen Keshet-Höhle. Diese sonst so sonnenverwöhnte Höhle ist jetzt aber nur in das dumpfe Licht der Regenwolken getaucht.

Ya'ara

Kaum betrete ich das Wohnzimmer, hält mir Lirons Mutter ein ganzes Blech beladen mit Baklava und anderen Leckereien unter die Nase. Als ob das nicht schon reichen würde, nimmt sie mir mein gewähltes Stück Gebäck gleich wieder ab, rennt damit in die Küche und macht es mir warm.

Erst jetzt richtet sich mein Blick auf die drei fremden Männer, die mit Lirons Brüdern im Wohnzimmer sitzen. Es sind benachbarte Farmer, die zum „Kaffeekränzchen“ gekommen sind.
Ich werde vorgestellt, aber leider hapert es mit der Kommunikation, denn keiner der Anwesenden kann Englisch und die fünf Männer sprechen nur auf Ivrit miteinander.

Liron gesellt sich zu uns, als ich mein heißes 1000kcal-Gebäckstück verputzt habe und ich daran denke, dass es ja auch noch Abendessen gibt. Endlich kann ich mich unterhalten und Liron übersetzt mir nebenbei das Gespräch der Männerrunde. Die fünf lästern gerade über den Fahrstil ihrer Frauen oder Freundinnen und jeder gibt eine Geschichte zum Besten, wie seine Holde das Auto zu Schrott gefahren hat.
Dabei beweisen sie wahre schauspielerische Glanzleistungen, indem sie der versammelten Runde den Unfallhergang vorspielen. Trotz der zeitverzögerten Übersetzung Lirons geht der Witz nicht verloren und ich lache mich weg, genauso wie alle anderen Anwesenden.
Kurz darauf verabschieden sich die drei fremden Männer, während Lirons Mutter schon wieder in der Küche zu wirbeln beginnt. Mit leichter Besorgnis vor dem, was mich gleich erwarten wird, gehe ich erst mal duschen und kehre dann in die Küche zurück.
Meine Vorahnung war nicht ganz unbegründet, denn der Tisch quillt schon wieder über vor lauter Essen. Es gibt Rindfleisch mit Gemüse und etwa ein Dutzend kleinere Nebengerichte. Dabei erzähle ich Liron von der morgendlichen Fressarie und dem Essenspaket. Sie fängt an zu lachen und sagt zu mir:
»*So ist meine Mutter halt. Ich habe es ewig versucht, ihr das abzugewöhnen, aber schau mich an, ich habe es wohl nicht geschafft.*«
Hier muss ich wohl erklärend erwähnen, das Liron etwas kräftiger gebaut ist.
Sie übersetzt meine Anmerkung auch ihrer Mutter, aber die grinst nur und wirbelt in der Küche während des ganzen Essens hin und her, damit bloß nichts von dem, was auf dem Tisch steht, ausgeht. Ich frage mich, wann sie eigentlich selbst etwas isst, denn ich habe sie, seit ich hier bin, noch nicht einmal etwas essen sehen.

Nach dem Essen erzählt mir Liron von einem Zwischenfall im 2. Libanon-Krieg, der vom 12.07. bis zum 14.08.2006 den Norden Israels in Atem hielt. In der Nähe des Hauses, in dem Liron und ihre Familie wohnen, steht ein kleiner Stützpunkt der IDF. Dort hatten sich die

Soldaten wegen des anhaltenden Raketenbeschusses im Bunker in Sicherheit gebracht. Zumindest bis zu dem Zeitpunkt, als eine Rakete neben dem Treibstofflager der Basis einschlug und der Tank durch das Feuer zu explodieren drohte. Daraufhin wurde die Basis evakuiert und etwa 25 Soldaten standen auf der Zufahrtsstraße vor dem Haus von Lirons Familie.

Sofort bat Lirons Mutter die Soldaten ins Haus und verköstigte sie, was angesichts ihrer üppigen Vorratshaltung kein Problem darstellte und wohl für eine ganze Kompanie gereicht hätte. Noch während des Raketenbeschusses pflückte sie Grapefruits im Garten, um sie den Soldaten zu reichen. Weder Liron noch ihre Brüder wussten davon, da es früh am Morgen war. Erst als sie in Unterwäsche aus ihren Zimmern kamen, sahen sie das Haus mit fürstlich speisenden Soldaten gefüllt. Beide Brüder waren wohl trotz der Störung recht angetan, schließlich waren einige der Soldaten weiblicher Natur.

Der ältere Bruder fragt mich:

»*Hast du ein ATV in Deutschland?*«

»*Ein ATV?*«, gebe ich fragend zurück.

Liron erklärt mir, dass er ein Quad meint und ich verneine seine Frage. Daraufhin lässt er seiner männlichen Prahlerei freien Lauf, denn er erzählt mir voller Stolz, wie er mit seinem Quad immer vor der Polizei flieht. In Israel dürfen Quads nämlich nicht auf öffentlichen Verkehrswegen gefahren werden, weil sie kein Nummernschild bekommen.

Liron erwähnt mir gegenüber, dass im Moment wieder vorsorglich Gasmasken und Atropin für drohende Giftgas-Angriffe der Hisbollah an die Bürger verteilt würden. Schon beim 1. Golf-Krieg 1991 wurde Atropin als Gegengift gegen die Folgen derartiger Angriffe ausgegeben. Das Ergebnis von 39 Scud-Raketen, die vom Irak auf Israel abgefeuert worden waren, war aber anders, als man es erwarten würde. Die Scud-Raketen schlugen ohne Giftgas ein und führten nur zu geringen Schäden. Aufgrund der Panik, die in der Bevölkerung entstand, rammten

sich aber einige Israelis die Atropin-Spritzen in den Körper und landeten im Krankenhaus.
Das Gift Atropin „tötet“ bei Anwendung den halben Körper und so kann echtes Giftgas nur den noch nicht betroffenen Teil des Körpers angreifen. Man bekämpft somit Gift mit Gift, verbunden mit teils tödlichen Nebenwirkungen.
Am Ende wurden in Israel mehr Menschen durch das Atropin getötet und verletzt als durch die Scud-Raketen.

Apropos Raketen: Liron erzählt mir noch eine Geschichte, die so real, tragisch und abstrus zugleich ist, wie sie nur in Israel passieren kann. Liron hat guten Kontakt zu den arabischen Nachbarn, die hier in Ya'ara gemeinsam mit den jüdischen Israelis leben, und diskutiert auch ganz offen mit ihnen. Zu diesen Nachbarn gehörte einst ein älterer Mann namens Mahdi. Er stammte ursprünglich aus dem arabischen Dorf Iqrit. Dieses christlich-arabische Dorf wurde im Unabhängigkeitskrieg von israelischen Soldaten evakuiert und die Bewohner dürfen bis heute nicht zurückkehren.
Liron diskutierte immer wieder mit Mahdi, warum er sich weigerte, Abgaben zu zahlen, denn sie müsse dies ja schließlich auch. Er würde es wie die meisten arabischen Israelis halten und so gegen Israel kämpfen. Ich stutze kurz, denn das höre ich immer wieder in Israel: Viele arabische Israelis begleichen z.B. keine Wasserrechnungen. Ich kann das erst gar nicht glauben, jeder fünfte Israeli würde demnach aus Prinzip seine Rechnungen an den Staat nicht bezahlen.
Ich frage Liron:
»*Warum stellt der Staat den Nichtzahlern dann das Wasser nicht einfach ab? Bei uns in Deutschland wäre da ruck, zuck die Leitung zu.*«
»*Das traut sich die Regierung nicht, um Aufstände zu vermeiden, und oft lebten ja viele Familien in einem Haus, da kann man nicht einfach das Wasser oder den Strom abstellen*«, antwortet mir Liron.
Kein Wunder, dass viele jüdische Israelis so sauer auf ihre arabischen Nachbarn sind, denke ich mir. Sie müssen deren Rechnungen am Ende

ja schließlich mitbezahlen. Dies ist auch mit ein Grund, warum die Infrastruktur in arabischen Dörfern schlechter ist als in jüdischen. Welcher Staat würde schon seinen Bürgern neue Wasserleitungen legen oder Straßen bauen, wenn sie am Ende ihre Rechnungen doch nicht bezahlen? Ich kann es immer noch nicht glauben, aber es ist die Realität in Israel.

Jetzt bin ich weit vom Raketen-Thema abgeschweift. Okay, der arabische Nachbar Mahdi hatte immer nur ein Thema. Nämlich dass er eines Tages in sein Dorf Iqrit zurückkehren werde, um seinen Acker wieder zu bestellen. Diesen Wunsch hegte er seit 1948, bis am 13.08.2006 erneut Hunderte von Katjuscha-Raketen der Hisbollah auf Israel abgeschossen wurden. Genau eine dieser Raketen traf Mahdi in Ya'ara und zerfetzte seinen Körper.
Genau die Terrorgruppe, die Israel vernichten und den Palästinensern wieder zurückgeben will, tötete ausgerechnet einen Araber, der seit 1948 – zumindest im Geiste und mit nicht bezahlten Rechnungen – gegen Israel kämpfte. Als ob das nicht schon schräg genug wäre, macht Liron, die einen wirklich schwarzen Humor hat, folgende Bemerkung:
»Mahdis Tod hat ja auch etwas Gutes gehabt, denn nach 58 Jahren konnte Mahdi nun endlich in sein geliebtes Iqrit zurückkehren, wenn auch nur auf den Friedhof.«

Neben Mahdi starben 2006 im Norden Israels weitere 15 arabische Israelis und Drusen durch die Hisbollah. Am Gazastreifen starben in den letzten Jahren fünf arabische Israelis durch Kassam-Raketen der Hamas. Araber töten Araber, um Israel zu vernichten.

Was wäre eigentlich, wenn der Iran eine oder sogar mehrere Atomraketen auf Israel schießen sollte, wo jeder fünfte Einwohner ein israelischer Araber ist, fällt das dann unter Kollateralschaden? Was passiert, wenn die Atomrakete nur um 50km ihr Ziel Tel Aviv verfehlt und den Felsendom und die Al-Aqsa-Moschee in Jerusalem zerstört? Hat überhaupt jemand an den radioaktiven Niederschlag gedacht, der dann über Jeru-

salem, die Westbank, Jordanien und Syrien ziehen und weitere unzählige Araber in den Nachbarländern töten würde?
Eine Antwort auf diese Frage gab ein Palästinenser im iranischen Fernsehen:
»*Wir sterben gerne für den Iran, wenn Israel dadurch vernichtet wird.*«

Mit dieser absurden Denkweise muss ich mich jetzt erst mal in Ruhe beschäftigen, denn ich bezweifle, dass der Großteil der Palästinenser wirklich für den „Sieg" über Israel sterben möchte.

Die Müdigkeit hat mich gerade voll erwischt. So verabschiede ich mich von Liron und wünsche ihr eine gute Nacht. Ich gehe mit dem Gefühl ins Bett, dass es mit dem Wetter kaum noch schlechter werden kann. Die klappernden Rollläden, der Schlagregen und 1m Neuschnee, der diese Nacht auf dem Har Hermon fallen wird, lassen mich aber an der Hoffnung auf Sonne zweifeln, dennoch schlafe ich ausgezeichnet.

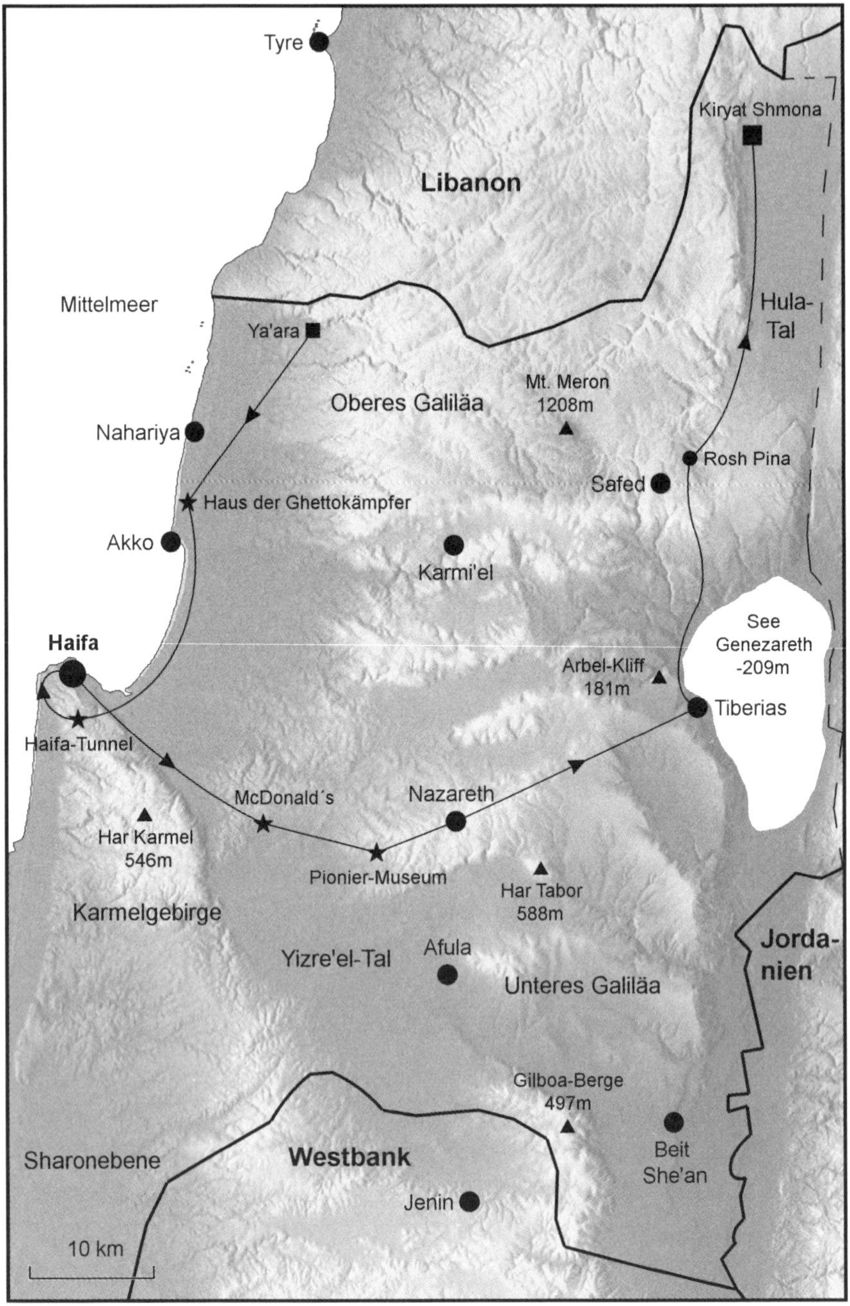
Tyre
Kiryat Shmona
Libanon
Mittelmeer
Hula-
Tal
Ya'ara
Mt. Meron
1208m
Oberes Galiläa
Nahariya
Rosh Pina
Safed
Haus der Ghettokämpfer
Akko
Karmi'el
See
Genezareth
-209m
Haifa
Arbel-Kliff
181m
Tiberias
Haifa-Tunnel
McDonald´s
Nazareth
Har Karmel
546m
Pionier-Museum
Har Tabor
588m
Karmelgebirge
Jorda-
nien
Yizre'el-Tal
Afula
Unteres Galiläa
Gilboa-Berge
497m
Beit
She'an
Sharonebene
Westbank
Jenin
10 km

8. Tag – Sonntag, 12.12.2010

Ya'ara

Liron muss heute um 04:30 Uhr aufstehen, da sie um 08:00 Uhr in Haifa bei der Arbeit sein muss. Da will ich natürlich nicht nachstehen und quäle mich um 05:00 Uhr völlig verschlafen aus meinem so kuscheligen Bett. Irgendwie schaffe ich es auch, mich in die Küche zu begeben. Dort wartet bereits – wie zu erwarten war – ein üppiges Frühstück auf mich. Wir sprechen am Tisch nur das Nötigste. Liron ist nämlich genauso sichtbar müde wie ich, nur ihre Mutter wirbelt wie eine frische Brise durch die Küche.

Das Foto, das ich nach dem Frühstück von Liron und ihrer Mutter mache, sehe ich noch immer vor mir. Lirons Mutter trägt in ihrer grünen 70er-Jahre-Küche aus Eiche rustikal und grünen Fliesen einen hellblauen Schlafanzug, auf dem ein kitschiges Katzenmotiv prangt.
Eines ist mir aber jetzt schon klar, ich werde Liron und ihre etwas verrückte, aber so liebenswerte Familie ganz sicher wieder besuchen. Die Verabschiedung ist mehr als herzlich und Lirons Mutter winkt mir, bis ich am Ende der Straße abbiege und sie aus meinem Rückspiegel verschwindet.

Der heutige Tag wird absehbar furchtbar, denn das Wetter ist so schlecht, dass ich kaum das Auto verlassen kann, ohne binnen Sekunden bis zur Unterhose nass zu werden. Meine Stimmung ist dementsprechend, aber im Dezember darf ich halt nicht nur mit Sonne rechnen.

Da Exkursionen in die freie Natur heute im wahrsten Sinne des Wortes ins Wasser fallen, entscheide ich mich, meine Tagesplanung etwas zu verändern und meine Schwerpunkte auf Museen zu legen. Das nächstgelegene ist das Haus der Ghettokämpfer zwischen Akko und Nahariya.

Haus der Ghettokämpfer

Ich fahre somit auf die 4 und folge dem Küsten-Highway immer Richtung Süden, bis diesmal linker Hand wieder die Reste des Akko-Aquädukts auftauchen. Kurz darauf biege ich zum Kibbuz Lokhamei ha-Geta'ot ab und stehe sogleich auf dem Parkplatz vor dem Haus der Ghettokämpfer.

Als ich Richtung Eingang laufe, erblicke ich aus dem Augenwinkel etwas Metallisches auf dem Gehweg. Es ist eine scharfe M16-Patrone im Kaliber .223 Remington.

Ich zögere kurz, weil ich von einem Israeli weiß, der mit einer solchen Patrone im Flughafengepäck erwischt wurde und dafür als „Terrorist" ein paar Nächte im Gefängnis verbracht hat. Die Patrone will ich aber auch nicht einfach liegen lassen, weil hier viele Kinder unterwegs sind. Ich hebe sie also auf und stecke sie in meine Hosentasche.

Im Museum empfängt mich eine ältere Dame und ich zahle den Eintritt. Gleich darauf spreche ich sie an, ob jemand von der Security zu sprechen ist. Sie geleitet mich in einen Nebenraum, wo ein Mann hinter seinem Schreibtisch sitzt. Ich hole die M16-Patrone aus der Hosentasche, reiche sie ihm und erwähne, dass sie draußen vor der Tür lag.

Er nimmt die Patrone aus meiner Hand und ein regungsloses „Toda", das israelische „Danke", verlässt seine Lippen. Er öffnet am Schreibtisch eine Schublade und legte sie zu einem guten Dutzend anderer Patronen, die darin durcheinanderfliegen.

Die israelischen Soldaten scheinen öfter mal im Museum Patronen zu verlieren, denke ich in dem Moment. Dies ist aber auch kein Wunder, denn die meisten Soldaten befestigen am Magazin, das sich in der Waffe befindet, gleich noch ein zweites mit Klebeband, aus dem schon mal eine Patrone unbemerkt herausrutschen kann.

Ich betrete den ersten Teil der Holocaust-Ausstellung. Der Schwerpunkt des Museums liegt bei den niederländischen Juden, dem jüdischen Überlebenskampf unter dem Naziregime und der zeitlichen

Entwicklung von Krieg und Verfolgung. Eine Tafel zeigt mir alle Konzentrationslager, in die niederländische Juden gebracht wurden. Von 34.313 niederländischen Juden, die nach Sobibor deportiert wurden, überlebten ganze 19 Menschen. Die 1.750, die nach Mauthausen verbracht wurden, verloren sogar alle ihr Leben. Alte Dokumente, wie sich Juden im KZ gegenüber dem Wachpersonal zu verhalten hatten, bezeugen bis heute die dortige Unmenschlichkeit.

Einige Schaustücke zeigen den Erfindungsreichtum der jüdischen Bevölkerung. Nicht nur Ausweise und Essensmarken wurden gefälscht, sondern auch Stempel. Zur Ausstellung gehören auch Karikaturen jüdischer Gefangener, die mich teils mehr beeindrucken als echte Fotos der damaligen Zeit.
Einige der Bleistiftzeichnungen sind so düster und voller Schmerz, dass es mich schaudert, sie zu betrachten. Besonders die Darstellung der SS-Frauen, die jüdische Frauen verprügeln und denunzieren, gehen mir tief unter die Haut. Originale Häftlingsjacken aus dem KZ – hinter einer Glasscheibe präsentiert – bereiten mir eine Gänsehaut.

In einem weiteren Bereich des Museums werden die Anfänge der Nazizeit und die Geschichte des 2. Weltkrieges eindrücklich vermittelt. Von ersten „Juden sind unser Unglück“-Slogans im „Der Stürmer“ über den Überfall auf Polen bis zur „Endlösung“ vermitteln Tafeln und zahlreiche Bilder die Geschehnisse.
Eine moderne Kunstausstellung, die sich mit dem Thema Holocaust befasst, beendet zunächst meinen Rundgang, denn Treppen führen mich von dort auf das Dach. Es ist gerade einigermaßen trocken und ich habe einen guten Blick hinüber auf das große Aquädukt, bis es nach 250m in einer Plantage verschwindet.
Auf meinem Rückweg gelange ich noch in das Herzstück des Museums, der Abteilung über den jüdischen Widerstand im Warschauer Ghetto und wie Juden von Deutschen und anderen Europäern versteckt wurden.

Eine dortige Schautafel werde ich lebenslang nicht mehr vergessen. Das Bild zeigt mehrere Hundert Menschen, die von hinten fotografiert sind. Nur 6 von ihnen zeigen ihr Gesicht. Das Bild steht für die wenigen Menschen der Bevölkerung, die nicht weggesehen haben. Nebenstehende Schautafeln erzählen die Geschichte der 6 Personen und wie sie Juden das Leben gerettet haben. Darunter ein Pfarrer, der Juden in einer Gruft auf seinem Friedhof versteckte.
Etwas weiter lässt mich ein Zettel der Warschauer Ghettoverwaltung aufhorchen, wie perfide das Vernichtungssystem der Nazis funktioniert hat. Auf dem Aufruf zur Umsiedlung aus dem Ghetto steht:
»*Wer sich freiwillig an der Sammelstelle meldet, bekommt 3kg Brot und 1kg Marmelade. Familien werden nicht getrennt.*«
Mit Speck fängt man Mäuse, denke ich mir nur. Was die meisten nach dem „freiwilligen" Melden erwartete, war Auschwitz oder eines der anderen Konzentrationslager; Brot und Marmelade wurden somit zur Henkersmahlzeit.

Nach 3 Stunden beende ich – geistig ziemlich erschöpft – meinen Besuch, verabschiede mich am Ausgang von der netten Dame von vorhin und laufe hinüber zum Aquädukt. Der osmanische Wasserkanal macht genau am Rand des Museumsgeländes einen scharfen Knick, dem ich folge und so zum Layelad-Museum gelange.
Dieses Museum erzählt die Geschichte der über eine Million getöteten jüdischen Kinder anhand des kurzen Lebensweges eines jüdischen Jungen im Nazireich. Von den ersten Diskriminierungen durch SS und Gestapo über die Ghettos bis hin zur Gaskammer.
Im Museum ist es dunkel und bedrückend. Ich folge im Inneren einem vorgegebenen Pfad, laufe durch ein stilisiertes Warschauer Ghetto, vorbei an menschlichen Figuren, die ihre Habe zurücklassen mussten, und über alte Schienen der Deutschen Reichsbahn. Dabei lese ich kleine Tafeln, die über die Gedanken und Taten des Jungen berichten und wie er ums Überleben kämpfte. Am Ende bin ich ziemlich ergriffen und meine Stimmung entspricht dem Wetter.

Dennoch fühle ich persönlich keine Schuld für das Schreckliche, was passiert ist, denn es war nicht meine Zeit. Schuldgefühle gegenüber Juden oder Israel habe ich grundsätzlich nie und Israelis wissen auch ganz genau, dass ich keine zu haben brauche. Respekt, Aufklärung, Verständnis und das Geschehene niemals zu vergessen ist das, was ich persönlich als wichtiger erachte, und nicht Schuld.
Zurück am Auto nehme ich mir aber ein paar Minuten, um das Gesehene zu verarbeiten. Das Haus der Ghettokämpfer gehört, neben Yad Vashem in Jerusalem, zu den sehenswertesten Museen über den Holocaust überhaupt. Besonders die zahlreichen Hintergrundinformationen bietet selbst Yad Vashem nicht. Die Knesset in Jerusalem ist übrigens eine architektonische Kopie des Hauses der Ghettokämpfer, das schon vor der Knesset erbaut wurde.

Haifa

Mein Weg führt mich an Akko vorbei zur Arbeiterstadt Haifa. Deren besonderer Charme ergibt sich durch die Lage der Stadt an den Hängen des Karmelgebirges, das hier seinen nördlichen Ausläufer hat. Dennoch ist Haifa geprägt von Industrieanlagen, Raffinerien und einem großen Hafengelände. Haifa ist an vielen Ecken aber auch ein bisschen schäbig wie wohl jede größere Stadt.
Dass Haifa dennoch von fast jedem Israel-Reisenden besucht wird, liegt nicht zuletzt an der Bahai-Religion, die hier in Haifa ihr weltliches Zentrum hat. Wohingegen Akko ihr geistiges Zentrum darstellt.
Zuerst stehe ich aber im Stau, denn hier enden alle großen Schnellstraßen, die nach Haifa führen, an einer einzigen Kreuzung. Die Regierung sorgt aber gerade für Abhilfe, denn es wird an einer neuen Umgehungsstraße gebaut.
Nach gut 10 Minuten „stop and go“ fällt mir ein neues Verkehrsschild mit einem symbolisierten Tunnel ins Auge. Ohne viel zu überlegen, biege ich ab, denn ich muss es einfach tun und in dem neuen und längsten Tunnel Israels unter Haifa durchfahren. Er wurde erst vor 12

Tagen vom Ministerpräsidenten Benjamin Netanjahu persönlich eröffnet und verbindet Ost- und Westseite des Karmelgebirges. Der Tunnel verkürzt die Fahrzeit um eine halbe Stunde und ist insgesamt 6,5km lang. Seine zwei Röhren sind aber unterbrochen und ermöglichen eine Ausfahrt – mitten in Haifa – auf die Höhen des Karmelgebirges.
Ich gelange zur Tunneleinfahrt mit seiner Mautstelle und erkläre dem Mann im Kassenhäuschen, dass ich bis zum Meer fahren möchte. Ich zahle 5,70 Schekel und bekomme ein Ticket.
Ich passiere im hellen und modernen Tunnel die mittlere Ausfahrt und erreiche nach wenigen Minuten den Ausgang zum Mittelmeer. Zu meiner Überraschung gibt es hier eine weitere Mautstelle. Entweder hat mich der Mann an der ersten Mautstelle nicht verstanden oder es ist normal, dass ich hier noch einmal 5,70 Schekel bezahlen muss. Aber die Fahrt war die knapp 2,30€ wert und ich bin innerhalb von 5 Minuten einmal quer unter dem Karmelgebirge hindurchgefahren.

Da die Tunnelfahrt ohne echtes Ziel war, fahre ich einfach geradeaus Richtung Meer. Der Sturm ist hier viel heftiger als hinter dem Karmelgebirge und peitscht mit Windstärke 12 gegen die Küste. Bäume liegen auf der Straße und ein großes Straßenschild blockiert den Kreisel, in dem ich gerade zum Stehen komme.
An Aussteigen ist kaum zu denken, das wäre mir jetzt auch viel zu gefährlich. Bei einigen Böen warte ich eigentlich nur darauf, dass gleich wieder ein Baum vor mir auf die Straße kracht. Ich lasse das mal lieber und fahre klassisch um den nördlichen Ausläufer des Karmelgebirges herum ins Zentrum von Haifa.

Direkt neben dem Navy-Museum der israelischen Armee liegt das Nationale Maritim-Museum. Diesem statte ich jetzt einen Besuch ab. Die Ausstellung prägen bis zu 5000 Jahre alte historische Fundstücke aus dem Mittelmeer, dem Nil und dem Roten Meer. Von besonderer Pracht ist ein originaler Schiffsrammbock aus Bronze. Er stammt von einem ägyptischen Schiff, das bei Atlit an der israelischen Mittelmeer-

küste gefunden wurde. Nach einer Stunde verlasse ich das Museum und fahre hinauf in das Karmelgebirge.
Nachdem ich am Stella-Maris-Kloster vorbeigekommen bin, erreiche ich einen Aussichtspunkt mit einem prächtigen geschmiedeten Tor. Es ist das obere Ende des Bahai-Gartens und von hier bietet sich ein atemberaubender Blick. Nicht nur über den Garten der Bahai-Religion, sondern auch über weite Teile von Haifa und seinen Hafen. Über die Bucht von Haifa hinweg sehe ich im trüben Licht der Wolken auch das 13km entfernte Akko.
Der Bahai-Garten ist heute leider wegen des Wetters für Besucher geschlossen und kein Wachmann kontrolliert wie sonst am Eingang die Besucher. Dennoch tummeln sich hier Dutzende von Touristen, denn wie ich schon erwähnte, legt an diesem Ort fast jeder Israel-Reisende einen Stopp ein.
400m Luftlinie von mir entfernt und 120Hm tiefer erhebt sich der Tempel der Bahai am Osthang des Karmelgebirges. Nur seine goldene Kuppel ist nicht zu sehen, da der Tempel wegen Renovierungsarbeiten eingerüstet ist. Dennoch ist der Bahai-Garten an den Hängen des Karmelgebirges mit seinen weißen Mauern, den roten Ziegelwegen und den unzähligen Pflanzenarten eine Wohltat für das Auge.
Zwischen Tempel und dem Aussichtspunkt verläuft eine der Hauptstraßen Haifas mitten durch den Park. Da die Straße aber unter das Niveau des Hanges gelegt wurde und ein kurzes Stück sogar einen Tunnel bildet, ist sie nicht zu sehen und der Park wirkt wie aus einem Stück.
Hinter dem Tempel, Richtung Nordosten, beginnt die Straße der Deutschen Kolonie und in 1,5km Entfernung prägt das riesige Getreidesilo die weitläufigen Hafenanlagen, die sich um die halbe Bucht ziehen.
Rechter Hand, im südlichen Teil des Gartens, erblicke ich zwei weitere Gebäude der Bahai mit türkisfarbenen Dächern. Eines sieht ein wenig aus wie das Weiße Haus in Washington, während das andere wie ein griechischer Tempel wirkt. Eines dieser Gebäude beherbergt ein unterirdisches Geheimnis. Denn seine Funktion als Bibliothek lässt sich von

außen nur erahnen. Da Haifa keine Baugenehmigung für ein Hochhaus erteilt hatte, einigte man sich darauf, die Bibliothek einfach sieben Stockwerke unter die Erde zu bauen.
Der leichte Regen wechselt gerade wieder in einen sintflutartige Regenschauer und so flüchte ich mich ins Auto.

Ich fahre hinunter zum Getreidesilo und folge der Küstenstraße, die mich gen Süden aus Haifa herausbringt. Es ist die hässlichste und übelste Straße, die ich in Israel kenne. Teilweise 8-spurig und meist verstopft, folgt sie einer Straßenführung wie vor 100 Jahren. Es geht nur knapp an Hausmauern vorbei und einige abbruchreife Häuser stehen der Straße regelrecht im Weg und müssen umfahren werden. Haifa zeigt hier seine Industrieseite und die insgesamt 145mm Regen, die in diesen zwei Tagen in Haifa fallen, machen diesen Stadtteil nicht gerade attraktiver.

Der Regen wird erneut heftiger und überall quillt das Wasser aus den Abflüssen, da die Kanäle die Fluten nicht mehr fassen. An einigen Stellen steht das Wasser 20cm hoch auf der Straße.
Plötzlich Stau und Polizei. Ein Auto steht schräg im Wasser, und das mitten auf der Straße. Der Fahrer ist in einen offenen Gully gefahren, dessen Deckel das Wasser herausgedrückt hat. Hier steht die Straße bereits fast 70cm unter Wasser und ich schaffe es gerade noch, eine seichtere Stelle zu passieren, bevor die Polizei hinter mir die Straße komplett absperrt. Ich folge der 75 in Richtung Nazareth und lasse das überschwemmte Haifa hinter mir.

McDonald's-Besuch

Mich plagt langsam der Hunger und so fahre ich von der 75 kurz nach Beit She'arim und Alonei Abba auf einen Rasthof. Dort hat mir schon von Weitem das „Zeichen der Hoffnung" den Weg zu einem McDonald's-Restaurant gewiesen. Mit Händen und Füßen bestelle ich mir

einen Wrap Spezial, denn das Wort „Wrap“ kennen die Israelis offenbar nicht.
Eigentlich ist am Besuch des Restaurants nichts ungewöhnlich, aber die Szenerie hat etwas Spezielles. Ich sitze an der Außenwand mit dem Rücken zur Scheibe und kann das gesamte Treiben im Restaurant beobachten.
Draußen lädt gerade ein Mann Gasflaschen für das Restaurant von einem Lkw ab, linker Hand sitzen zwei sehr gepflegte drusische Männer mit ihren weißen gehäkelten Mützen und den obligatorischen Bärten, die je einen Big Mac vertilgen.
Vor mir sitzt ein älteres jüdisches Ehepaar, das sichtbar nicht so recht mit dem McDonald's-Essen klarkommt. Er trägt eine Pistole an seinem Gürtel und ich hoffe, er schießt nicht auf den Burger, mit dem er gerade schwer zu kämpfen hat.
Rechter Hand sitzt eine arabische Frau mittleren Alters mit einem extrem entstellten Gesicht. Ob durch Krankheit oder Unfall, kann ich nicht sagen, aber es fällt mir schwer, sie nicht anzustarren. Ihr Kopftuch betont dazu noch zusätzlich ihr verschobenes und vernarbtes Gesicht.
Plötzlich kommt Sturm auf und der Himmel verdunkelt sich, Blitze zucken durch die Luft und es regnet nicht, sondern eine Sintflut stürzt vom Himmel herab. Der Fahrer des Lkw schmeißt die Gasflaschen nur noch hektisch auf die Ladefläche. Es hilft alles nichts, er dürfte inzwischen völlig durchnässt sein.
Als er wegfährt, versuchen zwei Frauen direkt vor der Scheibe des Restaurants so einzuparken, dass sie unter dem Dach der angrenzenden Tankstelle im Trockenen aussteigen können. Nun folgt ein Schauspiel, das fast den ganzen Restaurantbetrieb lahmlegt. Die Idee, im strömenden Regen an der Fahrerseite rückwärts einzuparken, endet nämlich im hilflosen Vor- und Zurücksetzen des Wagens durch die Fahrerin.
Die beiden Drusen neben mir lachen schon und das Personal hat seine Arbeit größtenteils eingestellt und beobachtet gespannt, wie lange die Frau für ihren Einparkvorgang brauchen wird. Nach gut drei Minuten steht sie zwar etwas quer, entscheidet sich aber, so stehen zu bleiben.

Als sie die Wagentür öffnet und im Begriff ist auszusteigen, löst sich – wie ein Schneebrett – ein Wasserschwall vom Tankstellendach und prasselt auf sie hinab. Einer der Drusen erstickt daraufhin fast vor Lachen an seinen Pommes, die Beifahrerin bricht in Gelächter aus und das halbe Restaurant liegt fast am Boden vor Lachen, auch ich kann mich nicht mehr zurückhalten.
Die Fahrerin kann zunächst gar nicht darüber lachen, denn erst jetzt bemerkt sie, dass etwa ein Dutzend Beobachter im hell erleuchteten Restaurant sich über sie lustig machen. Ihre nachfolgende Reaktion ist jedoch überraschend, denn jetzt beginnt auch sie zu lachen und winkt uns triefnass durch die Scheibe zu. Tja, was so ein kurzer Abstecher zu McDonald's für interessante Momente mit sich bringt.

Pionier-Museum

Mein letzter Besuch an diesem so unwetterartigen Tag bringt mich südwestlich von Nazareth ins Kibbuz Jif'at. Hier soll sich das Pionier-Museum der ersten jüdischen Siedler im Yizre'el-Tal befinden. Aber wo ist es bloß?
Nach einer Runde durch das Kibbuz und dem vergeblichen Suchen eines Wegweisers versuche ich es am Zentralgebäude des Kibbuz. Im Eingangsbereich stehen zwei rüstige Damen, die sich angeregt unterhalten. Ich spreche sie auf Englisch an und sie antworten mir überraschenderweise mal wieder auf Deutsch. Ich glaube langsam, die Deutsch sprechenden Juden können mich schon am Gang erkennen.

Die zwei sind locker drauf und zwängen mir geradezu ein Gespräch auf. Sie wollen alles wissen: woher ich komme, was ich hier mache usw. Eigentlich ist mir aber gerade gar nicht nach Konversation, denn wenn ich nicht bald das Museum finde, dann stehe ich vor verschlossenen Türen. Irgendwie gelingt es mir, den beiden endlich zu entlocken, wo sich das Museum befindet. Ihre Antwort ist so hilfreich wie das Wetter.
»*Am Eingang des Kibbuz ist ein Schild*«, sagt eine der Damen.

»*Das hilft mir nicht weiter*«, gebe ich zurück, »*die Schilder sind alle auf Hebräisch.*«
»*Oh, das stimmt!*«, antwortet sie. »D*ie sind alle auf Hebräisch.*«
»*Du musst einfach rechts abbiegen und einmal außerhalb um das Kibbuz herumfahren bis zur Schule*«, sagt die Kleinere der beiden. Ich danke ihnen und verabschiede mich. Ohne die zwei hätte ich das Museum nie gefunden.

Zu meinem Glück ist es noch geöffnet und ich werde freundlich empfangen. Ein Mann führt mich ins Museum und gibt mir in gebrochenem Englisch einen kurzen Überblick darüber, was ich wo finde. Neben zahlreichen landwirtschaftlichen Maschinen, die teils abenteuerliche Konstruktionen darstellen, gibt es einen Bereich, der dem Besucher das damalige Leben der ersten jüdischen Siedler vermittelt. Ein großer Innenhof ist voll mit Ausstellungsstücken der damaligen Zeit.
Es gibt einen Kinderhort, in dem alle Kinder des Kibbuz betreut wurden, sowie einen kompletten Speisesaal mit einem original Trinkbecher aus einer alten Panzerhülse. Ein paar Meter weiter steht ein Zelt der allerersten Pioniere. Daneben erläutern Tafeln das Trockenlegen der Sümpfe und den Bau von Straßen.

Nachdem ich einmal durch bin, laufe ich zurück zum Ausgang, wo mich eine etwas verwundert wirkende jüngere Frau anspricht.
»*Bist du wirklich schon fertig mit dem Museum?*«, fragt sie mich etwas vorwurfsvoll.
Dies beantworte ich mit einem „Ja", was sie aber so gar nicht überzeugt. Plötzlich packt sie mich am Arm und zerrt mich wieder ins Museum zurück. Sie scheint ihren Job ziemlich ernst zu nehmen und zeigt mir das Museum noch einmal richtig. Tja, Servicewüste Deutschland, muss ich gerade denken, als sie mir mit vielen Details und Anekdoten den zweiten Rundgang versüßt.
Besonders interessant ist die Geschichte einer alten deutschen Wasserpumpe. Nicht dass deutsche Gerätschaften aus den 1930er Jahren so besonders wären, es ist deren Geschichte, die mich aufhorchen lässt.

Die Pumpe war eine von zweien, die von Himmler persönlich an die Juden in Palästina verschenkt wurden.
Im ersten Moment kommt mir die Geschichte abstrus vor, aber bis etwa 1936 verfolgte Hitler eine ganz andere Strategie. Er setzte Anreize, dass deutsche Juden nach Palästina übersiedelten, um sie auf diese Art und Weise loszuwerden. Also wurden auch Güter und Maschinen geliefert, um die Infrastruktur zu verbessern. Allerdings scheiterte Hitlers Plan, denn die meisten deutschen Juden wollten nicht aus ihrer Heimat weggehen und in ein Land ziehen, das ihnen außer Trockenheit oder Moskitos nichts bieten konnte.
Nach gut einer Stunde Spezialführung verlasse ich das Museum endgültig und fahre über die 73 zur 60. Kurz darauf durchfahre ich den noch recht neuen Nazareth-Tunnel unter dem Har Kdumim hindurch und lasse Nazareth hinter mir. Anschließend setze ich den Weg über die 77 nach Tiberias an den See Genezareth fort. Auf meinem Weg sehe ich zwei Unfälle im strömenden Regen. Kein Wunder, denke ich mir, denn ich kenne ja zur Genüge die oft abgefahrenen Reifen an israelischen Autos.

Tiberias

Als ich in Tiberias einen Falafel verdrücke und meinen nächsten Host in Kiryat Shmona anrufen will, meldet sich eine nette Computerstimme in meinem Handy: »*Ihr Telefonkonto ist erschöpft, bitte laden Sie es auf.*«
Ein kurzer Schock stellt sich ein, denn ich hatte noch in Deutschland 120€ auf mein Telefonkonto überwiesen. Ich habe doch nur ein paar Mal innerhalb Israels telefoniert und kurz mit meiner Freundin gesprochen. Als sich mein erster Schrecken legt, ärgere ich mich über mich selbst, dass ich nicht gleich eine israelische SIM-Karte gekauft habe.
Es hilft aber alles nichts. Ich steuere in Tiberias den nächsten Handyshop an. Den Besitzer kenne ich bereits, denn beim letzten Israel-Besuch streikte mein Handy. Der Ladenbesitzer jedoch scheint sich nicht an mich zu erinnern und ich kaufe eine SIM-Karte für 120 Schekel

inklusive etlicher Freiminuten. Dazu erwerbe ich eine internationale Telefonkarte für 50 Schekel.
Mit dieser Karte kann ich über 300 Minuten von jedem öffentlichen Telefon – aber auch direkt vom Handy – nach Deutschland telefonieren. Beim Handy fallen dann lediglich die israelischen Ortsgebühren an. Das Problem daran ist nur, dass jetzt niemand meine neue Telefonnummer kennt und ich jedem meiner Hosts eine SMS bzw. E-Mail schicken muss.
Da es auch in Tiberias trübe und regnerisch ist, fahre ich ohne ein nächstes konkretes Ausflugsziel weiter, um zu meinem nächsten Host ganz im Norden Israels zu gelangen.

Rosh Pina

Als ich den See Genezareth hinter mir gelassen habe und die 250Hm hinauf zum Hula-Tal fahre, passiere ich Rosh Pina am Highway 90. Ich bin spontan und nutze den Augenblick, nach Rosh Pina abzubiegen. Rosh Pina kennt so gut wie jeder in Israel und die Israelis kommentieren es einfach nur mit „Lovely!“, denn Rosh Pina ist wirklich ein kleines, liebevoll gestaltetes Dorf zu Füßen von Safed.

Wahrscheinlich wohnt daher auch einer der ehemaligen Mossad-Geheimdienst-Chefs in Rosh Pina. Vor einigen Jahren war selbst dessen Name noch geheim, heute ist es nicht mal mehr sein Wohnort.
Um den Mossad ranken sich ja die wildesten Gerüchte, aber was macht diesen Geheimdienst so erfolgreich? Darauf gibt es eine einfache Antwort: das Vertrauen in die Menschen. Wo die Amerikaner fast nur auf Hightech setzen, legen die Israelis mehr Wert auf Kontakte und „Wort halten“. So erfahren sie Dinge, die mit Technik nicht zu erfahren sind.

Ich bin aber nicht nach Rosh Pina gefahren, weil es so hübsch ist, sondern weil ich einer mir bekannten Familie kurzfristig einen Besuch abstatten will. Meine Freundin und ich haben bereits zweimal in einem

ihrer Apartments übernachtet. Die Überraschung gelingt und Levi und seine Frau Doron sind sichtlich überrascht, als ich vor ihrer Tür stehe.
Bei Tee und Gebäck sprechen wir über die verschiedensten Themen und Neuigkeiten rund um Israel und Deutschland. Levi ist ehemaliger Kampfpilot der IDF und hat zwischen 1948 und 1982 an fünf Kriegen teilgenommen. Zuletzt hat er noch die F-4 Phantom im 1. Libanon-Krieg geflogen.
Seine Erzählungen davon, wie es sich als Kampfpilot anfühlt, Bomben auf Menschen abzuwerfen, treiben mir die Gänsehaut auf den Körper. Er meint, das sei wie Videospielen, denn man bekomme vom „Sterben am Boden" rein gar nichts mit.
Er erzählt mir auch, wie anstrengend das Pilotendasein war und berichtet, wie er bis zu acht Stunden am Stück – mit Luftbetankung – in der Luft war. Dabei verlor er bis zu 6kg Körpergewicht, bis hin zur völligen Erschöpfung.
Heute ist Levi Rentner und plant gerade eine 15kWh-Photovoltaik-Anlage.
»*Für die Umwelt!*«, wie er zu mir sagt.
Ich denke, die 2 Schekel pro kWh, staatlich garantiert für 20 Jahre, sind eher ausschlaggebend für ihn.

Diese staatliche Förderung rief in Israel zuerst die Farmer auf den Plan, die wie auch die Bauern in Deutschland Vorreiter in Sachen PV-Anlagen waren. So wuchsen die Anlagen auf den großen Dachflächen der Ställe wie Pilze aus dem Boden. Inzwischen folgen diesem Zukunftstrend auch viele Privatleute, die in Israel mit 30kwh viel mehr PV-Module installieren dürfen als wir in Deutschland.
Levi klagt, wie zeitaufwendig in Israel der Papierkram sei.
»*Ich warte jetzt schon ein Jahr auf die Genehmigung*«, erzählt er mir genervt. Als ich ihm sage, dass ich gerade zu Hause eine PV-Anlage montieren lasse und von der Idee bis zur Einspeisung nur 8 Wochen vergehen werden, ist Levi überrascht und zugleich sauer auf die israelischen Stromkonzerne. Seiner Meinung nach versuchen diese alles, um regene-

rative Energien in Israel zu verhindern, indem sie Genehmigungen so lange es nur geht verzögern.

»*Israel ist in manchen Dingen einfach immer noch ein Bananenstaat!*«, sagte Yifat einmal zu mir. Eine nicht ganz von der Hand zu weisende Umschreibung, denn Israels Konzerne sind berüchtigt für ihre Preisabsprachen und ihre verkrusteten Strukturen.

Bis vor Kurzem bekam z.B. jeder Angestellte eines Stromkonzerns 20 Jahre lang kostenlosen Strom. Seitdem die Israelis dagegen Sturm liefen, bekommen die betreffenden Angestellten jetzt nur noch 3500kwh pro Monat gratis.

Kein Scherz, denn das, was ich pro Jahr verbrauche, verschwenden manche Israelis ganz locker im Monat durch ihre Klimaanlagen, Elektroheizungen und zahlreiche veraltete Elektrogeräte. Levi regt sich darüber auf. Er sagt, die Regierung unternehme nichts, weil sie Angst vor den Stromkonzernen habe. Diese drohen einfach mit bewussten Stromausfällen, sollte sich der Staat einmischen.

Langsam bessert es sich aber und die Regierung beginnt damit, die Kommunikationskonzerne aufzubrechen, um einen freien Wettbewerb zu ermöglichen. Was wir als Internet- und Handyflatrate kennen, ist für die Israelis ein lang gehegter Traum, der bald Realität werden dürfte. Insbesondere wo die Israelis eigentlich ständig telefonieren.

Als Levis jüngster Sohn dazukommt, entsteht eine Diskussion zwischen Vater und Sohn, die typisch ist für Israels Tagespolitik. Es geht natürlich um Gilad Shalit, den IDF-Soldaten, der am 25.06.2006 am Gazastreifen entführt wurde. Terroristen aus dem Gazastreifen hatten einen Tunnel unter der Grenze hindurch bis zu einem Militärposten bei Kerem gegraben. Sie töteten bei dem Überfall zwei IDF-Soldaten und verwundeten vier weitere. Auch Gilad wurde verwundet und durch den Tunnel in den Gazastreifen entführt.

Levi behauptet, dass die Regierung nicht wisse, wo sich Gilad befindet, denn sonst würden sie versuchen, ihn zu befreien. Sein Sohn behauptet das Gegenteil und nimmt an, die Regierung wolle ihn nicht befreien. Der Streit zwischen Vater und Sohn wird immer heftiger. Es geht hin und her, endet aber schließlich mit dem Eingreifen Dorons und der Bemerkung, dass sie ja Gilads momentane Situation nicht ändern können.

Gilad ist täglich Thema in Israel und ich höre von Seiten der Israelis immer wieder ähnliche Meinungen dazu. Die meisten sind der Ansicht, man solle versuchen, ihn zu befreien, koste es, was es wolle. Selbst wenn er dabei umkäme, wäre das immer noch besser, als Gefangener der Hamas zu sein.

Levi wechselt das Thema und wir sprechen über den Nahostkonflikt bzw. die Situation mit den Palästinensern. Unsere Diskussion über dieses Thema ist endlos und es ist inzwischen dunkel geworden. Mich erstaunt dabei immer wieder, wie locker und tolerant der Großteil der Israelis mit der Thematik umgeht.

Da fallen Sätze wie: *»Die Palästinenser wollen auch nur, dass ihre Kinder in Sicherheit aufwachsen, genauso wie unsere Kinder.«* oder *»Die Palästinenser wollen den Frieden, nur ihre Regierung verhindert ihn«.*

Levi sagt noch etwas, das so bezeichnend für Israel ist wie kaum etwas anderes:

»Wir Israelis hören den ganzen Tag Nachrichten und es sind fast nur schlechte Nachrichten. Das ist wohl unser Schicksal. Alle in der Welt hassen uns, obwohl wir so viel Gutes tun.«

Wie recht Levi damit hat. Vor den UN zieht Israel fast immer den Kürzeren, weil über 40 Länder der Erde islamisch geprägt sind oder Israel einfach aus Prinzip hassen. Nicht zuletzt, weil die USA Israel immer mit einem Veto vor Schlimmerem bewahren muss.

Von ca. 1100 UN-Resolutionen des Sicherheitsrates, die sich seit 1946 mit Konflikten beschäftigten, drehen sich 225 um Israel und betreffen gerade 0,1% der Weltbevölkerung. Es gab Jahre, da existierte nur der Nahostkonflikt in der UN, während woanders Kriege geführt wurden und Millionen Menschen starben.

Den absoluten Tiefpunkt erreichten die UN mit der Resolution 3379 in der Generalversammlung 1975, wonach sie den Zionismus mit dem Rassismus gleichsetzten. Dazu reichten 72 Ja-Stimmen der arabischen, afrikanischen und asiatischen Länder. Die Resolution wurde erst 1991 zurückgenommen, um Israel zu Friedensgesprächen zu bewegen. Doch gerade diese Länder, mit denen Israel Frieden schließen wollte, stimmten wieder dagegen, Ägypten war gar nicht erst zur Abstimmung erschienen.

Viel erschreckender sind aber noch die Anti-Israel-Tendenzen, die immer wieder aus der Schweiz und Schweden den Israelis entgegenschlagen. Allgemein kann man in Europa von einem verstärkten Links- und Rechtsruck sprechen, der Israel große Sorgen bereitet und den Nahostkonflikt wieder anheizen dürfte.

Dennoch teilt Israel seine Forschung mit allen Ländern, die diese annehmen, für Umweltschutz und gegen den Welthunger. Jedem Land bietet Israel Katastrophenhilfe an, sogar dem Iran beim letzten großen Erdbeben. Ich werde wohl nie den Satz einer US-Ärztin vergessen, die auf Haiti nach dem großen Beben ein Interview gab und Folgendes sagte:

»*Wir haben nur eine begrenzte medizinische Ausrüstung und können in unserem Feldlazarett die Verletzten nur unzureichend versorgen. Die Israelis hingegen haben alles, sogar mehrere Intensivstationen und eine Geburtenstation.*«

Auch Yifat half, als Ärztin der IDF, für mehrere Wochen in Haiti.

Levi erwähnt noch etwas mit so viel Wahrheit, dass es schon tragisch ist: »*In keinem arabischen Land können Araber so gut leben wie in Israel. Hier leben sie in einer Demokratie, können frei wählen, haben Zugang zu jeglicher Bildung und medizinischer Versorgung. So etwas gibt es in keinem anderen arabischen Land.*«

Dies sagt aber nicht nur Levi. Immer mehr arabische Querdenker und Oppositionelle – auch aus den Nachbarländern – äußern sich ähnlich und die meisten arabischen Israelis sind insgeheim froh, so gut leben zu können.

Nachdem sich Levi wieder etwas beruhigt hat, gebe ich ihm zu verstehen, dass ich mich nun auf den Weg machen muss. Ich verspreche ihm wiederzukommen, wenn ich das nächste Mal wieder in der Gegend bin, und verabschiede mich von Levi und Doron.

Gleich gegenüber von Rosh Pina liegt das Beduinendorf Tuba-Zangarija, das 2012 für weltweite Schlagzeilen sorgte. Des Nachts hatten Unbekannte die Moschee des Ortes in Brand gesteckt und die Wände der Moschee mit araberfeindlichen Slogans – auf Ivrit – beschmiert.
Beschuldigt wurden – wie üblich – jüdische, fanatische Siedler aus der Westbank. Um Aufstände zu vermeiden, besuchten der israelische Präsident Shimon Peres und die Oberrabbiner das kleine arabische Dorf sogar mit dem Hubschrauber. Alles sollte seitens Israels getan werden, um die Schuldigen zu finden und die Schäden zu beseitigen.
Blicken wir kurz zurück, denn als ich von dieser Neuigkeit hörte, stellten sich sogleich Zweifel meinerseits ein. Warum sollten radikale Juden extra aus der Westbank nach Galiläa fahren, um eine Moschee in Brand zu stecken? In der Westbank gibt es Hunderte von Moscheen gleich um die Ecke.
Dann kamen Gerüchte in Israel auf, denn die hasserfüllten Kritzeleien an der Moschee waren mit Kohle geschrieben, während radikale Juden Spraydosen für ihre Schmierereien verwendeten. Wer wirklich hinter dem Anschlag steckte, konnte bis heute nicht geklärt werden.
Es bleibt der fahle Beigeschmack, dass es die ansässigen Beduinen vielleicht selbst waren, die Juden die Tat in die Schuhe schieben wollten. Denn im Ort leben zwei verhasste Beduinenstämme namens Tuba und Zangarija. Oder war es doch ein geschicktes Ablenkungsmanöver radikaler orthodoxer Juden?
Letztendlich werden wir es vielleicht nie erfahren, denn die Regierung entschied sich, das Thema totzuschweigen, damit die Beduinen nicht untereinander Rache üben. Das ist typisch für Israels Politik, in der man lieber für Ruhe sorgt, als die Schuldigen zu suchen.

Mein Weg von Rosh Pina führt mich weiter auf der 90, immer gen Norden. Dieser Highway ist mit 475km die längste Straße Israels und zieht sich von Eilat am Roten Meer durch die Westbank bis hinauf hier in den Norden nach Metula an der libanesischen Grenze.
Der Highway ist zwischen Rosh Pina und Kiryat Shmona sogar 4-spurig ausgebaut, obwohl es der normale Verkehr gar nicht erfordert. Offiziell erfolgte der Ausbau wegen einer besseren Anbindung der Randgebiete an das Kernland. Die wahren Gründe sind wohl banaler, denn auf einer 4-spurigen Straße kann man viel besser die Armee in Stellung bringen, falls es wieder zu einem Konflikt mit dem Libanon oder Syrien kommen sollte.

Kiryat Shmona

Ich freue mich schon auf meine neuen Hosts, Almog und Shani, ein junges lesbisches Paar. Sie erwarten mich am Abend in Kiryat Shmona, ganz im Norden Israels. Beide sind Studentinnen an der Tel-Chai-Universität bei Kfar Gil'adi und der Kontakt vorab war sehr freundlich und unkompliziert.
Ihre Wohnung im Westen von Kiryat Shmona finde ich schnell und schleppe im Dunkeln meine Sachen die steile Stahltreppe hinauf bis zu ihrer Dachwohnung. Shani ist noch nicht da, aber Almog begrüßt mich sehr herzlich. Ich erzähle ihr, was ich den Tag über gemacht habe und sie meint, ab morgen käme die Sonne zurück.
Almog ist zierlich, und um die klassischen Lesben-Klischees zu bedienen, ist sie ganz klar der „männliche“ Teil der beiden. Ich kenne Shani zwar noch gar nicht, aber was das anbelangt, bin ich mir jetzt schon sicher.

In der Wohnung sind Küche und Wohnzimmer kombiniert, es gibt ein Schlafzimmer, in dem überall Klamotten auf dem Boden herumfliegen, und so etwas wie ein Büro, indem mein kleines Bett steht. Bettwäsche liegt bereit, ich muss das Bett aber selbst beziehen. Das Bad ist – für

Israel untypisch – ziemlich groß und wirkt modern. Eine soweit klassische Studentenbude, denke ich mir.
Almog fragt mich, ob wir Shani abholen könnten, und schon sind wir auf dem Weg in den östlichen Teil von Kiryat Shmona. Shanis Begrüßung ist kurz, denn sie rettet sich vor dem Regen einfach nur auf meine Rücksitzbank und wir fahren zurück zur Wohnung.
Shani wirkt deutlich weiblicher als Almog. Almog hingegen – mit ihrer leicht burschikosen Art – ist optisch so gar nicht typisch für eine israelische Frau, was wohl an ihren roten Haaren liegen mag. Beide sind aber auf ihre Art sehr sympathisch und ich freue mich auf die nächsten Tage mit den beiden.

Almog hat einen leckeren Gemüseeintopf vorbereitet. Allerdings werde ich noch feststellen, dass ich nur etwas essen kann, wenn ich mir vorab Geschirr selbst abwasche. Ordnung und Sauberkeit sind nicht gerade die Stärke der beiden Mädels.
Wir löffeln also unseren Eintopf und sprechen über verschiedenste Dinge und ihr Sozialwissenschaftsstudium. Ich spreche sie auch auf den in die Jahre gekommenen Metz-Fernseher an, der in der Ecke steht:
»*Wisst ihr, dass euer Fernseher aus Deutschland kommt?*«, frage ich sie.
Beide nicken und antworten:
»*Deutsche Produkte haben einfach die beste Qualität.*«
Dies quittiere ich dann auch nur still mit einem Nicken.
Laut Umfragen kaufen 5% der Israelis bewusst keine deutschen Produkte. Ich würde aber gerne mal wissen, wie viele Deutsche bewusst keine israelischen Produkte kaufen, insbesondere wo statistisch gesehen jeder fünfte Deutsche Antisemit ist.
Wobei kaum einer von uns weiß, wie viele Hunderte von Produkten aus Israel stammen und welche dort erfunden wurden. Wer einen Volkswagen besitzt, der fährt mit großer Sicherheit mit Teilen aus einem Kibbuz und Ihr etwaiger Intel-Prozessor wurde maßgeblich in Israel entwickelt. Die so berühmten Teva-Sandalen werden im Kibbuz Neot Mordechai, nur 6km von hier entfernt, hergestellt. Unzählige Hightech-

Medizintechnologie und Medikamente gehen auf Forschung in Israel zurück und auch so manches Gemüse in deutschen Supermärkten stammt aus Israel, genauso wie zahlreiche Softwareprodukte.
Auch unsere Bundeswehr vertraut israelischen Rüstungssystemen und mietet israelische Drohnen für Afghanistan an. Inoffiziell schickt sie auch alle KSK-Soldaten nach Israel zur Scharfschützenausbildung, die als Beste der Welt gilt.
Almog, Shani und ich quatschen noch etwas und dann verabschiede ich mich von den beiden, denn ich bin völlig geschafft. Trotz der Bettdecke entscheide ich mich für meinen Schlafsack. Irgendwie fühle ich mich unwohl mit der alt wirkenden Decke.

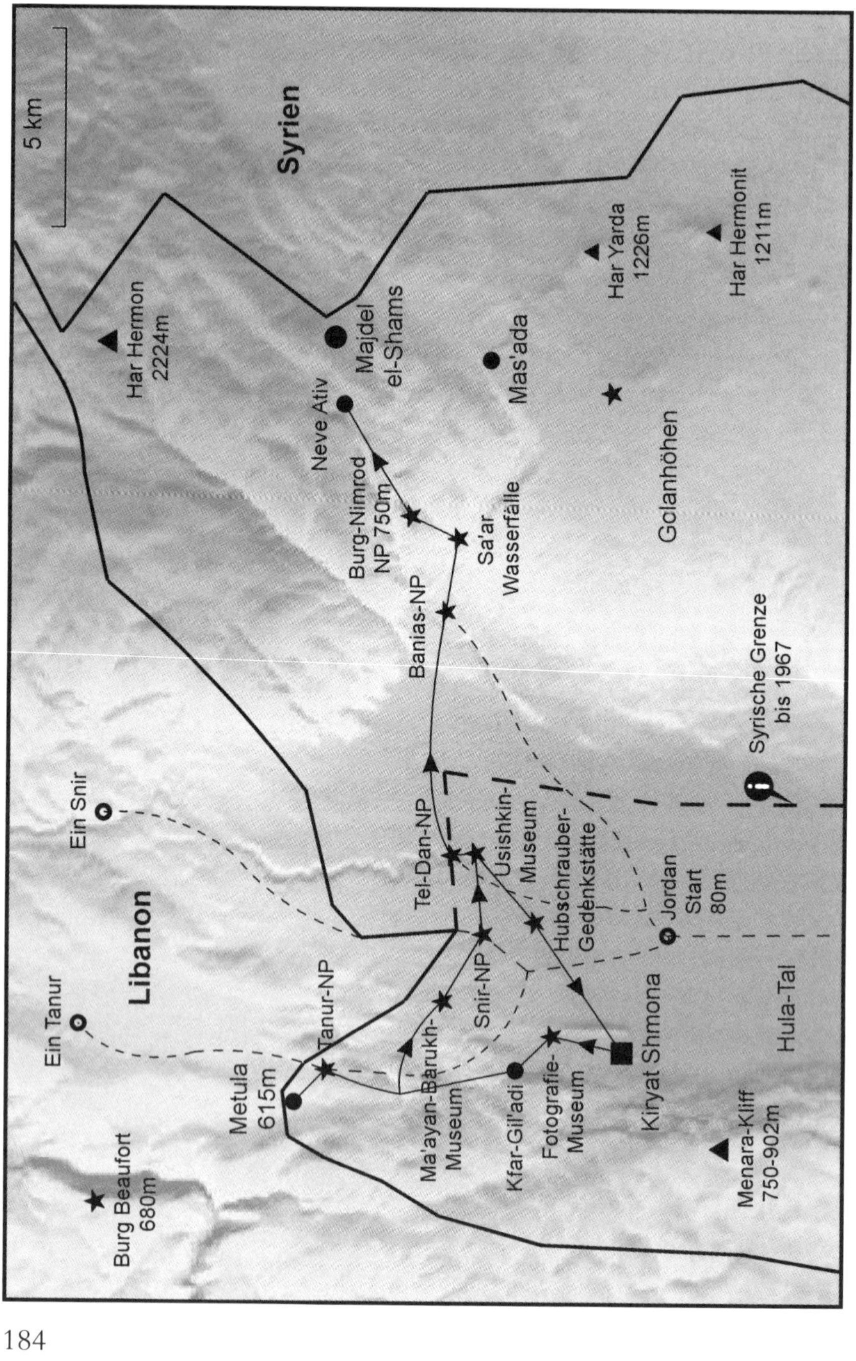
5 km
Syrien
Libanon
Har Hermon
2224m
Majdel
el-Shams
Neve Ativ
Mas'ada
Har Yarda
1226m
Har Hermonit
1211m
Burg-Nimrod
NP 750m
Sa'ar
Wasserfälle
Golanhöhen
Banias-NP
Syrische Grenze
bis 1967
Tel-Dan-NP
Usishkin-
Museum
Hubschrauber-
Gedenkstätte
Jordan
Start
80m
Ein Snir
Ein Tanur
Tanur-NP
Snir-NP
Hula-Tal
Kiryat Shmona
Fotografie-
Museum
Kfar-Gil'adi
Ma'ayan-Barukh-
Museum
Metula
615m
Menara-Kliff
750-902m
Burg Beaufort
680m

9. Tag – Montag, 13.12.2010

Kiryat Shmona

Als ich am Morgen aufwache, bereue ich meine Entscheidung gegen die Decke, denn mir ist saukalt und der Schlafsack ist klamm. Die Wohnung ist noch kälter als die von Revital. Almog schläft noch, sie muss heute später zur Uni. Shani ist aber schon auf den Beinen und begrüßt mich leicht verschlafen.
Ich blicke aus dem nördlichen Wohnzimmerfenster und sehe den mit Schnee überzogenen Har Hermon. Was für ein Glück, denke ich mir, denn solche Schneemassen habe ich in Israel noch nie gesehen. Shani meint, dass es schon lange nicht mehr so viel geschneit habe.
Meine Entscheidung ist jedenfalls gerade gefallen, ich muss heute unbedingt zum Har Hermon in die Golanhöhen fahren. An die Sommerreifen an meinem Mietwagen denke ich dabei noch nicht.
Mein Frühstück ist karg, lediglich ein Apfel und etwas Müsli bereichern den kleinen Tisch, an dem ich gerade sitze. Dazu ist mir immer noch kalt bis in die Knochen.
Ich packe meine Sachen für den Tag und biete Shani an, sie mit zur Uni zu nehmen, denn diese liegt auf meinem Weg. Shani freut sich sichtlich und wir machen uns wenige Minuten später auf den Weg.

Fotografie-Museum

Ich fahre wenige Hundert Meter an meinem ersten Ziel vorbei und lasse Shani vor den Toren der Tel-Chai-Universität aussteigen. Ich freue mich schon auf unseren nächsten Abend, die Mädels sind echt witzig. Schräg gegenüber fahre ich anschließend ins Tel-Chai-Industriegebiet.
Meine erste Station des Tages ist das Fotografie-Museum und nach 18 Schekeln Eintritt lässt mich der Wachmann am Tor passieren. Ich bin früh dran, aber das Museum ist schon geöffnet. Eine Frau und etwa zwei Dutzend alte Kameras begrüßen mich am Eingang. Die Frau gibt

mir noch 2 Schekel zurück, die mir der Wachmann nicht wechseln konnte.

Ich bin mir noch nicht ganz sicher, worauf ich mich hier einlasse, denn erwartet hatte ich ein Museum zum Thema Fotoapparate und keine Kunstausstellung. Gerade wo „Kunst, geh weg, ich komme!“ absolut auf mich zutrifft, lasse ich mich auf dieses ungewohnte Experiment ein. Das Museum besteht aus mehreren großen Räumen und zeigt Fotografien und Kunstobjekte des Tel Aviver Künstlers David Ginton. Die Ausstellung gliedert sich in drei Teile oder, wie sagt man so schön: „Schöpfungsphasen“.

Zuerst betrachte ich zahlreiche Schwarz-Weiß-Fotografien, die nach dem Jom-Kippur-Krieg 1973 entstanden sind. Dabei fotografierte sich Ginton selbst. Man könnte es als „Aktionskunst“ bezeichnen: Hier klemmt er sich die Finger zwischen Backsteinen, dort liegt er unter einem Bett, das auf seinen ausgestreckten Händen und Füßen steht.
Ich verstehe den Sinn zwar nicht, aber die Bilder fesseln mich irgendwie. Auch nimmt er Bezug zum damals gerade beendeten Jom-Kippur-Krieg und setzt Blut und Schießpulver in seinen Bildern ein. Er schießt schließlich sogar selbst auf Bücher und Bilder.
Die zweite Phase, gegen Ende der 1970er, zeigt mathematische Berechnungen und faszinierende geometrische Darstellungen von Körpern. Endlich verstehe ich den Sinn hinter dieser Kunst und offen gesagt zieht sie meine Blicke auf sich.
Ich bleibe teils lange stehen und versuche die Berechnungen nachzuvollziehen. Zum ersten Mal setze ich mich mit Kunst auseinander, anstatt so schnell wie möglich weiterzugehen.

Ich betrete die dritte Halle und bin überrascht, denn sie zeigt Gemälde nur von der Rückseite. Ginton fotografierte die Gemälde des Tel Aviver Kunstmuseums Mitte der 1990er von hinten. Was banal klingt, zeigt interessante Bemerkungen und Katalogisierungen auf den Leinwänden,

die sonst verborgen bleiben. Als ich von Fotografie zu Fotografie laufe, wird mir eines bewusst: Manche Gemälde sind von hinten interessanter als von vorne.
Als ich die Ausstellung verlasse, spricht mich ein Mann an, ob ich denn die Sonderausstellung schon gesehen habe? Ich verneine seine Frage und er führt mich zur nebenan gelegenen Ausstellung von jungen Studenten, die sich einem Bilderwettbewerb gestellt haben.
Die Motive sind bunt gemischt, von kirchlichen Würdenträgern bis hin zu erotischen Liebeszenen ist alles dabei. Einige Minuten später beende ich meine Runde. Die Kunstausstellung steht stellvertretend für Dutzende in Israel, wo die Menschen so kunstbegeistert sind wie in kaum einem anderen Land.

Kfar-Gil'adi

Ich fahre wieder zur Uni und biege links auf die 9977 zum Kibbuz Kfar Gil'adi ab. Vor dem Tor des Kibbuz liegt der jüdische Friedhof mit einer kleinen Gedenkstätte an der Westmauer. Sie erinnert an einen schrecklichen Vorfall im 2. Libanon-Krieg. Die vor der Gedenkstätte liegende explodierte Katjuscha-Rakete der Hisbollah schlug hier am 06.08.2006 um 12:02 Uhr ein.

Genau zu diesem Zeitpunkt sammelte sich an diesem Ort eine Einheit der IDF, die auf ihren Einsatz im Libanon wartete. 12 Soldaten starben, als die ungelenkte Rakete zwischen ihnen einschlug, und 17 wurden verletzt. An dem Ort ihres Todes stehen heute die Fotos der Getöteten und erinnern an den fatalen Raketenbeschuss aus dem Libanon.
Ich fahre in das Kibbuz herein zum ha-Shomer-Museum. Es ist trotz passender Öffnungszeiten wohl wegen des schlechten Wetters geschlossen. Typisch, kaum regnet es in Israel, sinkt die Arbeitsmoral erheblich. Ich werde es einfach in den nächsten Tagen noch mal versuchen, schließlich ist das Wetter schon wieder hervorragend und die Sonne wird mich heute den ganzen Tag begleiten.

Tanur-Nationalpark

Das gleiche Schicksal trifft mich, nachdem ich 4km nördlich Richtung Metula gefahren bin. Eigentlich möchte ich den Tanur-Nationalpark besuchen, aber schon an der Zufahrt hängt ein Schild: „geschlossen“. Da ich aber im September 2010 kurz mit meiner Freundin in diesem Nationalpark war, möchte ich zumindest darüber berichten.

Der Park zieht sich am Ufer des Flusses Tanur entlang, der im Libanon Iyon genannt wird. Er besitzt einen nördlichen Eingang direkt neben Metula und einen südlichen vor Metula, wo ich jetzt gerade stehe.
Bereits im Talmud erwähnt, entspringt der kleine Fluss gute 7km nördlich von Metula im Libanon und fließt nach insgesamt 30km in den Snir. Dieser trifft später mit dem Banias und dem Dan zusammen und lässt den Jordan entstehen. Im Nationalpark selbst führt ein Pfad an vier Wasserfällen vorbei, die vom Tanur gespeist werden.

Der Name Tanur stammt vom hebräischen Wort für Ofen, da der untere Wasserfall in einen 30m tiefen und sehr schmalen Schacht hinabstürzt, der wie ein Kaminschacht wirkt. Mit Fangschutzzäunen gesichert, ermöglicht ein Steg den Zugang zum Kaminschacht, in dem der schmale, aber hohe Wasserfall fast auf mich zustürzt. Hunderte von Forellen tummeln sich darunter im kristallklaren Wasser.
Von hier geht es über Treppen gute 50Hm hinauf zum nächsten Wasserfall. Der sogenannte „Kaskaden-Wasserfall“ mit 9,5m und 5m Höhe ist zwischen den Bäumen und Sträuchern im schmalen Tal kaum auszumachen.
Dem Canyon weiter folgend erreicht man den 30m hohen Mühlenwasserfall. Er gehört sicherlich zu den schönsten Wasserfällen Israels mit seinen 3 Wasserläufen, die an einer breiten Felswand hinabschießen. Diesen Wasserfall finden Sie auch auf dem Cover des Buches.
Fast den ganzen Weg läuft man stetig an der libanesischen Grenze entlang, während auf der anderen Flussseite die Fahne der Hisbollah

weht. Nach insgesamt etwa 2km Fußmarsch – stetig flussaufwärts – erreicht man schließlich noch den 9m hohen Iyon-Wasserfall kurz vor dem nördlichen Parkplatz.

Eigentlich trocknet der Tanur im Sommer aus, weil die libanesischen Bauern jeden Tropfen vor der israelischen Grenze abzwacken, damit ihn die Israelis nicht bekommen.
Daher hat sich die Nationalpark-Verwaltung etwas einfallen lassen. Sie zweigt in trockenen Perioden Wasser vom Dan ab und pumpt es nach der Grenze wieder in den trockenen Bachlauf. So fließt jetzt das ganze Jahr über Wasser im Tanur, auch wenn es ab und an Dan-Wasser ist.

Metula

Inzwischen sind nur noch wenige Wolken am Himmel und die Sonne lässt den nahen Har Hermon mit seinen weißen Hängen erstrahlen.
Eine gute Gelegenheit, zwei Aussichtspunkte in Metula zu besuchen und mir einen Rundumblick zu verschaffen. Ich durchquere Metula bis kurz vor dem „Good Fence", dem alten Grenzübergang zum Libanon. Der Übergang ist heute für Besucher aus Sicherheitsgründen gesperrt. Im Jahr 2000 konnte ich ihn aber noch mit meiner Reisegruppe besichtigen, bis kurz darauf die israelische Armee aus dem Libanon vollständig abzog.
Von hier geht es in einer Wohnsiedlung bergauf, an einem alten Panzerturm am Straßenrand vorbei, bis die Straße in einer Sackgasse endet. Auf 580m Höhe habe ich einen weiten Blick gen Westen und Norden in den Libanon hinein und sehe im Osten das Hermon-Gebirge und die Golanhöhen. Unter mir liegen die Häuser und Felder von Metula, das vom Libanon geradezu umzingelt ist. Von meinem Aussichtspunkt aus ist es nur 1km in alle drei genannten Himmelsrichtungen bis zur libanesischen Grenze.
Diese Kessellage hat aber auch etwas Positives für den Ort. Die Hisbollah kann Metula nämlich nur bedingt mit ihren Raketen beschießen,

denn deren Reichweite ist schwer kalkulierbar. So besteht das Risiko, dass Raketen zu weit fliegen und eigenes Land treffen oder zu kurz fliegen und schon vorher wieder im Libanon landen. Daher ist zumeist das südliche Kiryat Shmona das Ziel der Hisbollah.
Der Libanon beeindruckt mich durch seine schneebedeckten Berge, die sich am westlichen Rand des Bekaa-Tales bis zu 1873m hoch erstrecken. Den mit 3088m höchsten Berg des Libanon, den „Qurnat as-Sauda“, das „Schwarzhorn“, kann ich aber von Metula aus nicht sehen.
Dafür jedoch die 6,5km entfernte Burg Beaufort der Kreuzritter im Nordwesten. Sie liegt am Steilhang eines 700m hohen Bergzuges und ist deutlich in der klaren Luft auszumachen. Selbst den dortigen Baukran und die offenen, weil teils eingestürzten Kreuzgewölbe kann ich erkennen. Die Burg diente der israelischen Armee während des 1. Libanon-Krieges als Stützpunkt und war – zum Leidwesen der Bausubstanz – hart umkämpft.
In gleicher Richtung, aber 5km näher ziehen sich Dutzende von Häusern auf einem etwas niedrigeren Bergkamm entlang. Es sind nicht nur einfache Häuser, sondern teils moderne neue Villen der Libanesen, die von dort sicherlich ihrerseits einen schönen Blick über Metula haben.

Ebenso wie die Israelis sehen sie aber auch die weißen Jeeps und Fuchs-Panzer der UN und deren Wachposten entlang der Grenze. Sie überwachen hier – ziemlich erfolglos – die UN-Resolution 1701.
Genauso wie die deutschen Schiffe der Marine, die auf dem Mittelmeer Schiffe mit Waffen für die Hisbollah ausfindig machen sollen. Betreten dürfen sie diese aber nicht und so ist der Einsatz in der Realität völlig sinnlos, denn die libanesische Regierung hat nicht die Mittel, die Schiffe selbst zu kontrollieren. Wen wundert es da, dass die deutschen Soldaten bis heute nicht eine einzige Patrone gefunden haben.
Das Ganze wurde zum Absurdum, als Israel am 04.11.2009 selbst einen aus dem Iran kommenden und unter deutscher Flagge fahrenden Frachter bei Zypern kaperte. In 36 Seecontainern fanden sie hinter Säcken versteckt über 300 Tonnen Waffen, die vom Iran an die Hisbollah

gehen sollten. Darunter 2.815 Raketen, 20.100 Handgranaten, 566.220 AK-47-Kalashnikov-Munition und 8.770 Mörsergranaten. Jetzt kann man sich in etwa vorstellen, was direkt über die Landesgrenze zwischen Syrien und dem Libanon an die verbündete Hisbollah geschmuggelt wird, denn diese Grenze wird gar nicht kontrolliert.

Aktuell schätzt das israelische Militär, dass im südlichen Libanon in jedem 10. Haus eine Raketenabschussrampe versteckt ist, viele davon neben Schulen. Insgesamt sollen dem Iran, Syrien, der Hisbollah und der Hamas 200.000 Raketen zur Verfügung stehen, die auf Israel gerichtet sind, und die ägyptischen Raketen könnten bald noch hinzukommen.
Im Gegenzug schätzt Israel aber auch die eigenen Verluste durch diese Raketen gering ein. Wenn alle 200.000 Raketen auf Israel abgeschossen würden, dann käme es zu nur etwa 500 getöteten Zivilisten, heißt es aus militärischen Kreisen.

Der kleine Bergkamm, von dem ich eben sprach, zieht sich hufeisenförmig um das fruchtbare libanesische Tal im Norden bis hin zum nordöstlich liegenden el-Khiam. Diese Hochburg der Hisbollah beherbergt das el-Khiam-Gefängnis, ein ehemaliges Gefängnis der israelischen Armee. Hierhin wurden während des 1. Libanon-Krieges Libanesen gebracht, die man als Hisbollah-Kämpfer gefangen genommen hatte oder die man für solche hielt. Diese Gefangenen wurden dann – teils unter Folter – verhört, um an Informationen über die Hisbollah zu gelangen.
Heute nutzt die Hisbollah daher den Ort zur Propaganda. Nicht zuletzt fegt der Hisbollah-Shop am Ausgang letzte Unklarheiten hinweg. Eigentlich müsste ich den Komplex von hier aus sehen, aber zwischen den vielen Häusern von el-Khiam kann ich das Gefängnis nicht ausmachen.
Der Blick zwischen Nordosten und Osten ist geprägt vom Hermon, der von Metula aus ganz anders wirkt als vom Hula-Tal. Erst hier sieht man

nämlich, wie lang gezogen das Hermon-Gebirge ist und wie weit es sich ins syrische Land erstreckt.
Im Osten sehe ich auch das umkämpfte Gebiet der Shebaa-Farmen am Fuße der Har Hermon. Von Israel besetzt, fordert die Hisbollah die Herausgabe dieser paar Quadratkilometer. Neueste Untersuchungen und der Fund alter Karten scheinen aber zu beweisen, dass sie gar nicht zum Libanon gehören, sondern zu Syrien.

Ich fahre wieder zurück, einmal halb um den Hügel herum, und gelange zur Radarstation oben auf dem Berg von Metula. Daneben befindet sich der offizielle Aussichtspunkt von Metula. Direkt davor steht ein gepanzerter Hummer der IDF mit einem von innen fernsteuerbaren Maschinengewehr auf dem Dach. Zwei Soldaten stehen mit ihren Galil-Sturmgewehren daneben und machen Pause. Wir grüßen uns mit einem „Schalom“ und beachten uns nicht weiter.
Der überdachte Aussichtspunkt ermöglicht mir den Blick von Norden über den Osten Richtung Süden. Somit sehe ich den Har Hermon und die gesamten nördlichen Golanhöhen sowie Teile des Hula-Tales. Meinem Auge fällt im Osten an den Ausläufern des Har Hermon ein heller Fleck auf einem Bergrücken auf.
Es ist die größte Burg Israels, die arabische Burg Nimrod. Ihre Westmauer ist so gewaltig, dass ich sie sogar von der über 18km entfernten Burg Beaufort aus sehen konnte, als ich 2005 auf ihren Mauern im Libanon stand. Ich beende meine Panorama-Runde in Metula und fahre in das 5km südöstlich gelegene Kibbuz Ma'ayan Barukh.

Ma'ayan-Barukh-Museum

Das gesuchte prähistorische Museum finde ich schnell, denn es liegt gleich hinter dem Tor des Kibbuz Ma'ayan Barukh. Es ist ein halbrunder Betonbau mit zahlreichen Fundstücken von Getreidemühlen vor der Tür. Zu meinem Erstaunen ist es geschlossen, obwohl ich innerhalb der Öffnungszeiten vor der Tür stehe. Daneben hängen ein Telefon

und ein Zettel – auf Ivrit beschrieben und mit einer vierstelligen Nummer. Also nehme ich den Hörer ab und tippe einfach die vier Zahlen ein, den Rest kann ich sowieso nicht lesen.
Ein Mann antwortet am anderen Ende und ich frage ihn, ob er mir das Museum aufschließen kann. Seine Antwort ist kurz:
»*Ich bin in 2 Minuten da.*«
Tatsächlich, nur wenige Augenblicke später kommt ein älterer Herr um die Ecke und lässt mich in das Museum. Er möchte 16 Schekel von mir – ich gebe ihm 20 für seine Mühe.
Er öffne nur noch nach Bedarf oder bei angemeldeten Gruppen und wir kommen kurz ins Gespräch. Es ist Amnon Assaf, der 1952 dieses Museum von eigener Hand erbaute. In all den Jahren trug er hier die Fundstücke aus der Umgebung zusammen, die er oder Nachbarn beim Ackerbau oder Hausbau fanden. Darunter auch einen prähistorischen Elefantenfriedhof ganz in der Nähe des Kibbuz.
Wie ich später von Shani und Almog erfahre, ist Assaf weit über das Kibbuz hinaus bekannt, und zwar als einer, der sich immer mit der Antiquitätenbehörde anlegte. Illegale Grabungen und seine spätere Ablehnung der Herausgabe der Fundstücke schienen der Behörde wohl gar nicht zu passen. Ja, er wirkt schon etwas stolz und kauzig auf mich, aber in seinen Augen sehe ich die Erfahrung von mindestens 80 Lebensjahren.
Assaf drückt mir noch einen israelischen Museumsführer in die Hand, also zwei kopierte DIN-A4-Blätter in einer Klarsichthülle, und ich starte meine Runde.
Die Sammlung zeigt Fundstücke, die zum Teil älter als 1 Mio. Jahre sind, darunter Faustkeile und Schädel unserer Vorfahren. Auch die 400.000 Jahre alten Reste der besagten Dickhäuter, unter anderem Zähne und Stoßzähne, finden sich in den Vitrinen. Das Prunkstück der Sammlung ist aber das Skelett einer 14.000 Jahre alten Frau der Natufien-Kultur, die zusammen mit ihrem Hund begraben wurde. Sie ist weltweit der älteste Beweis für die Freundschaft zwischen Mensch und Hund.

In einer weiteren Vitrine liegt das Skelett eines acht Monate alten Säuglings mit einer Muschelkette am Körper. In zwei weiteren Schaukästen befinden sich die Skelette einer Frau und eines Mannes, die zusammen in schneidersitzähnlicher Position begraben wurden. Auch die Frau trägt noch die Reste einer Muschelkette.
Die Sammlung wird komplettiert von Funden aus römischer und byzantinischer Zeit, darunter Öllampen, Glas und ein kleines Pferd aus Ton.
Assaf hat die ganze Zeit geduldig am Eingang auf mich gewartet, verabschiedet mich und schließt hinter sich das Museum wieder ab.

Snir-Nationalpark

Ich fahre auf die 99, den Highway von Kiryat Shmona, in die Golanhöhen und zum Har Hermon hinauf, biege aber nach nur wenigen Hundert Metern schon wieder Richtung Norden ab und erreiche den Snir-Nationalpark. Der Snir entspringt nördlich im Libanon, wo er Hasbani heißt, wird zum Grenzfluss, führt am Dorf Ajar vorbei und fließt hier im Snir-Nationalpark in israelisches Kernland. Nach 6km vereinigt er sich mit dem Banias und dem Dan zum Jordan.
Ajar ist militärisches Sperrgebiet und von der IDF komplett abgeriegelt. Nicht etwa, weil seine knapp 3000 Einwohner überwiegend muslimische Alewiten sind, sondern aufgrund einer schwierigen politischen Lage. Ähnlich wie einst im Dorf Barta'a an der Westbank verläuft hier die Grenze zwischen Israel und dem Libanon inmitten des Dorfes.
Das besonders Prekäre an dieser Situation ist aber, dass Ajar eigentlich zu Syrien gehört, da es genau am Rand der Golanhöhen liegt, die von Israel ja „nur“ annektiert wurden.
1932 stellte die französische Mandatsverwaltung den Einwohnern frei, sich für Syrien oder den Libanon zu entscheiden. Da die Mehrzahl der Einwohner alewitischer Abstammung ist und dem syrischen Königshaus nah stehen, wurde Ajar syrisch.
1967 – nach dem Sechs-Tage-Krieg – kontrollierte Israel das Gebiet rund um Ajar und ein Teil der Einwohner siedelte nach Syrien um. Die

Zurückgebliebenen wurden mit den Jahren immer mehr zu israelischen Staatsbürgern und gelten heute als einzige Alewiten in Israel.
Ajar wuchs in den folgenden Jahren und breitete sich gen Norden aus, wo es mit der schon bestehenden Ortschaft Qazzani im Libanon verschmolz. 1981 bestand der Großteil der Bevölkerung bereits aus Israelis, allerdings unter dem Recht der Golanhöhen, also waren sie bis zu deren Annexion 1982 keine „echten“ Israelis.
Mit dem Rückzug der IDF aus dem Libanon im Jahr 2000 zogen die UN die sogenannte „blaue Linie“, um die neue Grenze zwischen Israel und dem Libanon festzulegen. Dabei teilten sie Ajar in zwei Hälften. Dies war nicht wie in Barta'a ein Kartenproblem, sondern beide Seiten wollten jeweils Ajar vollständig kontrollieren. So einigte man sich, den Ort zu teilen und den alten Grenzverlauf wiederherzustellen.
Andauernde Proteste der Bewohner verhallten erfolglos. Sie wollten erreichen, dass der Grenzzaun weiter nördlich auf libanesischem Gebiet verläuft, da sie lieber Israelis seien als Libanesen. Schließlich seien sie ja Syrer und würden somit irgendwann wieder an Syrien fallen, sobald die Golanhöhen von Israel an Syrien zurückgegeben werden.
Dieser Regelung konnte der Libanon aber nicht zustimmen. Israel hingegen baute 2000 eine feste Mauer zwischen beiden Dorfhälften, ließ die Grenze aber „durchlässig“, indem die IDF einen Stützpunkt mitten in der Ortschaft errichtete. 2001 eroberte die Hisbollah den Nordteil von Ajar und attackierte die IDF-Truppen. Um der Situation Herr zu werden, wurde Ajar zum militärischen Sperrgebiet erklärt und Ajar entwickelte sich zum Zentrum für Schmuggler und zur Agenten-„Wechselstation“ zwischen Israel und dem Libanon.

Hisbollah-Einheiten versuchten auch mehrfach, IDF-Soldaten in Ajar zu entführen. Am 22.11.2005 griff dazu die Hisbollah mit Katjuscha-Raketen die Gegend um Ajar an. Vermutlich, um Verwirrung bei der IDF zu erreichen und so die Hisbollah-Kämpfer leichter nach Ajar einschleusen zu können. Doch die IDF war bereits nach den Überfällen von 2001 auf einen etwaigen Angriff vorbereitet.

Der damalige Platoon-Kommandeur entschied beim Angriff, die Stellung zu wechseln. So gelang es einem einzigen seiner Soldaten, vier Hisbollah-Kämpfer zu töten und sie zum Rückzug zu ihrem Vorposten zu zwingen. Dieser wurde dann von IDF-Kampfjets bombardiert. Im Mai 2006 versuchte die Hisbollah, an gleicher Stelle noch einmal IDF-Soldaten gefangen zu nehmen, doch auch dieser Versuch misslang.

Israels Mauerpläne waren aber nicht vergessen und so sollte im Jahr 2006 eine neue Grenzmauer quer durch den Ort errichtet werden. Zudem sollten die 400 nördlich lebenden Familien mit israelischem Pass in den Süden umgesiedelt werden. Daraufhin protestierten die Einwohner Ajars erneut. Die Proteste ebbten aber mit dem Libanon-Krieg am 12.07.2006 ab.

Während des Krieges besetzte die IDF den Norden Ajars erneut und der Grenzzaun wurde im Oktober um mehrere Hundert Meter Richtung Norden verschoben, um ganz Ajar auf die israelische Seite zu bringen.

Dies sieht heute der Libanon als Verletzung der UN-Resolution 1701 vom 30.10.2007 und darin eine Gefahr für zukünftige Konflikte zwischen Israel und der Hisbollah. Doch Israel erklärte, es sei nur ein vorübergehender Zaun, um Hisbollah-Kämpfer aus Ajar fernzuhalten.

Im Jahr 2008/2009 wurde ein neuer Zaun errichtet, diesmal an der israelischen Ostseite der Stadt. Dies weckte die schlimmsten Befürchtungen der Anwohner, denn Israel schien offensichtlich ganz Ajar an den Libanon abgeben zu wollen. Im Mai 2009 berichteten die Medien, dass ein vollständiger Abzug der IDF aus dem Nordteil von Ajar kurz bevorstehe und von da an die UNIFIL-Truppen den Nordteil Ajars kontrollieren sollten. Die libanesische Armee würde weiterhin nur außerhalb des Dorfes patrouillieren.

Als nächster Schritt sollte dann die Grenze mit 300 weiß-blauen Fässern markiert werden, um endlich einen genauen Grenzverlauf festzulegen. Dies käme Israel sehr gelegen, denn so nähme sie der Hisbollah die Möglichkeit, die Position der Grenze frei nach eigenem Gutdünken „auszulegen".

Gut, mag man sich denken, ist halt kompliziert, und die Einwohner Ajars leben wohl damit. Was das aber im Einzelnen für die Bewohner mit sich brachte, zeigen ein paar Einblicke in deren Alltag.
Die Angst, an den Libanon zu fallen, führte zu einem Bauboom in Ajar, denn Beton ist im Libanon knapp. Waren dürfen nicht direkt in den libanesischen Teil Ajars gebracht werden, sie müssen erst umgeladen und dann vom Besitzer selbst transportiert werden. Im Nordteil Ajars lag eine Bäckerei, die nach den jüdischen Kashrut-Gesetzen arbeitete und somit regelmäßig von einem Rabbi inspiziert werden musste, aber der durfte nicht mehr in den Nordteil des Dorfes. So musste die Bäckerei die Lieferungen nach Israel einstellen.

Auch die israelische Polizei darf nicht in den Nordteil, so müssen Verstorbene erst in den Südteil transportiert werden, damit für sie ein Totenschein ausgestellt werden kann. Bewohner aus dem südlichen Teil, die nur einen israelischen Pass haben, dürfen offiziell nicht in den nördlichen Teil gehen, da dieser ja im Libanon liegt. Dazu geraten die Anwohner immer wieder zwischen die Kampfhandlungen zwischen IDF und Hisbollah. Da sage noch einer, in Deutschland hätten wir Probleme. Eine Lösung ist selbst heute noch nicht in Sicht, auch wenn Israel, der Libanon und die UN noch immer um den Status von Ajar verhandeln.

Jetzt bin ich ja ganz vom Snir-Nationalpark abgewichen, denn so gerne ich auch der Straße nach Ajar folgen würde, durchlassen würde mich die IDF nicht. Die nette Dame am Kassenhäuschen teilt mir mit, dass durch die Schneeschmelze und den starken Regen der vergangenen Tage der Wasserpegel des Snir ziemlich hoch sei und ich gegebenenfalls nasse Füße bekommen werde. Dabei nimmt sie nicht einmal ihr Handy vom Ohr, sondern pausiert nur kurz in ihrem Gespräch. Ich danke für den Rat, lasse mich aber nicht abschrecken und sie in Ruhe weitertelefonieren. Ausgerüstet mit wasserdichten Stiefeln und langer Funktions-Hose mache ich mich auf den Weg.

Ich folge zuerst Holzstegen an Tümpeln und Quellen vorbei, bis sich der Weg in einen Pfad wandelt und hinab zum Snir führt. Das Wasser hat wirklich einen ziemlich hohen Stand erreicht und fließt reißend schnell. Der Pfad am Ostufer bringt mich gen Süden. Über große glitschige Steine und Wurzeln hinweg folge ich dem Fluss. Seine Ufer sind mit Grün überwuchert und voll mit Leben. Ich schrecke Fischreiher und viele andere Vögel auf, als ich mehr rutschend als laufend dem Pfad folge. Teilweise geht es über Eisentritte an Felsen entlang oder ich muss im Bachbett von Stein zu Stein springen. Dabei rutsche ich mehrfach ab und tauche immer wieder kurz mit einem Bein ins kühle Wasser. Zum Glück halten die wasserdichten Stiefel und die lange, wasserabweisende Hose meine Füße trocken.
Plötzlich bewegt sich etwas im Gebüsch und ein Fischotter kreuzt vor mir den Weg. Er hat mich zuerst gar nicht bemerkt, aber als er mich erblickt, huscht er blitzschnell unter die Böschung des Flusses. Der Weg ist einfach herrlich, da er an jeder Biegung eine Überraschung parat hält. Dazu scheint die Sonne vom blauen Himmel und das Wasser rauscht an mir vorbei. Die Luft ist immer noch kühl, aber die Sonne hat selbst im Dezember hier eine solche Kraft, dass mir in meinem dünnen Fleecepulli angenehm warm ist.
Nach 1km über Stock und Stein im Unterholz endet der Park an einem Drehtor und ein paralleler Weg bringt mich oberhalb des Flusses zurück zum Parkplatz. Im Vorbeifahren grüße ich die Frau, die immer noch telefonierend vor dem Kassenhäuschen steht.

Usishkin-Museum

Weiter gen Osten auf der 99 erreiche ich das Kibbuz Dan, wo direkt hinter dem Kibbuz die Golanhöhen beginnen. Mein Weg führt mich zum Usishkin-Museum am nördlichen Rand des Kibbuz Dan. Das Museum ist auch der Startpunkt des „Israel Trail“, der sich von Dan aus auf einer Länge von 940km durch ganz Israel bis nach Eilat am Roten Meer zieht.

Auf der Wiese neben dem Museum steht ein alter syrischer T-34-Panzer. Eine interessante Begrüßung, denke ich mir, aber stellvertretend für jahrelange Angriffe der Syrer auf das Kibbuz.
Am Museum ist niemand zu sehen, einzig ein junger Mann mit Wanderrucksack wartet am Eingang. Ich spreche ihn an und er meint, der Kassierer sei gleich zurück. Er will ohne Begleitung die nächsten vier Wochen den Israel Trail bewandern. Ansonsten gibt er sich mir gegenüber wortkarg. Kurz darauf kommt ein älterer Herr um die Ecke und der Wanderer und ich zahlen je 20 Schekel Eintritt.
Der Kassierer schlägt mir vor, doch gleich den Film anzuschauen, da ich ihn ja auf Englisch sehen möchte und das Kino gerade leer sei. So verabschiede ich mich von dem einsamen Wanderer und mache es mir auf einem der gut 150 Sitzplätze gemütlich. Ich befürchte aber jetzt schon das Schlimmste und werde nicht enttäuscht, als der Film startet. Dieser ist in etwa so alt wie das Museum und der Projektor scheint kurz davor, sein Leben auszuhauchen. Das Video ist völlig unterbelichtet und der Ton schrecklich.
Es soll in dem Film um die Flora und Fauna des Hermon-Gebirges gehen. Ab und an erkenne ich in dem gut 15-minütigen Gruselstreifen einige Schneeflächen und kann sogar ein paar Tiere und Pflanzen erahnen. Als dann noch Skifahrer aus den 1970ern über die Leinwand huschen, hoffe ich nur noch, dass der Film ein Ende findet und das Licht wieder angeht.
Endlich werde ich erlöst und steige die Stufen hinab, denn unterhalb der weit oben angebrachten Leinwand befindet sich eine Ausstellung. Diese Ausstellungsstücke befassen sich alle mit dem nah gelegenen Tel Dan und erzählen dessen Geschichte.

Ich betrete anschließend den zweiten Teil des Museums. Zur Abwechslung gibt es hier mal keine alten Steine und Vasen, sondern ein in die Jahre gekommenes, aber sehenswertes Naturkundemuseum. Es gliedert sich nach Lebensbereichen der Tiere und Pflanzen. Gezeigt werden Vögel, Fische und zahlreiche Insekten aus der Region. Besonders die

Pelikane in Lebensgröße sind beeindruckend, denn wirken sie schon in der Luft majestätisch, sind sie so nah wahre Riesen.
Vor einer Glasvitrine bleibe ich wie angewurzelt stehen. In ihr befinden sich Skelette von Tieren. Katze, Frosch, Fisch und Chamäleon sind ja schon sehenswert, aber die skelettierte Schildkröte ist der Wahnsinn. So etwas habe ich noch nie gesehen. Wie filigran die Knochen der Schildkröte in ihrem Panzer liegen, ist einfach beeindruckend.
In einem weiteren Raum geht es um die Geologie des Golan und seine Entstehungsgeschichte. An einer Baumscheibe eines Olivenbaumes bleibe ich stehen. Dessen Jahresringe sind markiert und er wurde 1862 gepflanzt. Einige Ringe verraten, dass der Baum sich 1870 an starke Winde anpassen musste, denn die Ringe sind nicht mehr gleichmäßig breit und der Baum produzierte sogar zusätzliche Ringe zur Verstärkung. 1900 wuchs der Baum besonders schnell mit einem gleichmäßigen und breiten Ring. 1905 wurde der Baum verletzt. 1930 machte er harte Zeiten durch, denn der Ring ist sehr schmal. Schließlich wurde er 1952 gefällt und offenbart mir jetzt 90 Jahre seines Lebens. Dennoch muss ich mich losreißen, schließlich möchte ich heute noch 3 Nationalparks besuchen.

Tel-Dan-Nationalpark

Nur wenige Hundert Meter entfernt liegt der erste von ihnen, der Tel-Dan-Nationalpark. Der Park ist wie ausgestorben und gerade mal ein anderes Auto steht neben mir auf dem Parkplatz. Dazu muss ich mir auch noch meine Green Card selbst mit einem Stift lochen, weil die Dame an der Kasse den Locher nicht finden konnte.
Der Dan-Nationalpark ist eine wahre Oase aus Wasser und Pflanzen, ergänzt durch geschichtliche Höhepunkte. Der Park ist von oben betrachtet glühbirnenförmig und misst in seiner größten Ausdehnung 500x700m. Er ist fast komplett von dichtem Wald bedeckt und beherbergt unzählige Quellen, darunter auch die Dan-Quelle, einen der Quellflüsse des Jordan.

Direkt am nördlichen Rand des Tel Dan verläuft die ehemalige, 1923 von Franzosen und Briten festgelegte Mandatsgrenze sowie die spätere Grenze zwischen Syrien und Israel. Somit beginnen gleich hinter dem Park auch die Golanhöhen. Zumindest politisch, denn geografisch befindet sich hier eher flaches Land, bis sich 1km weiter nördlich der Har Hermon in den Himmel erhebt.
Ich betrete den Park und quere sogleich auf einer kleinen Brücke den Dan. Sein Wasser ist hier wild schäumend und fließt reißend schnell. Kaum zu glauben, wo doch seine Quelle nur wenige Hundert Meter entfernt ist. Unter mir schießen gerade $8m^3$ Wasser pro Sekunde Richtung Süden, um sich in 7km Entfernung mit dem Snir und dem Banias zum Jordan zu vereinen. Das ganze Jahr über hat die Quelle Temperaturen um 15°C und gehört zu den größten Quellen im Nahen Osten.
Nur wenige Meter weiter quere ich den Fluss erneut und gelange wieder auf seine Ostseite, auf der ich jetzt in dichtem Bewuchs meinen Weg fortsetze. Der zuerst angenehme Weg wird steinig und führt mich immer wieder über kleine Rinnsale und an Quellen vorbei, bis ich eine alte ottomanische Wassermühle erreiche, die inzwischen ziemlich stark überwuchert ist.
Nur ein paar Schritte weiter wird der Wald lichter und ein flacher Teich füllt eine Lichtung. In der Mitte liegt eine kleine Insel, auf der ein viel zu groß wirkender Baum steht.
Im Sommer nutzen viele Besucher den klaren kühlen Teich für ein Fußbad, aber heute ist es ja menschenleer und für Israelis ist bei einer Lufttemperatur von nur 17°C tiefster Winter. Der Weg führt mich weg von den Quellen und Wasserläufen und das Gelände wird trockener und lichter.

Ein guter Zeitpunkt, mehr über die Geschichte des Tel Dan zu erzählen. Eine erste Besiedlung konnte bereits um 4500v.Chr. nachgewiesen werden. Um 1900v.Chr. wurde das damalige Laish als Handelszentrum in ägyptischen Schriften erwähnt. Hier verlief eine der Handelsrouten aus Ägypten, die bis nach Babylon führte. Damals war die gesamte Stadt

bereits von einer hohen Mauer aus Lehmziegeln umgeben. Diese verlief mit einem Durchmesser von ca. 300m einmal um den sanften Hügel, der heute den Tel Dan ausmacht.
Zu dieser Zeit eroberte der Stammvater Abraham die Stadt Laish mit 318 seiner Knechte, als er seines Bruders Sohn Lot – den Lot aus Sodom und Gomorrha – zu befreien versuchte. Dieser war zuvor in der „Schlacht der neun Könige" gefangen genommen und nach Dan verschleppt worden. Abraham eroberte zwar die Stadt, Lot konnte er aber erst in Hoba bei Damaskus befreien.

Dann wurde es ruhig um Laish, bis die Israeliten das Gebiet ab 1200v.Chr. eroberten. Ursprünglich soll der Stamm Dan die Küstenebene zwischen Jaffo und Jerusalem bewohnt haben. Doch der Druck durch die Philister wurde zu groß und so zogen sie in diese nördliche Gegend und eroberten die damalige Stadt Laish. Vermutlich war Laish zuvor von Sidoniern – also Phöniziern – aus dem heute libanesischen Sidon besiedelt. Die Bibel schreibt dazu:
»Zu der Zeit war kein König in Israel. Und der Stamm der Daniter suchte sich ein Erbteil, denn es war noch kein Erbe auf sie gefallen unter den Stämmen Israels. Und die Kinder Dan sandten fünf streitbare Männer aus, das Land zu erkunden. Da gingen die fünf Männer hin und kamen gen Laish und sahen das sidonische Volk. Und sie kamen zurück zu ihren Brüdern; ›Auf, lasst uns zu ihnen hinaufziehen, denn wir haben das Land besehen, das ist sehr gut.‹ Da zogen sechshundert Mann, gerüstet mit ihren Waffen, zum Streit hinauf nach Laish und schlugen es mit der Schärfe des Schwerts und verbrannten die Stadt mit Feuer.« (Richter 18)

So wurde aus Laish die neue gleichnamige Hauptstadt des Stammes Dan. Doch der Stamm Dan selbst gibt bis heute große Rätsel auf. Es ist immer noch unklar, ob die Daniter überhaupt ein echter israelitischer Stamm sind, denn in der Offenbarung, Kapitel 7 wird der Stamm Dan – in der Aufzählung der Stämme – gar nicht erwähnt.
Vermutungen wurden laut, dass sie vielleicht Assyrer oder, vermutlich wahrscheinlicher, selbst eines der Seevölker waren. Andererseits gab es

familiäre Verbindungen zum Stamm Naftali, der ebenso in diesem Gebiet siedelte.
Nach dem Konflikt mit den syrischen Aramäern um 840v.Chr. wurde Dan erobert und spätestens durch die Assyrer im Jahr 733/732v.Chr. unter Tiglath Pileser III. zerstört und nie wieder aufgebaut. Dennoch wurden die kultischen Bereiche von Dan auch noch von Griechen benutzt, das bezeugt der Fund einer griechischen Inschrift, in der sie Dan als „Haus der Götter“ beschrieben.

Die israelische Staatsgrenze, welche hier durch die Briten und Franzosen nach der biblischen Auslegung „von Dan bis Beer Sheva“ gezogen wurde, führte zu einem langjährigen Konflikt mit Syrien.
Die Ursache war die Grenzziehung im Jahre 1923 – auf einer Landkarte mit einem zu breiten Stift. Syrien behauptete somit, dass die Dan-Quelle auf syrischem Gebiet liegt, da die auf der Landkarte eingezeichnete Grenze im rechten Maßstab betrachtet 130m breit war. So versuchten die Syrer regelmäßig, aber ohne Erfolg, die Quelle zu erobern, um deren Wasser nach Syrien umleiten zu können. Erst der Sechs-Tage-Krieg beendete diesen örtlichen Konflikt und führte dafür wieder zu ganz neuen Konflikten mit Syrien.

Als ich um einen kleinen Hang herumgehe, stehe ich plötzlich vor den Resten der alten Stadtmauer des Stammes Dan. Zu meinem Erstaunen ist sie noch 5m hoch und 30m lang erhalten und alle 15m sind Wehrtürme vorgelagert. Am Ende macht sie einen Linksknick und es öffnet sich ein großer Vorplatz. Ich stehe vor dem „Israel-Tor“, dem alten Stadttor zur antiken Stadt Dan. Die Mauer setzt sich rechter Hand noch einige Meter fort und verschwindet unter dem noch nicht freigelegten Bereich.
Als 1993 die Toranlage ausgegraben wurde, fand sich nicht nur ein kleiner Altar mit fünf aufgerichteten Steinen – den ich gerade betrachte – sondern es gab auch einen Sensationsfund. Eine Archäologin fand durch einen Zufall einige Bruchstücke einer Siegesstele.

Aramäische Schrift erzählte auf der Stele von der Niederlage der Israeliten gegen das Königshaus Aram aus dem heutigen Syrien. An sich nichts Besonderes; der Konflikt beider Reiche um 840v.Chr. ist weithin bekannt, aber die Zeilen erwähnen, dass König Hazael von Damaskus den König von Israel, Jehoram, und den König von Juda, Ahaziah, getötet hat. Auch das war noch nicht so spektakulär, sondern die Bemerkung, dass beide Könige aus dem Hause Davids stammten. Damals wie heute eine Sensation, denn schriftliche Erwähnungen des Königshauses David sind mehr als rar.

Ich betrete die doppelte Toranlage und erkenne erst jetzt, dass die Mauer stellenweise 5m dick ist und das Tor vier Wachräume beherbergte. Wie gewaltig muss sie einst auf die Menschen gewirkt haben, die zur Stadt kamen?
Der Weg führt von hier in das ehemalige Zentrum der Stadt, bis er am Ende den Tempelbereich erreicht. Ich folge aber dem Hauptweg nicht weiter, sondern laufe zurück zum Vorplatz und folge dem Zaun, der den Nationalpark umgibt, bis zur nordöstlichen Ecke. Etwas versteckt erreiche ich das Tor der Kanaaniter oder auch „Abrahams Tor" genannt. Durch dieses Tor soll Abraham Laish erobert haben. Das Fragwürdige an der Sache ist nur, dass es vermutlich erst um 1750v.Chr. erbaut wurde und Abraham um 1900v.Chr. gelebt haben soll.
Heute ist die Grabung von einem Bogendach vor dem Wetter geschützt und abgesperrt. Die fast 4000 Jahre alten Lehmziegel sind einfach zu empfindlich, um sie für die Besucher freizugeben. Die Absperrung ist aber eher löchrig und so wage ich dann doch einen Blick. Eine flache Steintreppe führt mich hinauf vor die alte Toranlage. Gut 15m breit, mit zwei vorgesetzten Turmfundamenten an den Ecken, ist sie noch gut 6m hoch erhalten. Die einzelnen Lehmziegel setzen sich wegen des andersfarbigen Mörtels gut voneinander ab und so erkenne ich auch den alten gemauerten Torbogen. Was überraschend ist, dass er offensichtlich vor langer Zeit zugeschüttet wurde und die Archäologen wie in einem Bergwerk einen Stollen hineingetrieben haben. Leider ist der Stollen nur

ein paar Meter lang und lässt die Frage offen, ob er noch tiefer in das Bauwerk hineinführen könnte.
Als ich mich herumdrehe und zurücklaufen will, sehe ich bereits die Nimrod-Burg in der Ferne auf ihrem 500m höher gelegenen Bergrücken thronen. Die Sonne lässt sie dabei in voller Pracht erstrahlen und trotz der 5km Entfernung sehe ich sogar mit bloßem Auge Details der Burg. Sie wird heute definitiv der Höhepunkt meiner Tagestour sein.

Doch zuerst folge ich dem Weg weiter durch den hier wieder dichter werdenden Wald. Nach knapp 300m erreiche ich eine alte militärische Anlage mit den Resten von Schützengräben. Sie liegt direkt am Rande der Grenze und wurde von der IDF angelegt, um die Dan-Quelle vor syrischen Überfällen zu schützen.
Mein Blick nach Norden geht zu den Ausläufern des Har Hermon, der hier mit sanft gerundeten Hügeln zu wachsen beginnt. Gen Nordwesten sehe ich die Häuser von Ajar, dem so von der Realität gebeutelten Dorf. Nur wenige Meter südlich öffnet sich der Wald und ich erreiche den heiligen Bereich von Dan.
Die um 915v.Chr. von König Jerobam I. erbaute Tempelanlage wird auch indirekt in der Bibel erwähnt, denn er brachte eines der beiden goldenen Kälber nach Dan:
»*Und der König von Juda Jerobam hielt einen Rat und machte zwei goldene Kälber. Und er setzte eins zu Beth-El, und das andere tat er gen Dan.*« *(1. Könige 12,28)*
König Ahab renovierte die Tempelanlage und baute sie zu einer Kopie des Salomonischen Tempels in Jerusalem um.

Ich betrete das 45x60m große Heiligtum. Einst von einer Mauer mit angrenzenden Räumen umgeben, liegt südlich ein kleineres Heiligtum und nördlich ein erhöhter Tempel, zu dem eine Treppe hinaufführt. Beide Heiligtümer sind aus sehr akkurat gehauenem Stein erbaut, die aber nur von außen wie ganze Steine wirken.
Die Mauern waren innen einst mit Erde und losen Steinen gefüllt, nur die äußere Verblendung war behauener Stein. Dies machte den Bau der

Mauer leichter und flexibler, denn jeder Stein musste nur fünf gute Seiten aufweisen.
Inmitten der Anlage wächst ein großer Baum, der zu meiner Überraschung auf der Mauerecke des großen Heiligtums steht. Unglaublich, wie sich dieser Baumriese auf den Steinen festgeklammert hat und dabei auch noch genug Wasser findet. An einigen Stellen haben die Archäologen einige Meter in die Tiefe gegraben und so die älteren Grundmauern der älteren Tempelanlage freigelegt.

Kaum verlasse ich das Tempelgelände – dem Weg nach Südwesten folgend –, erreiche ich das „Paradies“. So nennt sich eine urwaldartige Halbinsel inmitten das Dan-Waldes. Fast völlig überwuchert lassen die Bäume, Büsche und Rankpflanzen kaum noch Tageslicht bis zum Boden fallen.
Ich laufe über Steine, die teils vom Wasser umspült werden, auf einem Weg, der mich durch das Dickicht zu meinem Ausgangspunkt bringen wird. Es ist so still hier und nur das Rauschen des Wassers dringt an mein Ohr. In der Nähe entspringt der Dan, dem ich jetzt Richtung Süden folge. Überall wird er von Quellen und kleinen Bächen, die aus dem Unterholz strömen, weiter gespeist.

Zwischen Dan-Heiligtum und Ausgang treffe ich noch ein Naturwunder an. Hier fließt ein Bach nicht aus einer Quelle heraus, sondern sickert in den Boden und verschwindet im Nichts. An anderer Stelle, nur gut 100m entfernt, sprudelt sein Wasser dann wie von Geisterhand wieder aus dem Boden und fließt in den Dan. Beeindruckend, wie Wasser sich seinen Weg sucht.
Kurz darauf gelange ich wieder zur ersten Brücke und über die zweite geht es aus dem Nationalpark heraus. Ich fahre zurück zur 99, biege links ab und quere nur wenige Hundert Meter weiter die heute unsichtbare Grenze in die Golanhöhen. Der Bewuchs wird karger und niedriger und Minenfelder säumen meinen Weg. Direkt in einer Kurve wird es schlagartig grün. Ich passiere eine Brücke und stehe sogleich auf

einem deutlich volleren Parkplatz, wo sogar zwei Reisebusse stehen. Ich habe den Banias-Nationalpark erreicht.

Banias-Nationalpark

Banias, oder – aus dem Griechischen kommend – „Panias“ geschrieben, liegt direkt an einem Ausläufer des Hermon. Hier entspringt der Fluss Hermon, im Volksmund auch Banias genannt, der dritte und letzte Quellfluss des Jordan.
Mein erster Weg im Nationalpark führt mich steil bergauf. Zwischen Bäumen folge ich kurz dem markierten Wanderweg zur Burg Nimrod. Nach gut 30Hm erreiche ich die Ebene oberhalb von Banias und stehe am Rand einer senkrechten Felswand im Osten. Hier erwartet mich ein kleiner Aussichtspunkt, der mir einen tollen Blick über die Sehenswürdigkeiten bereitet. Direkt unter mir zieht sich die nördliche, etwa 70m lange, senkrechte Felswand entlang, die einst drei griechisch-römische Heiligtümer von Banias beherbergte.
An dessen Fuße entspringt der Banias, der zuerst durch ein paar angestaute Becken fließt und dann zwischen den dichten Bäumen Richtung Südwesten verschwindet, um sich dort mit dem Dan und dem Snir zum Jordan zu vereinen. Gleich linker Hand liegt auch der Parkplatz und dahinter befinden sich in südlicher Richtung die Reste der Banias-Kreuzritterburg. In meinem Rücken – gen Osten – erblicke ich die Burg Nimrod, die immer noch von der Sonne hell erleuchtet ist. Luftlinie 1,6km entfernt thront sie jetzt mit einem strahlend blauen Himmel im Hintergrund nur noch 350Hm über mir.
Wieder unten angekommen, biege ich gleich rechts ab und betrete das Tempelgelände. Hier bauten die Griechen in den Jahren nach der Eroberung durch Alexander den Großen im Jahre 332v.Chr. eine Tempelanlage mit drei Tempeln. Einer von ihnen war dem griechischen Gott Pan, dem ziegenfüßigen, Flöte spielenden Gott der Hirten und Nymphen, geweiht. Daher stammt auch der Name Panias; das heutige Banias ist die arabische Version, die kein „P“ kennt.

Banias entwickelte sich zum umkämpften Handelszentrum vor den Toren von Damaskus am Übergang des Hermon-Gebirges. So wurde Banias 198v.Chr. durch den Seleukiden Antiochus III. den Ptolemäern entrissen. Herodes Philippus, der Sohn von Herodes dem Großen, benannte Banias 2n.Chr. zu Ehren des römischen Kaisers Augustus in Cäsarea Philippi um, und Banias entwickelt sich fortan zur Hauptstadt von Herodes Philippus. Herodes Agrippa I. erbaute um 40n.Chr. einen römischen Tempel in Banias, über den Josephus Flavius schrieb:
»Und als der Kaiser ihn mit einem weiteren Land ausstattete, baute er dort einen Tempel aus weißem Marmor an den Jordanquellen.«
61n.Chr. wurde Banias von Herodes Agrippa II. in Neronias umbenannt, um Kaiser Nero zu ehren. Im Jahre 70n.Chr. fanden in Banias blutige Spiele statt, die von Kaiser Titus abgehalten wurden. Sein Sieg gegen die rebellierenden Juden kostete hier zahlreichen jüdischen Gefangenen das Leben. Bis 93n.Chr. blieb die Stadt die Hauptstadt des Königreiches von Herodes Agrippa II. und wurde stetig weiter ausgebaut.

Die Reste dieser Tempelanlage sind noch gut im Grundriss zu erkennen, davon zeugen die alten Marmorböden und die noch bis zu 1m hoch erhaltenen Mauern.
Von besonderem Interesse sind die kleinen verzierten Mulden, die in die rückwärtige Felswand geschlagen wurden, um Götterfiguren aufzunehmen. Diese Felsklippe ragt, hier direkt vor mir, fast 20m senkrecht in die Höhe und muss vor 2000 Jahren mit den vorgesetzten Tempeln aus weißem Marmor unglaublich imposant gewirkt haben.
Am westlichen Ende der Steilwand öffnet sich eine große Höhle, vor der damals der größte Tempel erbaut wurde. In dessen Inneren konnte man zur heiligen Quelle des Banias hinabsteigen.
Auch im Talmud wird die Höhle von Panias erwähnt und die Stadt Cäsarea Philippi unter dem Namen Keissarijon genannt, das „kleine Cäsarea". Vermutlich verschob ein Erdbeben die Quelle und so entspringt der Banias heute, fast unsichtbar, in einem großen flachen

Becken gute 50m vor der Höhle. Jährlich fließen hier 125 Mio. Kubikmeter kristallklares Wasser über kleine Dämme von Becken zu Becken.

Kaum zu erwarten ist der Ort aber auch für das Christentum von Bedeutung, denn das Neue Testament beschreibt Banias als den Grundstein des Papsttums:
»Da kam Jesus in die Gegend von Cäsarea Philippi und sprach: ›Wer, sagen die Leute, dass der Menschensohn sei?‹ Sie sprachen: ›Einige sagen, du seist Johannes der Täufer, andere, du seist Elia, wieder andere, du seist Jeremia oder einer der Propheten.‹ Er fragte sie: ›Wer, sagt denn ihr, dass ich sei?‹ Da antwortete Simon Petrus und sprach: ›Du bist Christus, des lebendigen Gottes Sohn!‹ Und Jesus antwortete und sprach zu ihm: ›Selig bist du, Simon, Jonas Sohn; denn Fleisch und Blut haben dir das nicht offenbart, sondern mein Vater im Himmel. Und ich sage dir auch: Du bist Petrus, und auf diesen Felsen will ich meine Gemeinde bauen, und die Pforten der Hölle sollen sie nicht überwältigen. Ich will dir die Schlüssel des Himmelreichs geben.« (Matthäus 16,13–19)

Nach einer byzantinischen Periode, ab dem 4. Jahrhundert, eroberten die Araber Cäsarea Philippi im Jahre 638n.Chr. und nannten es ab sofort Banias, das sich daraufhin zur Hauptstadt der Golanhöhen entwickelte.
Im 11. Jahrhundert gab es hier noch eine besondere jüdische Gemeinde, deren Mitglieder „Banasiten" genannt wurden. Diese Gemeinde teilte sich in babylonische und palästinensische Juden, deren Gottesdienste unterschiedlich waren.
Als die Kreuzritter Banias 1129 in Besitz nahmen und es „Belinas" nannten oder mit der Eroberung durch Nur ad-Din 1164 hörte die jüdische Gemeinde auf zu existieren. Die Kreuzritter hielten „Belinas" für eine natürliche Grenze zwischen ihrem und dem arabischen Reich und bauten daher eine große Burg direkt zu Füßen ihrer zweiten Burg Nimrod.
Banias verlor in den folgenden Jahrhunderten an Bedeutung, dennoch siedelten hier in osmanischer Zeit wieder Juden. Dies beweist ein Do-

kument aus dem Jahr 1624. In diesem wird von dem Mord an einem jüdischen Arzt namens Elijah ha-Kohen durch einen arabischen Scheich berichtet, der sich in Banias zugetragen haben soll.
Nach dem Unabhängigkeitskrieg 1948 diente Banias den Syrern bis 1967 als Basis für ihre Angriffe auf die umliegenden Kibbuzim. Im Sechs-Tage-Krieg eroberte die IDF Banias und die Ausgrabungen begannen. Den Drusen gilt heute der Ort Banias noch immer als heilig, denn hier steht oberhalb der Banias-Quelle das weiße Grab des Propheten Sheikh el-Khader.

Ich mache mich zu Fuß auf den Weg zum südwestlich gelegenen Banias-Wasserfall. Ein wunderschöner Pfad am östlich Ufer des Banias bringt mich stetig flussabwärts. Unter der 2000 Jahre alten römischen Brücke hindurch gelange ich nach 300m zur alten Wassermühle. Im Inneren des Steingebäudes trieb das Wasser eine eiserne und eine steinerne Olivenmühle an, um Olivenöl herzustellen. Die Mühle ist sehr gut erhalten und zählt zu den ältesten ihrer Art in Israel.
Gegenüber sitzt eine drusische Familie und verkauft selbst gemachtes Drusenbrot, das sogenannte Pita. Eine Frau formt dazu den Teig auf einem runden Kopfkissen zu großen Fladen. Anschließend wirft sie den hauchdünnen Teig auf eine kuppelartige Metallfläche, die von unten durch ein Feuer erhitzt wird. Binnen weniger Sekunden wirft der Teig Blasen und das Pita ist fertig. Ich kaufe mir eines davon, gefüllt mit Kräutern und Olivenöl, und setze kauend meinen Weg fort.
Nach etwas über 500m erreiche ich direkt am Fluss den Pool der syrischen Offiziere. Hier badeten die höheren Ränge in einem Becken seitlich des Banias, denn die darunter liegende Quelle drückt warmes Wasser an die Oberfläche. So bot das Becken einen höheren Badekomfort als das vorbeirauschende kalte Flusswasser.
An weiteren Wassermühlen vorbei folge ich dem Pfad an den grünen Hängen des Banias-Tales und erreiche nach etwa 1km den Banias-Aussichtspunkt. Den Banias-Wasserfall im Tal kann ich von hier oben nicht hören, aber er deutet sich vage zwischen den Bäumen an. Der

Fußweg dorthin führt jetzt steil hinab, als ich kurz darauf den Banias quere und auf dessen Westseite den Wasserfall erreiche. In einem von Bäumen umschlossenen Talkessel stürzt der Banias-Wasserfall tosend 6m tief hinab. Im Frühjahr führt der Fluss noch mehr Wasser, aber er erscheint mir auch heute beeindruckend.
Weiter gen Süden geht es für mich bergauf zum südlichen Eingang des Nationalparks. Ich biege aber ab und folge einem Wanderweg, der mich etwas abseits weiter flussabwärts führt. Er ist schmal und steil, aber die Mühe wert, denn am Ende erreiche ich eine Klamm. In dieser Schlucht geht es für mich auf einem Eisensteg weiter. Unter mir rauscht der wilde Banias durch die schmale Klamm, während ich stetig wieder flussaufwärts laufe.
Ich folge jetzt dem reißenden Banias, bis mich der Weg zum Wasserfall zurückbringt. Nach insgesamt 4km und 150Hm erreiche ich wieder die Abzweigung kurz vor der ersten Wassermühle, dort, wo ich das leckere Drusenbrot gekauft habe. Hier geht es gen Osten zur historischen Stadt Banias und der alten Kreuzritterburg. Dieser Weg ist auch wieder als Rundweg angelegt, der aber dummerweise den Ausgang in der Mitte hat. Somit muss ich einen Teil des Rundwegs doppelt laufen, um alles zu sehen. So werde ich am Ende im Banias-Nationalpark fast 7km gelaufen sein.

Zuerst erreiche ich das Eingangsportal des Palastes von König Herodes Agrippa II. Von den einst runden Wachtürmen, die das Tor flankierten, sind nur noch die Grundmauern zu erkennen. Durch einen römischen Tunnel gelange ich unter dem Highway 99 hindurch auf die andere Seite zum größeren Teil der Ausgrabung. Hier erstreckten sich weite Teile des Palastes mit seinen unterirdischen Wasserkanälen, die frisches Quellwasser des Banias in die Räume der Bewohner brachten.
Erhalten ist leider wenig, so folge ich dem Weg zum größten erhaltenem Eckturm der Kreuzritterburg von Balduin. Auf diesem Turmfundament bauten Ottomanen und zuletzt die Syrer noch eine modernere Konstruktion. Ich folge außerhalb der Burg den Resten der östlichen

Mauer. Diese Burgmauer umfasste einst eine Fläche von 180x200m. Am mittleren Turm vorbei biege ich am nächsten Eckturm ab und laufe jetzt Richtung Westen.
In der Mitte der südlichen Mauer liegt das gewaltige und zwei Stockwerke hoch erhaltene Tor der Kreuzritterburg. Gleich hinter dem Tor, fällt der Hang steil ab zum Fluss Sa'ar. Die Burg war trotz des schützenden Bachlaufs im Süden nicht besonders gut geschützt. Angreifer konnten sogar von der nördlich gelegenen Erhebung, die sich oberhalb der Tempelanlage befand, in die tiefer gelegene Burg hineinschauen. Ohne die vorgelagerte Burg Nimrod wäre die Burg von Banias wohl kaum in der Lage gewesen, einem Angriff lange standzuhalten.
Ich erreiche die Südwestecke. Hier überspannt die moderne Brücke des Highways die Reste des 3. Eckturmes und ich gelange wieder zum Anfangspunkt des Burgrundwegs. Nach einer erneuten Durchquerung des Herodes-Palastes erreiche ich das Drehtor beim Ausgang und gelange wieder zum Parkplatz.

Sa'ar-Wasserfälle

Südlich der Burg Nimrod passiere ich die Sa'ar-Wasserfälle, die direkt am Highway 99 liegen. Heute treffe ich hier nur einen drusischen Händler, der seine Waren anbietet. Es gibt Golan-Äpfel, Honig und Eingemachtes aller Art, aber auch Nüsse.
Nach nur wenigen Metern erreiche ich mehrere Aussichtspunkte mit Blick auf die Wasserfälle. Die Sa'ar-Wasserfälle sind im Jahresverlauf mal reißend und zu anderen Zeiten ausgetrocknet. Heute ist die Wassermenge mäßig und wegen der einsetzenden Schneeschmelze bräunlich verfärbt. Das Wasser entstammt dem Sa'ar, der im östlichen Grenzgebiet zu Syrien entspringt.
Die Sa'ar-Wasserfälle bestehen aus einem kleinen oberen Wasserfall und zwei größeren unteren Fällen. Alle drei stürzen in ein Becken zu ihren Füßen, das über die Jahrtausende vom Wasser aus dem Fels ausgewaschen wurde. Direkt oberhalb der Wasserfälle liegt Burg Nimrod, zu der

ich mich jetzt aufmache. Zuerst kaufe ich mir aber noch für 10 Schekel ein paar Nüsse und einen Apfel für den kleinen Hunger zwischendurch. Die drusischen Händler sind allgemein sehr angenehm, da sie nicht aufdringlich sind und einen gerne ihre Waren probieren lassen.

Burg-Nimrod-Nationalpark

Direkt hinter den Wasserfällen zweigt eine kleine Straße nach Norden ab, die mich zur Burg Nimrod auf 750m bringt. Ich erinnere mich gerade, am Kassenhäuschen des Nationalparks, an ein erstes Erlebnis mit der Green Card der israelischen Nationalparks. Hier kaufte ich 2003 zusammen mit meiner Freundin unsere erste, damals noch rote „Green Card". An sich nicht Besonderes, aber als der Kassierer einen gut 50cm hohen antiken Locher hervorholte, mussten wir doch sehr schmunzeln. Den riesigen Locher gibt es immer noch und er stanzt gerade ein Loch in meine Green Card. Ich fahre anschließend etwas unterhalb der Burg entlang und parke direkt an der Westmauer der Burg.
Die Lage der Burg ist in zweifacher Hinsicht beeindruckend. Sie thront auf einem Bergrücken zu Füßen des Hermon und überblickt dabei weite Teile des Hula-Tales. In der Ferne erkenne ich sogar noch die fast 19km entfernte Burg Beaufort im Libanon. Damals bewachte die Burg Nimrod einen der wenigen Übergänge nach Damaskus. Die Burg war daher einer der wichtigsten Befestigungen für Araber und Kreuzritter gleichermaßen.
Doch die Geschichte der Burg begann schon 1125 mit den so berüchtigten Assassinen, die hier einen kleinen Stützpunkt unterhielten. Ihr Name stammt vom Haschisch ab, da sie sich vor ihren Einsätzen – als Attentäter – damit berauschten. Die Assassinen waren ein so gefürchteter ismailitischer Geheimbund, dass sie von den eigenen Landsleuten verfolgt wurden. Warum sie 1130 diesen Ort den Kreuzrittern übergaben, bleibt bis heute unklar. Die damals noch kleine Burg gehörte von da an zum Schutzgürtel um Jerusalem und diente vorrangig zum Schutz von Banias.

1132 wurde die Burg von den Seldschucken erobert und „Qal'at Nimrud“, „Burg Nimrod“, genannt. Hier soll Nimrod, der mächtige Jäger und Urenkel Noahs, seinen Turm in den Himmel gebaut haben, um Gott mit seinem Bogen töten zu können. Doch Gott sendete eine einzelne Fliege gegen Nimrod, diese flog in seine Nase und krabbelte bis in sein Gehirn und fraß daran.
Um sich zu heilen, soll Nimrod einen Schmied bestellt haben, der ständig mit einem Hammer auf einen Amboss schlug, um die Fliege am Fressen zu hindern. Nimrod aber starb nach 40 Jahren qualvollen Leidens. Nach drusischer Überlieferung stand der Turm genau an der Stelle, wo die heutige Burg steht, so kam die Burg zu ihrem drusischen Namen „Qal'at Subeibe“, die „Fliegen-Burg“.

1139 gelang den Kreuzrittern die Rückeroberung und 1157 hielten sie der Belagerung des Zengiden Nur ad-Din stand, der 1154 Damaskus erobert hatte. Jedoch noch vor der Schlacht von Hattin 1187 verloren die Kreuzritter die Burg 1164 dann doch an Nur ad-Din auf seinem Weg, die ägyptischen Fatimiden niederzuwerfen. 1219 wurde die Burg vom Sultan von Damaskus völlig zerstört, damit die Kreuzritter sie nicht wieder in Besitz nehmen konnten.
Eine Intrige zwischen Sultan el-Kamal in Ägypten und seinem Bruder al-Moatis, Gouverneur von Damaskus, ermöglichte letztendlich 1228 den Bau der heutigen Burg. Was war geschehen?
Im Jahre 1227 kam der deutsche Kaiser Frederick II. ins Heilige Land und Sultan el-Kamal provozierte den Kaiser, um seinen Bruder in den Krieg zu verwickeln. 1229 übergab Kamal sogar Jerusalem dem deutschen Kaiser. Al-Moatis fürchtete, dass die Kreuzritter Damaskus angreifen könnten, und so beauftragte er seinen jüngeren Bruder al-Aziz Othman mit dem Bau der Burg, um Damaskus zu schützen.
Die Burg wurde daraufhin 1230 weiter ausgebaut und 1253 versuchten die Kreuzritter erfolglos, die Festung zu erobern. 1260 gelang es den Arabern aber nicht, den von Osten kommenden Mongolen standzuhalten, und die Burg wurde von ihnen erobert.

Die ägyptische Mameluken-Armee stoppte kurz darauf die Mongolen in der Schlacht von Ein Kharod. Ihr Kommandeur mit Namen Bayarbars ernannte sich daraufhin selbst zum Sultan der Mameluken und übergab die Burg Nimrod seinem zweiten Kommandeur Bilik. Dieser baute sie ihm zu Ehren von 1260 bis 1277 weiter aus.
Als 1291 das Reich der Kreuzritter endgültig zerfiel, verlor die Burg an Bedeutung und wurde im 15.Jhd. als Gefängnis benutzt. Die schweren Erdbeben von 1759 und 1837 zerstörten dann weite Teile der Burg.

Trotzdem spürt hier jeder Besucher noch immer die Macht, die einst von dieser Burg ausging. Dazu tragen auch ihre Lage auf dem Bergrücken und die imposante Größe bei, denn sie ist mit 420m Länge und bis zu 150m Breite die größte Burg Israels.
Vor der Burg sehe ich bereits die Schäden durch die Erdbeben. Hier liegen wild verstreut und viele Meter hoch gestapelt Steine im Kubikmeter-Format. Ich folge dem Weg durch das Geröllfeld und erreiche die westliche Toranlage.
Deren älterer Bauabschnitt kann sicher auf 1230 datiert werden, dies bezeugt eine Inschrift des Ayyubidenführers Al-Aziz Othman. Die Anlage wurde nach 1260 um eine 23x29m große vorgesetzte Toranlage erweitert, die einst 20m hoch in den Himmel ragte. Diese verstärkte das ältere innere Tor.
Mir fällt sogleich der verrutschte Gewölbestein des Torbogens auf, der durch Erdbeben einige Zentimeter aus dem Torbogen herausragt.
Ich laufe durch die imposante Toranlage und gelange auf die große Innenfläche der Burg. Weiter über den Innenhof betrete ich über eine Rampe das Dach des südwestlichen Eckturms. Hier eröffnet sich mir ein herrlicher Ausblick über weite Teile des Hula-Tales, den Hermon hinauf, über den sich nach Süden ziehenden Golan und den Libanon im Nordwesten. Der Turm ermöglicht auch einen guten Überblick über die gesamte Burganlage, wie er auf dem Cover des Buches zu sehen ist.
Von ihm führen Wendeltreppen hinab in den gewaltigen Eckturm. Es geht von Stockwerk zu Stockwerk, durch große Hallen, in kleine Räume

mit Schießscharten und durch dunkle Gänge bis hinunter zum Fundament. Überall entdecke ich Spuren der Erweiterungen im Jahre 1260. Mauern wurden verstärkt oder sogar ganze Bereiche an ältere Konstruktionen angebaut.
So wuchs der Turm zu einem gewaltigen Bollwerk heran. Meine Taschenlampe erhellt dabei auch jede noch so kleine Ecke und lässt mich versteckte Gänge finden.
Ein kleiner Seitenausgang bringt mich wieder ins Freie, wo ich nach wenigen Metern das große Wasserreservoir betrete. Ein Steg führt am Rande dieses L-förmigen Raumes am Wasser vorbei. Weite Teile des Daches sind eingestürzt und tauchen die gegenüberliegenden Wände in gleißendes Sonnenlicht. Viel Wasser fasst dieser Speicher nicht mehr und Algen überziehen Steine und das Wasser.
Eine steile Treppe führt mich auf der anderen Seite wieder aus dem Speicher heraus in den Innenhof. Dort folge ich der Südmauer Richtung Osten. Diese 420m lange Mauer wurde einst von insgesamt 10 Wehrtürmen geschützt.
Ich betrete etwa in deren Mitte den wohl sehenswertesten Turm der Burg, den „Schönen Turm“. Dieser von außen runde und im Inneren 8-eckige Turm wurde nach 1260 als zusätzliche Verstärkung in die südlich Mauer integriert. Leider ist die obere Decke teils eingestürzt, dennoch beeindrucken mich die akkurat behauenen Steine und die 8-eckige Säule, die einst in der Mitte das Obergeschoss und dessen Gewölbe trug. In jeder der äußeren sechs Ecken befindet sich eine Schießscharte, die ein breites Schussfeld ermöglichten.
Der Weg weiter Richtung Osten steigt jetzt immer steiler an und ich erreiche den Burggraben der alten Oberburg, den sogenannten Donjon. Dieser Teil war unabhängig vom Rest der äußeren Burganlage und diente als letzter Zufluchtsort. Über Treppen gehe ich hinauf, bis ich auf den Mauern der fast vollständig eingestürzten Oberburg stehe. Dieser älteste Teil steht heute auf dem von Assassinen und Kreuzrittern benutzten Bereich. Vielleicht existieren unter der Oberburg sogar noch die Fundamente von Nimrods sagenhaftem Turm!?

Das stark befestigte Donjon misst 45x65m und besaß an jeder der vier Ecken einen Wehrturm. Im Donjon selbst sehe ich noch den eingestürzten dreischiffigen 7x33m großen Festsaal.
Ein kleines Highlight der Burg befindet sich versteckt hinter dem Donjon. Hier steht noch ein gewaltiger Rundturm, der ebenfalls nach 1260 angebaut wurde, und ein versteckter Pfad führt mich zu dessen Grundmauer. Kaum einer der Besucher Nimrods kennt oder findet diesen Ort, denn hier befindet sich – ehemals durch einen heute eingestürzten Tunnel geschützt – ein nur etwa 60cm hoher Geheimausgang. Er ermöglichte den Verteidigern, ungesehen aus der Burg zu fliehen oder auch hineinzugelangen.
Ich zwänge mich auf allen Vieren hindurch, stehe außerhalb der Burg und bestaune den runden Eckturm von außen. Der Geheimausgang ist so geschickt in einer Ecke versteckt, dass es für einen Angreifer unmöglich gewesen wäre, ihn zu entdecken. Ich zwänge mich wieder hindurch in die Burg, betrachte noch einige Klippschliefer auf den Steinen, laufe am Donjon vorbei wieder Richtung Unterburg und erreiche die Nordmauer.
Diese wirkt im Vergleich zur Südmauer eher wie eine kleine steinerne Gartenmauer. Eine stärkere Befestigung war hier auch nicht notwendig, denn dahinter fällt der nördliche Hang so steil ab, dass ein größerer Angriff nicht möglich war.
In den Turm an der Nordwestecke schaue ich nur kurz hinein und betrete dann dessen Dach. Von hier habe ich noch einmal einen schönen Blick über die Burg bis hin zum östlichen Donjon.
Ich setze meinen Weg fort und verlasse die Burg wieder durch das Westtor, durch das ich am Anfang schon in die Burg hineingelangt bin. Vor dem Torportal biege ich scharf um die Ecke und stehe vor einem Eingang. Eine steile Treppe führt hier in einem Tunnel hinab.
Es ist ein größerer Geheimausgang, der für einen Ausfall gedacht war. Er ermöglichte, feindliche Truppen zu umgehen oder sie überraschend von der Seite angreifen zu können, um das Tor zu schützen. An der Decke hängen schon kleine Stalaktite, die inzwischen fast 800 Jahre Zeit

zum Wachsen hatten. Auch hier lassen sich die Schäden durch die Erdbeben gut erkennen, denn eine lange Reihe der Decksteine ist etwa 10cm nach unten gerutscht.
Nach gut 30m die Treppe hinab erreiche ich den kleinen Ausgang, der einst von einer Holztür verschlossen wurde. Ich stehe jetzt in einer versteckten Ecke an der Nordwestseite der Burg und über mir ragt die über 15m hohe Mauer aus großen Steinblöcken auf. Es ist die Nordmauer des Torkomplexes.
Von hier laufe ich an dem vom Erdbeben erzeugten Geröllfeld vorbei und beobachte auch hier einige Klippschliefer, die auf den Steinen in der Sonne dösen.

Es wird jetzt aber mal Zeit zu erklären, was Klippschliefer überhaupt sind. Diese kleinen, bräunlichen, pelzigen, murmeltierähnlichen Tiere kommen im ganzen Nahen Osten und Afrika vor. Sie leben in Kolonien mit zumeist einigen Dutzend Artgenossen in felsigen Gebieten und lieben die Sonne. Dazu haben sie eine Iris, die sich so stark verengen lässt, dass sie stundenlang in die grelle Sonne blicken können. Markant ist, dass sie keine Pfoten oder Krallen haben, sondern Hufe, die so weich sind wie die Fußsohlen einer Katze. Ihre nachwachsenden Eckzähne stehen letztendlich für ihre Abstammung, denn sie gelten als Verwandte der Elefanten und Seekühe, auch wenn neuere Forschungsergebnisse dies inzwischen anzweifeln.
Zurück am Wagen wird mir erst bewusst, dass ich heute erst 40km gefahren bin und dabei bereits so viele Sehenswürdigkeiten genießen konnte. Israel ist einfach so klein und die sehenswerten Ecken so nah beieinander, dass es immer wieder eine wahre Freude ist, dieses Land zu bereisen.

Majdel el-Shams

Weiter Richtung Hermon und stetig bergauf passiere ich das Grab eines heiligen Drusen namens Nabi Khazuri. Kurz darauf verwandelt sich der

herrliche Sonnenschein in dichten Nebel und der erste Schnee taucht am Straßenrand auf. Sogleich erreiche ich das tief eingeschneite Wintersportdorf Neve Ativ auf 1000m Höhe.
Dutzende Familien tummeln sich hier im Schnee und die Kinder bauen sogar Schneemänner oder machen eine Schneeballschlacht. Im Ort selbst herrscht Nebel und manche Straßen sind nicht geräumt.
Mein Auto verliert zusehends den Grip auf der Straße und erst jetzt werde ich mir der Sommerreifen bewusst. Zum dritten Mal gelingt es mir somit nicht, auf den Hermon zu fahren, war er doch in den Jahren der 2. Intifada immer aus Sicherheitsgründen von der IDF abgeriegelt.

Dennoch möchte ich Ihnen vom größten Drusenort Majdel el-Shams am Fuße des Har Hermon berichten. Majdel el-Shams hat etwas ganz Eigenes mit seinen drusischen Bewohnern und deren charakteristischen schwarzen Kluften, weißen Mützen und den akkurat gestutzten Bärten. Der Ort an sich hat aber wenig Reiz, einzig ein Denkmal eines drusischen Fürsten zu Pferde zieht kurz die Blicke des Besuchers auf sich. Eigentlich müsste dieser Ort das israelische Ski-Resort sein, denn direkt von dort führt die Straße zum Hermon hinauf, aber jüdische Israelis scheinen sich mit den Drusen nicht so recht anfreunden zu können.
Insbesondere nicht mit denen aus Majdel el-Shams, die sich offen zu Syrien bekennen und dies des Öfteren mit Demonstrationen und großen syrischen Fahnen auch lautstark kundtun. Die Drusen der Golanhöhen pflegen eine tiefe Sympathie zu Syrien, schließlich lebten sie bis zum Sechs-Tage-Krieg in Syrien. Der Krieg trennte nicht zuletzt viele der engen Familienbande durch eine unüberwindbare Grenze.
So entstand das „Tal der Schreie“ an der Ostseite der Stadt. Dort – mitten im Tal – verläuft die verminte Grenze. Auf beiden Seiten standen die getrennten drusischen Familien, die sich über Jahrzehnte hinweg nur durch Schreien verständigen konnten. Dies war die einzige Möglichkeit, Neuigkeiten über Heirat, Krankheit oder Tod eines Familienmitgliedes in Erfahrung zu bringen. Nicht gerade Datenschutz aus unserer heutigen Sicht, aber effektiv.

Später bauten die UN eine Plattform auf syrischer Seite mit Megafon und großen Lautsprechern, um die Kommunikation zu verbessern. Ein einfaches Telefonkabel war wohl nicht durchzusetzen. Heute, zu Zeiten des Internets, hat das Tal der Schreie seine praktische Bedeutung verloren.

Ein schönes wie auch tragisches Beispiel für die zerrissenen drusischen Familien ist der Film „Die syrische Braut". Dieser zeigt, wie eine israelische Drusin einen syrischen Drusen heiratet und deshalb nie wieder ihre Familie in Israel sehen kann. Sie muss den Golanhöhen den Rücken kehren und darf nie wieder heimischen Boden betreten.
Die Pro-Syrien-Haltung der hier ansässigen Drusen führte zu einem weiteren Problem. Die meisten von ihnen lehnen eine israelische Staatsbürgerschaft ab, die ihnen eigentlich zusteht. Sie haben zwar einen israelischen Pass, um sich ausweisen zu können, in diesem steht aber „staatenlos". Ohne offizielle Staatsangehörigkeit im Pass dürfen sie Israel zwar verlassen, aber nie wieder einreisen.

Doch Majdel el-Shams birgt noch ein weiteres Beispiel für den stillen Konflikt zwischen den Bewohnern und Israel. In einigen Gärten und Hinterhöfen der Häuser liegen bis heute Minen und die IDF weigert sich, diese zu räumen. Eines der vielen Beispiele dafür, dass die ansässigen Drusen als Menschen 2. Wahl behandelt werden.

Trotz gut markierter Minenfelder kommt es immer wieder zu Unfällen mit Minen, bei denen nicht nur Kühe den Tod finden oder schwer verletzt werden. 2010 wurden zwei Israelis beim Skifahren von einer nicht markierten Mine auf dem Hermon verletzt. Manchmal wird sogar der See Genezareth zur Bedrohung, denn bei schweren Regenfällen – wie vor einigen Tagen – können Minen durch die reißenden Bäche aus den Golanhöhen in den See gespült werden.
Dieses Problem wird sich aber wohl bald im wahrsten Sinne des Wortes entschärfen. Nachdem ein kleines Mädchen durch eine Absperrung

geklettert war und eine Mine ihr die Beine zerfetzte, beschloss 2011 die Knesset, alle Minen, die nicht unmittelbar einem militärischen Zweck dienen, zu räumen. Jede Mine, die durch die IDF entfernt wird, ist somit eine Bedrohung weniger.
Von Neve Ativ aus fahre ich zurück, wie ich gekommen bin, und folge der 99 bis zum Kibbuz Dafna.

Hubschrauber-Gedenkstätte

Als Tagesabschluss besuche ich noch eine mir bereits aus 2009 bekannte Gedenkstätte, diesmal aber bei einsetzender Dunkelheit. Bereits vom Highway 99 auf der Höhe des Kibbuz Dafna kann ich die Gedenkstätte sehen. Trotz der späten Stunde sind noch etliche Besucher einer Reisegruppe anwesend, denn die Gedenkstätte ist weithin bekannt.

Eine kleine Nebenstraße bringt mich nach nur wenigen Hundert Metern direkt vor die Gedenkstätte. Ich betrete eine kreisrunde, parkartige und mit sattem, grünem Rasen bedeckte Fläche. 73 zwei Meter hohe und sanft beleuchtete Feldsteine sind über die gesamte Fläche verteilt und von einem kreisförmigen Weg umgeben, von dem aus acht Querwege zur Mitte des Parks führen. Dort umgibt ein weiterer kreisrunder Weg ein zentrales Wasserbecken.
In diesem befinden sich 73 Namenstafeln unter der Wasseroberfläche, die in zwei Reihen kreisförmig am äußeren Rand verteilt sind. Am Beckenrand schwappt das Wasser über und sammelt sich in einer ringförmigen Rinne. Von hier läuft es einige Meter unter einer Glasplatte entlang und folgt dann dem südlichen Weg in einer offenen Rinne. Nach 70m strömt das Wasser in ein Fallrohr, wird dort dem Wasserkreislauf zugeführt und zurück in das Wasserbecken gepumpt.
Sie denken sich bestimmt schon, dass die 73 Steine und 73 Namenstafeln für die Opfer stehen, derer hier gedacht wird. Die genaue Antwort darauf liefert ein mit Informationstafeln bestückter Stein am südlichen Ende des Parks. Er erzählt die Geschichte von 73 IDF-Soldaten, die

hier am 04.02.1997 während des Wartens auf ihren Einsatz im Libanon ums Leben kamen.
Alle saßen voll bewaffnet in zwei Sikorsky-CH-53-Helikoptern, wie sie auch die Bundeswehr einsetzt. Aus bis heute ungeklärter Ursache kollidierten sie über dem angrenzenden Moschaw She'ar Yashuv. Ein Helikopter stürzte dabei auf ein leeres Gästehaus und der andere fiel tragischerweise auf den nahen Friedhof.
Niemand überlebte den Absturz, nur die Bewohner des Moschaw kamen trotz vieler Explosionen der unzähligen Granaten an Bord mit dem Schrecken davon. Dieses Unglück ist bis heute das schwerste der IDF-Luftfahrtgeschichte.

Kiryat Shmona

Erst gegen 19:00 Uhr erreiche ich Kiryat Shmona wieder. Heute Abend haben Shani und Almog leider keine Zeit für mich. Almog belegt noch einen Kurs an der Uni und wird erst spät nach Hause kommen, und Shani hat einen Uni-Kollegen eingeladen, der bereits in der Küche sitzt. Er soll sie irgendetwas abfragen. Worum es dabei genau geht, bleibt mir aber schleierhaft.
Da der Tag lang und anstrengend war, bin ich aber auch nicht böse drum. Ich dusche und ziehe mich in mein Zimmer zurück, wo ich die Bilder der letzten Tage von der Kamera auf meinem Laptop sichere und diese anschließend auch noch auf einen USB-Stick kopiere. Diesen Stick bewahre ich immer so auf, dass ich bei Verlust von Kamera und Laptop zumindest noch die Bilder habe. Seit ich alle Bilder meiner Israel-Reise im Jahre 2000 verloren habe, bin ich übervorsichtig.

Heute entscheide ich mich zum ersten Mal für beides, Schlafsack und Decke, um nicht wieder am nächsten Morgen als Eisklumpen aufzuwachen. Als ich mich gerade in den Schlafsack gezwängt habe, klingelt mein Handy. Auf dem Display steht zu meiner Überraschung „Freundin".

Mit Vorfreude nehme ich ihren Anruf entgegen und werde böse überrascht. Anstatt ein nettes Wort für mich zu haben, ist meine Freundin hörbar hysterisch und lässt mich nicht mal zu Wort kommen. Genau für diese liebenswerte Art hab ich sie ja so gerne. Sie fragt ohne Umschweife, wie sie die Glühlampe in ihrem Autoscheinwerfer auswechselt.
So versuche ich ihr aus fast 3000km Entfernung Schritt für Schritt zu erklären, wie das funktioniert. Allerdings hege ich wenig Hoffnung, dass sie es bei Dunkelheit und Schneechaos auch hinbekommt, und rate ihr, meinen Vater oder einen Nachbarn um Hilfe zu bitten. Nach etwa 30 Minuten ruft sie wieder an und reißt mich aus dem einsetzenden Schlaf. Sie klingt deutlich entspannter, ist aber immer noch hörbar genervt und ich frage, was denn los war.

Am Morgen ist unbemerkt der linke Scheinwerfer durchgebrannt. Die Polizei hat sie daraufhin am Abend auf dem Heimweg von der Arbeit in Kassel mit Blaulicht aus dem Verkehr gezogen. Die zwei Polizisten haben sie 15 Minuten lang festgehalten und sie dabei ständig mit der Taschenlampe geblendet, sodass sie nicht mal die Namen der Polizisten erkennen konnte.
Erst auf Nachfrage ist ihr gesagt worden, dass man sie wegen des defekten Scheinwerfers angehalten hat. Jetzt muss sie den Wagen binnen eines Tages bei der Polizei vorführen.
Dies wird sich später als Schildbürgerstreich herausstellen, denn es interessierte sich auf dem Polizeirevier niemand mehr für die reparierte Glühbirne.
So sauer wie an diesem Tag habe ich meine Freundin wirklich selten erlebt.

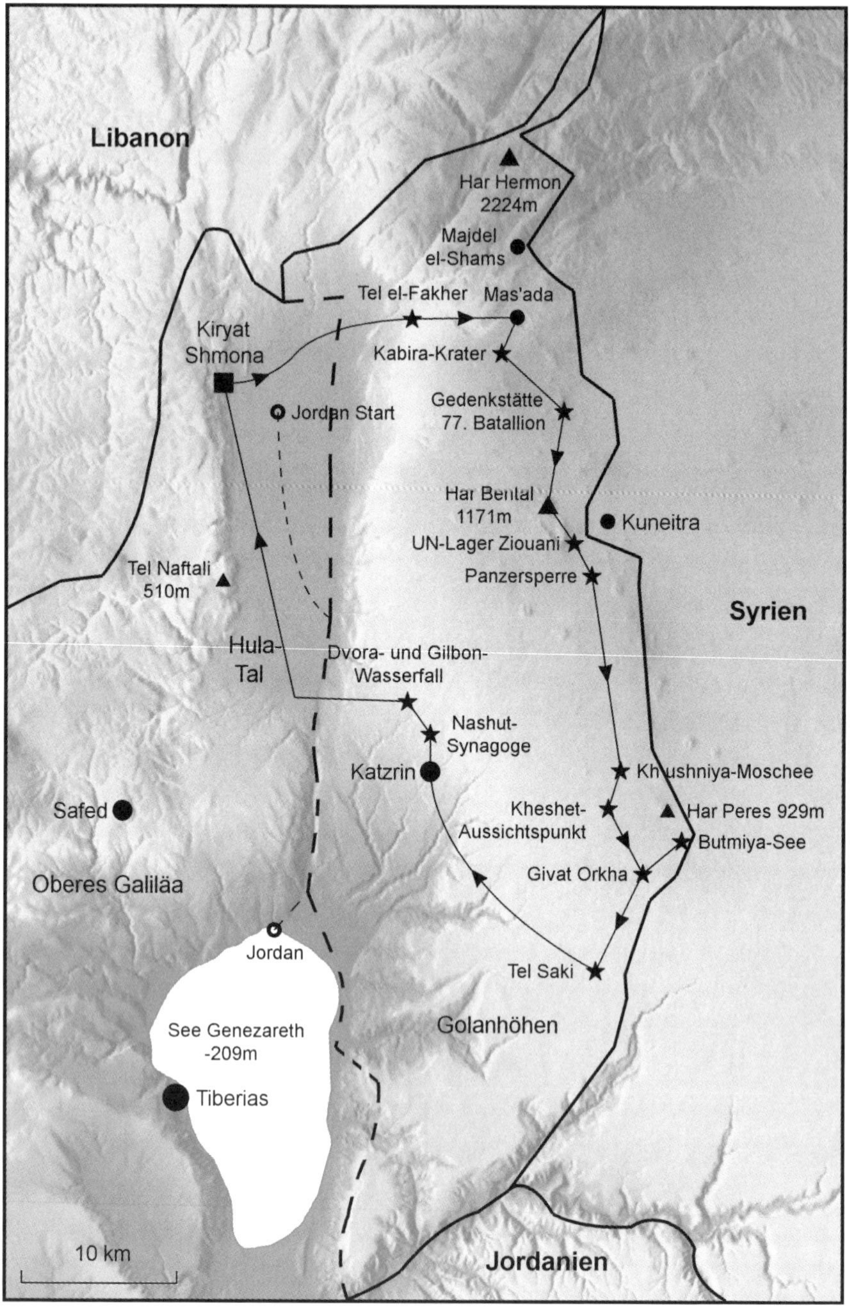
Libanon
Har Hermon
2224m
Majdel
el-Shams
Tel el-Fakher
Mas'ada
Kiryat
Shmona
Kabira-Krater
Jordan Start
Gedenkstätte
77. Batallion
Har Bental
1171m
Kuneitra
UN-Lager Ziouani
Tel Naftali
510m
Panzersperre
Syrien
Hula-
Tal
Dvora- und Gilbon-
Wasserfall
Nashut-
Synagoge
Katzrin
Khushniya-Moschee
Safed
Kheshet-
Aussichtspunkt
Har Peres 929m
Butmiya-See
Givat Orkha
Oberes Galiläa
Jordan
Tel Saki
See Genezareth
-209m
Golanhöhen
Tiberias
10 km
Jordanien

10. Tag – Dienstag, 14.12.2010

Kiryat Shmona

Es hat geholfen mit der Decke, denn mir ist wohlig warm, als ich gegen 06:00 Uhr aufwache. Dafür fühlt sich das Zimmer jetzt noch kälter an. Almog und Shani sind noch nicht auf und so setze ich mich allein an den kleinen Tisch in der Wohnküche. Bei Müsli blicke ich durch das Fenster hinüber zum schneebedeckten Hermon. Die Aussicht ist immer wieder fesselnd.

Noch während ich träumend aus dem Fenster schaue, kommen Almog und Shani aus dem Schlafzimmer und sehen noch geknautschter aus als ich. Dabei ist Shani ein noch größerer Morgenmuffel als Almog. Beide essen nichts und machen sich fertig für die Uni.

Zusammen mit Almog und Shani fahre ich ins Zentrum von Kiryat Shmona und wir kaufen bei einem Bäcker etwas zu essen. Die Bäckerei ist typisch für Israel. Wo wir es in Deutschland gewohnt sind, bedient zu werden oder zumindest die Brötchen hinter Kunststoffklappen mit Zange oder Handschuh zu entnehmen, werden hier die Brötchen zumeist – so, wie sie auf Rollwagen aus dem Ofen kommen – mitten in den Verkaufsraum gestellt. Dann bedient sich jeder selbst, probiert und legt nicht schmeckende Backwaren einfach wieder zurück.
Da darf man als Kunde nicht zimperlich sein, sonst gibt es einfach nichts zu beißen. Dafür sind die Backwaren preiswert und für nur 12 Schekel fülle ich eine ganze Tüte – gleich für zwei Tage – mit Brötchen und Gebäck. Ich setze die beiden an der Uni ab und wünsche ihnen einen schönen Tag.

Mein Tag wird mich heute durch die Golanhöhen führen. Insbesondere die Sehenswürdigkeiten entlang des Highway 98, der östlichsten Straße Israels, sind mein Ziel.

Tel el-Fakher

Ich fahre – wie gestern – direkt wieder auf der 99 Richtung Har Hermon. Kurz nach dem Banias-Nationalpark biege ich rechts ab und erreiche die Servicestraße der „Trans-Arabia-Pipeline", kurz: T.A.P.
Diese Ölpipeline förderte ab 1950 – nach dreijähriger Bauzeit – Öl über 1200km von den Ölfeldern Saudi Arabiens bis nach Sidon im Libanon. Dies reduzierte die Transportkosten durch den Suezkanal erheblich, endete aber schon 1967 durch Israels Eroberung der Golanhöhen.
Ich folge der unterirdisch verlegten Pipeline, die mich nach einigen Kilometern zum Tel el-Fakher, oder auch „Golani-Aussichtspunkt" genannt, bringt. Der Tel el-Fakher war eine syrische Grenzbefestigung aus dem Sechs-Tage-Krieg, von der aus die umliegenden jüdischen Siedlungen beobachtet und immer wieder mit Artillerie beschossen wurden.

Ein Weg bringt mich vorbei an Schützengräben und unüberwindlich scheinenden Stacheldrahtnetzen. Es führen an einigen Stellen Treppen hinab unter die Erde und nur mit meiner Taschenlampe finde ich alle Wege des Bunkersystems. Hier und dort liegen immer noch Patronenhülsen herum und erinnern an die Eroberungsschlacht durch die Golani-Brigade im Sechs-Tage-Krieg.

Um in die Golanhöhen eindringen zu können, musste die IDF zuerst den westlich vorgelagerten Har Azazit erobern. So war der geplante Überraschungsangriff auf den dahinter liegenden Tel el-Fakher nicht mehr möglich. Die IDF-Soldaten der Golani-Brigade entschieden sich daher am 09.06.1967 für einen Frontalangriff auf den Tel el-Fakher, der sie direkt in das syrische MG-Feuer trieb.
Da sie damals 150m vor dem Bunker die 10m breite Stacheldrahtbarriere nicht überwinden konnten, teilten sie sich die wenigen unverletzt gebliebenen Soldaten auf und griffen den Bunker von Norden und Süden her an.

Die südlichen Truppen konnten den Stacheldraht schnell überwinden, indem sich ein Soldat auf den hier schmaleren Stacheldraht warf und die anderen ihn als Brücke benutzten.
So schafften sie es, den Tel el-Fakher zu erobern, wobei aber nur drei IDF-Soldaten unverletzt blieben. Den nördlichen Angreifern erging es noch schlimmer, von 13 Soldaten blieb nur einer unverletzt. Doch letztendlich fiel die syrische Stellung.
Die Eroberung dieses strategisch sehr wichtigen Punktes sorgte mit dafür, dass bereits am nächsten Tag die IDF-Streitkräfte im heutigen Syrien standen und die Stadt Kuneitra einnehmen konnten. Insgesamt verloren 23 israelische Soldaten ihr Leben bei der Eroberung des Tel el-Fakher.
Am Ende des Bunkerkomplexes habe ich einen guten Blick über das nördliche Hula-Tal und erkenne, welch wichtigen strategischen Punkt der Tel el-Fakher für die Syrer bot. Denn von hier lässt sich fast das gesamte nördliche Hula-Tal überblicken. Ich laufe noch ein wenig herum, betrachte auf dem Rückweg das Denkmal für die gefallenen IDF-Soldaten und fahre an der eingezäunten Ölpipeline zurück zum Highway. Dort angekommen folge ich der 99, die mich zum drusischen Dorf Mas'ada führt.

Mas'ada

Die Fahrt oberhalb des Flusses Sa'ar ist gespenstisch, dichter Nebel und Schnee am Straßenrand lassen Israel in einem für mich nie gekannten Bild erscheinen. Recht langsam fahrend erreiche ich den in Weiß getauchten Ort Mas'ada und versuche mein Glück, über die zweite Zufahrtsmöglichkeit nach Majdel el-Shams zu gelangen. So biege ich im Ort links ab auf die 98 und werde kurz darauf schon von einer ganzen Horde drusischer Kinder erwartet.
Alle stehen mit Schneebällen bewaffnet am Straßenrand bzw. bewerfen gerade einen entgegenkommenden Wagen mit Schneebällen. Ich ahne Schlimmes, lasse mich aber nicht abschrecken und gönne den Kindern

ihren Spaß. Nun prasselt es auch von allen Seiten auf mich ein, das Blech zittert und die Seitenscheiben knirschen, als ob sie kurz vorm Platzen wären. Binnen Sekunden werde ich von mindestens 100 Schneebällen eingedeckt, und als ob das nicht reichen würde, springen mir auch noch einige Kinder vor das Auto und ich kann daher nicht flüchten.
Plötzlich reißt mir ein ganz dreister Junge während meiner langsamen Fahrt die linke hintere Tür auf und ich bekomme einen Schneeball ins Auto geworfen. Er verteilt sich überall und ich bekomme auch einige Eisstücke ins Gesicht. Mit halb offener Tür fahre ich so schnell es geht um die nächste Ecke und bringe mich in Sicherheit. Die Kinder hatten sicher ihren Spaß, ich fand es aber nicht so witzig, denn sie waren verdammt nah am Auto und ich hätte leicht eines anfahren können.
Hinter Mas'ada geht es kurz bergab, zu meinem Schrecken wird die Schneedecke aber immer höher und die Straße letztendlich für mich unpassierbar. Es kommt, was kommen musste: Ich habe keine andere Wahl, als zu wenden und noch mal einen Spießrutenlauf zwischen Schneebällen zu machen.

Diesmal habe ich aber einen Plan und warte kurz, bis mich ein Geländewagen überholt, an den ich mich sofort hinten dranhänge. In seinem Windschatten wage ich es ein weiteres Mal.
Allerdings habe ich mich mit dem drusischen Fahrstil verrechnet. Als der Geländewagenfahrer die Kinder entdeckt – und sie ihn –, gibt er Vollgas und rast auf der glatten Straße mit gut 80 Sachen durch die Gruppe von Kindern.
Einige schaffen es gerade noch so, sich mit einem Satz hinter parkende Autos zu retten. Ich bin schockiert, wie man so mit dem Leben von Kindern spielen kann.

Doch mein Schock legt sich sofort wieder, als ich ins Visier genommen werde. Mein schöner Plan ist gründlich gescheitert und Dutzende Schneebälle treffen meinen Wagen. Diesmal habe ich aber die Türen

verriegelt und so bleibt es bei lautem Geschepper des Autoblechs und zitternden Scheiben.
Ich folge der langen Dorfstraße gen Süden, stoppe auf einem geräumten Seitenstreifen und steige aus. Zu meinem Erstaunen ist Mas'ada hier völlig klar, weder Nebel noch Wolken stören die Sicht.
Ich stehe im T-Shirt bei praller Sonne neben dem Auto, das von 20cm hohem Schnee umgeben ist. Um mich herum ist viel Verkehr, denn inzwischen kommen Israelis aus dem ganzen Land in die Golanhöhen, um den Schnee zu erleben.

Einige Drusen schaufeln immer noch Schnee zur Seite, um Eingänge oder Autos freizulegen. Und ich bin definitiv der Einzige, der bei 13°C nur mit einem T-Shirt bekleidet ist, denn im Moment sind bei den Israelis Mütze, Schal und dicke Jacke angesagt.
Ich blicke noch einmal hinauf zum schneebedeckten Hermon-Gebirge und atme die angenehm kühle Luft ein. Kurz darauf biege ich auf die 978 ab, die mich durch den angrenzenden Odem-Wald zum Kabira-Krater bringt.

Kabira-Krater

Wer die Stelle nicht kennt, wird mit Sicherheit am Krater vorbeifahren, denn versteckt zwischen Bäumen – etwas abseits im Wald – ist er von der Straße aus nicht zu sehen. Ich parke an der Straße und stapfe die 200m durch den Schnee in den lichten Wald hinein, bis ich den Kraterrand erreiche.

Erst hier wird mir klar, dass es kein Krater im eigentlichen Sinne ist, sondern ein Erdfall, der einen Einsturztrichter gebildet hat. Die Hänge sind mit Bäumen überzogen und es ist unmöglich, den Grund zu sehen. Der Trichter misst 230m im Durchmesser und ist ca. 50m tief. Was genau zum Einsturz führte, ist unklar, es könnte z.B. eine Wasser- oder Gasblase unter der Erde gelegen haben.

Der Schnee ist hier zwar nur noch um die 15cm hoch, aber es ist mir zu gefährlich, in den Krater hinabzusteigen, und so kehre ich zum Auto zurück. Dort ist inzwischen eine Schneeballschlacht ausgebrochen, denn neben mir parken mehrere Vans, die offensichtlich voll mit Kindern waren. Sie toben jetzt durch den Schnee, aber ich bekomme diesmal keinen Schneeball ab und kehre mit dem Wagen zurück nach Mas'ada zur 98, die mich jetzt stetig Richtung Süden bringt.

Gedenkstätte 77. Bataillon

Der Highway ist kilometerlang gesäumt von jüdischen Israelis, zumeist mit vielen Kindern, die im Schnee herumtoben und auch hier Schneemänner bauen.
Kurz vor der Drusenstadt Buq'ata blockiert ein Fuchs-Spürpanzer – im weißen UN-Anstrich – die Straße. Der Panzer hat trotz seines Sechsradantriebs sichtlich Probleme mit dem Schlamm und dem Schnee und biegt gerade wieder in einen Feldweg ein, auf dem er sofort bis zu den Achsen versinkt. Auch die UN-Soldaten, die hier die Pufferzone zwischen Israel und Syrien überwachen, waren wohl nicht so ganz auf solche Wetterbedingungen vorbereitet.
Ich lasse den Drusenort Buq'ata links liegen, bis ich beim Kibbuz el-Rom nach Osten Richtung Syrien abbiege. Zu meiner Überraschung liegt hier kaum noch Schnee. Kurz darauf erreiche ich die Gedenkstätte des 77. Bataillons.

Am 10.10.1973 – vier Tage nach Beginn des Jom-Kippur-Krieges – versuchten die syrischen Panzerverbände durch dieses Gelände die zentralen Golanhöhen zu erobern. Die IDF stoppte hier – trotz einer Unterlegenheit von 1:6 – die Syrer und zerstörten über 500 gepanzerte Fahrzeuge.
Ein russischer T-62-Panzer säumt dieses Denkmal und seine zwei frontalen Volltreffer zeugen noch heute von der heftigen Schlacht, in der insgesamt 76 Israelis ihr Leben ließen. Heute kennt man diese

Gegend als das „Tal der Tränen“ und es ist eines der größten Panzer-Schlachtfelder der Welt.
Ein Denkmal neben dem Panzer erinnert an die gefallenen Soldaten und ich blicke hinüber nach Syrien, sehe Bunker und alte kampfunfähige Centurion-Panzer der israelischen Armee mitten in der Landschaft stehen. Diese alten Panzer britischer Bauart stehen überall in den Golanhöhen und wurden als Zeugnisse der Vergangenheit einfach an Ort und Stelle stehen gelassen.

Ich betrachte den russischen T-62-Panzer etwas näher. Er war der syrische und ägyptische Standardpanzer dieser Zeit. Die Syrer besaßen 1000 und die Ägypter 600 Stück dieses noch auf dem T-34 aufbauenden und vom T-55 weiterentwickelten Panzers. Der T-62 war aber der erste Panzer mit einer 115mm-Glattrohrkanone.
Trotz seiner hohen Feuerkraft war der T-62 berüchtigt für seine Mängel. Die veraltete Feuerleitanlage machte Treffer auf Entfernungen über 1km fast unmöglich. Des Weiteren musste die Kanone nach jedem Schuss angehoben werden, damit die automatische Hülsenauswurfanlage funktionierte. Vergaß man das Anheben der Kanone, schoss die Hülse wie ein Sektkorken durch den Innenraum. Auch die außen liegenden Zusatztanks setzten den Panzer schnell in Brand.
Israel eroberte im Jom-Kippur-Krieg von den Syrern und Ägyptern rund 120 dieser Panzer und verwendete sie unter dem Namen Tiran-6 weiter.
Ich bin erstaunt, als ich mir die beiden Volltreffer israelischer Panzergeschosse in der vorderen Wanne anschaue. Beide haben die zentimeterdicke Panzerung wie weiche Butter durchschlagen. Unvorstellbar, welche Zerstörungskraft hinter einem solchen Hohlladungsprojektil steckt und was im Innenraum mit der Besatzung passiert sein muss.
Eine damals übliche reine Stahlpanzerung hatte gegen die Hohlkammergeschosse, die mit 10.000m/s auftreffen und das Metall regelrecht verflüssigen, keine Chance. Erst die modernen Kompositpanzerungen mit Keramikplatten zwischen den Stahlplatten bieten einen ausreichen-

den Schutz. Zurück auf der 98 fahre ich weiter südlich bis zur 959, die zum Kibbuz Merom Golan abzweigt.

Har Bental

Das besagte Kibbuz liegt im Schatten des Har Bental und ist nicht nur berühmt für seine gute touristische Infrastruktur und dem Golan-Wein, sondern auch für seine Wehrhaftigkeit. Denn die Bewohner stoppten – nur mit Handfeuerwaffen – die syrischen Truppen im Jom-Kippur-Krieg.
Mein Ziel ist aber der 1171m hohe Har Bental, östlich angrenzend an das Kibbuz, mit seinem Aussichtspunkt. Eigentlich jeder Golan-Besucher kommt hierher, um nach Syrien und über die Golanhöhen zu schauen. Dazu nutzen viele Reiseleiter die Aussicht, um die Geschichte über den Konflikt mit Syrien näher zu erläutern.
Ich kurve den erloschenen Vulkan 150Hm hinauf und erreiche den großen Parkplatz, der mit mehreren Bussen bereits ziemlich voll ist. Die letzten Meter geht es zu Fuß am berühmten Café Anan vorbei, bis ich das obere Plateau erreiche.

Der ganze Berg ist von Bunkern und Schützengräben durchzogen, die man zum Teil auch betreten kann. Mit meiner Taschenlampe gehe ich in einer Stahlröhre in den Berg hinein und Gänge bringen mich zu Kommando- und Schlafräumen sowie zu einigen Schießscharten. Ich verlasse den bedrückend dunklen Bunker und betrete sein aus Steinblöcken aufgestapeltes Dach.
Der obere Teil des Bunkers ist durchzogen von Schützengräben und kleineren Gefechtsständen. Etwa 150 Menschen tummeln sich auf dem Plateau und ich muss aufpassen, nirgends auf dem Schnee abzurutschen und in einen der Schützengräben zu fallen.
Fast alle Besucher gehören offensichtlich zu einer jüdisch-amerikanischen Reisegruppe, deren Busse ich unten habe stehen sehen. Drei von ihnen haben sich abgesondert und machen Fotos von sich

und dem schneebedeckten Hermon im Hintergrund. Ich spreche sie an, ob ich von ihnen ein gemeinsames Foto machen soll, sie freuen sich darüber und machen daraufhin auch ein Foto von mir. Ein längeres Gespräch ergibt sich aber nicht, denn sie müssen dem Ruf ihres Reiseleiters folgen.

So leert sich zügig das Plateau und ich kann endlich in Ruhe die Aussicht genießen. Zuerst zieht mich das Hermon-Gebirge im Norden magisch an, denn von hier sieht man es in ganzer Größe. Sein frischer Schnee leuchtet gleißend weiß und hebt sich vor der grünen Ebene und dem blauen Himmel ab.
Richtung Westen liegt die zerstörte syrische Stadt Kuneitra in der UN-Pufferzone. Die israelische Armee zerstörte die Stadt fast vollständig, einzig ein paar größere Gebäude, eine Kirche und die Moschee blieben verschont. In der Ferne weht eine große syrische Fahne, die der einzige farbige Klecks in der verwüsteten Landschaft ist. Ich sehe mich noch etwas um und verlasse dann den Har Bental wieder.

UN-Lager Ziouani

Etwas weiter südlich erreiche ich den Kuneitra-Aussichtspunkt an der 98. Ein alter Panzerturm steht hier auf einem Erdwall und dessen Kanone ist auf Kuneitra gerichtet. Von hier sehe ich auch in nur 1km Entfernung das in Weiß getünchte Hauptlager Ziouani der UN-Blauhelme. Etwa 1000 UN-Soldaten überwachen auch heute noch die Pufferzone zwischen Israel und Syrien. Diese UN-Mission startete am 31.05.1974 mit Resolution 350 des Sicherheitsrates der UN.
Heute ist diese 75km lange Grenze mit ihrer 2km bis 12km breiten Pufferzone die sicherste Grenze Israels. Vergessen wir aber eines nicht:

Die politische Lage in Syrien ist gerade wegen der Unruhen sehr instabil und Syrien ist weltweit die Nummer 2, was das chemische und biologische Waffenarsenal angeht.

Leicht provokativ steht auf einem Schild der israelischen Seite: „Welcome to Israel", denn das UN-Lager ist zugleich der einzige inoffizielle Grenzübergang zwischen Israel und Syrien.

In der Regel ist der Grenzübergang aber eine Einbahnstraße, denn wer hier die Grenze passiert, für den gibt es selten ein Zurück. Dies gilt für eine Person eines Brautpaares, die hier für immer ihre Heimat hinter sich lässt, und seit einiger Zeit auch für Äpfel. Diese werden von drusischen Bauern in neutrale Kartons verpackt, an der Grenze umgeladen und in einem Lkw-Konvoi, der aus neutralen afrikanischen Fahrern der UN besteht, auf die Märkte nach Damaskus transportiert.
Kaum auszudenken, wenn ein Syrer wüsste, dass er Äpfel von israelischem Territorium isst, die auch noch von zumeist gehassten Drusen angebaut wurden.

Panzersperre

Ich erreiche das Kibbuz Ein Zivan, hier macht der Highway 98 einen scharfen Knick Richtung Syrien und dann wieder einen scharfen Knick weiter nach Süden. Plötzlich taucht vor mir ein etwa 8m hoher Steinwall mitten auf der Straße auf.

Es ist eine von zwei Panzerabwehrsperren der IDF, die hier den Weg ins Kernland nach Israel gegen mögliche syrische Panzerangriffe abschirmen. Die gesamten Golanhöhen sind durchzogen von künstlichen tiefen Gräben, um feindliche Panzer zumindest kurzzeitig zu stoppen. Genau an der Stelle, wo der Highway diesen Graben quert, türmt sich jetzt vor mir dieser 2-teilige Steinhaufen auf.
Er zwingt einen Panzer, ums Eck zu fahren, ohne dabei die Kanone benutzen zu können. So hat er keine Chance für einen Schuss und kann von den Israelis leicht unter Feuer genommen werden. Ist ein Panzer erst mal außer Gefecht, versperrt er die Straße komplett für alle nachfolgenden Fahrzeuge.

Mit meinem Wagen passiere ich die Sperre aber ohne Probleme und fahre kurz darauf an einem Windpark vorbei, der mit seinen 10 Windrädern schon aus der Entfernung betrachtet etwas in die Jahre gekommen wirkt.

Der Golan wäre ideal für einige große moderne Windparks und würde Israel auf dem erklärten Weg fort von Kohle und Öl ein weiteres gutes Stück unabhängiger machen.
Der Fund großer Gasfelder vor der Mittelmeerküste wird dieses umweltfreundliche Denken aber wohl in den nächsten Jahren wieder etwas bremsen. Zu sehr lockt der Profit vor der Küste. Dennoch zwingen mehrfache Anschläge auf die ägyptischen Gaspipelines Israel, nach Alternativen zu suchen. Nicht zuletzt stieg der israelische Benzinpreis durch die arabischen Aufstände in den Nachbarländern und den Irankonflikt um 40 Cent pro Liter an.

Auch die Frage, ob die Golanhöhen wieder an Syrien fallen werden, ist bis heute nicht geklärt. Sicher hingegen waren immer mal wieder geheime Verhandlungen zwischen Israel und Syrien. Darin bot Israel angeblich an, die Golanhöhen für einen dauerhaften Frieden mit Syrien zurückzugeben. Allerdings bedarf es für echten Frieden auch starker Anführer wie den damaligen ägyptischen Anwar as-Sadat oder den jordanischen König Hussein I.
Syrien, das seit Jahren ohne den Iran keinen Finger mehr rührt, ist noch lange nicht so weit für einen solchen Frieden. Aufgrund der aktuellen politischen Lage in Syrien ist es völlig ungewiss, wie sich das Land zukünftig entwickeln wird. Dies macht eine Prognose im Moment unmöglich.

Genauso wie der Libanon, der – immer noch ein Vasall von Syrien und dem Iran – keinen Schritt Richtung Frieden gehen kann. Hier besteht sogar die Gefahr, dass die Hisbollah wieder den Konflikt mit Israel sucht, um von innerpolitischen Problemen abzulenken.

Khushniya-Moschee

Auf der Höhe der Golanhöhen-Hauptstadt Katzrin biege ich auf die 87 ab und erreiche ein verlassenes syrisches Dorf. Dessen Moschee sticht mir sofort ins Auge, denn direkt an der Straße gelegen ist sie von Einschusslöchern übersät und die Südwestecke zerbombt. Die Ecke der Betondecke hängt als Dreieck am Stahlbeton herunter und die Eckwand fehlt.
Offensichtlich wurde sie im Sechs-Tage-Krieg von einer israelischen Granate getroffen und heftig unter MG-Feuer genommen, um die dort verschanzten syrischen Soldaten zu vertreiben. Direkt hinter der Moschee lag nämlich nicht nur ein Dorf, sondern auch ein syrischer Militärstützpunkt.

Ich betrete den ehemaligen Gebetssaal und die Sonne fällt zwischen dem Stahlbeton der zerstörten Betondecke gespenstisch in den gut 20x20m großen Raum. In der Decke sehe ich ein weiteres Einschlagloch einer Granate. In der Wand – Richtung Mekka – befindet sich die Gebetsnische, die als Feuerstelle benutzt wurde und schwarz verrußt ist. Die umgebenden Wände sind über und über mit hebräischen und arabischen Graffitis und Schriftzügen überzogen. Ich vermag es zwar nicht, sie zu lesen, aber ich kann mir denken, dass sie keine netten Botschaften enthalten.
Ich kann es natürlich nicht lassen und steige noch die steile Wendeltreppe des Minaretts empor. In 10m Höhe betrete ich das, was von den beiden umgebenden Balkonen übrig geblieben ist. Mir ist etwas mulmig zumute, denn der Beton bröckelt, das Geländer fehlt teilweise und der nur gut 60cm breite Rest an Beton, aus dem die Eisen hervorstehen, kostet mich Überwindung, einmal um das Minarett zu laufen.
Dennoch entschädigt der Ausblick über weite Teile der Golanhöhen für den lebensgefährlichen Rundgang. Im Norden sehe ich sogar noch den weißen Hermon und im Umkreis einige Vulkankegel, darunter auch den eben besuchten Har Bental.

Keshet-Aussichtspunkt

Etwas südlich der Moschee fahre ich zum Moschaw Keshet. Der kleine Ort liegt einsam inmitten der südlichen Golanebene und ist wie ausgestorben.
Am östlichen Rand des Kibbuz erhebt sich der Eran-Aussichtspunkt, der auf einem alten Vulkankegel zu Ehren eines jungen Soldaten aus Keshet, der bei seinem Armeedienst ums Leben kam, errichtet wurde.

Der Aussichtspunkt stellt sich als klassisches israelisches Bunkersystem mit Stacheldraht und Betonschützengräben dar, das im Westen den Ort schützen soll. Der Bunker ist sichtbar in die Jahre gekommen. Etwas zu denken geben mir aber zwei ganz neue Bunker mit automatischen Schießscharten und moderner Kameraüberwachung. Erwartet das Moschaw wirklich einen Angriff aus Richtung Syrien oder wozu wurden hier noch solche Investitionen verbaut? Schließlich herrscht hier seit fast 40 Jahren Ruhe.

Ich genieße dennoch den weiten Ausblick, der bis zum 35km entfernten Hermon reicht. Anschließend verlasse ich Keshet wieder und fahre auf die T.A.P.-Straße. Sie zieht sich schnurgerade durch die gesamten Golanhöhen und ist eine inoffizielle, aber schnelle Verbindung quer zu den Hauptstraßen.
Die T.A.P. lädt zum Rasen ein, ist aber mit ihren nicht einsehbaren Kuppen und dem schlechten Belag überaus tückisch zu befahren. Hier und dort passiere ich noch alte Centurion-Panzer, die den Besucher ständig an den Jom-Kippur-Krieg erinnern.

Givat Orkha

Von der T.A.P.-Straße gelange ich wieder auf die 98 zum direkt gegenüberliegenden Givat Orkha. Über eine steile Schotterstraße fahre ich den Hügel hinauf, bis mich auf mittlerer Höhe eine Antilope überrascht.

Der Bock steht stolz auf einem Grat und blickt aufmerksam zu mir herüber. Nur etwa 30m trennen uns und ich stoppe ganz vorsichtig den Wagen und zücke meinen Fotoapparat. Er posiert eine gefühlte Minute mit gut sichtbaren Muskeln vor meiner Linse, aber als ich versuche, mich ihm weiter zu nähern, verschwindet er mit einigen größeren Sätzen hinter dem Hügel.

Oben angekommen zögere ich, den Aussichtsturm zu erklimmen, sein Leiterzugang ist mit Stacheldraht gesichert. Der ist zwar wie üblich zerstört bzw. zur Seite geräumt, aber jemand wird sich schon etwas dabei gedacht haben, den Turm zu sperren. So halte ich mich ausnahmsweise mal daran und betrete direkt daneben den Bunkerkomplex.

Durch völlig dunkle Gänge und Räume dringe ich immer tiefer in den Bunker ein. Er ist komplett leer und so verlasse ich ihn wieder und klettere die 3m auf sein Dach. Dort überquere ich Schützengräben, Schießstände und umrunde einmal die Verteidigungsanlage.
Mein Blick reicht herüber zum nordöstlich liegenden Har Peres, der vom israelischen Militär als Beobachtungsposten genutzt wird, um militärische Bewegungen Syriens zu überwachen. Im Osten sehe ich noch einen kleinen weißen Wachposten der UN, der hier seit 1973 die Pufferzone zwischen Israel und Syrien überwacht.

Wieder am Wagen setze ich meinen Weg zum 2km östlich liegenden Butmiya-See fort, dessen Uferbäume ich schon gut sehen kann.

Butmiya-See

Die östlichste Sehenswürdigkeit in Israel ist der etwa 8 Hektar große Butmiya-See. Gerade 1km von der syrischen Grenze entfernt ist er ein wahres Kleinod.
Der von Bäumen, saftigem Gras und Schilf umgebene See lockt nicht nur viele Besucher und Angler, sondern bietet zahlreichen Tieren einen

Lebensraum. Da ich zu spät dran bin, umrunde ich den See nicht mehr, sondern beobachte nur einige Vögel und zwei Angler.

Als ich vom Butmiya-See den Rückweg zur 98 antrete, durchfährt mich ein Schrecken, denn ich wollte doch tanken! Der Blick auf die Tankanzeige verheißt nichts Gutes und nur an wenigen Orten in Israel ist man so weit von einer Tankstelle entfernt.
Kaum ist mein Gedanke beendet, geht die Reserveleuchte an und ich muss jetzt entweder bis zum See Genezareth fahren oder auf dem kürzesten Weg nach Katzrin. Also setze ich meine geplante Route fort, denn mein nächstes Ziel liegt sowieso auf meinem Weg nach Katzrin.

Tel Saki

Nach wenigen Kilometern südwestlich auf dem Highway 98 erreiche ich einen markanten Hügel in der hier sonst so flachen grasbewachsenen Ebene. Je näher ich komme, desto mehr erkenne ich, dass es sich um eine weitere israelische Bunkeranlage aus der Zeit des Jom-Kippur-Krieges handelt.
Direkt an der Abzweigung passiere ich die verrosteten Reste eines sowjetischen Schützenpanzers vom Typ BTR-152 der syrischen Armee. Die Schotterstraße bringt mich anschließend direkt zu den Eingängen des Bunkers.
Alle Zugänge sind verschlossen, aber auf dem Hügel ziehen sich endlos wirkende Schützengräben aus Betonelementen entlang. Ich springe in einen Graben und folge ihm. Hier und dort zweigen Seitengänge ab, die an manchen Stellen in den Bunker hineinführen. Der Hauptgraben bringt mich einmal herum auf die Syrien zugewandte Seite.
Hier ist noch ein kleiner Unterstand vorhanden und ein altes Maschinengewehr ist auf einer Lafette montiert. Keine 2km östlich von hier liegen die ersten Felder der syrischen Bauern, dazwischen befindet sich die entmilitarisierte Zone der UN. Umgeben von Stacheldraht und Minen blicke ich mich weiter um. Hinter der Nordostflanke stehen

noch zwei israelische Centurion-Panzer und ein Halbkettenfahrzeug. Die Landschaft ist hier ansonsten karg und eintönig.
Den Rückweg kürze ich ab und überspringe die querenden Schützengräben. Ich laufe den Hügel hinab, an den Bunkereingängen vorbei und verlasse den Tel Saki wieder.

Als ich auf die 808 gen Norden abbiege, steht eine junge Frau an der Kreuzung. Ich halte an und frage, wo sie hin möchte. Sie spricht ein sehr gebrochenes Englisch, aber Katzrin verstehe ich auch so. Sie steigt ein und wir fahren wortlos nach Katzrin. Ihre Schüchternheit ist unübersehbar und an ihrer Kleidung sehe ich auch warum: Sie ist streng gläubig.
Nach einigen Kilometern wird mir aber das Schweigen im Wagen zu doof und ich frage sie nach ihrem Namen. Sie heißt Neta und stammt aus dem nahen Kibbuz Ramat Magshimim. Die Konversation ist schwierig und sie versteht meine Fragen nur teilweise. Auch ich verstehe ihre etwas wirren englischen Antworten kaum. Ich nicke trotzdem freundlich und versuche die Konversation am Leben zu halten.
Dass ich Deutscher bin, behalte ich aber lieber für mich, denn man weiß nie, wie streng gläubige Juden darauf reagieren. Nicht, dass Neta vor lauter Angst aus meinem fahrenden Auto springt. Kurz vor Katzrin möchte sie aussteigen und ich setze sie ab und verabschiede mich. Mir wird erst jetzt klar, sie wollte gar nicht nach Katzrin, sondern nur bis zur nächsten Hauptstraße, um von hier weiterzukommen.

In Katzrin fahre ich auf die Tankstelle am Eingang zum Industriegebiet. Hier erwartet den Besucher auch die Golan-Weinkellerei, wo man die im Golan angebauten Weine probieren kann. Direkt daneben wird das Eden-Mineralwasser abgefüllt, dessen nahe Quelle ich die Tage noch besuchen werde.
Die Frau an der Tankstelle ist schlecht gelaunt, aber es hilft alles nichts, ich muss bar bezahlen. Das nötigt sie, sich die Mühe zu machen, vom Stuhl aufzustehen und zur Kasse zu laufen, um die Zapfsäule freizu-

schalten. Mit vollem Tank fahre ich anschließend durch Katzrin und biege nördlich der Stadt auf die 9098 ab.

Nashut-Synagoge

Kurz darauf erreiche ich nordöstlich von Katzrin einen Parkplatz bei der Nashut-Synagoge, die ich bereits auf der anderen Talseite im hohen Gras erspähen kann.

Ein ohrenbetäubendes „Boooom“ lässt mich zusammenzucken. Es kommt von drei etwas oberhalb stehenden und nur gut 300m entfernten M109-Panzerhaubitzen. Sie gehören zu einem großen Panzerverband, der gerade Teile der Golanhöhen in ein Gefechtsfeld verwandelt. Alle paar Minuten feuern sie eine ihrer 155mm-Granaten mit einem unglaublich lauten Knall ab, bei dem jedes Mal scharfe 50.000 US-$ durch die Luft fliegen.
Der absolut tödliche Radius dieser Granaten beträgt 50m, kaum vorstellbar, dass ich nur wenige Hundert Meter von Dutzenden von scharfen Sprengköpfen entfernt bin – und es gibt nicht mal eine Absperrung. In Deutschland wäre so was absolut undenkbar.

Auf einem Pfad überwinde ich ein kleines Tal, in dem sich der Meshushim schlängelt, eher ein Rinnsal als ein Fluss. Über eine kleine Holzbrücke gelange ich anschließend auf die mit Gras überwucherte andere Talseite. Dort geht es leicht bergauf, wo ich nach etwa 100m die Reste der Synagoge erreiche.
Boooom!! Ein erneuter Knall lässt die Luft schwingen und nicht zuletzt das Mündungsfeuer macht klar, dass die nächste Granate durch die Luft fliegt. Es dauert eine Weile, bis ich die Detonation in einigen Kilometern Entfernung höre.

Die Synagoge liegt an einem leicht abfallenden Hang und ist bis zu 2m hoch erhalten. Sie ist typisch für das 5. bis 6.Jhd. und von mehreren gut

erhaltenen Sitzreihen umgeben. Vier der sechs Säulenfundamente sind noch erhalten. Eine Säule zeigt sogar noch geometrische Verzierungen. Die Wände der Synagoge waren außen mit fast perfekt rechteckig behauenen Steinen aus Vulkangestein erbaut.
Die westliche Mauer ist nur etwa 1,5m hoch erhalten, verrät aber, dass sie im Inneren nur mit losen Feldsteinen verfüllt wurde. Die Innenseite hingegen besteht wieder aus gut behauenen Steinen, was den Bau erheblich vereinfachte, das Gebäude aber anfälliger für Erdbeben machte.

Ich laufe noch etwas auf der überwucherten Grasfläche herum und entdecke südlich der Synagoge eine ausgegrabene Olivenölmühle. Ober- und Unterteil des Mühlsteins sind komplett erhalten. Leider ist der untere Teil gespalten wie ein zerbrochener Suppenteller. Direkt daneben liegt der komplett intakte obere Mühlstein. Die angrenzende Presse zeigt noch die Ablaufrinnen für das Öl, die in ein daneben liegendes Becken führen. Es ist im Moment fast vollständig gefüllt mit Regenwasser.
Wäre der Mühlstein nicht gebrochen, könnte man mit wenigen Mitteln die Mühle wieder in Betrieb nehmen und heute, 1500 Jahre später, neues Olivenöl herstellen.
Boooom!! Wieder donnert eine Granate durch die Luft und ich kann auch nichts Interessantes mehr entdecken. So mache ich mich auf den Rückweg.

Dvora- und Gilbon-Wasserfall

Nur 2km nördlich der Synagoge biege ich von der 91 auf eine Schotterpiste ab und erreiche nach einer staubigen Fahrt ein paar Betongebäude der syrischen Armee.
Ein Pfad bringt mich, vorbei an den immer gleichen Betonhäusern und dann über eine Treppe, hinab zum Gilbon. Sein Tal wird nach Westen hin immer tiefer und ist gesäumt von hohem Gras, Sträuchern und einzelnen Bäumen. Unten angekommen quere ich über einige größere

Steine den Fluss und grüße ein paar junge Israelis, die mir entgegenkommen. Als ich eine Felswand passiere, überraschen mich Hunderte von Kaugummis, die hier von Wanderern an den Fels geklebt wurden und so ein kleines Kunstwerk schufen.

Wenige Meter weiter erreiche ich den Dvora-Wasserfall, der in einer felsigen Schlucht einige Meter tief hinabstürzt. Wenn es wärmer ist, schwimmen hier viele Israelis oder entspannen sich auf den angrenzenden Felsen. Über steile Felsen und Eisentritte überwinde ich die Höhenmeter nach unten und folge dem Fluss weiter.
Direkt am Wasser führt mich der Weg in eine grüne Landschaft, wie man sie in Israel kaum erwarten würde. Teilweise spannen Büsche regelrechte Tunnel auf und es kommt sogar ein bisschen tropisches Feeling auf. An einer Stelle muss ich von Fels zu Fels springen und am Ende mit einem großen Satz ans andere Ufer hasten.
Selbst hier, tief unten im Tal, höre ich alle paar Minuten noch das Feuern der M109-Haubitzen.

An einem kleinen Wasserfall und einer Höhle vorbei erreiche ich den Gilbon-Wasserfall. Dieser überrascht mich mit seiner Fallhöhe von über 20m und gehört somit zu den höchsten Wasserfällen in Israel. Während der obere Dvora-Wasserfall eher schmal ist, fällt der Gilbon-Wasserfall aus zwei Rinnen über die Felskante, läuft dann, immer breiter werdend, über die schräge Felswand und stürzt schließlich in ein Wasserbecken. Von hier fließt das Wasser weiter Richtung Westen und mündet schließlich wie alle Flüsse, die von den nördlichen Golanhöhen kommen, im Jordan.

Ich beobachte noch einige Minuten das schäumende Wasser im Sonnenuntergang und kürze über einen steilen Weg ab, der mich aus dem Tal zurück zum Auto bringt. So beende ich meinen Tagesausflug, verlasse die Golanhöhen und fahre quer durch das Hula-Tal nach Kiryat Shmona zurück.

Kiryat Shmona

Ich möchte keinen großen Aufwand für mein heutiges Abendessen betreiben, stoppe inmitten von Kiryat Shmona und betrete einen Imbiss. Die Besitzerin bedient gerade zwei junge Soldaten und ich bestelle mir kurz darauf ein Sandwich-Baguette mit Rindfleisch und Gemüse.
Während ich auf mein Essen warte, beschwert sich einer der Soldaten über sein Essen. Etwas ungläubig beobachte ich, was dann passiert. Der Soldat ist gut einen Kopf größer als die kleine und etwas korpulente Frau, sieht aus wie ein Navy Seal und trägt eine M16 mit zwei prall gefüllten Magazinen auf dem Rücken.
Plötzlich dreht die Frau voll auf und macht den Soldaten dermaßen nieder, dass er vor ihr regelrecht zusammenzuckt. Diese Situation ist so aberwitzig, dass ich kurzzeitig völlig irritiert bin und der Soldat mir schon leidtut.
Als er sich sichtbar geknickt wieder an den Tisch setzt und weiter sein Baguette isst, beschließe ich, mich lieber nicht über das Essen zu beschweren. Dafür gibt es auch gar keinen Grund, das Baguette ist lecker und die Portion riesig.

Gut gesättigt fahre ich weiter zu Almog und Shani, wo bereits ein Freund der beiden anwesend ist. Da es noch zu früh ist fürs Bett und ich etwas Unterhaltung gebrauchen könnte, beschließen wir, ein Gesellschaftsspiel zu spielen.
Es ist ein Spiel aus der Schweiz, das Almog und Shani von ihrem Schweizer Couchsurfing-Trip in 2009 mitgebracht haben. Es heißt „Brändi Dog“ und wurde von Menschen mit Behinderung hergestellt. Ich habe es noch nie gesehen, aber es ist eine Mischung aus „Mau Mau“ und „Mensch ärgere dich nicht“. Zu meinem Glück ist die Anleitung auf Deutsch und so finde ich schnell ins Spiel.
Das Spiel ist spannend und wir haben viel zu lachen, da man in Zweierteams spielt, den Gegner rauswerfen kann und sogar rückwärts spielen darf. Ich spiele zusammen mit Almog und wir haben alle einen Riesen-

spaß. Nach einer Stunde werde ich Letzter, denn das Glück war nicht auf meiner Seite und die ein oder andere Regel habe ich dann wohl doch in der Kürze der Zeit nicht verstanden.
Der Bekannte verabschiedet sich und ich bitte Shani und Almog, ob ich ihre Waschmaschine benutzen dürfe, denn nach 9 Tagen Handwäsche bekomme ich einen gewissen Geruch nicht mehr aus meinen Klamotten. Sie haben kein Problem damit und ich stopfe meine gesamte Wäsche in die Waschmaschine.
Wir setzen uns noch etwas ins Wohnzimmer und ich frage die zwei, wie es ist, als Lesben in Israel zu leben.
»*In Tel Aviv ist es einfach, aber hier in Kiryat Shmona werden wir oft schräg angeschaut*«, antworten beide übereinstimmend.
»*Die Leute hier in Kiryat Shmona sind doch sehr konservativ. Wir haben auch schon überlegt, auf Zypern zu heiraten, aber danach ist es schwierig, in Israel als lesbisches Paar anerkannt zu werden. Es gibt auch Probleme mit der Altersversorgung und den Steuern. Außerdem müssten wir dann auf Ansprüche aus der Armeezeit verzichten*«, erzählen sie mir.
Das ist in Israel eine Besonderheit, denn nach dem Armeedienst hat man Anspruch auf gewisse Gelder. Heiratet man z.B., bekommt man ein ganz ordentliches Startkapital von der Armee, aber das scheint wohl nur für jüdische Hetero-Ehepaare zu gelten.
Ganz genau erfahre ich in ihren Erklärungen aber nicht, warum sie denn nun nicht heiraten, aber ich will auch nicht tiefer nachbohren. Das Thema Ehe ist in Israel immer noch ein sehr heikles Thema, wenn es um das gleiche Geschlecht geht oder ein Jude einen Nichtjuden heiraten möchte. Inzwischen ist es aber möglich, dass ein Muslim einen Christen heiraten kann, ohne dafür ins Ausland fliegen zu müssen.
Ich gehe duschen und falle anschließend todmüde ins Bett.

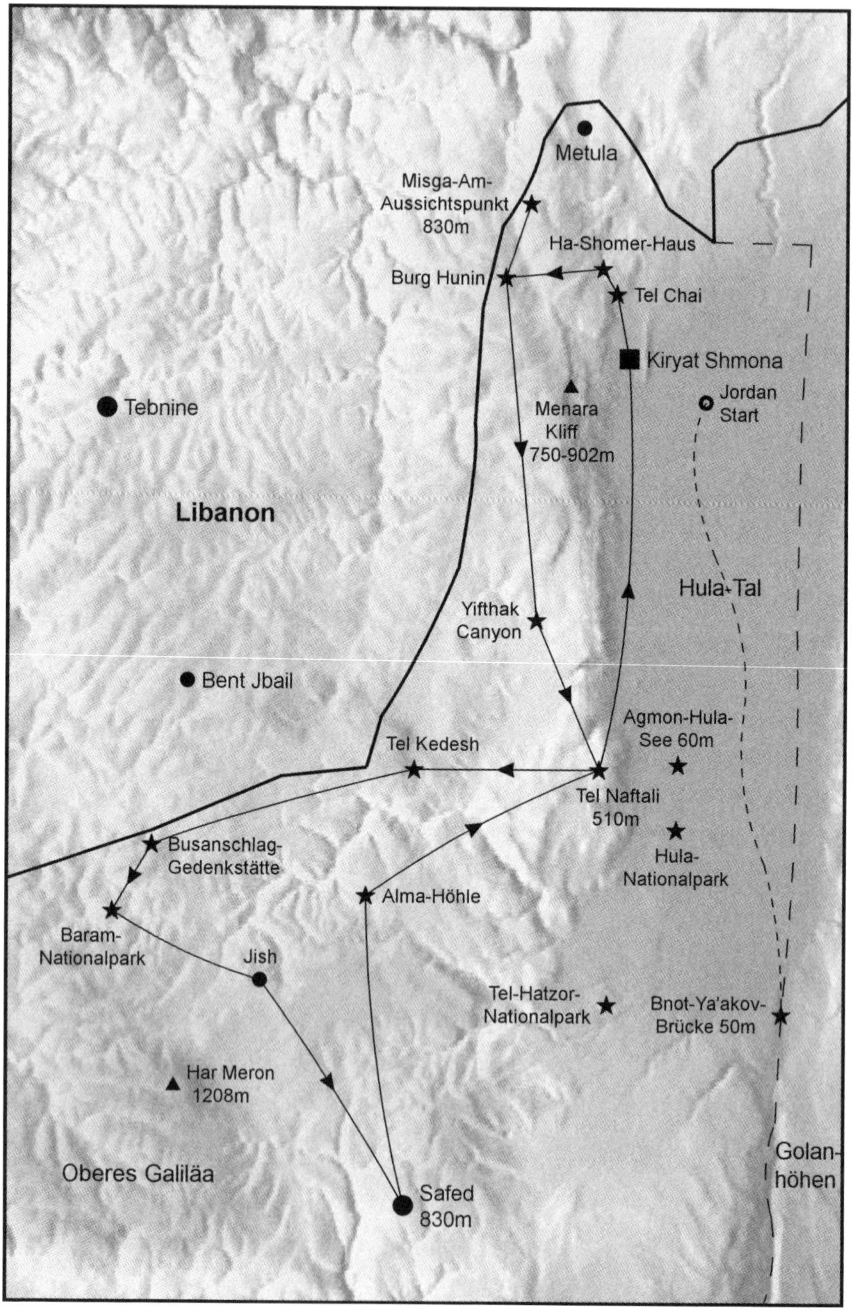
Metula
Misga-Am-
Aussichtspunkt
830m
Ha-Shomer-Haus
Burg Hunin
Tel Chai
Kiryat Shmona
Tebnine
Menara
Kliff
750-902m
Jordan
Start
Libanon
Hula-Tal
Yifthak
Canyon
Bent Jbail
Agmon-Hula-
See 60m
Tel Kedesh
Tel Naftali
510m
Busanschlag-
Gedenkstätte
Hula-
Nationalpark
Alma-Höhle
Baram-
Nationalpark
Jish
Tel-Hatzor-
Nationalpark
Bnot-Ya'akov-
Brücke 50m
Har Meron
1208m
Golan-
höhen
Oberes Galiläa
Safed
830m

11. Tag – Mittwoch, 15.12.2010

Kiryat Shmona

Eigentlich will ich diesen Morgen abreisen, aber mein nächster Host hat mich um einen Tag versetzt. So frage ich Shani und Almog, ob es ein Problem wäre, noch eine Nacht länger bei ihnen zu bleiben. Sie sagen sofort zu und ich bin erleichtert, mir nicht schon wieder ein teures Hotel suchen zu müssen.
Meine Wäsche ist – zu meinem Schrecken – fast genauso nass wie gestern Abend, als ich sie aus der Waschmaschine genommen habe. Die Wohnung ist so kalt und feucht, dass es unmöglich ist, Wäsche schnell zu trocknen. Es hilft alles nichts, ich muss ein paar Sachen davon anziehen und sie trockentragen.
Der Morgen bietet ansonsten keine außergewöhnlichen Vorkommnisse und ich mache mich zeitig auf den Weg, den 11. Tag in Israel zu erleben. Wieder nehme ich Shani und Almog bis zur Uni mit, denn mein erstes Ziel liegt genau neben der Tel-Chai-Universität.

Tel Chai

Daher fahre ich nicht zurück zum Highway, sondern auf einer Nebenstraße hinter das Unigelände. Hier befindet sich der Tel Chai, ein befestigtes Fort jüdischer Pioniere.
Das 30x45m messende Gebäude wirkt wie ein aus Stein erbautes Wildwestfort. Niedrige Gebäude umgeben einen Innenhof mit einem Tor im Süden, der von einem etwa doppelt so hohen Wachturm an der Nordseite ergänzt wird. Dieser Innenhof ziert auch das Buchcover.
Touristen verirren sich nur selten hierher, aber die Israelis kennen den Ort sehr wohl, denn er steht für Pioniergeist, Heldentum und Widerstand.
Joseph Trumpeldor war der erste jüdische Offizier in Russland und half später russischen Juden bei der Auswanderung nach Palästina. Er war

einer der Väter der jüdischen Legionen und führte diese fünf jüdischen Bataillone im 1. Weltkrieg unter britischem Kommando gegen das Osmanische Reich. Damit legte er den Grundstein der heutigen israelischen Armee.
Obwohl er 1904 im Russisch-Japanischen Krieg einen Arm verloren hatte, erhielt er dieses Kommando. 1920 kehrte er nach Israel zurück, um die Verteidigung jüdischer Siedlungen im Norden Galiläas zu organisieren.
Aufgrund von Grenzstreitigkeiten gab die britische Verwaltung 1919 die Region mit den Orten Tel Chai, Metula, Hamrah und Kfar Gil'adi an die französische Verwaltung ab. Die Franzosen konnten das Gebiet aber nicht ausreichend verteidigen. Der König von Syrien, Faisal I., hingegen stand auf der Seite der Briten und schickte Truppen ins Hula-Tal, um nach versteckten französischen Soldaten zu suchen.
Während die Bewohner von Hamrah schon längere Zeit Schutz im britischen Territorium gesucht hatten, wurden Metula und Kfar Gil'adi erst kurz zuvor evakuiert. Trumpeldor hingegen wollte Tel Chai auf keinen Fall preisgeben.

Da sich die Juden neutral verhielten und sich nicht in den Konflikt zwischen Franzosen, Briten, Christen und Arabern einmischen wollten, erlaubte Trumpeldor am 01.03.1920 einigen der arabischen Soldaten, Tel Chai zu betreten. Er wollte damit zeigen, dass sie keine französischen Soldaten versteckten. Was als gut gemeinte Geste begann, endete kurz darauf im Desaster.
Aus ungeklärten Gründen kam es dabei zum Schusswechsel, in dem Trumpeldor von einer Kugel getroffen wurde. Im folgenden Feuergefecht mit den draußen wartenden arabischen Soldaten ließen insgesamt sechs jüdische Verteidiger sowie fünf Araber ihr Leben.
Laut Augenzeugen formulierte Trumpeldor im Sterben den Satz: „Macht nichts, es ist gut, für unser Land zu sterben.“ Diese letzten Worte wurden zum Antrieb für viele neue jüdische Pioniere und gaben dem Zionismus neuen Auftrieb.

Da zwei jüdische Verteidiger bereits tags zuvor getötet worden waren, gaben die Gründer der nahen Stadt den Namen Kiryat Shmona, die „Siedlung der Acht".

Tel Chai wurde daraufhin auch evakuiert, aber bereits ein Jahr später wieder besiedelt. Zu Ehren von Trumpeldor nahm man den entsprechenden 11. Adar als Feiertag in den jüdischen Kalender auf, der bis heute als Jom Tel Chai in Ehren gehalten wird.

Sogar das israelische Kabinett tagte hier schon, aber heute bin ich der einzige Besucher und stehe allein vor dem Kassenhäuschen. Ein anwesender Mann empfiehlt mir die Videopräsentation und fragt mich, in welcher Sprache ich sie denn gerne hören möchte.
Ich erwarte nicht, dass sie eine deutsche Version haben, sage aber dennoch, dass ich Deutsch bevorzugen würde. Er überlegt kurz und meint, er müsse mal schauen. Etwas überrascht betrete ich schon mal das kleine Kino.
Kurz darauf kommt er wieder und hat tatsächlich eine deutsche Version gefunden. Er meint zu mir, er würde schon viele Jahre hier arbeiten, aber noch nie hätte er es auf Deutsch gehört bzw. hätte jemand danach gefragt. So entspanne ich etwa 15 Minuten und lausche der Geschichte des Ortes und der ersten Pioniere.

Wieder draußen folge ich der Mauer zum südlichen Tor und betrete einen wundervollen Innenhof mit grünem Gras und einem Walnussbaum. An dessen Ost-, West- und Nordseite liegen Gebäude, die mir einige landwirtschaftliche Geräte der damaligen Zeit und die Unterkünfte für Mensch und Tier zeigen.

Im Pferdestall gibt es eine weitere Videopräsentation, leider nur auf Hebräisch, aber die Szenen stellen den Angriff auf Tel Chai dar und es wird in Wildwestmanier rumgeballert. Kaum endet das Video, beende ich meinen Besuch des Tel Chai so schnell, wie er begonnen hat.

Ha-Shomer-Haus

Ich gebe dem ha-Shomer-Haus eine dritte und definitiv letzte Chance, da ich auf dem Weg zur Burg Hunin sowieso daran vorbeifahren muss. Diesmal werde ich nicht enttäuscht und die Kassiererin verkauft mir für 15 Schekel ein Ticket.

In der modernen Ausstellung wechseln Schaustücke mit Videopräsentationen ab, die die Geschichte eines ha-Shomer-Kämpfers erzählen. Die ha-Shomer, was so viel wie „die Wächter" bedeutet, gründeten sich 1909 in Kfar Tabor und operierten zum größten Teil im Untergrund. Einer ihrer Gründer war Israel Giladi, nach dem dieses 1916 gegründete Kibbuz benannt ist. Ein weiterer Gründer war Jizchak Ben Zwi, welcher 1952 der 2. israelische Präsident wurde.
Die ha-Shomer gründeten sich mit dem Ziel, die jüdischen Siedlungen zu verteidigen. Sie stellten strikte Anforderungen an ihre Mitglieder und noch strengere an Bewerber. Teilweise wusste die eigene Familie nicht, dass ihre Söhne und Väter in der ha-Shomer dienten. Darüber hinaus legten sie in vielen Orten geheime Waffenlager an.
Ihre Rolle war aber gering, denn sie bestand aus kaum 100 Mitgliedern. Interne Streitigkeiten führten letztlich zur Auflösung der Organisation im Jahre 1920 und zur Eingliederung in die Haganah.
Ich verlasse Kfar Gil'adi wieder und nehme sogleich die 9977, die mich fast 400Hm hinauf zur Burg Hunin vor den Toren des Moschaws Margaliyot bringt.

Burg Hunin

Etwas untypisch, denn nicht auf dem höchsten Berg der Umgebung liegt hier direkt am Straßenrand die Kreuzritterburg Hunin. Keine 600m von hier verläuft im Westen die libanesische Grenze. Kaum bin ich aus dem Auto gestiegen, donnert ein schwer bewaffneter Hummer mit vier Soldaten, die mich ziemlich ungläubig anschauen, an mir vorbei. Nach-

dem sich die Staubwolke gelegt hat, sehe ich den kleinen Militärposten der IDF. Gut unter Tarnnetzen versteckt liegt er direkt hinter der Burg. Die Burg ist ein rechteckiges Bollwerk mit gut 60x80m Grundfläche und einem tiefen Graben an der Nordseite. Leider ist nur noch die Südseite mit dem Eingangstor in einigermaßen gutem Zustand. Hier muss sich auch einst ein kleiner Graben befunden haben, denn der Toreingang liegt etwa 2,5m oberhalb des heutigen Bodenlevels.
Somit klettere ich die steile Wand zum Tor hinauf und betrete einen großen Gewölbesaal, der als einziger Raum noch komplett erhalten ist.

Die Geschichte der Burg ist weniger spannend. Als Chateau Neuf, „die neue Burg“, im Jahre 1105 von einer Familie aus Frankreich erbaut, mussten sie die Burg mangels Geldes im Jahre 1157 an den Hospitaler-Orden verkaufen. Schließlich wurde die Burg 1167 von den Arabern erobert. Nach der Schlacht bei den Hörnern von Hattin gaben die Araber die Burg nach einigen Jahren an die Kreuzritter zurück, bis sie verlassen wurde.

Durch einen eingestürzten Raum betrete ich das mit Gras bewachsene Dach der Burg. Von dort schweift mein Blick über das Hula-Tal mit seinen unzähligen Feldern und Plantagen, aber auch hinüber zum Hermon-Gebirge und den Golanhöhen. In 16km Entfernung sehe ich auch noch die arabische Burg Nimrod. Die Kreuzritter konnten also nicht nur von Burg Beaufort im Libanon aus, sondern auch von Burg Hunin die Burg Nimrod und somit den wichtigen Pass nach Damaskus beobachten.
Ich laufe noch ein wenig auf dem Dach herum, blicke in den viele Meter tiefen nördlichen Burggraben und kehre in die Burg zurück. In dem eingestürzten Raum befindet sich eine Eisenleiter, die in einen offensichtlichen Brunnenschacht hinabführt. Die Leiter ist an einem Quereisen mit ein paar Stricken befestigt und riecht stark nach Marke Eigenbau. Aber jetzt bin ich ja schon mal da und lasse es mir nicht nehmen, hinabzusteigen.

Wenn meine Freundin sehen würde, wie ich mich auf der nicht am Boden befestigten, pendelnden Leiter durch das kleine Loch zwänge, würde sie bestimmt versuchen, mich umzustimmen.
Ich rechne mit einem normalen Brunnenschacht, an dessen Boden mit viel Glück noch etwas Wasser steht. Als ich unten angekommen bin, wieder auf festem Boden stehe und meine Taschenlampe anknipse, bin ich mehr als erstaunt.
Der vermutete Brunnenschacht ist ein Reservoir aus mehreren kleeblättrig angeordneten Seitenkammern. Nur eine der Kammern kann ich ganz einsehen, die anderen Seitenkammern bleiben mir zum Teil verborgen. Im Reservoir steht gut ein Meter tiefes klares Wasser und große Steine liegen an dessen Boden.

Ich schaue mich weiter um und entdecke auf dem Felsvorsprung, auf dem ich gerade stehe, eine Schlange, die sich in die Ecke gekauert hat. Sie muss wohl herabgefallen sein und sitzt jetzt in einer tödlichen Falle. Ich überlege kurz, sie mit nach oben zu nehmen, aber von der Art gibt es eine giftige und eine ungiftige und ich kann sie nicht unterscheiden.
Auch den Gedanken, in das Wasser zu steigen und schwimmend das Reservoir zu erkunden, verwerfe ich schnell. Es ist früh am Morgen und ich bin froh, dass meine feucht angezogenen Klamotten gerade trocken werden. So überlasse ich die Schlange ihrem Schicksal und klettere die wackelige Leiter wieder empor. Ich werde aber ganz sicher irgendwann schwimmend wiederkommen und das gesamte Reservoir erkunden.

Misgav-Am-Aussichtspunkt

Ich folge der 886 gen Norden, fahre bis zu ihrem Ende und erreiche das Kibbuz Misgav Am.
Noch vor dem geschlossenen Kibbuz-Tor steht ein Hummer der IDF und ich biege erst mal rechts ab und erreiche den neu errichteten Aussichtspunkt auf 765m. Er wurde zu Ehren eines IDF-Soldaten errichtet, der am 12.08.2006 im 2. Libanon-Krieg getötet wurde.

Unter einem Holzdach stehend, reicht mein Blick weit in den nordöstlich liegenden Teil des Libanon herein. Die schneebedeckten Berge des Libanon zeichnen sich deutlich vor dem blauen Himmel ab und der weiße Hermon zeigt sich von hier in seiner vollen Pracht.
In 4km Entfernung liegt Metula und in direkter Linie dahinter der libanesische Ort el-Khiam. Viel näher erhebt sich im Norden ein etwa 100m höher liegender Hügel. Er dient der Hisbollah als Stützpunkt, was durch die grüne Hisbollah-Fahne mit der darauf gezeigten Kalashnikov unterstrichen wird. Sein Betonturm ermöglicht der Hisbollah einen weiten Blick über die Grenze nach Israel.

Jetzt möchte ich aber noch höher hinaus und fahre zum 830m hoch gelegenen Misgav-Am-Aussichtspunkt. Der IDF-Soldat am Kibbuz-Tor mustert mich kurz, versteht aber kein Wort Englisch. Ohne jegliche weitere Kontrolle öffnet er das Tor und lässt mich passieren.
Als ich den Aussichtspunkt erreiche, hält bereits eine israelische Besuchergruppe dort Ausschau und ich kaufe mir erst mal einen Eistee an einem kleinen Kiosk.
Der ältere Mann hinter dem Tresen sieht mit seinen harten Gesichtszügen und einem weißen Rauschebart aus wie ein australischer Ureinwohner. Er ist wirklich Australier, nicht nur seine Kleidung verrät ihn, sondern sein spezieller und unverkennbarer Akzent.
Er rät mir, den Einheimischen anzusprechen, der gerade die kleine Gruppe betreut, dieser könne etwas Deutsch und mir weiterhelfen. Der Australier gibt dem örtlichen Führer mit einem Wink zu verstehen, dass er sich um mich kümmern möge.
Ich nippe also an meinem Eistee und genieße den klaren Ausblick auf weite Teile des Libanon. Als der Guide seine Ausführungen beendet hat und sich die Gruppe aufzulösen beginnt, grüßen mich einige Teilnehmer der israelischen Gruppe freundlich auf Deutsch. Ich konnte also meine deutsche Herkunft mal wieder nicht verstecken.
Komischerweise will sich der Guide gar nicht mit mir unterhalten und macht sich regelrecht vom Acker. Doch ein Mann aus der Gruppe

gesellt sich zu mir und erklärt mir alles Sehenswerte. Ich kenne zwar einiges, was er mir erklärt, schon, und doch höre ich ihm aufmerksam zu.
Er zeigt mir eine nordwestlich im Tal liegende libanesische Schule, gut zu erkennen an ihrer U-Form mit rotem Dach. Sie wurde mit israelischen Mitteln erbaut, um die dortige meist christliche Bevölkerung für die Schäden im 2. Libanon-Krieg zu entschädigen. Kurz darauf verabschieden sich die zwei letzten Männer der Gruppe und fahren in ihren Autos davon.

Nur 2km nördlich der Aussichtsplattform erhebt sich der eben schon beschriebene Aussichtspunkt der Hisbollah. Er ist der einzige Punkt für die Hisbollah, der hoch genug ist, um das nördliche Hula-Tal zu beobachten. Im Moment ist die Lage aber einigermaßen ruhig. Ein angrenzender Bunker mit einigen ausgestellten Katjuscha-Raketen bringt mich schnell wieder zurück in die Realität. Schließlich kann jede Sekunde der Beschuss wieder losgehen und die so friedlich wirkende Lage beenden.

So kam es am 03.08.2010 nur wenige Hundert Meter von Misgav Am zu einem Zwischenfall. Die IDF hatte mit der libanesischen Regierung abgesprochen, auf israelischer Seite Bäume zu fällen, da diese das Schussfeld behinderten. Dies nutzte die Hisbollah und griff die IDF-Soldaten in libanesischen Armee-Uniformen an. Später stellte es die Hisbollah so hin, als habe Israel auf libanesischer Seite Bäume gefällt und den Angriff provoziert. Ein Gremium der UN untersuchte den Vorfall und die Hisbollah stellte sich als Lügner heraus, die Israel als Angreifer hatte hinstellen wollen.
Einige deutsche Medien hingegen griffen den Vorfall mal wieder zur Anti-Israel-Darstellung auf und der spätere wahre UN-Bericht interessierte niemanden mehr.

Es ist Zeit für mich, Richtung Süden weiterzufahren, doch ich werfe noch einen Blick nach Südwesten. Hier weht die UN-Flagge an einem

Wachturm der Vereinten Nationen. Die Aufgabe dieser UN-Soldaten ist es, die Grenze zu überwachen und die UN-Resolutionen durchzusetzen bzw. zu beobachten, dass diese eingehalten werden.

Die Realität sieht hingegen anders aus, denn Israel scheint immer mal wieder diese Resolution zu missachten, indem die IDF Spionageflüge mit Drohnen über dem Libanon unternimmt. Die Hisbollah hingegen hält sich in keinem Punkt an die aktuelle Resolution 1701, nach der die Hisbollah alle Waffen abgeben muss und zwischen dem Fluss Litani und der südlichen Staatsgrenze auch kein libanesisches Militär agieren darf.

Darüber hinaus ist das libanesische Militär sowieso nicht in der Lage, sich gegenüber der viel stärkeren Hisbollah durchzusetzen. Denn die Hisbollah hat sich nach dem Libanon-Krieg 2006 mit noch mehr und moderneren russischen Waffen ausgerüstet, die zumeist aus Syrien und dem Iran geliefert werden.

Dazu muss man wissen, dass die Hisbollah eine schiitische Terrororganisation ist und der Iran eine schiitische Bevölkerungsmehrheit hat, die andere sunnitische Muslime auf gut Deutsch gesagt „nicht leiden kann“. Von diesem Konflikt unter den Muslimen nähren sich heute der Bürgerkrieg im Irak und der Hass zwischen dem Iran und Saudi Arabien sowie der Konflikt in Syrien.

Diese internen Machtkämpfe führten sogar dazu, dass Saudi Arabien inzwischen „inoffiziell“ zusammen mit Israel gegen den Iran kooperiert. Fast alle Länder der Region haben eine sunnitische Mehrheit und alle fürchten den Iran, der offensichtlich das Kalifat wieder errichten und über alle Araber die Herrschaft erlangen möchte. Dieser Konflikt ermöglichte insbesondere der Hisbollah zu wachsen, und für eine kleine Miliz sind Scud-Raketen und unbemannte Drohnen, die schon über Israel geflogen sind, eine wahrhaft hervorragende Ausstattung. Es wird sogar gemunkelt, dass die Hisbollah über einen eigenen Geheimdienst verfügt.

Die innerpolitische Lage im Libanon ist außerdem grundsätzlich instabil, niemand kann heute voraussehen, wie sich das Land zukünftig entwickeln wird. Eines ist jedenfalls sicher: Die Hisbollah hängt am Tropf von Syrien und dem Iran ebenso wie die Hamas und deren Splittergruppen. Ohne diese Unterstützung wären beide Terrororganisationen schnell am Ende.

Yiftakh-Canyon

Da ich an diesem Problem jetzt auch nichts ändern kann, fahre ich auf der 886 Richtung Süden. Mein nächstes Ziel ist ein kleiner Canyon, der sich direkt an der Straße entlangzieht.
Doch zuerst geht es weiter bergauf, bis ich den höchsten Punkt des Menara-Kliffs erreiche. Diese bis zu 902m hohe Bergkette begrenzt das Hula-Tal im Westen zum Libanon.
An einem der vielen Aussichtspunkte halt ich kurz und blicke über das Hula-Tal, Kiryat Shmona und hinüber in den Golan und sehe den schneeweißen Hermon.
Nach etwa 10km erreiche ich den gesuchten Yiftakh-Canyon, wo ich direkt an der Landstraße über einen Zaun klettere. Dahinter steige ich über eine Eisenleiter und mehrere Haken im Fels gute 5m tief in den Canyon hinein. Eine Kolonie Klippschliefer beobachtet dabei misstrauisch meine Kletterei. Sie scheinen aber entspannt zu sein und dösen gut geschützt am oberen Rand des Canyons in der Sonne. Als ich den Boden erreiche, folge ich dem nur gut 1m breiten Canyon Richtung Norden, immer parallel zur Straße.
Von Stein zu Stein geht es in der engen Felsschlucht wieder hinauf, bis ich nach nur 30m das Ende des Canyons erreiche. Der Yiftakh-Canyon dürfte somit einer der kleinsten Canyons der Welt sein, aber die kurze Kletterei war eine schöne Abwechslung.

Tel Naftali

Weiter gen Süden entscheide ich mich für einen Abstecher zum Har Naftali mit dem historischen Tel Naftali auf dessen Spitze. Der Weg

zum Gipfel ist extrem holprig und der Forstweg voller tiefer Spurrinnen. Dafür entschädigt mich der Ausblick von einer etwas unterhalb des Gipfels liegenden Aussichtsterrasse.
Von hier überblicke ich den Südteil des Hula-Tals und 400Hm unter mir liegt das Hula-Naturschutzreservat, dem ich morgen einen Besuch abstatten werde. Das Reservat bedeckt einige Quadratkilometer in der so fruchtbaren Ebene und ist ringsum von Feldern umgeben. Eines der Felder fällt mir besonders ins Auge, denn es misst unglaubliche 1km im Durchmesser und wird von einer im Kreis laufenden 500m langen Bewässerungsanlage versorgt.

Richtung Süden sehe ich noch den Tel Hatzor, eine der Weltkulturerbestätten in Israel, den ich ebenfalls morgen besuchen werde. Alles dahinter liegt im Dunstschleier, dafür blicke ich herüber zu den hier mit 510m in etwa gleich hohen Golanhöhen.
Den Har Naftali erkennt man auch vom Hula-Tal aus, denn sein prägnanter rot-weißer Funkmast ist schon von Weitem zu sehen. Diesen Mast passiere ich gerade bergauf, wo er von einigen ziemlich gelangweilt aussehenden IDF-Soldaten bewacht wird.

Nur wenige Meter unterhalb des Gipfels entdecke ich plötzlich zwischen Gestrüpp, Erde und Gras einen rechteckigen Steinsockel, der fast bündig mit dem Erdreich abschließt.
Er ist der letzte stumme Zeuge eines Säulenfundamentes und überrascht mich mit seiner Größe von fast 1m². Vor langer Zeit muss dieses Fundament eine große Säule getragen haben, auf der ein Tempel oder ein wichtiges Gebäude ruhte.

Ich quere den Israel Trail und erreiche auf 510m Höhe den Gipfel. Mehr als einige Mauerreste kann ich aber hier oben nicht entdecken, einzig ein trockener Brunnen weckt kurz meine Aufmerksamkeit. So mache ich mich auf den Rückweg und rumpele mit meinem Mietwagen über die Piste steil bergab wieder zur Straße.

Tel Kedesh

Westlich setze ich meinen Weg auf der 899 fort und erreiche den Tel Kedesh kurz vor der libanesischen Grenze. Der Tel Kedesh ist für den Besucher kaum greifbar, so groß sind seine Ausmaße. Über drei Areale verteilte sich einst die antike Stadt. Dabei ist Kedesh heute die größte nicht ausgegrabene antike Stadt im Norden Israels.
Ich biege auf einen Parkplatz ab, wo bereits einige Soldaten ihre Pause machen, und parke bewusst ein paar Meter entfernt von ihnen. Die meisten Soldaten reagieren etwas nervös, wenn man Dutzende von Parkmöglichkeiten hat und sich direkt neben ihren Hummer stellt.

Sogleich folge ich einem kleinen Wanderweg zum östlichen Areal und passiere einen, noch einen und dann noch einen römischen Sarkophag. Alle drei sind in ihrer Dimension beeindruckend und boten in der damaligen Zeit Platz für zwei Leichname. Sie sind reich verziert und einst aus weißem Kalkstein gehauen. Ihre Decksteine liegen zum Teil direkt daneben und messen gute 0,5x1,5x2,3m. Sie wiegen wohl allein schon mehrere Tonnen.
Ein Fundament eines kleinen römischen Tempels liegt gleich nebenan und komplettiert die römische Nekropolis, durch die ich gerade laufe.

Einige Hundert Meter weiter hat sich die spärliche Baumlandschaft in eine grasbewachsene Fläche verwandelt und die Reste eines großen römischen Tempels ragen aus dem knochigen Gras empor. Vom Tempel sind leider nur noch die Grundmauern und Teile des östlichen Eingangsbereiches erhalten, der fast 8m in die Höhe ragt. Einige Säulen und deren Kapitelle liegen im Gras herum und bezeugen die üppigen Dimensionen des Tempels.
In einer Nische in der Ostwand erkenne ich noch eine römische Gottheit. Sie ist aber so verwittert, dass ich sie nicht mehr deuten kann. Ich schlendere den schönen Weg zurück zum Parkplatz und folge der 899 weiter gen Südwesten, immer parallel zur libanesischen Grenze.

Diese Straße folgt einer neuen Routenführung, denn die alte Straße verläuft direkt und teilweise mit nur wenigen Metern Abstand entlang des libanesischen Grenzzaunes. Aus Sicherheitsgründen wurde die neue Straße hinter die Hügel und so aus dem direkten Schussfeld der Hisbollah verlegt. Ich folge der neuen Straße nur zur Hälfte und biege beim Moschaw Avivim auf die alte Routenführung ab.

Busanaschlag-Gedenkstätte

An Feldern, Weinreben und kurzen Waldstücken vorbei fahre ich immer entlang des Grenzzaunes Richtung Baram. Auf meinem Weg passiere ich eine unscheinbare Einfahrt und eine etwas zurückversetzte Mauer. Ich wende, da ich wissen möchte, worum es sich handelt. An der Mauer hängen 12 briefkastenähnliche Metallkästen und darunter liegen 12 Kränze mit Namen.
Es ist eine Gedenkstätte, die an einen Terroranschlag vom 22.05.1970 durch die „Volksfront zur Befreiung Palästinas“ erinnert. Aus dem Hinterhalt griffen damals deren Mitglieder einen Schulbus aus Avivim an. Dieser Angriff war die erste Aktion der PFLP gegen Israel überhaupt.

Hier, nur 300m von der Grenze entfernt, versteckten sich die Angreifer und schossen mit zwei Bazookas und Schnellfeuergewehren von beiden Straßenseiten auf den Schulbus. 8 Schulkinder, 3 Lehrer und der Busfahrer ließen dabei ihr Leben, 25 Personen wurden verletzt. Als Vergeltung bombardierte die IDF drei Dörfer im Libanon und tötete dabei 20 Zivilisten. Des Weiteren vertrieb die IDF Tausende von Bewohnern der umliegenden Dörfer. Insbesondere die nahe Stadt Bent Jebail gilt bis heute als Hochburg der Hisbollah.

Diese Vergeltung führte wiederum zu einer Racheaktion der PFLP mit der Entführung einiger Flugzeuge zum „Dawson Airfield“ in Jordanien. Der Busanschlag von Avivim war also der Anfang einer bis heute anhaltenden Gewaltspirale zwischen Israel und dem Libanon, die letztendlich zur Gründung der Hisbollah im 1. Libanon-Krieg führte.

Baram-Nationalpark

Kurz darauf erreiche ich den Baram-Nationalpark. Baram war bis zum Unabhängigkeitskrieg 1948 ein kleines, christlich-arabisches Dorf der Melkitischen Griechisch-Katholischen Kirche. Genauso wie in Iqrit empfahl die Haganah den Bewohnern, ihr Dorf zu verlassen, um nicht in die Kämpfe zwischen Juden und muslimischen Arabern zu geraten. Die jüdische Armee versprach ihnen, dass sie nach 14 Tagen zurückkehren könnten. So machten sie sich auf den Weg in den Libanon oder in andere Nachbardörfer wie das nahe Jish.

Als sie zurückkehren wollten, verweigerten ihnen aber die israelischen Soldaten die Rückkehr. Die Armee hatte die Befürchtung, einen Präzedenzfall zu schaffen, denn erlaubte man auch nur einer Person die Rückkehr, dann würden Hunderttausende palästinensische Flüchtlinge auch heimkehren wollen.

So klagten die Bewohner vor dem Obersten Gerichtshof und gewannen ihren Prozess. Dies wollte die Politik aber mit allen Mitteln verhindern. Daraufhin sprengte die IDF alle Gebäude in Iqrit an Weihnachten 1951 und in Baram im Jahre 1953.

Heute dürfen die Bewohner lediglich ihren Geburtsort besuchen, die Kirche nutzen und sich auf dem Friedhof bestatten lassen. Eine Rückkehr ist bis heute aber ausgeschlossen.

Baram hat aber eine noch viele ältere und wohl auch weniger tragische Geschichte, dies beweist eine der schönsten Synagogen in Israel. Zur Blütezeit der jüdischen Kultur in Galiläa im 5.Jhd. erbaut, ist sie heute noch in weiten Teilen erhalten.

Baram ist einer der weniger besuchten Nationalparks und so ist das Kassenhäuschen unbesetzt. Der dazugehörige Mann liegt einige Meter weiter unter seinem Auto und versucht es offensichtlich zu reparieren.

Er schaut kurz darunter hervor und ich winke ihm mit meiner Green Card zu. Er winkt mich einfach durch und kümmert sich nicht weiter um mich.
Zu Fuß geht es über eine Treppe hinauf auf den sanften Hügel von Baram, und als sich die Bäume lichten, öffnet sich eine satte grüne Wiese vor mir, an dessen Ende sich die Synagoge erhebt. Die Sonne strahlt gerade das reich verzierte Südportal der Synagoge an und der blaue Himmel darüber macht den Augenblick zu einem wunderschönen Erlebnis. Diesen optischen Eindruck vermittelt auch die Rückseite des Buches.
Das Eingangsportal ist fast komplett bis zum Beginn des Dachgiebels erhalten, während die Nordseite nur noch drei Steinreihen umfasst. Vier Säulen stehen vor der Südfassade und auf einer liegt sogar noch ein großer Deckstein. Der Haupteingang ist fast vollständig im Original erhalten und trägt über dem Querstein einen wunderschönen Halbrundbogen.
Viele Elemente sind reich verziert und zeigen geometrische Muster und Fruchtdarstellungen wie Weinreben. Die beiden Fenster des Obergeschosses zeigen noch die Löcher für die Gitter, die einst die Fenster sicherten.
Ich betrete den etwa 12x12m großen Innenraum. Zwei der ehemaligen 13 Säulen sind noch komplett erhalten und könnten jederzeit wieder das Obergeschoss tragen. An den drei Außenwänden befinden sich die so typischen Sitzreihen für die betenden oder diskutierenden Gläubigen.

Schräg gegenüber der Synagoge und etwas erhöht steht die alte Kirche des Dorfes. Auf dessen Dach befinde ich mich jetzt und blicke auf die umgebende grüne Landschaft. Unterhalb der Kirche liegen Dutzende der alten Häuser des Dorfes Baram.
Inzwischen stark überwuchert zeigen sie noch immer deutlich, welch schönes Dorf Baram einst gewesen sein muss. Ich kehre zum Auto zurück, passiere den unter seinem Auto werkelnden Mann und fahre weiter südlich zum Highway 89.

Jish

Zum zweiten Mal auf meiner Reise und insgesamt zum vierten Mal besuche ich Jish, unter den jüdischen Israelis auch als Gush Khalav bekannt. Jish hat etwas ganz Spezielles, denn es gehört zu den wenigen Orten in Israel mit mehrheitlich christlich-arabischer Bevölkerung. Davon zeugt nicht zuletzt die für den kleinen Ort viel zu groß wirkende Kirche.

Diesmal will ich aber nichts essen, sondern zum dritten Mal versuchen, das römische Mausoleum zu finden, zumindest ist das meine Intention. Ich weiß inzwischen, dass dieses römische Grab direkt im Ort liegen muss. So fahre ich herum, aber Jish ist wie ausgestorben und niemand läuft mir über den Weg, den ich fragen könnte. Ich parke und versuche mein Glück zu Fuß.

Schräg gegenüber ist ein altes Eisentor geöffnet, und als ich in das offensichtliche Restaurant eintrete, begrüßt mich ein Mann, der sich schnell als Besitzer des Restaurants herausstellt.

Er heißt Ibrahim und ich erkläre ihm, was ich suche. Er wisse, wo das Mausoleum sei und wird mir den Weg zeigen, antwortet er zu meiner Überraschung. Zuerst müsse ich aber sein Restaurant anschauen, das er binnen eines Jahres von einer Ruine in dieses Kleinod verwandelt habe.

Wie recht er hat, die Mühe, aus dem alten osmanischen Haus ein Restaurant zu machen, hat sich wirklich gelohnt. Um den weihnachtlich geschmückten Innenhof gruppieren sich alle Räume des Restaurants und Ibrahim führt mich in den hinteren Teil. Hier in den ehemaligen Ställen befindet sich einer der sehr geschmackvollen Sitzbereiche. Der Chef hat sich sichtbar alle Mühe gegeben, die alte Bausubstanz so gut wie möglich zu erhalten.

Ibrahim öffnet eine Seitentür und wir betreten eine schmale Gasse hinter dem Restaurant. Er zeigt mir dort eine Mauer aus großen Steinen. »*Diese sind aus der alten Stadtmauer, mit denen die jüdischen Bewohner die Stadt gegen die Römer verteidigten*«, sagt er zu mir.

Wir verlassen die Gasse und betreten wieder die Straße.
»*Von hier sind es nur 100m, dann links hinter einem Haus, dort findest du das Mausoleum*«, meint Ibrahim. Ich danke ihm und sage zu, dass ich nach meiner Besichtigung zum Essen zurückkommen werde. Ibrahim ist sichtlich erfreut und so trennen sich erst mal unsere Wege.

Ich folge seiner Beschreibung und stehe vor einem kleinen Weg hinter einem Haus. Der Weg lässt mich aber befürchten, gleich bei den Bewohnern im Hinterhof zu stehen. Eigentlich habe ich ein frei stehendes typisches Mausoleum zwischen den modernen Häusern erwartet. Doch dann sehe ich das, was ich so gar nicht erwartet habe.
Ich stehe vor einem Eingang, der aussieht wie der Zugang zu einem Luftschutzbunker. Ein massives Betondach bedeckt offensichtlich das alte Mausoleum und eine Treppe führt etliche Meter tief unter die Erde.
Das kleine Mausoleum besteht aus mehreren Grabkammern, wobei die Hauptkammer mit einem Vorbau versehen ist, auf dessen Dach noch ein Doppelsarkophag steht. Ich steige ganz hinab, bis ich gut 6m tief unter der Erde stehe, und traue mich, in das alte Grab hineinzuklettern.
Durch die offene, gut 2000 Jahre alte Steintür betrete ich den inneren Teil. Diese halbrunde, gut 6m tiefe Röhre beherbergt links und rechts je 5 Grabkammern. Die Röhre endet nicht, wie zu erwarten, mit einer geraden Wand oder einer 11. Grabkammer, sondern befand sich damals gerade in der Erweiterungsphase für weitere Gräber.
Zu meiner Überraschung sind die Decken und Wände im Inneren über und über mit Baumwurzeln überzogen. Leider gehört auch etlicher Müll zu meinen Entdeckungen. Vor dem Eingang liegt sogar ein kompletter Auspuff.
Ich verlasse die Grabkammer wieder und betrete eine Nebenkammer. In diesem eckigen Raum sind einige Gräber auf halber Höhe in den Fels geschlagen und waren einst mit Steinplatten abgedeckt.
Jish beherbergt noch viele weitere unterirdische Geheimnisse, die von den Bewohnern gut gehütet werden. In einigen der Wohnhäuser gibt es Eingänge, die in ein weitverzweigtes Netz aus Tunneln führen und aus

der römischen Zeit stammen. Einige von ihnen führen sogar aus Jish heraus, um den damaligen jüdischen Bewohnern eine Flucht zu ermöglichen.

So endet meine kleine Runde unter der Erde und ich steige die Treppenstufen wieder empor ans Tageslicht. Zurück am Restaurant halte ich mein vorab gegebenes Versprechen und kehre ein.
Der Chef führt mich zu einem Tisch und schlägt mir vor, mich mit dem Essen überraschen zu lassen.
»*Ich habe noch keine Speisekarte, da wir erst vor ein paar Tagen eröffnet haben*«, merkt er lapidar an.

So sitze ich in einem rustikalen Raum mit einer Bar und 6 Tischen. Neben mir steht ein bunt geschmückter kleiner Weihnachtsbaum in einer der Fensternischen. Ein komischer Anblick in Israel bei 20°C und bestem Sonnenschein. Noch acht Tage bis Weihnachten und ich darf gar nicht an das kalte Wetter zu Hause denken.

Der herbeigeeilte Kellner gibt sich alle Mühe mit mir, aber so richtig eingespielt ist er noch nicht. Nach einer Viertelstunde kommt mein erster Gang, ein leckeres Linsengericht mit Beilage. Gleich gefolgt vom Hauptgericht mit Lamm, Kartoffeln und Salat. Es ist noch besser als die Vorspeise und mundet vorzüglich. Ich kann mich jedenfalls in Israel an kein besseres Essen erinnern als an dieses.
Ich zahle faire 120 Schekel, verabschiede mich, gebe ein neues Versprechen, bald wiederzukommen und verlasse Jish wieder.

Safed

Ich mache noch einen südlichen Abstecher nach Safed. Neben Jerusalem und Tiberias ist Safed die drittheiligste Stadt Israels. Doch was mich zuerst erwartet, sind Parkplatznot und jede Menge Einbahnstraßen im Bereich der Altstadt.

Nach drei Runden um die alte Kreuzritterburg finde ich dann aber doch noch eine Parkmöglichkeit und stehe kurz darauf vor dem Eingang zur Burg.
Die Burg von Safed diente den Kreuzrittern nicht nur zum Schutz von Akko und Jerusalem, sondern auch als Verwaltungssitz für 250 Siedlungen des Umlandes und vieler wirtschaftlicher Einrichtungen wie Wassermühlen.
Die Burg galt als uneinnehmbar mit ihrer 2200 Mann starken Besatzung und einer 22m hohen Mauer mit 7 Türmen. Diese Mauer umgab mit 825m Länge eine noch höhere innere Mauer, die ebenfalls 7 Türme zählte. Mit über 40.000m² Grundfläche war sie die größte Kreuzritterburg Israels, deren Geschichte 1102 begann und durch Eroberung und Wiederaufbau geprägt war.
1157 rettete sich König Balduin III. in diese Burg, als er die Schlacht bei Banias verlor. 1188 eroberte Saladin die Burg, denn viele der Verteidiger waren 1187 an den Hörnern von Hattin gefallen. 1240 erwarben die Kreuzritter die Burg aber wieder zurück.
Das Schicksal der Burg wurde 1266 besiegelt, nachdem Sultan Baibars die Burg mehrfach angegriffen hatte. Er versprach kurz vor der endgültigen Erstürmung allen Bewohnern freies Geleit nach Akko, wenn sie die Burg aufgeben würden. Über 3000 Zivilisten und viele Verteidiger bezahlten ihre Gutgläubigkeit mit dem Leben, denn Baibars ließ sie alle hinrichten, als sie die Burg verließen. Danach verlor die Burg an Bedeutung und deren Steine wurden später zum Bau der Wohnhäuser in Safed genutzt.

Treppen bringen mich zwischen innerer und äußerer Mauer auf den 820m hohen Berg. Die wenigen Reste lassen nur noch erahnen, wie mächtig diese Burg einst gewesen sein muss. Ich passiere ein doppeltes Burgtor, bis der Weg um 90° nach Norden abbiegt.
Ich klettere an dieser Stelle 2m hoch auf die Reste der äußeren Mauer und schreite die Dicke der Mauer ab. Acht normale Schritte benötige ich von der Außenseite bis zur Innenseite, was eine gut 6m dicke Mauer

am Fundament ergibt, die laut Berichten der damaligen Zeit an der Krone mindestens 4,5m dick war.
Anschließend folge ich dem Weg weiter, passiere wieder ein Tor, auf das sogleich noch ein Tor folgt, und erreiche den oberen Rundweg um die innere Burg. Ein kleiner Tunnel linker Hand lässt mich neugierig werden.
Ich knipse meine Taschenlampe an und folge dem Tunnel, bis er nach 10m nach rechts abbiegt. Hier wechselt der runde Tunnel in einen hohen Schacht aus gut behauenen Steinen, bis sich nach weiteren 10m vor mir ein gewaltiges Wasserreservoir öffnet.
Selbst meine sonst so helle LED-Taschenlampe schafft es nicht, diesen riesigen glockenförmigen Raum einigermaßen zu erhellen. Während die unteren zwei Drittel aus dem Fels gehauen sind, mauerten die Kreuzritter das restliche Drittel bis zur oberen Öffnung. Sein Wasservolumen schätze ich auf etwa 500m³.

Ich verlasse den Wasserspeicher und laufe zum höchsten Punkt der Umgebung. Hier bietet sich mir ein weiter Blick bis zum 1030m tiefer liegenden See Genezareth.
Doch der schöne Ausblick täuscht, denn Safed ist eine stark Erdbeben gefährdete Stadt. Allein 1837 starben 4.000 Menschen, als die Erde unter Safed bebte. Weitere starke Erdbeben ereigneten sich 1759 und 1927, was eine Regelmäßigkeit erkennen lässt. Denn etwa alle 85 Jahre bebt die Erde rund um Safed. Glaubt man an diese Regelmäßigkeit, steht ein starkes Beben kurz bevor.

1929 kam es in ganz Palästina zu arabischen Aufständen gegen die jüdischen Nachbarn. So auch in Safed, wo 18 Juden von aufgebrachten Arabern getötet wurden. David Hacohen schrieb in sein Tagebuch:
»Sie schlachteten den Lehrer Aphriat zusammen mit seiner Frau und Mutter. Sie schnitten den Rechtsanwalt Toledano mit ihren Messern in Stücke. Sie stürmten in das Waisenhaus, zerschmetterten die Köpfe der Kinder und schnitten ihnen die Hände ab. Sie stachen wieder und wieder auf Yitshak Mammon ein, bis sein Körper

blutverschmiert war, und trampelten ihn anschließend zu Tode. Während des ganzen Progroms gab die (britische) Polizei nicht einen einzigen Schuss ab.«

Während des Unabhängigkeitskrieges 1948 versuchten arabische Kämpfer das jüdische Viertel von Safed zu erobern. Die Briten schickten daraufhin Busse, um alle jüdischen Zivilisten zu evakuieren. Doch weder Frauen noch Kinder fuhren mit den Bussen ab, selbst die Babys blieben in Safed.
Die Haganah organisierte daraufhin den Widerstand und unter Trommelfeuer von Mörsergranaten eroberten sie im Häuserkampf alle arabischen Posten. Schließlich flohen die meisten arabischen Bewohner oder wurden deportiert. 50 israelische Soldaten ließen dabei ihr Leben.

Ich fahre zur nahen Altstadt am Westhang der Burg und schlendere ein wenig und ohne Ziel durch die alten Gassen. Hier leben viele sephardische, also spanischstämmige Juden, die nach dem Alhambra-Edikt von 1492 aus Spanien fliehen mussten. Sie setzten hier starke Akzente, was die kabbalistische Lehre anging.
Die Kabbalah ist eine Sammlung aller mündlichen und schriftlichen Überlieferungen des Judentums und befasst sich z.B. mit Themen wie der Schöpfung. Dabei spielte u.a. die Mystik eine große Rolle.
Vorbei an vielen Kunstgalerien, einer alten Moschee und vielen kleinen Synagogen kehre ich anschließend zum Auto zurück.

Alma-Höhle

Die Dämmerung nähert sich, aber ich möchte zumindest versuchen, die mit 157m tiefste Höhle in Israel zu finden. Ich weiß nur in etwa, wo sie sich befindet und biege 9km nördlich von Safed kurz vor dem Kibbuz Alma auf eine südlich verlaufende Schotterstraße.
An einigen Farmen vorbei bestätigt mir ein markierter Wanderweg, auf der richtigen Fährte zu sein. Die Schotterpiste wird immer schlechter und endet an einer Farm. Hier sind gerade zwei Farmer dabei, eine

Herde Pferde von der Koppel zu holen. Beide mustern mich, sagen aber nichts.
Der Wanderweg zweigt hier von der Piste ab und ich packe mein GPS und die Taschenlampe ein und laufe los.
Es geht bergab und in einer Senke erwartet mich eine Rinderherde, die mich nicht aus den Augen lässt. Kurz hinter der Senke erreiche ich den Eingang zur Alma-Höhle.
Ich habe mit einem kleineren Höhleneingang an einem Hang oder einer Klippe gerechnet, aber der Eingang liegt mitten in der Ebene und ist ein großes und tiefes Loch, dessen Boden ich schon gar nicht mehr erkennen kann. Bereits der Eingangsbereich muss über 30m tief sein.
Zwischen Büschen, Bäumen und Felsen klettere ich zum Teil über Eisentritte hinab in die Höhle. Es ist extrem rutschig, denn der Boden ist feucht und schmierig, nicht zuletzt durch Massen von Taubenexkrementen. An einem Eisengeländer entlang erreiche ich, mehr rutschend als laufend, das offensichtliche Ende der Höhle.
Doch was leuchtet da, als ich meine Taschenlampe anknipse? Ein reflektierender Pfeil zeigt nach unten, und als ich genauer hinsehe, erkenne ich einen Schacht.
Es ist der Zugang in etwas Dunkles, Unbekanntes und mich schaudert die Tatsche, dass es hier noch mehr als 100m in die Tiefe gehen soll.
Es juckt mich schon ein wenig, aber ohne erfahrene Begleitung und entsprechende Ausrüstung werde ich auf keinen Fall in diesen Schacht steigen.
Ich kann es nicht ändern, aber ich muss den Rückweg antreten und meinen Höhlenbesuch auf meine nächste Israel-Reise verschieben. So ziehe ich mich am Geländer und den Eisentritten wieder in der rutschigen Höhle hinauf. Zu meiner Überraschung ist es draußen inzwischen fast völlig dunkel.
Der Rückweg ist holprig und nur mit meiner Taschenlampe kann ich noch laufen, ohne über Steine zu stolpern. Um mich herum heulen inzwischen mehrere Schakale um die Wette, um ihre nächtliche Jagd zu beginnen.

Kiryat Shmona

Kaum betrete ich die Wohnung von Shani und Almog, fragen mich die beiden, ob ich Lust hätte, mit auf eine Disco-Party zu gehen. Die Disco wäre sehr beliebt bei den hiesigen Studenten, die hier jeden Mittwoch feiern.
»*Am Mittwoch?*«, frage ich.
»*Ja, denn die meisten von ihnen fahren ja am Donnerstagabend nach Hause, um ihr Wochenende dort zu verbringen*«, sagt Almog zu mir.

Ich denke mir nur, dass ich das mit dem jüdischen Wochenende wohl nie lernen werde, weil dieses ja – bei einer 5-Tage-Woche – am Donnerstag beginnt und am Samstagabend endet. Wobei der Sabbat am Freitagabend mit dem Sonnenuntergang beginnt und am Samstagabend mit dem Sonnenuntergang auch wieder endet. Diese Eigenart des Sabbats bedingt natürlich immer zu wissen, wann Sonnenuntergang ist. Was früher über Lautsprecher oder durch Plakate an einem fahrenden Pkw verkündet wurde, erfährt man heute aus der Zeitung oder mit Hilfe einer App auf dem Smartphone.
Die Muslime hingegen haben ja am Freitag ihren „Sonntag“. Wer also als Christ in Israel in einer arabischen Firma arbeitet oder umgekehrt, der kann viele freie Tage im Jahr genießen.
Diese unterschiedlichen Lebensweisen bedingen auch eine gewisse Trennung in arabische und jüdische Viertel und Orte. Nur so lassen sich vorprogrammierte Konflikte vermeiden. In Jerusalem sperren z.B. orthodoxe Juden einfach Straßen ab, wohingegen Muslime zur Arbeit fahren müssen. Wo Respekt und Toleranz nicht lebensfähig sind, kann man letztlich vielleicht doch nur getrennt leben.

Ich überlege kurz und wäge meine Müdigkeit mit dem Erlebnis einer Studentenparty ab; die Party gewinnt natürlich und ich sage zu. Von Stunde zu Stunde merke ich jedoch, wie Shani immer müder wird und ihre Lust auf Party schwindet. Ich schaffe es aber, sie zu überreden, und

so fahren wir gegen 22:00 Uhr nach ha-Goshrim, 5km östlich von Kiryat Shmona.
Als wir das Kibbuz erreichen, kennen die beiden schon die ersten Studenten am Straßenrand und ich muss alle paar Meter für einen Small Talk anhalten. Es gibt kaum noch Parkplätze im Bereich der Disco und so fahre ich etliche Meter weiter.
Ich komme mir ein bisschen vor wie in „Eis am Stiel", denn zwischen den Autos und auf etlichen Motorhauben tummeln sich küssende Pärchen. So langsam merke ich, dass ich vor einer waschechten „Dorfdisco" stehe. Eine kleine, niedrige Halle hinter einer Industrieanlage bietet die Räumlichkeiten.
Am Eingang warten zwei Sicherheitsleute, die mich aber nur mustern und nicht durchsuchen. An der Kasse zahle ich als Nichtstudent ziemlich happige 50 Schekel und halte meine Handinnenfläche für den Eintrittsstempel hin. Dabei schaut mich die Frau an der stark improvisierten Kasse verwirrt an, packt meine Hand und dreht sie ruckartig um 180° herum. Es knackt leicht, als mein Handrücken nach oben zeigt und sie mir den Stempel aufdrückt. Gut, meine Hand schmerzt jetzt etwas, aber ich bin drin.
Im Inneren der Disco gibt es eine große U-förmige Bar, eine etwa 100m² große Tanzfläche und ein angrenzendes Podest, auf dem gerade eine Verlosung stattfindet. Es ist ziemlich voll und keiner von uns dreien gewinnt etwas.

Ich gebe für meine zwei Begleiterinnen eine Runde Cocktails aus und Almog und Shani stellen mich gut einem Dutzend Freundinnen vor. Ich kann mir aber keinen Namen merken, und als die Musik wieder losgeht, ist es so laut, dass jede Konversation fast unmöglich ist, insbesondere da wir uns ja nur auf Englisch unterhalten.
Den ganzen Abend läuft nur hebräische Musik – wie jeden Donnerstag – und ich kenne gar nichts davon, nur der Titel von Noa „There must be another way" vom Eurovision Song Contest kommt meinen Ohren bekannt vor. Hebräische Musik ist der klare Favorit der meisten Israelis,

die Musik in der Landessprache viel lieber hören als internationale Musik.
Shani scheint ihre Müdigkeit plötzlich vergessen zu haben, denn sie tanzt wie wild durch die Menge. Almog und ich sind hingegen etwas verhalten und mich plagt plötzlich der Hunger. So suche ich den kleinen Imbisstand vor der Disco auf, wo ich sehr freundlich bedient werde und mich für ein belegtes Baguette entscheide.
Beim Essen fällt mir auf, wie viele der Gäste ihren Hund mitgebracht haben. Einer ist höchstens ein paar Tage alt und die Besitzerin kuschelt mit ihm in einer Decke. Vor der Halle stehen sogar ein paar Gitterboxen, in denen man seinen Hund „zwischenparken" kann.
Ich werfe mich wieder ins Getümmel und Shani winkt mich zu sich, um mich zwei weiteren Freundinnen vorzustellen. Eine von ihnen hat vier Jahre in Berlin gelebt und kann ganz gut Deutsch. Sie ist ziemlich angetrunken, trägt ein extrem knappes Kleid und kommt mir beim Tanzen ständig näher. Kurz darauf reibt sie jedes ihrer ausgesprochen weiblich ausgeprägten Körperteile an mir.
Almog rettet mich aus der langsam peinlich werdenden Situation und fragt mich, ob wir gehen wollen. Ich antworte, dass ich mich ganz nach ihr und Shani richte. Shani hingegen will noch länger bleiben und entscheidet sich, mit jemand anderem nach Hause zu fahren. Shani und Almog verabschieden sich mit einem so erotischen Zungenkuss, dass ich mich zwingen muss, nicht hinzustarren. Nach 11 Tagen allein unterwegs in Israel spielen – langsam, aber sicher – meine Hormone verrückt ...
So fahren Almog und ich zurück nach Kiryat Shmona. Es ist 02:00 Uhr und ich bin jetzt auch ziemlich fertig, das war ein echt langer Tag. Shani höre ich erst gegen 03:30 Uhr zurückkommen, als sie mich mit einem kurzen Gepolter aufweckt.

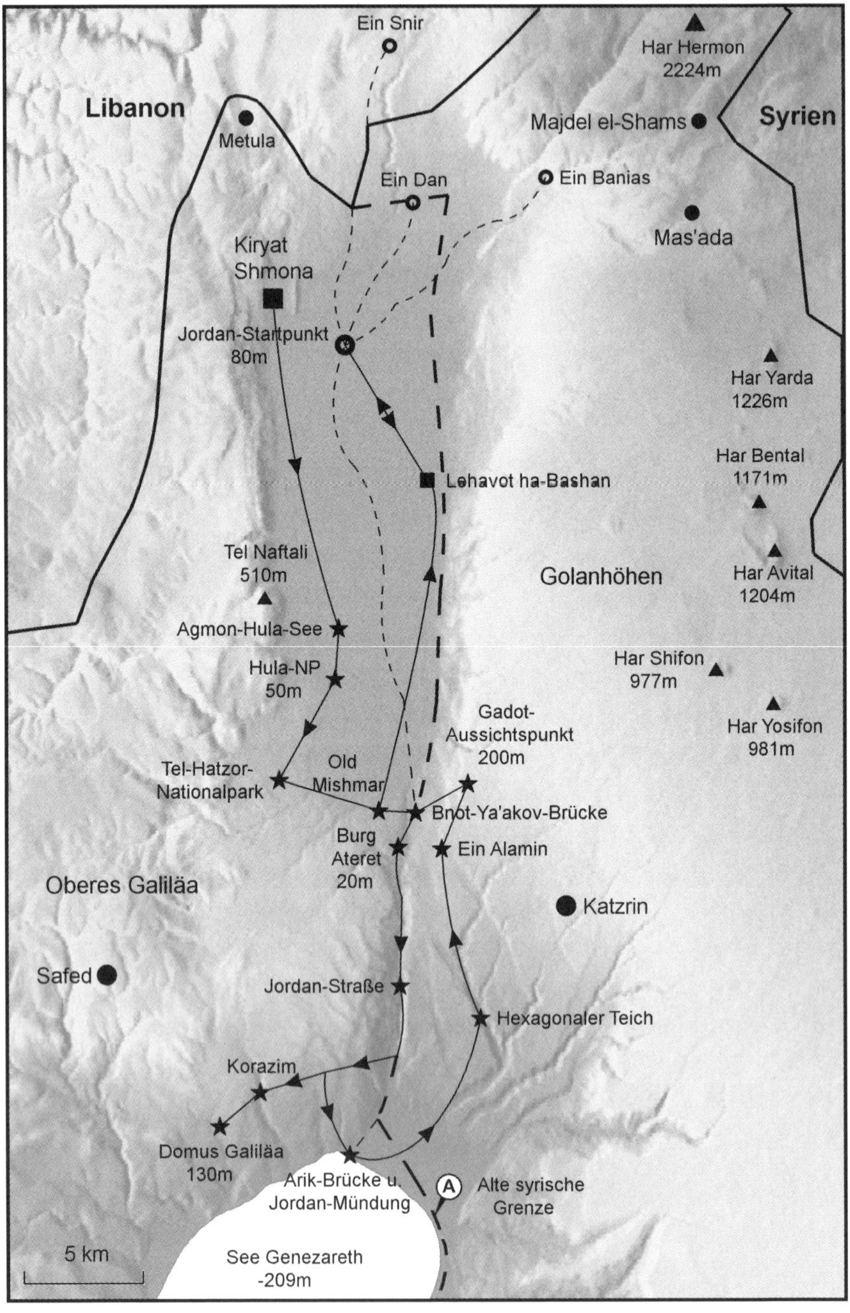
Ein Snir
Har Hermon
2224m
Libanon
Metula
Majdel el-Shams
Syrien
Ein Dan
Ein Banias
Mas'ada
Kiryat
Shmona
Jordan-Startpunkt
80m
Har Yarda
1226m
Har Bental
1171m
Lehavot ha-Bashan
Tel Naftali
510m
Golanhöhen
Har Avital
1204m
Agmon-Hula-See
Hula-NP
50m
Har Shifon
977m
Gadot-
Aussichtspunkt
200m
Har Yosifon
981m
Tel-Hatzor-
Nationalpark
Old
Mishmar
Bnot-Ya'akov-Brücke
Burg
Ateret
20m
Ein Alamin
Oberes Galiläa
Katzrin
Safed
Jordan-Straße
Hexagonaler Teich
Korazim
Domus Galiläa
130m
Arik-Brücke u.
Jordan-Mündung
A
Alte syrische
Grenze
5 km
See Genezareth
-209m

12. Tag – Donnerstag, 16.12.2010

Kiryat Shmona

Es ist 07:00 Uhr, als ich aufwache und ich fühle mich weniger müde, als die kurze Nacht befürchten ließ. Almog ist schon auf den Beinen und ich mache mich fertig zur Abreise. Meine restliche Wäsche ist immer noch feucht und so werde ich sie jetzt einfach im Auto trocknen müssen.
Shani schläft noch, als ich mich herzlich von Almog verabschiede und sie mir eine gute Reise wünscht. Nachdem ich die letzten Sachen im Wagen verstaut habe, verlasse ich Kiryat Shmona.
Mein Weg führt mich heute zuerst westlich des Jordan hinab zum See Genezareth, dann wieder gen Norden an der Ostseite des Jordan entlang und wieder zurück ins Hula-Tal. Mein nächster Host wohnt nämlich in einem kleinen Kibbuz, das ganz in der Nähe von Kiryat Shmona liegt.

Agmon-Hula-See

Mein Mietwagen bringt mich 10km südlich zum Naturreservat Agmon Hula, das vom KKL bewirtschaftet wird. Dieser nördliche Teil des Hula-Naturschutzgebietes ist zu Fuß kaum zu bewältigen. So muss ich mich an der Kasse entscheiden: Fahrrad, Kettcar oder Golfwagen. Ich miete mir natürlich den Golfwagen für happige 145 Schekel und zahle, im Gegensatz dazu, lächerliche 6 Schekel Eintritt. Doch den Spaß gönne ich mir jetzt, denn ich wollte schon immer mal einen dieser Golfwagen fahren.
Nach einer kurzen Einweisung trete ich das Gaspedal voll durch und der Golfkarren schießt los. Ich folge einem ausgeschilderten Weg, zuerst über eine Fahrstraße, dann auf einer Art Radweg, komme durch kleine Wälder und Feuchtgebiete und erreiche den größten See im Hula-Tal.

Hier warten Kraniche, Pelikane und Dutzende weitere Vogelarten auf ihre Entdeckung. Die großen Vogelzüge sind zwar schon vorbei bzw. stehen erst im März wieder an, aber einige Vögel überwintern hier und füllen das Reservat das ganze Jahr über mit Leben.

Da ich alles aus meinem Golfkarren heraushole, schließe ich schnell auf einen größeren, 6-sitzigen Golfwagen auf, in dem eine israelische Familie sitzt. Ich halte mich also an die israelischen Verkehrsregeln und drängele, was das Zeug hält. Dann überhole ich die etwas verdutzt schauenden Israelis über den Grünstreifen und schere knapp vor ihnen wieder ein. Ich habe es mal wieder eilig und mag mich so gar nicht an das israelische Bummeltempo anpassen.

An einer Beobachtungsstation spreche ich kurz mit einem Ranger, der mich durch sein Fernrohr auf eine kleine Gruppe älterer Pelikane blicken lässt. Er meint, sie hätten nicht mehr die Kraft für den Vogelzug und blieben das ganze Jahr über hier im Hula-Naturschutzgebiet. Ich erzähle ihm, dass ich vor 6 Tagen einen einzelnen Pelikan sehr tief fliegend am Tel Yizre'el gesehen habe. Das sei sehr ungewöhnlich, was ich beobachtet hätte, meint er, aber es war wirklich so.
Er erzählt mir noch, wo ich ein paar Wasserbüffel finden kann. Leider entdecke ich an der besagten Stelle keinen einzigen von ihnen. Dafür sitzt nur wenige Meter weiter eine Biberratte direkt am Rundweg und futtert genüsslich eine gerade ausgegrabene Wurzel. Eigentlich stammen diese Tiere aus Südamerika, wurden aber wegen ihres begehrten Pelzes in fast alle Teile der Welt ausgewildert oder konnten aus Pelzfarmen fliehen.
Obwohl die Biberratte nur gute 5m neben meinem Golfwagen sitzt, lässt sie sich von mir überhaupt nicht stören. Ich beobachte sie mehrere Minuten, bis mich die Israelis wieder einholen und sich die Biberratte vor ihrem Geschrei in die Deckung der Böschung flüchtet. Ich kurve zurück zur Ladestation und fahre mit meinem Leihwagen auf der 90 weiter Richtung Süden.

Hula-Nationalpark

Ich erreiche kurz darauf den 5km südlicheren Hula-Nationalpark. Dieses Naturreservat wurde stark modernisiert und besitzt seit ein paar Jahren ein ganz neues Besucherzentrum.
Zu meiner Überraschung gibt es auch eine neue 3D-Videoshow und ich habe Glück, denn ich kann sie mir ganz allein auf Englisch anschauen. Etwas verwundert bin ich über eine Einweisung einer Angestellten des Nationalparks, die fast wie im Flugzeug abläuft. Ich denke mir nichts dabei und habe auch nur halb zugehört. So warte ich mit meiner 3D-Brille auf der Nase, dass es losgeht.
Vögel huschen über die Leinwand und plötzlich beginnt sich mein Sitz zu bewegen, Druckluft wird mir ins Gesicht und den Nacken gepustet, und als die Vögel durch die Wolken stoßen, bekomme ich Wasser ins Gesicht. Ich muss lachen, weil die 3D-Show zwar gut, aber irgendwie doch belustigend ist.

Gleich hinter dem Gebäude warten drei Wasserbüffel auf meinen Besuch. Ihre gedrehten Hörner sind imposant, aber sie kauen ziemlich gelangweilt vor sich hin.
Kaum habe ich das Reservat betreten, stehe ich auch schon in einem Meer aus Schilf. Dieses Schilfmeer bedeckt eine Fläche von über 50 Hektar und ist durchzogen von Wasserkanälen.
Plötzlich flüchtet vor mir eine Rotte Wildschweine in das fast 3m hohe Schilf. Vögel fliegen über mich hinweg und es kreucht und fleucht an jeder Ecke. Als ich über eine Brücke gehe, stapeln sich am Wasserrand etliche Schildkröten und aalen sich in der Sonne. Ein Dutzend Welse gründeln im flachen Wasser und kurz darauf schwimmen zwei Fischotter an mir vorbei.
Nach 500m erreiche ich den Aussichtsturm und blicke über den breiten Schilfgürtel und die Wasserläufe. Einst durchzogen solche Schilfgürtel und Sümpfe das ganze Hula-Tal, bis die jüdischen Einwanderer die Flüsse kanalisierten und die Ebene auf diese Weise trockenlegten. Nicht

nur um Ackerland zu schaffen, sondern auch um die Malaria auszurotten, wurde diese so einzigartige Naturlandschaft dabei fast vollständig zerstört.
Im Nordosten erheben sich der weiße Hermon und die Golanhöhen. Gen Westen zieht sich die Menara-Bergkette entlang und ich sehe den Sendemast des Tel Naftali 440Hm über mir, den ich ja am gestrigen Tag besucht habe.
Am Ende des Weges bringt mich ein 150m langer überdachter Holzsteg direkt auf den großen See, von wo aus ich viele Vögel beobachten kann. Der Weg führt mich wieder tief ins Schilf und schließlich zurück zum Ausgang. Lautes Kreischen dringt dort aus dem 3D-Kino, eine israelische Schulklasse hat wohl gerade genauso ihren Spaß, wie ich ihn gehabt habe.

Tel-Hatzor-Nationalpark

Ich folge dem Highway 90 erneut 5km in Richtung Süden, bis sich vor mir der gewaltige Grabungshügel Tel Hatzor erhebt. Seit 2006 ist er von einer neuen Umgehungsstraße umgeben und so folge ich dem alten Abschnitt, um zum Nationalpark zu gelangen.
Zuerst besuche ich das Hatzor-Museum im gegenüberliegenden Kibbuz Ayelet ha-Shakhar. Es zeigt Fundstücke vom Tel Hatzor und dessen Geschichte von 21 Siedlungsschichten. Besonders sehenswert sind die bis zu 4700 Jahre alten kleinen Tonfiguren aus der Khirbet-Kerak-Kultur und Tonrollen, auf die Nachrichten geschrieben sind. Um diese zu lesen, rollte man sie auf weichem Ton ab und übertrug somit die Nachricht auf eine ebene Tafel.
Direkt gegenüber geht es kurz bergauf zum Parkplatz des Nationalparks, wo nur ein Hund und die nette Angestellte des Nationalparks auf mich warten. Sonst ist niemand hier und ich freue mich über die Ruhe auf dem Tel, als ich die Weltkulturerbestätte Tel Hatzor betrete. Während der Tel Megiddo geradezu von Touristen überlaufen ist, machen Reisegruppen meist einen unerklärlich großen Bogen um Hatzor.

Der Tel besteht aus einer Oberstadt, der eigentlichen Festung mit Heiligtümern und Palast und einer viel größeren Unterstadt. Diese ist heute nur in ganz kleinen Teilen ausgegraben. Die Unterstadt erstreckte sich über 500x800m und wurde im 18.Jhd.v.Chr. von den Kanaanitern gegründet und im 13.Jhd.v.Chr. zerstört und nie wieder besiedelt.
Dennoch hat die Unterstadt eine große Bedeutung, denn zu kanaanitischer Zeit war Hatzor mit 15.000 Bewohnern der größte Stadtstaat der Kanaaniter. 732v.Chr. erobert der assyrische König Tiglath-Pileser III. die Stadt Hatzor und ließ sie dem Erdboden gleichmachen.
Eroberten Hatzor aber wirklich die Israeliten, wie uns die Bibel berichtet?

Die archäologischen Grabungen am Tel Hatzor förderten Erkenntnisse zu Tage, die so gar nicht zum Alten Testament passen, ja sogar biblische Ereignisse in Frage stellen. Mehr zu den Israeliten, die es vielleicht gar nicht so gab, wie es uns die Bibel berichtet, lesen Sie im 2. Teil des Buches „Geheimes Israel – Der Süden“.

Ich passiere den nördlichen Torbereich, der einst Ober- und Unterstadt miteinander verband. Er liegt heute gute 5m unter dem oberen Plateaulevel und zeigt einen kleinen Vorplatz aus schwarzen Basaltsteinen mit einem kultischen Podium. Von hier blicke ich auch über die gewölbte Fläche der Unterstadt, auf der heute überall dort Ackerbau betrieben wird, wo nicht gegraben wurde. Etwas weiter treffen sich die beiden Stadtmauern, nämlich die von König Salomon und die Erweiterung des Königs Ahab, der den heiligen Bezirk verdoppelte.
Vorbei an einer Olivenölpresse erreiche ich ein typisches 4-Raum-Haus aus der israelitischen Periode um 950v.Chr. Es wurde 100m entfernt ausgegraben und hierhin versetzt, um darunterliegende Strukturen freilegen zu können.
Dieser Haustyp entstand erst mit den Israeliten und ist gekennzeichnet von einem Innenhof, um den sich 3 Räume gruppieren. In diesen spielte sich das tägliche Leben ab. Hier befanden sich Lagerräume, eine

Küche, Ställe oder sogar eine Olivenölpresse, wie sie dieses Gebäude zeigt, in dem ich gerade stehe.
Auch ein sogenannter Säulenraum konnte dazugehören. Er besteht aus drei langen Räumen, von denen der mittlere auf zwei Reihen 4-eckiger Steinsäulen stand. Diese trugen einst das Dach und schufen so einen großen Raum. Der vierte Raum hingegen war der Schlafbereich, dieser befand sich im 1. Stock des Hauses.

Ich erreiche das westliche Ende des Tels, hier befand sich zu Zeiten der Richter – im 11.Jhd.v.Chr. – der heilige Bereich mit seinen kultischen Räumen und Stätten. Er beherbergt auch zugleich auf seinem höchsten Punkt den israelitischen Wachturm, der kurz vor der Eroberung durch den assyrischen König hier errichtet wurde.

Auf meinem Rückweg über die Südflanke gelange ich zum eigentlichen Highlight des Tel Hatzor, dem Wasserversorgungssystem des Königs Ahab, dessen etwa 10x15m großes Loch direkt vor mir auf dem Tel auftaucht. Es ist der Zugangsbereich, der die Bewohner 40m tief unter die Oberfläche brachte, damit sie Grundwasser schöpfen konnten.
Was früher über Steintreppen zu erklimmen war, ist heute eine moderne Eisentreppenkonstruktion, die mich Meter für Meter in die Tiefe führt. Mit jeder Stufe wird es merklich kühler, bis mich am Ende ein Tunnel erwartet, der mich noch ein paar Meter weiter in die Tiefe bringt. Wasser gibt es hier heute keines mehr, sondern nur noch ein staubiges Becken am Ende des Tunnels. Jeder Meter wieder hinauf treibt mir die Schweißperlen auf die Stirn, bis ich die Oberfläche erreiche.

Gleich nebenan erheben sich die Reste des Palastes der kanaanitischen Könige. Heute von einem großen Metalldach geschützt, war der Palast einst aus Zedernholz, Stein und Lehmziegeln erbaut. Neben Säulen aus Holz und einer fachwerkähnlichen Wandkonstruktion ist insbesondere der zentrale Thronsaal mit seinem damaligen Holzfußboden in nicht alltäglicher Bauweise entstanden.

Durch das 2m hoch erhaltene Salomon-Tor verlasse ich den Tel Hatzor wieder. Warum nennt es sich überhaupt Salomon-Tor? Die Bibel berichtet uns:
»Salomo setzte bei allen Bauarbeiten Zwangsarbeiter ein: beim Bau des Hauses Jahwes und bei seinem eigenen Palast, beim Ausbau der Verteidigungsanlagen und der Stadtmauern von Jerusalem, Hatzor, Megiddo und Geser.« (1. Könige 9,15)
König Salomon gilt als der „bauende König" und dieser Bibelbezug deckt sich mit den Ausgrabungen, denn sowohl Hatzor als auch Megiddo und Geser (eine Stadt in der westlichen Ebene vor Jerusalem) weisen ein baugleiches 6-Kammer-Tor auf. Auch alle zeitlichen Datierungen sprechen für die Regierungszeit des Königs Salomon.

Ich verlasse den Tel und fahre weiter südlich, bis ich Richtung Golanhöhen auf die 91 abbiege.

Old Mishmar

Der Highway 91 bringt mich stetig bergab, immer näher an den Jordan. Doch kurz zuvor halte ich bei den Ruinen des alten Moschaw Mishmar ha-Yarden. Das verlassene jüdische Dorf zog sich einst entlang der Straße bis kurz vor die abfallenden Hänge zum Jordan hin.
Mishmar ha-Yarden, was so viel wie „Wächter des Jordan" bedeutet, wurde bereits 1884 als kleine Farm gegründet. Mit der Staatsgründung Israels am 14.05.1948 und der stetig wachsenden syrischen Bedrohung durch den seit Monaten anhaltenden Unabhängigkeitskrieg wurden alle Zivilisten des Moschaws evakuiert. In den folgenden Wochen wurde Mishmar ha-Yarden von den Golanhöhen aus immer wieder unter Artilleriefeuer genommen, bis die syrische Armee am 06.06.1948 das Moschaw erfolglos angriff.
48 Männer und Frauen harrten hier zu seiner Verteidigung aus. Vier Tage später versuchten die Syrer es erneut und eroberten Mishmar ha-Yarden im blutigen Häuserkampf. Dabei ließen 8 Verteidiger ihr Leben und 29 gerieten mehrere Monate in syrische Gefangenschaft. Insgesamt

starben 15 Menschen bei der Verteidigung des so wichtigen Jordan-Übergangs.
Mit dem Ende des Unabhängigkeitskrieges und dem Unterzeichnen des Waffenstillstandsabkommens gelangte die Gegend um Mishmar ha-Yarden wieder unter israelische Kontrolle – mit der Einschränkung einer entmilitarisierten Zone, der sogenannten „Triangel von Mishmar ha-Yarden".
Mishmar ha-Yarden wurde aber nie wieder besiedelt und das nahe gelegene Bnei Tzfat wurde in Mishmar ha-Yarden umbenannt. Auf dem eigentlichen Land von Mishmar ha-Yarden wurde später das Kibbuz Gadot gegründet, welches heute gleich gegenüber der Straße liegt. Heute ist Mishmar ha-Yarden eine unscheinbare Gedenkstätte.

Ich laufe an ein paar Hausruinen und Bunkern vorbei und erreiche am östlichen Ende einen kleinen Aussichtspunkt mit Blick in das Jordan-Tal. Auf der anderen Seite schlängelt sich die 91 empor, um oben auf die Golanhöhen zu gelangen. Zurück am Eingang betrachte ich kurz das turmähnliche Mahnmal mit der israelischen Fahne daneben, das zu Ehren der Gefallenen errichtet wurde.
Auf dem Weg zum Jordan passiere ich noch den etwas versteckten Friedhof von Mishmar ha-Yarden, wo ein weiterer Gedenkstein und die Gräber der Gefallenen an den Kampf um das Moschaw erinnern.

Bnot-Ya'akov-Brücke

Nach einer scharfen Kehre erreiche ich den Jordan und die beiden Brücken, die hier den Fluss überspannen. Dieser Ort wurde über Jahrtausende umkämpft, denn er stellt einen der wenigen natürlichen Übergänge über den Jordan dar.
Den letzten Eintrag in die Geschichtsbücher erreichte der Übergang mit der Sprengung der britischen Brücke Anfang 1948 durch die paramilitärische Palmach. Damit versuchten sie zumindest, den in der Luft liegenden Angriff der syrischen Armee zu verzögern.

Über die moderne südliche Brücke fahre ich gerade und vertrete mir auf der Ostseite kurz die Füße. Ich betrete die Holzplanken der nicht mehr genutzten älteren Eisenbrücke. Sie ist eine Behelfsbrücke aus unzähligen Eisenprofilen aus quadratisch geschraubten Elementen.

Vor Kurzem brachten archäologische Grabungen im Bereich der Bnot-Ya'akov-Brücke einige sensationelle Funde zum Vorschein. Hier fanden Forscher Spuren unserer Vorfahren, die in der Erdgeschichte bis zu 750.000 Jahre zurückreichten. Die Stelle schien ein beliebter Jagdplatz gewesen zu sein, denn es fanden sich Jagdwerkzeuge und Reste von Tierknochen in großen Mengen. Ein Sensationsfund war der von Menschenhand bearbeitete Schädel eines Ur-Elefanten sowie einer seiner Backenzähne.

Burg Ateret

Ich fahre auf der 91 zurück bis zur Kehre zwischen Mishmar ha-Yarden und der Brücke und biege hier auf eine unscheinbare Schotterpiste nach Süden ab. Nach wenigen Metern erreiche ich die Ruine der Burg Ateret. Der Bau dieser Kreuzritterburg startete im Oktober 1178, sie wurde jedoch nie fertiggestellt. Saladin eroberte die halb fertige Burg und die Ritter verstießen kurz darauf gegen die Übereinkunft eines Baustopps. So sammelte Saladin am 24.08.1179 seine Truppen und eroberte die Burg erneut. Dabei wurden 800 Burgbewohner getötet und die restlichen 700 versklavt und nicht – wie meist üblich – freigelassen.
Doch es war kein erfolgreicher Sieg für Saladin, denn von Leichen verdorbenes Brunnenwasser tötete zahlreiche seiner Soldaten nach der Eroberung.

Heute imponiert die Burg weniger durch Größe oder Lage direkt in einer Biegung des Jordan, sondern durch eine sehr seltene Besonderheit. Der östliche Teil der Burg wurde vermutlich am 20.05.1202 und am 25.11.1759 durch ein Erdbeben der Stärke 7,5 auf der Richterskala um

1,6m und 0,5m nach Norden verschoben. Die Burg liegt nämlich genau auf dem Reibungspunkt zwischen afrikanischer und arabischer Platte, die ja den Jordan-Graben entstehen ließen.
Den Beweis dazu liefert ein 2,1m breiter Versatz der nördlichen Mauer, wo selbst der Laie die Kräfte der Natur bestens erkennen kann. Die gewaltigen Steinquader der Kreuzritter wurden wie Spielzeug in ihren Fugen verschoben.

Aber woher wusste man, dass es zwei Versetzungen gegeben hatte und nicht nur eine? Ganz einfach: Die später in der Burg erbaute Moschee weist nur eine Versetzung von 0,5m auf, die restlichen 1,6m Versatz müssen also bei einem früheren Erdbeben entstanden sein.

Jordan-Straße

Ich verlasse die Burgruine und folge der Schotterpiste gen Süden – immer am Jordan entlang – zum See Genezareth.
Es gibt definitiv keinen schöneren Weg, dem Jordan zu folgen. Während sich der Fluss immer tiefer in das Tal eingräbt, steigt die Piste leicht bergauf an und ermöglicht einen atemberaubenden Blick auf den hier reißend schnell fließenden Jordan, der sich durch das grüne Tal schlängelt.
Nach einigen Kilometern fahre ich hinab zur recht provisorisch anmutenden Kfar-Hanasi-Brücke, die offensichtlich schon mehrfach durch die Fluten weggerissen wurde. Das Wasser schießt hier durch Kanalrohre unter der Fahrbahn hindurch und strömt unaufhaltsam dem See Genezareth entgegen. Es ist schon erstaunlich, welche Wassermengen hier in den See fließen und welch kleiner Tropfen den See am südlichen Ende wieder verlässt.

Ohne jegliche Vorwarnung nähert sich rasend schnell ein undefinierbares Geräusch. Kaum habe ich die Richtung geortet, donnern zwei Apache-Longbow-Kampfhubschrauber nur wenige Meter über mir das

Jordan-Tal herauf. Beide sind bestückt mit je 16 Hellfire-Raketen und unter dem Bug hängt ihre 30mm-Maschinenkanone in Parkposition.
So schnell, wie sie kamen, sind sie auch wieder verschwunden. Wäre ich ihr Ziel gewesen, ich hätte kaum die Sicherung einer Waffe lösen können, bevor sie mich unter Feuer genommen hätten.

Wieder leicht bergauf passiere ich einige Bienenstöcke und gelange an einen Punkt, von wo ich den Blick über die Nordostecke des Sees Genezareth genieße. Kurz darauf erreiche ich wieder die geteerte Straße bei Karkom und fahre nach Almagor auf die 8277.

Korazim

Ich folge der 8277 nach Westen, bis ich das antike Korazim in seiner schwarzen Basaltlandschaft erreiche. Korazim liegt auf einem Plateau 370m über dem See Genezareth und wird im Westen von einem Wadi begrenzt.
Den 3km südlich liegende See sehe ich nur teilweise, denn Korazim ist von sanften Hügeln umgeben, die meine Sicht stark einschränken. Als ich mich umblicke, ist es nur schwer zu begreifen, dass Korazim einst sehr ertragreichen Ackerbau betrieb. Um mich herum gibt es nichts als verdorrtes Gras und Millionen von Basaltsteinen. Doch gerade dieser Vulkanboden sorgte für ergiebige Getreideernten, denn neben dem nährstoffreichen Basalt speicherten die Steine Wärme und gaben sie über Nacht wieder an die Getreidepflanzen ab.

Die Kassiererin jätet Unkraut am anderen Ende des Parkplatzes und gibt mir zu verstehen, ich solle erst mal reingehen und später bezahlen.
Wie so viele andere Dörfer wurde Korazim uns erst durch Jesus bekannt, da dieser Korazim und Betsaida vorwarf, seiner Lehre überdrüssig zu sein:
»Da fing er an, die Städte zu schelten, in denen die meisten seiner Taten geschehen waren; denn sie hatten nicht Buße getan: Wehe dir, Korazim! Wehe dir, Betsaida!

Wären solche Taten in Tyrus und Sidon geschehen, wie sie bei euch geschehen sind, sie hätten längst in Sack und Asche Buße getan.« (Matthäus 11,20–21)

Rechter Hand passiere ich ein kleines Mikve. Dieses jüdische Ritualbad ist noch immer mit großen Basaltblöcken abgedeckt und sogar mit Regenwasser gefüllt.
Wenige Meter weiter erreiche ich das Prunkstück des Nationalparks, die fast bis zum 1. Stockwerk erhaltene 17x23m große Synagoge. Im 4.Jhd. aus schwarzem Basalt erbaut, ist sie mit Hunderten von Blumen sowie geometrischen Ornamenten verziert und überaus gut erhalten. Die Synagoge von Baram ist zwar noch vollständiger erhalten geblieben, aber die Synagoge von Korazim überwältigt mich mit ihren in Stein gehauenen Darstellungen.
Eine eckige Säule ist über und über mit einem gleichmäßigen Muster überzogen, die griechische mythologische Figur einer Medusa prangt auf einem der Steine und ein Stuhl aus schwarzem Basalt mit dem Namen des Stifters steht in der Synagoge.

Hinter der Synagoge wurden eine Mühle und eine Olivenölpresse sowie ein Lagerhaus rekonstruiert. Sie stehen für den florierenden Agrarhandel, der hier trotz geringen 400mm Niederschlags betrieben wurde.
Durch einige weitere Ruinen gelange ich zurück zum Eingang, wo gerade eine israelische Busgruppe das Kassenhäuschen regelrecht belagert. Ich winke daher einfach der Kassiererin mit meiner Green Card und sie lässt mich ohne Kontrolle nach draußen. Das Loch in der Karte mache ich anschließend im Auto selbst – mit einem Kugelschreiber. Ich liebe diese unkomplizierte Art der Israelis.

Domus Galiläa

Weiter Richtung Safed erreiche ich bei Vered ha-Galil das im Jahre 2000 eröffnete christliche Pilgerzentrum „Domus Galiläa“, das gerade mit Besuchern überfüllt ist.

Am Eingang begrüßt mich ein unglaublich freundlicher Priester aus Ecuador, der sich als Paulo vorstellt und mich fragt, ob ich zu den Musikern gehöre? Okay, darum ist hier so viel los. Ich erkläre ihm, dass ich allein unterwegs bin. Er bittet mich daraufhin, im Foyer Platz zu nehmen, bis eine Besuchergruppe kommt, der ich mich anschließen kann.
Ich warte gut 5 Minuten, da kommt Paulo zurück und entschuldigt sich bei mir, denn es wäre niemand da, bei dem ich mitgehen könnte. Ich stelle mich jetzt auf einen Rauswurf ein, aber in dem Moment bietet er mir eine private Führung an, die ich natürlich gern annehme.
Paulo gehört zu den 75 Priestern, die hier jeweils für 1 Jahr wohnen, beten und arbeiten. Sie kommen aus der ganzen Welt und die Warteliste neuer Anwärter, die in das Domus Galiläa kommen möchten, ist lang. Wie ein Priester sieht er gar nicht aus, eher wie ein Geschäftsmann in feinem Zwirn.

Paulo führt mich durch einen Innenhof, in dem ein Brunnen plätschert, zur Kirche und erzählt mir, dass hier mehrfach am Tag gebetet wird. An der Ostseite – hinter dem Altar – befindet sich ein großes Wandgemälde und Paulo erklärt mir die einzelnen Abschnitte. Sie zeigen das Himmelreich, das Jüngste Gericht und die Hölle. Diese ist leer, was symbolisieren soll, dass jeder Mensch die Chance hat, in das Himmelreich zu kommen, wenn er das Jüngste Gericht besteht.
Wir queren noch einen Versammlungsraum, der gefüllt ist mit Musikern und ihren Instrumenten. Paulo erzählt, dass sich hier schon die Knesset und hohe Würdenträger aller Religionen Israels friedlich getroffen hätten. Ich merke an, dass sie das bestimmt nur für die paar Stunden des Treffens getan und sich danach wieder die Köpfe eingeschlagen haben. Paulo scheint meine ironische Anmerkung zu verstehen, denn er grinst nur verschmitzt zurück.

Über eine große Aussichtsterrasse erreichen wir das südliche Ende des Klosterkomplexes. Von hier habe ich einen weiten Blick über den See und den dazwischen liegenden Berg der Seligpreisung. Im darunter gelegenen Hof steht ein runder, gut 6m hoher Turm, auf dessen Dach 13 Bronzefiguren sitzen. Die zentrale Skulptur symbolisiert Jesus auf einem Stein, der zu seinen 12 Jüngern spricht. Dieses Foto ziert ebenfalls das Cover des Buches.

Wir betreten den Innenhof wieder und stehen vor der verschlossenen Bibliothek. Während Paulo extra für mich den Schlüssel holt, mache ich ein Foto von zwei Tafeln mit den Zehn Geboten. Sie sind hier symbolisch in eine schräge Wand eingelassen, während von oben Wasser – als Zeichen des Lebens – über sie herabläuft.
Plötzlich fährt mich eine russisch sprechende Frau von der Seite an. Ich verstehe kein Wort, kapiere aber schnell, dass ich keine Fotos machen soll. Dabei hatte ich extra gefragt und Paulo hat mich sogar dazu bewogen, Fotos zu machen. Es ihr zu erklären, wäre sinnlos, sie ist völlig außer sich und schimpft ohne Pause mit mir. Erst nach einer gefühlten Ewigkeit lässt sie von mir ab und schlurft mit ihren gut 150kg Lebendgewicht von dannen.
Dann ist auch Paulo wieder zurück und öffnet mir die Bibliothek mit ihren gesammelten Werken. Oberhalb der Bibliothek sind die Zehn Gebote in 3 Sprachen verewigt und umgeben den ganzen Raum. Besonders sehenswert sind eine 300 Jahre alte sephardische Torah sowie eine Bibel von 1702, die mit fast 1m Kantenlänge beeindruckt.
Paulo begleitet mich anschließend noch bis zum Ausgang und verabschiedet mich mit Gottes Segen.

Arik-Brücke

Ich fahre auf dem gleichen Weg, auf dem ich gekommen bin, zurück Richtung Karkom. Bei Almagor geht es 300Hm steil bergab, bis ich den Highway 90 am See Genezareth erreiche. Hier biege ich nach Osten zur Arik-Brücke ab.

Diese Brücke, aus Zeiten des Sechs-Tage-Krieges, überquert hier den Jordan. Sie wird heute von einer neuen Brücke ersetzt und ist für den Verkehr gesperrt. Die mit Holz beplankte alte Brücke ist noch ein Zeuge der Anfänge Israels.
Plötzlich taucht ein rotes Kanu hinter einer schilfbedeckten Biegung auf, in ihm zwei Kinder mit ihrem Vater. Alle drei kommen paddelnd aus dem nah gelegenen ha-Yarden-Park und haben sichtbar jede Menge Spaß. Sie winken mir, was ich mit einem Winken meinerseits und einem Foto von ihnen erwidere.

Hexagonaler Teich

Kurz darauf biege ich auf die 888 gen Norden und folge jetzt dem Lauf des Jordan an dessen Ostseite in den Golanhöhen. Es geht vorbei an Betsaida, hier lebte der Jünger Philippus, wohingegen Andreas und sein Bruder Simon Petrus hier aufwuchsen und später nach Kapernaum umzogen. Jesus soll hier einen Blinden geheilt und vor Gottes Gericht gewarnt haben.
Die Ausgrabung ist aber dermaßen langweilig, dass ich nicht weiter darüber berichten möchte und der Straße weiter hinauf in die Golanhöhen folge. Kurz hinter dem Ort Khad Nes erreiche ich „Breikhat ha-Meshushim", den „Hexagonalen Teich".

Dieses Naturphänomen gehört zum großen Yehudiya-Nationalpark, der den Yehudiya und Zawitan sowie den hier fließenden Meshushim mit einschließt. Am Parkplatz wird gerade ein neues Besucherzentrum gebaut, denn an den Wochenenden besuchen Hunderte Israelis diesen Ort.
Der Fußweg in das dahinter liegende Tal geht extrem steil und steinig bergab. Der Weg führt mich über 100Hm hinab, bis ich den Meshushim erreiche, der kurz darauf in einen natürlichen mandelförmigen Teich fließt. Hier entspannen gerade eine Handvoll Israelis, obwohl am Ufer nur wenige Quadratmeter zum Sitzen zur Verfügung stehen.

Der Teich ist eingerahmt von bis zu 10m hohen 6-eckigen Basaltfelsen, die sich hier als hexagonale Felsformationen zeigen. Einst formte Lava die umgebende Landschaft und der Meshushim hat sich über Jahrmillionen in den harten Basaltfelsen gefressen und diesen Teich geformt.
Eine der vielen Hundert hexagonalen Säulen ist bereits gebrochen und hängt schräg aus den anderen senkrechten Säulen heraus. Es ist wohl nur eine Frage der Zeit, bis wieder ein Stück aus der Basaltwand herausbricht.
Etwas oberhalb des Teiches quert eine Brücke den Fluss. Hier könnte ich jetzt zum 3km entfernten Zawitan-Wasserfall und einem weiteren Teich mit hexagonalen Säulen wandern. Durch den vielen Regen ist dieser Teil des Yehudiya-Nationalparks aber aus Sicherheitsgründen gesperrt.
Der Rückweg ist schon bei 18°C anstrengend, im Sommer möchte ich diesen Weg nicht gehen. Hier wird man ohne Schatten und stetig bergauf regelrecht gebraten.
Oben wieder angekommen nehme ich einen Umweg auf dem Plateau und erreiche zwischen Bäumen und Sträuchern eines der größten Dolmengräber in Israel. Ein riesiger Deckstein, der mit 0,5x2x3m gute 6 Tonnen wiegen dürfte, bedeckt mit drei kleineren Steinen das Grab. Das Grab an sich ist im Inneren nur gut 60cm breit und etwa 2m lang. Dennoch ist es nicht perfekt, denn mit kleinen Steinen wurden die teils größeren Lücken zwischen den großen Steinquadern verschlossen.

Ein Alamin

Weiter geht es auf der 888 immer Richtung Norden, wo ich kurz zur Alamin-Quelle abbiege. Diese entspringt etwas oberhalb der vorhin besuchten Burg Ateret und diente vor dem Sechs-Tage-Krieg den syrischen Offizieren als Schwimmbad.
Zwei anwesende Israelis beäugen mich bei meiner Ankunft erst kritisch, begrüßen mich dann aber freundlich. In den kleinen Pool strömen mehrere Quellen, deren niedrige Wassertemperatur lädt aber nicht

gerade zum Baden ein. Ich laufe ein wenig auf den Rändern der Betonbecken herum und setze meinen Weg fort.

Gadot-Aussichtspunkt

Langsam ist es Zeit für den Rückweg und schon erreiche ich die 91 wieder, von wo ich bergab zum Jordan und zur Bnot-Ya'akov-Brücke fahre. Auf dem Weg stoppe ich kurz am Gadot-Aussichtspunkt, dessen hoher Betonbau wie ein Schiffsegel in der Landschaft steht.
Hier, zwischen Stacheldraht und Panzersperren, wird den IDF-Soldaten gedacht, die bei der Eroberung ihr Leben verloren. Der Fußweg schlängelt sich an Schützengräben und Bunkern vorbei und vermittelt ein gutes Bild der syrischen Befestigungsanlage aus dem Sechs-Tage-Krieg. Am Ende der Befestigung blicke ich hinab ins Jordantal. Unter mir sehe ich die Bnot-Ya'akov-Brücke, die Burg Ateret und den Highway 91 Richtung Safed, dem ich jetzt weiter folge.

Jordan-Startpunkt

Ich überquere den Jordan erneut und fahre wieder bergauf und passiere Mishmar ha-Yarden, wo ich gen Norden auf die 918 abbiege. Über die ha-Pkak-Brücke wechsle ich wieder auf die Ostseite des Jordan und fahre an gut einem halben Dutzend Quellen an den Hängen der Golanhöhen vorbei. Ich fahre anschließend wieder Richtung Kiryat Shmona, bis ich den Kibbuz Sde Nekhemya erreiche.

Hier entsteht der Jordan aus seinen Quellflüssen Snir, Banias und Dan. Wobei Banias und Dan einige Hundert Meter zuvor schon zusammentreffen. Ich folge dem Zaun, der das Kibbuz umgibt, laufe durch ein kleines Tor und folge dem Lauf des Dan/Banias gen Süden, bis ich nach wenigen Metern den Zufluss des Snir erreiche.
Ich stehe jetzt auf einer kleinen Sandbank – oder sollte ich lieber Schlammbank sagen? –, denn mein Sprung auf die kleine Halbinsel im

Fluss endet mit Schlamm bis zu den Knöcheln. Es ist unglaublich grün um mich herum, einzig das gelbe Flugzeug, das gerade Pestizide über die angrenzenden Felder sprüht, stört die Stille des Ortes.
Dennoch, ich stehe jetzt direkt am Entstehungsort des Jordan und genieße einige Minuten diesen so magischen Ort. Von hier fließt der Jordan gute 40km bis zum See Genezareth und findet sein Ende nach etwa 250km im Toten Meer, wo sein Wasser vollständig verdunstet.

Lehavot ha-Bashan

Es wird langsam dunkel und so fahre ich die Strecke zurück bis zum 5km südöstlich liegenden Kibbuz Lehavot ha-Bashan. Hier lebt Yael mit ihrer kleinen Tochter Yarden, die sie also nach dem Fluss Jordan benannt hat.
Als ich am Tor bin, rufe ich sie kurz an und sie erklärt mir, dass ich einfach geradeaus fahren und dann am Spielplatz links abbiegen soll. Sie wäre dort auf einem Kindergeburtstag. Ein Kindergeburtstag? Mir schwant Böses, auch das noch!
Gut, ich fahre los. Das Kibbuz ist grün und sehr familienfreundlich angelegt, denn die Straßen führen nicht direkt durch die Wohnsiedlung. Leider kann ich partout keinen Spielplatz finden und die Einbahnstraße endet am Zaun des Kibbuz. Also muss ich eine Ehrenrunde drehen und innen am Sicherheitszaun entlang einmal um das Kibbuz herumfahren. Gerade als ich den Spielplatz doch noch zwischen den Häusern entdecke, ruft Yael mich an. Da sehe ich sie auch schon in einer der kleinen Seitenstraßen.
Die Begrüßung ist überaus herzlich und Yael spricht ein fast perfektes Englisch. Sie lässt mich etwas abseits parken und nimmt mich mit auf die Geburtstagsparty eines Freundes ihrer Tochter. Sie stellt mich als Couchsurfing-Gast vor und der ein oder andere anwesende Erwachsene entgegnet mit einem „Schon wieder so einer!".
Ich sage mal lieber nichts, Yael scheint es überhaupt nicht zu interessieren. Sie nimmt mich mit ins Haus. Ich denke erst, es ist eine Art Kin-

dergarten oder Spielhaus, denn es gibt so gut wie keine Möbel, sondern nur eine riesige Spielwiese. Sie erklärt mir, die Besitzer hätten fünf Kinder und wären „Ökos“, daher gebe es auch nur Obststücke und keine Süßigkeiten am Kinderbuffet. Ich schaue mir das Schlachtfeld von Buffet an und entscheide mich, nur einen Saft zu trinken.
Wir gehen wieder nach draußen und ich lerne Yaels Tochter Yarden kennen, die gerade um die Ecke flitzt. Ich weiß zumeist nicht so genau, wie ich mit kleinen Kindern umgehen soll, aber Yarden ist so was von süß und freundlich, dass sie jedes Eis bricht. Schade, dass ich mich überhaupt kein bisschen mit ihr unterhalten kann.

Ich beobachte ein wenig die Szenerie, denn überall rennen Kinder herum und kaum einer der Erwachsenen kümmert sich um sie. Auch Yael lässt ihre 5-jährige Tochter frei herumlaufen, teilweise ist sie einfach verschwunden. Aber wohin sollten sie auch entfliehen, das Kibbuz ist ja komplett eingezäunt.

Plötzlich sind alle Kinder da und überschütten das Geburtstagskind mit Konfetti. Es war sein Wunsch, erfahre ich von Yael und sie fragt mich, ob ich zum Supermarkt mitkommen möchte. Ich sage nicht Nein und wir lassen Yarden einfach allein auf der Party.

Der nahe Kibbuz-Supermarkt ist übersichtlich, hat aber alles Nötige für den täglichen Bedarf. Ich kaufe ein paar Dinge für den nächsten Tag und zahle 34 Schekel. Yael hingegen packt gleich einen ganzen Einkaufswagen voll. Wir fahren anschließend zu ihrem einstöckigen Reihenhaus mit kleiner Veranda.
Das Wohnzimmer überrascht mich mit einer hochwertigen Einrichtung inkl. einem 40-Zoll-LCD-Fernseher und einer hochwertigen Ledercouch, die mich diese Nacht aufnehmen wird. Die angrenzende Küche hingegen ist ein Schlachtfeld, hier wurde seit Tagen nichts mehr abgewaschen. Yaels Schlafzimmer ist hinter dem Wohnzimmer und Yardens Zimmer neben der Küche. Ich schlafe also zwischen den beiden.

Das Bad grenzt auch an die Küche und ist ein ziemlich schockierender Anblick. Nicht dass es so klein wäre, nein, es ist total dreckig. Der Fußboden sieht aus, als ob er überschwemmt wurde, und die grüne Sitzbadewanne ist eher rostbraun. Die Türzargen sind verfault und das Fenster verdient den Namen nicht. Was soll's, ich brauche unbedingt eine Dusche.

Yael lässt mich allein und kehrt auf die Geburtstagsparty zurück, um Yarden einzufangen. So nutze ich gleich ihre Abwesenheit und versuche irgendwie – voller Ekel – die Dusche zu benutzen.
Mit dem Handtuch, das mir Yael gegeben hat, decke ich den schlammigen Boden ab und stelle mich leicht angeekelt in die rostig braune Wanne. Ich halte es wie Hape Kerkeling auf seiner Pilgerreise in Spanien, indem ich versuche zu duschen, ohne den Boden zu berühren. Es ist eng, aber es geht irgendwie und ich sehe zu, so schnell es geht das Bad wieder zu verlassen.
Kurz darauf kommt Yael mit Yarden zurück und Yael widmet sich der Küche. Währenddessen beschäftigt sich Yarden mit ihrem auch nicht gerade kleinen 32-Zoll-LCD-Fernseher im Kinderzimmer. Ich packe ein paar Sachen aus und kopiere meine Bilder auf den Laptop. Yael macht nach der Küchenschlacht tiefgefrorene Tofuwürstchen und frische grüne Chilis.
Die Würstchen werden – wie zu befürchten war – außen schwarz und innen nicht gar, aber ich habe Hunger. Wir drei setzen uns an den kleinen, nur etwa 30cm hohen Wohnzimmertisch und erfreuen uns an Tofuwürstchen mit Ketchup und ultrascharfen Chilis, die mir für einen Moment die Luft rauben.
Nach dem Essen unterhalten wir uns noch etwas. Yael arbeitet an der Tel-Chai-Universität, an der ja auch meine beiden vorherigen Hosts Almog und Shani studieren. Yael ist merkbar hochgebildet, lebt aber offensichtlich ziemlich chaotisch. Gerne würde ich mich noch länger mit ihr unterhalten, aber es ist schon spät und ich muss morgen wieder früh raus.

Yael nimmt Rücksicht auf mich, räumt noch ein paar Kissen von der Couch und gibt mir dazu frische Bettwäsche. So richte ich mich für die Nacht ein, als sie Yarden ins Bett bringt. Ich bin binnen weniger Minuten eingeschlafen, der Tag hat mal wieder mächtig an meinen Kräften gezerrt.

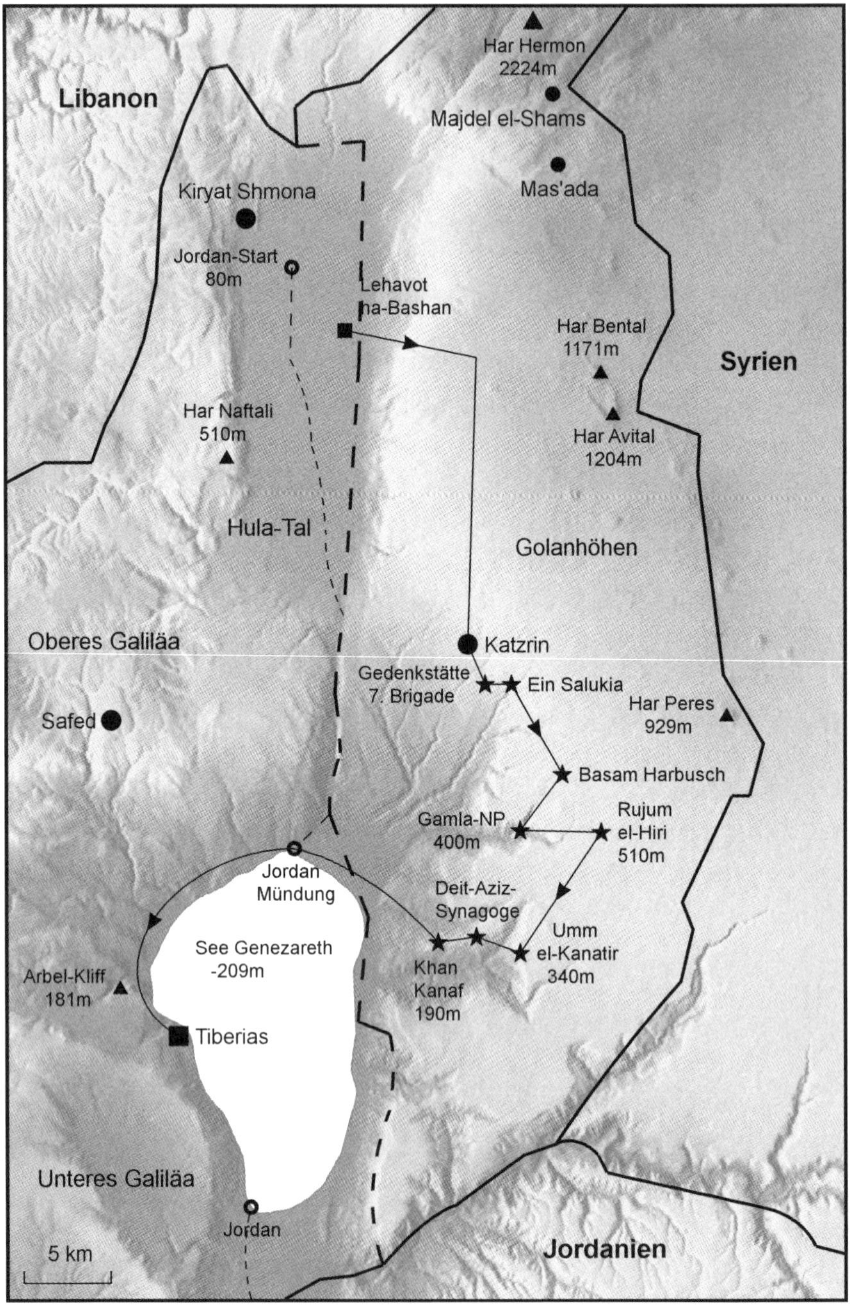
Har Hermon
2224m
Libanon
Majdel el-Shams
Mas'ada
Kiryat Shmona
Jordan-Start
80m
Lehavot
ha-Bashan
Har Bental
1171m
Syrien
Har Naftali
510m
Har Avital
1204m
Hula-Tal
Golanhöhen
Oberes Galiläa
Katzrin
Gedenkstätte
7. Brigade
Ein Salukia
Har Peres
929m
Safed
Basam Harbusch
Gamla-NP
400m
Rujum
el-Hiri
510m
Jordan
Mündung
Deit-Aziz-
Synagoge
Umm
el-Kanatir
340m
See Genezareth
-209m
Khan
Kanaf
190m
Arbel-Kliff
181m
Tiberias
Unteres Galiläa
Jordan
5 km
Jordanien

13. Tag – Freitag, 17.12.2010

Lehavot ha-Bashan

Ich werde vor Yael wach und beginne mich anzuziehen und, so leise es geht, schon ein paar Sachen einzupacken. Meine erste Nacht auf einer echten Couch war bequemer, als ich dachte, ein Bett hätte kaum besser sein können. Einzig der Fernseher in Yaels Schlafzimmer lief die ganze Nacht, denn sie ist vor ihm eingeschlafen. Das habe ich aber nur im Halbschlaf mitbekommen.
Yael scheint nicht wach zu werden und ich will sie auch nicht aufwecken, da sie einen freien Tag hat. Yarden ruft plötzlich nach ihrer Mutter, aber die scheint so tief zu schlafen, dass sie es nicht hört. So schaue ich kurz bei Yarden ins Zimmer und versuche ihr zu erklären, dass nur ich hier bin. Sie scheint es zu verstehen und schläft einfach weiter. Ich wusste gar nicht, dass Kinder so pflegeleicht sein können.

Jetzt stehe ich da, keiner ist wach und ich beginne damit, mir im Wohnzimmer ein paar Bilder anzuschauen. Erstaunlich, wie sich Menschen verändern. Yael ist sicherlich keine unattraktive Frau, aber auf einigen Jugendfotos sieht sie fast aus wie ein Topmodell. Inzwischen schaue ich mir schon ihre Bücher im Regal an und Yael pennt immer noch. Gut, dann bringe ich schon mal etwas zum Auto.
Das Kibbuz ist wie ausgestorben und die Luft ist klar und erfrischend, einzig eine Frau kommt samt Kinderwagen vorbei, stutzt erst kurz und grüßt mich dann doch freundlich. Auf dem kurzen Rückweg zu Yaels Wohnung wartet schon ihre gold-schwarz-weiß getigerte Katze an der Tür auf mich und ich gebe ihr etwas zu fressen.
Plötzlich rührt sich etwas, Yael ist endlich aufgewacht und Yarden ist auch voll da und stellt den Fernseher laut. Yael begrüßt mich mit einem „Boker Tov“ und macht ein kleines Frühstück für uns drei. Sie fragt mich, ob ich mit ihr zusammen Yarden in den Kindergarten bringen will, und ich nehme mir noch diese Zeit. Nach dem Kindergeburtstag

mit lauter schreienden und tobenden Kindern kann mich das auch nicht mehr schocken.
Ich bitte aber beide vorab um ein Foto. Selbst die Katze huscht noch mit aufs Bild und so bekomme ich ein wundervolles Gartenfoto mit Yael und Yarden in der Morgensonne.

Wir drei schlendern über die kleinen Fußwege, die das Kibbuz wie ein Netz durchziehen, Richtung Kindergarten. Der liegt natürlich in Reichweite eines Bunkers und Yael erklärt mir, dass sie diesen offenen Kindergarten bevorzugt. Hier gibt es keine verschlossene Tür, geschweige denn einen Zaun. Alle Kinder zwischen 3 und 6 Jahren werden zusammen betreut, es gibt also nur einen großen Raum und eine Gruppe. Yarden ist nach wenigen Sekunden im Getümmel der Kinder verschwunden, vergisst aber nicht, mich unverständlich, aber freundlich zu verabschieden.
Jetzt wird es langsam Zeit für mich, die Pferde zu satteln. Ich verabschiede mich von Yael, die wirklich alles getan hat, damit ich mich wie zu Hause gefühlt habe. Obwohl ... das Bad hätte sie dann doch mal putzen können.

Katzrin

Nahe dem Kibbuz Lehavot ha-Bashan führt mich die 959 direkt auf die Golanhöhen, wo mich zwei IDF-Soldaten zum Anhalten zwingen. Kurz überrascht sehe ich gleich darauf warum.

Eine ganze Panzerkompanie rückt aus dem Schlamm der Golanhöhen an und macht sich auf, die Straße direkt vor mir zu queren. Das Dröhnen kommt immer näher und mein Wagen vibriert, als etwa 12 Merkava-IV.-Panzer direkt vor mir über die 959 donnern.
Sie sammeln sich auf einem Platz linker Hand der Straße, die jetzt nicht mehr als solche zu bezeichnen ist. Die Panzer haben die Straße mit Schlamm bedeckt und die Ränder völlig kaputtgefahren.

Der Merkava, was übersetzt und irgendwie passend „Streitwagen“ bedeutet, ist das Rückgrat der israelischen Bodenstreitkräfte. Die aktuelle Version IV. wurde 2003 eingeführt und kam noch während der 2. Intifada, des Libanon-Krieges 2006 und des Gaza-Krieges 2009 zum Einsatz. Israel verfügt neben ca. 350 Merkava IV. noch über ca. 800 aktive Merkava III. und etwa 2100 ältere Panzermodelle, die für den Ernstfall eingelagert sind. Die Bundeswehr kann aktuell noch 250 Leopard 2 aufbieten, um das mal in eine Relation zu setzen.
Der Merkava IV. ist mit 65 Tonnen der schwerste Kampfpanzer der Welt. Seine Besonderheit liegt in einem vorne platzierten 1500PS-Dieselmotor einer deutschen Firma vom Bodensee, die auch israelische Marineschiffe mit Motoren ausrüstet. Diese besondere Bauart ermöglicht eine Heckklappe und somit die Mitnahme einiger taktischer Soldaten im Heck des Panzers.
Der Merkava-IV.-Motor wird in Einzelteilen verschickt und in den USA unter anderem Namen zusammengebaut, damit er offiziell nicht mehr aus Deutschland stammt. Ähnlich wird mit dem Merkava-Getriebe einer anderen deutschen Firma verfahren. Auch die 120mm-Kanone des Merkava lehnt sich stark an die deutsche Leopard 2 bzw. die in Lizenz gebaute Kanone das M1-Abrahms-Panzers der USA an. Auf wundersame Weise erhielten die Israelis hier die Konstruktionspläne, um sie selbst fertigen zu können. Nicht zuletzt können alle NATO-Geschosse im Merkava-Panzer verwendet werden.

Deutsche Rüstungsgüter für Israel sind aber immer wieder ein heikles Thema, über das die deutsche Politik oft den Mantel des Schweigens legt, anstelle offen darüber zu diskutieren. Zumeist finden deutsche Rüstungsgüter den Weg in die USA, wo sie zusammengebaut und als Militärhilfen ganz legal an Israel verkauft werden. Deutschland selbst kauft inzwischen viele Rüstungsgüter direkt aus Israel.
Mit dem Zerfall des Ostblocks und dem Erbe der NVA lieferte Deutschland auch viele Informationen über russische Waffen an Israel. Zuvor hatte Israel bereits russische Waffen und Dokumente an die

NATO geliefert, die sie im Sechs-Tage- und Jom-Kippur-Krieg erobert hatten.

Nach dem Panzerdesaster im Libanon-Krieg 2006 – mit 23 Toten – wurden viele Merkava-IV.-Panzer mit dem Raketenabwehrsystem „Eisenfaust“ ausgerüstet. Dieses bekämpft anfliegende Geschosse mit einer Gegenexplosion kurz vor dem Panzer und zerstört damit das nahende Projektil. Zum ersten Mal erfolgreich war das Abwehrsystem im März 2011, als die Hamas über die Gazagrenze hinweg einen Merkava ins Ziel nahm und dieser die anfliegende Rakete abwehrte.

Nach einigen Minuten darf ich weiterfahren, werde aber einige Kilometer weiter schon wieder gestoppt, als die nächste Panzerkolonne aus Schützen- und Bergepanzern die Straße kreuzt. Verzweifelt versuchen dabei einige Soldaten mit Lkw-Reifen die Straße zu schützen, aber diese wird unter Tonnen von Stahl regelrecht zermahlen. Auch dieser Straßenabschnitt braucht anschließend eine Sanierung. Inzwischen donnern die ersten 120mm-Granaten der Merkava-Panzer durch die Golanhöhen.

Kurz darauf erreiche ich Katzrin, die einzige jüdische Stadt in den Golanhöhen, die zugleich die Verwaltungshauptstadt des Bezirkes ist. Hier interessiert mich insbesondere das Katzrin-Museum im Zentrum der Stadt.

Die Dame am Eingang nimmt mir 17 Schekel Eintritt ab und erklärt mir kurz das Museum. Die Ausstellung beherbergt Fundstücke aus Gamla und Rujum el-Hiri, alles Orte, die ich heute noch besichtigen will. Dazu viele Reliefs aus Golansynagogen und allgemeine Fundstücke aus den Golanhöhen.

Im Museum ist auch eines der Häuser aus dem Neolithikum nachgebaut, in dem vor 7000 Jahren die Bewohner der Siedlung Basam Harbusch lebten. Auch hier werde ich in Kürze vorbeifahren. Die anschließende Videopräsentation über Gamla ist zwar informativ, aber technisch so veraltet, dass ich schon etwas schmunzeln muss, wenn die Bilder aus den 70ern über den Projektor flackern.

Am südlichen Ortsausgang, kurz vor dem Industriegebiet, wartet der Katzrin-Nationalpark auf den Besucher. Die kleine Ausgrabung beherbergt eine gut erhaltene Synagoge und einige rekonstruierte Wohnhäuser aus dem 4. bis 8.Jhd.n.Chr. Leider hat der Park ohne sichtbare Gründe geschlossen, so fahre ich weiter gen Süden, erneut an der Golan-Weinkellerei und der Eden-Mineralwasserfabrik vorbei.

Gedenkstätte 7. Brigade

Südlich von Katzrin erreiche ich die 87 mit der direkt gegenüberliegenden Gedenkstätte der 7. Brigade. Etwas erhöht stehen drei Panzer, ein syrischer T-34, ein britischer Centurion der Jordanier und ein amerikanischer Sherman-Panzer der Ägypter. Unterhalb steht ein einzelner britischer Centurion-Panzer in der verbesserten Version Scho't, „die Peitsche“ der israelischen Armee. Die Szene stellt den Kampf der IDF gegen die feindlichen Panzerverbände im Jom-Kippur-Krieg dar.

Ich laufe ein wenig um die Panzer herum und klettere hier und dort auf einen der Panzertürme. Etwas versteckt zwischen Büschen steht ein weiterer russischer Panzer vom Typ T-54, der einen seitlichen Volltreffer in die Wanne abbekommen hat.
Ich klettere über die kettenlosen Räder auf den Panzer und blicke durch die halb offene Luke ins Innere. Der Innenraum ist völlig verrostet und chaotisch, die Granate hat den Innenraum zerstört und Stahlbleche wie ein Sieb durchlöchert. Der Panzer ist ein stummer Zeuge, wie zentimeterdicke Panzerung einfach durchdrungen werden kann.

Ein Salukia

Nur 500m weiter gen Osten erreiche ich die Salukia-Quelle. Am Parkplatz baut gerade ein Druse seinen Stand auf, er bietet – wie fast alle anderen drusischen Händler – Äpfel, Honig und eingekochte Ware an. Er versucht mir natürlich gleich etwas zu verkaufen, aber ich gebe ihm zu verstehen, dass ich erst auf dem Rückweg sein Angebot anschauen will, auch wenn seine Ware jetzt schon überzeugend lecker aussieht.

Ein Salukia ist angelegt wie ein kleiner Park und über gut ausgebaute Wege erreiche ich ein erstes Becken des kleinen Baches, der von der Quelle gespeist wird. Es geht über schmale Brücken oder Steine immer wieder auf die andere Seite des Baches. Mal laufe ich links, mal rechts am Ufer entlang und ich entdecke dabei etliche Süßwasserkrabben. Ich folge dem Wasserlauf, bis ich am Ende die Salukia-Quelle erreiche, die aus dem Schilf kaum merkbar hervorquillt.
Hier siedelten rund um die Quelle schon vor Tausenden von Jahren Menschen, was archäologische Funde beweisen.
Direkt nebenan befindet sich die mit Stacheldraht geschützte Eden-Quelle. Diese wird ja in das 2km entfernte Katzrin gepumpt, wo deren Wasser in Flaschen abgefüllt wird.

Auf dem Rückweg halte ich mich an mein Versprechen und besuche den drusischen Stand, der fein säuberlich auf der Ladefläche seines Pickup aufgebaut wurde. Ich entscheide mich für eine Packung Äpfel und eine Schale Walnüsse. Beides soll zusammen 30 Schekel kosten und ich gebe dem Drusen 50 Schekel, da ich es nicht passend habe. Zurück bekomme ich aber nur 15 Schekel. Der Druse grinst mich freundlich an, obwohl er mich gerade um 5 Schekel beschissen hat. Ich überlege eine Sekunde, entscheide mich aber, nichts zu sagen, gehe zu meinem Auto und lasse mir die Walnüsse schmecken.

Basam Harbusch

Kurz darauf biege ich auf die 808 ab und fahre weiter gen Süden. Direkt an der Straße liegt die archäologische Fundstätte Basam Harbusch. Dieser Ort wurde bereits im Neolithikum, also vor über 7000 Jahren, bewohnt. Dies bewiesen Radiokarbonanalysen gefundener Holzkohle mit einem gesicherten Alter von 5270v.Chr. +/-140 Jahre.

Die Grabungsstelle ist hoch überwuchert von Gräsern und messerscharfen Disteln, dennoch erkenne ich schmale Trampelpfade, denen ich folge. So finde ich immer wieder Reste der alten Behausungen und stolpere fast über eine alte Steinplatte, die zum Zermahlen von Getreide diente.

Nach gut 200m lichtet sich das hohe Gras und ich stehe zwischen zwei Häuserreihen, die offensichtlich den Hauptteil der Grabung ausmachen. Die damaligen ca. 50m langen Steinhäuser waren in mehreren Reihen parallel zueinander angelegt und jedes einzelne Haus war in mehrere Wohneinheiten unterteilt. Diese Bauweise basierte auf praktischen Gründen, denn so boten die Häuser einen Wind- und Wetterschutz wie eine Wagenburg. Mehrere getrennte Wohnungen pro Haus sparten Baumaterial und die Wärme wurde besser gehalten. Die Eingangstüren und Treppenstufen, die in die Wohnräume führten, lassen sich noch gut erkennen, teilweise besaßen die Häuser sogar Steinböden aus großen Platten.

Während ich weiter durch die alten Mauern schlendere, spielen sich in meinem Kopf Bilder der Vergangenheit ab. Meine Fantasie lässt die Wände wieder auferstehen und mit grasbedeckten Dächern abschließen. Rauch von Feuerstellen liegt in der Luft und Frauen mahlen Urgetreide zu Mehl.

In dem Moment werde ich unsanft aus meinen Träumen gerissen, als ein Schwertransporter, mit einem Merkava-Panzer auf der Ladefläche, nur wenige Meter an mir vorbeidonnert.

Mehr gibt es vor lauter Gestrüpp auch nicht zu entdecken und auf dem Rückweg schneide ich mir an einer scharfen Distel den kleinen Finger auf. Der Schnitt ist so glatt wie mit dem Skalpell, aber ein Pflaster aus meiner Erste-Hilfe-Tasche beendet meinen Blutverlust zuverlässig.

Gamla-Nationalpark

Ich fahre weiter südlich und biege kurz darauf nach Gamla ab, einem der interessantesten und schönsten Orte in den Golanhöhen, wenn

nicht sogar in ganz Israel. Obwohl von militärischem Sperrgebiet umgeben, ist hier heute alles ruhig und ich reiche der Frau am Eingang meine Eintrittskarte zum Lochen.
Die alte jüdische Stadt Gamla steht für den unbeugsamen Widerstand der Juden gegen Rom und wird auch als Massada des Nordens bezeichnet. Als eine der letzten Siedlungen im nördlichen Israel fiel es 67n.Chr. unter dem Ansturm gleich dreier römischer Legionen, die Gamla sieben Monate lang vorab belagert hatten.
Für die Römer hatte Gamla als Grenzstadt eine wichtige Bedeutung, denn sie fürchteten einen Angriff aus dem östlichen Parther-Reich. Darüber hinaus diente Gamla vielen gesuchten jüdischen Widerstandskämpfern als Zufluchtsort.
So bot Rom – unterstützt von Hilfstruppen – ca. 30.000 Mann auf, um den sogenannten „Kamel-Höcker" in den Golanhöhen zu erobern. Gamla heißt nämlich im Hebräischen „Kamel", da der Berg, auf dem die Stadt liegt, mit seinem charakteristischen Höcker an den Rücken eines Kamels erinnert, zumindest wenn man viel Fantasie hat.

Gamla hat sich etwas sehr Seltenes bewahrt, denn nach der römischen Eroberung siedelte hier nie wieder jemand. So blieb das ehemalige römische Schlachtfeld gänzlich erhalten. Die archäologischen Funde und der gesunde Menschenverstand decken sich allerdings nicht völlig mit den Berichten des Flavius Josephus, denn dieser war beim Angriff gar nicht persönlich anwesend und musste sich selbst auf Erzählungen anderer stützen. Dennoch schuf er mit seinem Bericht über die Zerstörung Gamlas in seinem Werk „Der Jüdische Krieg" einen unschätzbaren Einblick in die damaligen Vorgänge.

Ich erinnere mich noch gut an meinen letzten Besuch von Gamla im September. Bei 40°C machte hier meine Freundin mit einem hochroten Kopf und Hitzekollaps schlapp. Gamla zu besuchen, kann wirklich eine Tortur sein, ohne Schatten ist man hier über Stock und Stein unterwegs und muss 100Hm überwinden. Die meisten Besuchergruppen begnügen sich daher mit einem kleinen Rundweg auf dem oberen Plateau und erblicken das tiefer gelegene Gamla nur von einem Aussichtspunkt aus.

Aus Zeitgründen muss ich heute auch etwas auslassen, und zwar den einstündigen Weg zum Gamla-Wasserfall. Der idyllische Weg führt durch eine Graslandschaft an Dutzenden Dolmengräbern vorbei zum – mit 51m – höchsten Wasserfall Israels. Aber jetzt muss ich Prioritäten setzen und laufe direkt zum Gamla-Aussichtspunkt.
Plötzlich huscht der Schatten eines Adlers nur wenige Meter über mir durch die Luft. Er gehört zu etlichen weiteren Greifvögeln, die rund um Gamla leben und hier so majestätisch durch die Täler gleiten.
Als ich den Aussichtspunkt erreiche, bietet sich mir ein einmaliger Blick. Linker Hand öffnet sich das tiefe Tal des Flusses Daliyot und rechter Hand blicke ich in das ebenso tiefe Tal des Gamla. Direkt und 100Hm unter mir liegen gen Westen die antiken Reste der Stadt Gamla. Hinter Gamla treffen sich die beiden Flüsse und fließen dem am Horizont liegenden See Genezareth entgegen. Dessen nördlichen Teil kann ich zwischen den umliegenden Bergen noch sehen.

Gamla selbst kann man kaum beschreiben, man muss diese alte Stadt einfach mit eigenen Augen gesehen haben. Ich möchte es aber zumindest versuchen, Ihnen Gamla vorstellbar zu machen. Stellen Sie sich ein Haus mit einem 30°-Satteldach vor, das umgeben ist von doppelt so hohen Gebirgszügen und an 3 Seiten von Flüssen umspült wird. Die Stadt Gamla liegt jetzt komplett auf der südlichen 30°-Schräge des Daches. Die Nordseite hingegen fällt fast doppelt so steil zum gleichnamigen Fluss Gamla hinab, wobei der Dachfirst gen Westen weiter ansteigt.
Erst hier wird mir klar, was die Römer für eine Anstrengung unternehmen mussten, um die Stadt zu erobern. Von drei Seiten praktisch uneinnehmbar konnten sie zwar von den umliegenden Bergen in die Stadt hineinschauen, die massive Stadtmauer im Osten aber nicht so leicht überwinden.

Ich steige den steinigen Pfad zur Stadt hinab, passiere am Ende einige nachgebaute Waffen der römischen Armee, quere den alten Stadtgraben und stehe an dem Punkt, wo die Römer mit einer Ramme eine Bresche in die Stadtmauer schlugen. Dieser Durchbruch liegt nur wenige Meter südlich der Synagoge, die mit ihrer Ostseite einen Teil der Stadtmauer bildet.
Der Durchbruch befindet sich etwa 2m über dem Bodenlevel und eine seitliche Eisentreppe bringt mich in die alte Stadt. Das Haus, in das die Römer hier eindrangen, war ein Wohnhaus, und als ich den Durchbruch von der anderen Seite erreiche, bestaune ich den Querschnitt der zerstörten Stadtmauer.
Nirgends lässt sich so gut die Verteidigungsstrategie von Gamla erkennen wie hier. Die äußere Mauer ist gut 70cm dick und aus sauber geschichteten Steinen. Die Innenseite wurde durch eine weitere etwa 1,2m dicke Mauer verstärkt, die einfach hinter die recht dünne Außenmauer geschichtet wurde. Josephus Flavius selbst war es, der Monate zuvor den Auftrag gab, die Stadtmauer zu verstärken. War er es aber auch, der den Römern ihre Schwachstellen verriet, nachdem er in Yodfat gefangen genommen worden war?

Über ein paar Steintritte gelange ich auf die Mauer. Von hier blicke ich 300m bergab und sehe, wie die leicht unregelmäßig verlaufenden Mauerreste bis zum 100Hm tiefer gelegenen Fluss Daliyot reichen. Dieser schlängelt sich dort am Ende der Mauer durch das Tal. In der anderen Richtung blicke ich 70m hinauf zum 20Hm höher gelegenen runden Eckturm, der im Norden die Stadtmauer schützte.
Ich folge einem Schotterweg den Hang hinauf und erreiche die nahe Synagoge. Sie stammt aus dem 1.Jhd. und gehört zu den sechs ältesten Synagogen in Israel überhaupt. Gut möglich, dass sogar Jesus schon in diesem Gebäude weilte, auch wenn die Bibel nicht direkt davon berichtet. Dennoch, Jesus besuchte ja die Gegend der Gadarener am Ostufer des Sees Genezareth, und von dort war es keine Tagesreise bis Gamla. Selbst von Betsaida waren es nur 10km bis zur Stadt.

Die Optik der Synagoge ist denen der 500 Jahre jüngeren in den Golanhöhen und Galiläa sehr ähnlich. Umlaufende Sitzbänke und die klassischen Rundsäulen finden sich auch in allen anderen Synagogen aus dem 4. bis 6.Jhd. der Region.
Etwas untypisch ist höchstens die Grundform. Während ältere Synagogen meist zum Rechteckigen tendieren, ist diese trotz ihrer Hanglage relativ breit und fast quadratisch. Vermutlich gab es hier kein oberes Stockwerk, sondern nur ein offenes Dach, welches den Innenraum der Synagoge erhellte.
Eines überrascht mich allerdings, denn Gamla war im 1.Jhd. eine große Stadt mit ca. 2000 Einwohnern in Friedenszeiten und die Synagoge bot nicht mal annähernd so vielen Bewohnern Platz. Entweder waren nicht alle Bewohner jüdischen Glaubens oder es gab im Stadtgebiet noch weitere Synagogen.
Dafür spricht die Tatsache, dass bis heute nur 5% des Stadtgebietes ausgegraben sind. Gut möglich, dass sich unter dem dichten Gras noch eine oder mehrere weitere Synagogen verbergen.
Nur wenige Meter westlich der Synagoge laufe ich am Mikve der Synagoge vorbei. Eine Treppe führte in das 3x4m große Becken, das mit Regenwasser gespeist wurde. Dieses jüdische Ritualbad gehörte zum heiligen Bezirk rund um die Synagoge, wie auch die Leseräume, in denen die Thora studiert werden konnte.

Jetzt folge ich dem Pfad stetig gen Westen und durchquere so ganz Gamla. Vorbei an Grabungsresten, die ein 5000 Jahre altes Gebäude aus der frühen Bronzezeit freilegten, gelange ich zum Ende der Stadt. Hier entdeckten die Archäologen einen antiken Gewerbebereich, in dem Olivenöl hergestellt wurde. Ich laufe die 2000 Jahre alte Treppe hinab, die in einem so guten Zustand ist, als ob gestern noch die Bewohner über sie gelaufen wären.
Ich bin aber irritiert von der Lage des Gewerbegebietes, schließlich mussten die Oliven einmal quer durch die ganze Stadt transportiert werden. Dazu ist die Ölpresse auch noch sehr groß, gleich mehrere

Mühlsteine und Pressen befanden sich hier. Oder gab es vielleicht doch einen Zugang zur Stadt aus Richtung des Sees Genezareth?
Das Hauptgebäude zeigt mir einen restaurierten Doppelbogen, der einst die Decke trug. Ein halbes Dutzend Steingewichte liegen hier noch herum, die einst an den Holzbalken hingen und so das Öl aus den gemahlenen Oliven herauspressten. Von dort lief es dann in die noch gut erhaltenen Becken im Boden.
In der Nähe nutzen die Bewohner eine Höhle zum Lagern von Getreide und Oliven. Ob sie wussten, dass sich darunter Gräber aus der Bronzezeit befanden?

Als ich vor dem Hauptgebäude stehe und bergauf blicke, wird mir klar, wie einst die ganze Stadt ausgesehen haben muss, denn hier wurden einige Reihen Gebäude freigelegt. In Gamla reihten sich die Hausreihen terrassenartig aneinander und die Bewohner konnten auch über die Dächer von Haus zu Haus gelangen. Schmale Gassen zogen sich in Ostwestrichtung durch die ganze Stadt und Treppen verbanden Ebene mit Ebene.
Für die eindringenden Römer sicherlich ein Albtraum, denn ihre geschlossene Kampftaktik mussten sie hier – gegen einen blutigen Häuserkampf – preisgeben. Dies führte vermutlich zu einem Zwischenfall, über den Flavius Josephus berichtete.
Als die Römer zum ersten Mal in Gamla eindrangen, versuchten sie über die Hausdächer Gamla zu erobern, um sich vielleicht dem engen Straßenkampf zu entziehen. Unter der Last der römischen Soldaten sollen dann die Dächer eingestürzt sein und die Römer zum Rückzug gezwungen haben.
Punktuell stürzten vielleicht wirklich einige Dächer ein, aber ob, wie berichtet wird, der Großteil der Stadt einstürzte, ist schon etwas fraglich. Ich laufe zurück, biege linker Hand ab und folge dem steilen Pfad den Hang hinauf.
Über große Steine laufe ich auf dem schmalen Grat entlang und erreiche in der Nordwestecke den mit 280m höchsten Punkt von Gamla.

Obwohl ich auf dem Gipfel stehe, ist es der tiefste Punkt der umliegenden Klippen. Mein Blick gen Norden lässt mich in das steil abfallende Tal des Flusses Gamla blicken. Als ich dem Flusslauf gen Nordosten folge, sehe ich den fast 2km entfernten Gamla-Wasserfall am Ende des Tales in die Tiefe stürzen. Er liegt 100Hm über mir, wie alle mich umgebenden schroffen Klippen.

Genau hier, wo ich gerade stehe, sollen sich die letzten 5000 Überlebenden in die Tiefe gestürzt haben, um der römischen Gefangenschaft zu entgehen. Die Lage vor Ort lässt mich schon ein bisschen daran zweifeln, ob es wirklich so war. Der Grat ist schmal und schwer erreichbar, dazu geht es auf der anderen Seite gar nicht so tief hinab, dass es sicher für einen Selbstmord reichen würde.
Das Ganze wirkt ein wenig absurd auf mich. Hätten sich hier wirklich einige Tausend Menschen in einer Schlange eingereiht, um sich in den Tod zu stürzen, während sie von hinten durch die Römer angegriffen wurden? Sicher, es war der letzte Zufluchtsort, aber zeitnaher Selbstmord der letzten 5000 – durch einen Sprung von Felsen – ist schon recht abenteuerlich. Wir werden die Wahrheit wohl nie erfahren, denn in ganz Gamla fand man so gut wie keine Opfer der Schlacht.

Ich schaue mich weiter um und blicke nach Südosten in das Tal des Flusses Daliyot, während ich im Westen einen schmalen Teil des nördlichen Sees Genezareth sehen kann. Ich klettere über die Steine zurück zum gut begehbaren Pfad und laufe etwas unterhalb des Grates zurück Richtung Stadtmauer. Ich passiere dabei den einzigen Baum, unter dem meine Freundin im September 2009 mit Hitzekollaps nicht mehr weiterkonnte, und erreiche nur wenige Meter weiter – über eine Treppe – den oberen Wachturm.
Er wurde von den Archäologen rekonstruiert und erlaubt vom höchsten Punkt einen atemberaubenden Blick die fast 400m lange Stadtmauer hinab bis zum Daliyot. Vermutlich war es dieser Turm, der von zwei Römern des Nachts unterhöhlt und zum Einsturz gebracht wurde, wie

Josephus in seinen Überlieferungen berichtet. Dies deckt sich damit, dass der Turm ohne Fundament errichtet wurde und die Römer so leichtes Spiel hatten, Steine herauszugraben.
Damit endet mein Gamla-Rundgang und ich mache mich auf den steilen Rückweg wieder hinauf auf das Plateau der Golanhöhen.

Rujum el-Hiri

Langsam muss ich mich ranhalten, wenn ich alles Geplante noch schaffen will. Gut, dass man in den Golanhöhen schnell vorankommt, und die erlaubten 80km/h hält hier sowieso niemand ein. Ich fahre also weiter die 808 Richtung Süden, und da ich den Weg bereits kenne, finde ich auch die Einfahrt sofort.
Ich steuere den Wagen durch einen kleinen Graben und sogleich über eine steile, steinige Rampe. Die Einfahrt erfordert etwas Mut, sie mit einem normalen Pkw zu fahren. Jetzt geht es fast 3km auf einer schlechten Schotterpiste Richtung Osten, mitten ins Nichts der Golanhöhen. Vorbei an alten Bunkern und einer interessiert schauenden Bullenherde gelange ich zum Rujum el-Hiri.

Was im Arabischen so viel wie „Steinhaufen der wilden Katze" heißt, wird im Hebräischen „Gilgal Refa'im", das „Rad der Riesen", genannt. Einige bezeichnen es auch etwas scherzhaft als das israelische Stonehenge.
Ein unbekanntes Volk errichtete hier um 3300v.Chr. konzentrische Steinkreise mit einem zentralen Grab und Heiligtum. Das Bauwerk mit seinen fünf Steinkreisen misst am äußeren Kreis 149x155m und somit fast 500m im Umfang. Die äußere Mauer ist 3,3m dick und bis zu einer Höhe von 2,5m erhalten geblieben.
Zwei verwinkelte Eingänge mit 20x30m Grundfläche unterbrechen den äußeren Kreis, einer im Nordosten, der andere im Südosten. Der nordöstliche Eingang ist exakt auf die Sommersonnenwende am 21. Juni ausgerichtet, der südöstliche hingegen weist keinen astronomischen

Zusammenhang auf. Seine Position, ebenso wie die gesamte Anlage, gibt bis heute Rätsel auf.
Die fünf Ringe sind untereinander durch 36 kleinere Mauern in unregelmäßige Felder aufgeteilt. Exakt mittig wurde ein 25m großer und 6m hoher runder Steinhaufen errichtet, der eine Grabkammer beherbergte. Diese wurde aber, wie einige archäologische Funde andeuten, wohl erst nach den Steinkreisen errichtet.

Warum die Golanbewohner dieses Bauwerk aus über 40.000 Tonnen Steinen errichteten, ist bis heute unklar und führte zeitweilig zu allerlei Spekulationen, bis hin zu Außerirdischen. In den Golanhöhen gibt es noch Dutzende weitere dieser Kreisanlagen, aber keine davon hat mehr als zwei Steinkreise.
Jedenfalls trifft man hier heute ganze Busladungen voller spirituell geprägter Menschen, die auf dem Grabhügel ihrer Spiritualität freien Lauf lassen. Manchmal schwirren laute Schreie durch die Luft oder Gruppen recken alle Hände gen Himmel und murmeln unverständliche Sätze.
Mein letzter Besuch endete jedenfalls mit zwei fußkranken älteren russischen Damen auf meiner Rücksitzbank. Sie waren an der 808 aus dem Bus geworfen worden und konnten jetzt die fast 3km nicht mehr zurücklaufen. Ihre restliche Gruppe war noch dabei, sich auf dem Grabhügel spirituell auszuleben, als ich die beiden unter lautem „spa'siba spa'siba" (russisch für „Danke") zurück zum Bus fuhr, wo sie sich unter noch lauterem „spa'siba spa'siba" von mir verabschiedeten.
Doch heute ist alles ruhig und ich schlendere im hohen Gras durch die mit Steinen umgebenen 36 Felder, laufe auf den Steinkreisen herum und klettere hinab in das kühle steinige Grab.
Die Decksteine sind riesig und es muss vieler starker Hände bedurft haben, diese aufzuschichten. Ich blicke mich noch ein wenig vom Grabhügel aus um und verlasse die steinerne Anlage durch den Ausgang der Sommersonnenwende zurück zur Bullenherde, die bereits mein Auto begutachtet.

Umm el-Kanatir

Weiter der 808 nach Süden folgend, erreiche ich das Kibbuz Natur, wo ich zur Umm-el-Kanatir-Synagoge abbiege. Kurz vor mir kam gerade ein Touristenbus an und ich überhole bergab die viel langsamere Gruppe, um wenigstens ein paar Minuten allein in der Ausgrabung zu sein. Die hier zu sehende Synagoge aus dem 6.Jhd. steht auf den Resten einer noch älteren Synagoge aus dem 4.Jhd.

Ihre Lage auf mittlerer Höhe an den Hängen des Flusses Samakh und der Blick bis zum See Genezareth sind einfach sehenswert. Die Ruine wird von einem großen gelben Lastkran überspannt. Dieser ist ein stummer Zeuge der noch immer laufenden Ausgrabung.

Die endende Besiedlung durch den Einfall der Perser im Jahr 613 und das folgende Erdbeben vom 08.01.749 boten eine einmalige Gelegenheit für die Archäologen. Fast alle Steine der Synagoge sind noch vorhanden, so wurden die Steine mit einem Mikrochip versehen und per Laserscanner vermessen. Es besteht die Hoffnung, die gesamte Synagoge wieder aufbauen zu können und einen weiteren Nationalpark zu schaffen.

Doch heute ist es mehr ein Trümmerfeld mit einem einzigartigen Innenraum und besonderen Details. Der Treppenaufgang zur neueren Synagoge wurde teils freigelegt, um ein Säulenfundament der älteren Synagoge sichtbar zu machen. Der dabei zum Vorschein gekommene und reich verzierte Sockel zeigt einen Löwen, der ein Schaf oder eine Ziege reißt. Als ich den Innenraum betrete, lenke ich mein Augenmerk auf den teils geöffneten Boden der Synagoge. Hier kommt das Fundament der älteren Synagoge zum Vorschein, die einfach überbaut wurde.

Das Interessanteste an der gesamten Synagoge ist aber ein Podest an der südlichen Synagogenwand, von dem aus zu den Gläubigen gesprochen wurde. Diese sehr seltene Ausstattung einer Synagoge wirkt wie eine Kanzel, wie man sie aus einer Kirche kennt. Dies ist sehr untypisch für eine Synagoge, in der eigentlich zentral gepredigt wird.

Inzwischen ist auch die Reisegruppe – wie ich – durch das Loch im Zaun geschlüpft, der eigentlich Besucher von der Synagoge fernhalten soll. In Israel findet man aber fast immer irgendwo ein Loch im Zaun.
Der Reiseleiter spricht deutsch und wir unterhalten uns kurz, dann widmet er sich seinen Touristen und ich laufe den Weg gen Süden weiter bergab. Hier erwarten mich am Berghang drei vorgesetzte steinerne Bögen mit mehreren Becken, durch die Quellwasser fließt. Sie geben dem Ort seinen Namen, denn Umm el-Kanatir bedeutet „Mutter der Bögen“.
Nach wissenschaftlichen Untersuchungen ist heute sicher, dass in diesen Becken Flachs zu Leinen verarbeitet wurde. Dieser scheint so hochwertig gewesen zu sein, dass sich die etwa nur 250 Einwohner eine so große Synagoge bauen konnten. Ich trete den Rückweg an und Schritt für Schritt erklimme ich wieder das höher gelegene Plateau.

Deir-Aziz-Synagoge

Mein Weg führt mich auf der 808 zurück Richtung Gamla, wo ich kurz zuvor auf die 869 Richtung See Genezareth abbiege. Vor dem Moschaw-Tor von Kanaf biege ich in einen großen Farmkomplex ab. Ein Schild lässt mich kurz anhalten, die Scheunen sind allesamt mit deutschen Photovoltaik-Modulen und SMA-Wechselrichtern aus meiner Geburtsstadt Kassel ausgestattet. Heute ein normales Bild in Israel, ganze Farmen sind inzwischen mit Photovoltaik-Anlagen bestückt und im Negev werden zusehends mehr Solarfelder installiert.

Ich durchquere die Farm und folge der Schotterpiste in ein Tal, das nördlich der 3km entfernten Umm-el-Kanatir-Synagoge liegt. Der Weg steht teilweise unter Wasser, und wenn ich die Pfützen durchfahre, spritzt die Schlammbrühe meterweit um meinen Wagen herum.
Ich treffe kurz darauf auf ein Pärchen, das ich nach dem Weg frage, denn ich habe keine Ahnung, wo meine gesuchte Deir-Aziz-Synagoge überhaupt liegt. Sie erklären mir, dass ich nur wenige Hundert Meter

weiter fahren muss, und tatsächlich sehe ich kurz darauf die Ruinen über mir am Hang liegen.
Nach kurzem Aufstieg erreiche ich die nach dem Sechs-Tage-Krieg ausgegrabene Synagoge. Sie liegt auf der Südseite eines steil ansteigenden Hanges und entspricht mit ihrer doppelten Säulenreihe und den umlaufenden Sitzreihen dem klassischen Synagogen-Bild des 4. bis 6.Jhd.
Durch die Hanglage hat sich aber die Nordwand sehr gut erhalten und reicht fast 3m hoch, wo ich noch eine ganze Reihe eingelassener Tragsteine für die Decke sehe. Selbst über den Tragsteinen hat sich noch fast ein weiterer Meter des oberen Stockwerks erhalten. Vermutlich verlief hier ein oberer Gang, der auf den inneren Säulen ruhte und einen offenen Innenbereich formte.
Die acht Säulen sind zum Teil noch komplett erhalten und viele blumengeschmückte Ornamente zieren herumliegende Basaltsteine.

Auch diese Synagoge wurde auf einer älteren Synagoge erbaut, davon zeugt ein darunterliegender ältere Fußboden. Etwas wohl Einzigartiges entdecke ich an der Südwand der Synagoge, hier wurde ein halbkreisförmiger Anbau hinzugefügt, der über zwei kleine Stufen von innen zu erreichen war. Evtl. wurde diese „Gebetsnische“ erbaut, da die Synagoge aufgrund der Hanglage nicht in Richtung Jerusalem ausgerichtet werden konnten. Der Anbau ist zwar nur noch im Grundriss erhalten, wirkt aber wie eine Gebetsnische einer Moschee, nur dass sie eben nicht nach Mekka zeigt. Vielleicht war die Synagoge hier nach Süden hin offen und ein Fenster ermöglichte einen Blick in Richtung Jerusalem.

Während der Osteingang eben zum Hang liegt, führen fünf Stufen zum höher gelegenen Westportal aus der Synagoge heraus. Das alte Türportal bringt mich auf einen gepflasterten Vorplatz oder Vorraum der Synagoge und zeigt mir noch einige im Boden eingelassen Türportale mit ihren kreisrunden Vertiefungen, in denen sich einst die Steintüren drehten.

Von hier folge ich dem Hang noch 20Hm hinauf, bis ich das oberhalb liegende Plateau erreiche. Dabei laufe ich an einem wassergefüllten Mühlsteinbecken vorbei. Es misst gute 2m im Durchmesser und ist so gut erhalten, als ob es bis gestern in Betrieb war. Ich bin erstaunt, wie exakt rund und akkurat es verarbeitet ist, fast wie industriell hergestellt. Dabei dürfte der Stein gute 1500 Jahre alt sein.

Ich laufe im Halbkreis auf dem grasbewachsenen Plateau herum und gelange durch die Reste der umliegenden Siedlung zurück zur Synagoge. Hier liegen noch die Hälften eines zerbrochenen Mühlsteins und direkt dahinter blicke ich von oben in die Synagoge hinein. Erst hier – aus der Vogelperspektive – erschließt sich mir der komplette Grundriss der Synagoge und ich blicke in das 150m tiefere Tal hinab. Im Dunstschleier des Horizonts sehe ich auch einen Teil des Sees Genezareth.

Khan Kanaf

Ich fahre den Feldweg zurück, biege hinter der Farm links ab und erreiche sogleich das Moschaw Kanaf. Wie fast immer ist hier das Tor verschlossen und ich muss 5 Minuten warten, bis das nächste Auto kommt und ich mit diesem hineinfahren kann. Ich durchquere den Ort, bis ich vor einem geöffneten Tor – am Sicherheitszaun – auf der anderen Seite stehe.
Von hier laufe ich die 70Hm hinab, bis ich die alte jüdische Siedlung Kanaf erreiche. Über die Reste der römischen Straße laufend, passiere ich einige syrische Hausruinen, deren Bewohner hier bis zum Sechs-Tage-Krieg lebten, bis ich den ehemaligen Dorfplatz erreiche. Der Platz ist gesäumt von Resten einer offensichtlichen Synagoge. Säulen und ornamentverzierte Steinquader liegen überall herum. Spätestens der Davidstern, der auf einem Basaltstein prangt, lässt meine letzten Zweifel verblassen.
An den Platz grenzt ein markantes einstöckiges Gebäude aus schwarzen Basaltsteinen, das schon von Weitem sichtbar war. Ein kleiner Eingang

ermöglicht mir den Zutritt zum zuletzt als Moschee genutzten Gebäude. Zwei gemauerte Säulen tragen die Steingewölbe der Dachkonstruktion, ansonsten ist es ein verlassener und staubiger Ort.
Ich umrunde die Moschee zur Westseite. Hier grenzt die Siedlung an eine Steilklippe, die mir einen weiten Blick über den nördlichen Teil des Sees Genezareth bis zum gegenüberliegenden Tiberias ermöglicht. Als ich die Südseite erreiche, erblicke ich den faktischen Beweis, dass die Moschee auf den Grundmauern einer alten Synagoge erbaut wurde. Absolut akkurat behauene Steinblöcke wurden hier freigelegt, wie sie sich nur an wichtigen Gebäuden wie einer Synagoge finden lassen. Nach etwa 1,2m Höhe wechselt die Grundmauer in unregelmäßig gehauene Steine, die sich dann bis zum Flachdach emporziehen.
Als ich genauer hinschaue, entdecke ich Steine in der oberen Mauer, die von der alten Synagoge stammen und in der Moschee recycelt wurden. Weintrauben und Ornamente sind dafür einfach typisch, und als ich weitergehe, erkenne ich eine hebräische Inschrift auf einem der herumliegenden Steine.
An großen Kakteenfeldern vorbei laufe ich wieder bergauf zurück zum Moschaw. Es dämmert inzwischen, als ich mich auf den kürzesten Weg nach Tiberias mache. Am Moschaw-Tor muss ich diesmal fast 10 Minuten auf das nächste Auto warten, das per Funk das Tor in Bewegung setzt.

Die Fahrt über die 869 bringt mich auf einer langen Geraden bergab. Was dem normalen Touristen kaum auffallen dürfte, lässt mich neugierig durch die Windschutzscheibe blicken. In 3km Entfernung liegt das von hier so unscheinbare Gamla mit seinem markanten Höcker zwischen den beiden Talseiten. Dieser fantastische Blick in das zerklüftete Tal fesselt mich gerade. Fasziniert konzentriere ich mich aber nur noch bedingt auf die Straße, es geht ja auch nur geradeaus. Bis mich eine heftige Bodenwelle erschüttert und den Wagen auf die Endanschläge der Stoßdämpfer donnern lässt. Im gleichen Moment hebt der Wagen fast von der Fahrbahn ab.

Mit viel Umsicht gelingt es mir, den Wagen unter Kontrolle zu halten, bevor ich die nahe Kehre erreiche. So was bin ich in Israel gar nicht gewohnt, aber die Straße hat sich hier punktuell gesetzt und ist eine echte Ausnahme der sonst sehr guten Straßen.
Ich nehme mir vor, zukünftig doch etwas besser aufzupassen und nicht völlig abgelenkt herumzufahren. Anschließend umrunde ich den See Genezareth über die nördlichen Highways und erreiche in der Dämmerung das am Westufer liegende Tiberias.

Tiberias

Ich fahre direkt in das sonst so lebendige Zentrum von Tiberias, wo sich an der ha-Galil-Straße Geschäfte und Imbissbuden abwechseln. Aber mir ist völlig entgangen, dass in wenigen Minuten der Sabbat beginnt. Tiberias ist daher wie ausgestorben.
Ein arabischer Imbissbudenbesitzer scheint sich aber nicht daran zu stören und so hole ich mir für 12 Schekel einen leckeren Falafel. Während ich die Kichererbsenbällchen verdrücke, beobachte ich einige orthodoxe Juden, die mit schnellen Schritten auf dem Weg zu einer der Synagogen sind.

Ich schaue noch kurz an der Promenade nach dem Pegelmesser des Sees Genezareth. Er zeigt -214m und das Wasser ist somit durch die 2-tägigen Regenschauer nur um 12cm angestiegen. Das ist insofern erstaunlich, weil es direkt am See schon 10cm geregnet hat und sich dazu noch das gesamte Wasser der Zuflüsse aus dem Hula-Tal und den Golanhöhen addiert. Dies zeigt deutlich, wie viel Wasser täglich entnommen wird und welche Wassermengen den See gar nicht erreichen, weil sie einfach versickern.

Es wird Zeit, mir eine Übernachtungsmöglichkeit für die nächsten zwei Nächte zu suchen, aber diesmal bin ich schlauer. Ich parke kurz vor dem Prima-Galil-Hotel, zapfe eine stabile und ungesicherte Internetver-

bindung an und buche mir über ein Hotelportal ein Zimmer. Dabei spare ich über 50€ gegenüber dem Preis an der Rezeption.
Der Sabbat hat Einzug gehalten und bis auf wenige Ausnahmen ist alles geschlossen. Der Verkehr in Tiberias tendiert gegen null. Vor dem Hotel ist alles zugeparkt, so muss ich den Wagen etwas entfernt abstellen. Ausgerechnet vor der angrenzenden Synagoge ist der einzige Parkplatz frei. Drinnen wird bereits bei offenen Fenstern und Türen gebetet und mein 2-maliges Vorbeifahren führt zu genervten Blicken dreier orthodoxer Juden, die aus dem Fenster schauen. Jetzt muss ich auch noch rückwärts einparken. Daher entscheide ich mich, sofort den Motor abzustellen und den Wagen bergab rückwärts in die Parklücke rollen zu lassen, um die Betenden nicht noch mehr zu stören. Ich schaffe es aber, ohne Steine abzubekommen, zum Hotel und mir wird diesmal sogar vom Wachmann die Tür aufgehalten.

An der Rezeption empfängt mich der gleiche Mann wie bei meiner ersten Übernachtung. Er ist erst überrascht, lächelt dann aber und scherzt, es müsse mir ja offensichtlich gefallen haben im Hotel, was ich knapp mit „Yes“ beantworte. Ich stecke ihm aber gleich, dass ich diesmal vorab übers Internet gebucht habe, und er muss lachen. Zu meiner Überraschung bekomme ich wieder das gleiche Zimmer im 9. Stockwerk.
Ich frage den charmanten Mann von der Rezeption, wo denn in Tiberias oder Umgebung ein netter Club, eine Disco oder ein Restaurant mit Musik sei und wo man einfach Leute treffen könne. Er weiß auf meine Frage nicht so recht eine Antwort, aber sein Handy. Er ruft kurzerhand eine Bekannte an und erklärt mir, was sie ihm empfohlen hat.
Es gebe am Sabbat ein Restaurant mit Musik im Moschaw Kinneret, so viel kann ich verstehen. Er zeigt mir den Ort auf der Karte, den ich aber auch so kenne, und schreibt mir den Namen des Restaurants „ha-Hanahar“ auf. Hätte ich zu dem Zeitpunkt gewusst, dass das übersetzt so viel wie „am Ufer“ bedeutet, dann wäre mir so einiges erspart geblieben.

Im ha-Hanahar gebe es alles, was ich suche: Essen, Musik und jede Menge Frauen. Von Frauen habe ich doch gar nichts erwähnt, denke ich mir, aber etwas Gesellschaft kann ja nie schaden.

Nach dem Einchecken gehe ich in der Lobby um die Ecke und warte auf den von mir angeforderten „ungeraden“ Fahrstuhl des Prima-Galil-Hotels, da ich ja wieder im Zimmer 905 bin und somit in den ungeraden 9. Stock muss.
Der Fahrstuhl kommt aus dem unteren Stockwerk, und als ich die Tür öffne, schauen mich acht große Augen von vier ziemlich korpulenten Afrikanerinnen an. Ihre Haut ist tiefschwarz und die engen, bunten Kleider betonen ihre üppigen Rundungen noch deutlicher. Ihre Augen und ein 4-fach freundliches Lächeln sagen mir nur eines: „Komm doch rein, Kleiner, wir nehmen dich in unsere Mitte.“

Es ist ja schließlich ein 6-Personen-Fahrstuhl, also eigentlich schon überfüllt bei 4 Personen, besonders bei 4 Frauen, die sicherlich das maximale Limit an Zuladung bereits ausschöpfen.
Ich bekomme Angst, grinse freundlich zurück und schließe die Fahrstuhltür so schnell es irgendwie geht. Sie fällt mit einem lauten Geschepper in den Metallrahmen. Zu gerne würde ich jetzt die Gesichter der vier Afrikanerinnen der „Zion-Gruppe“ sehen, die gerade aus dem Speisesaal vom Essen kamen.
In diesem Moment öffnet sich hinter mir im 2. Stock des Treppenhauses der „gerade“ Fahrstuhl, in den ich mich flüchte. Erleichtert und ganz allein fahre ich in den 10. Stock und laufe die Treppe in den 9. Stock herunter.
Nur gut, dass dieses Hotel keinen Sabbat-Fahrstuhl hat, denn der hält automatisch in jedem Stockwerk, weil ein gläubiger Jude ja am Sabbat nicht den Knopf drücken darf. Ich dusche und werfe mich, soweit das mein Kofferinhalt hergibt, in Schale.
In Tiberias sind inzwischen die Bürgersteige hochgeklappt, als ich aus dem Fenster blicke. Dennoch hoffe ich auf einen abwechslungsreichen

Abend. Diesen wünscht mir auch der Mann an der Rezeption, als ich an ihm vorbeilaufe und das Hotel verlasse.
Die Synagoge ist inzwischen verlassen und so kann ich ohne böse Blicke meinen Wagen wieder starten. Auf dem Weg von Tiberias Richtung Süden steht am Ortsausgang eine Anhalterin. Ich stoppe und frage, ob sie Englisch spricht, was sie bejaht. Eigentlich ist es auch egal, ob sie Englisch spricht oder nicht, es reicht ja der Ort, wo sie hin möchte, und den verstehe ich in der Regel auch auf Ivrit. Sie möchte nach Ma'agan am südlichen Seeufer, ein paar Freunde besuchen.
Ma'agan liegt nicht direkt auf meinem Weg, aber die paar Kilometer Umweg finde ich nicht so tragisch. So sage ich ihr zu und sie steigt zu mir in den Wagen. Ich erwähne dabei, dass ich ein Tourist aus Deutschland bin und sie schon mein dritter Anhalter auf meiner kurzen Reise sei.
»*In Deutschland habe ich die letzten 15 Jahre nur einen Anhalter mitgenommen, weil es bei uns fast keine mehr gibt*«, sage ich zu ihr.
Das verwundert sie nicht, sondern eher, warum ich allein durch Israel reise. Da wir ja noch gut 15 Minuten unterwegs sein werden, erzähle ich ihr meine Geschichte, der sie interessiert zuhört. Wir passieren den Ort, wo die Bar liegen soll, aber ich fahre daran vorbei und folge dem Highway weiter. Wir sprechen noch etwas über meine Reise und schon erreiche ich die Zufahrt nach Ma'agan, wo sie sich verabschiedet und den restlichen Weg zu Fuß zurücklegt.
Ich wende, fahre zurück und erreiche das Moschaw Kinneret wieder. Es liegt zu beiden Seiten der Straße 767 und ich biege versuchsweise einfach rechts ab. Ich fahre durch das ausgestorbene Moschaw, quere die 767 und fahre in den anderen Teil des Moschaw. Auch hier kann ich weder das „ha-Hanahar“ noch ein anderes Restaurant finden.
Ich quere die 767 erneut und versuche es ein weiteres Mal im nördlichen Teil. Plötzlich sehe ich einen erleuchteten Schuppen, der wie ein Kassenhäuschen aussieht. Als ich mich nähere und den Türrahmen betrete, schauen mich eine ältere Dame und ein junger Mann etwas überrascht an.

Ich frage die beiden auf Englisch, ob sie das „ha-Hanahar“-Restaurant kennen. Zu meiner Überraschung antworten sie mir auf Deutsch, dabei habe ich nicht ein deutsches Wort gesprochen. Schon wieder wurde ich als Deutscher entlarvt, das darf doch nicht wahr sein.
»*Da sind Sie hier völlig falsch, das ›ha-Hanahar‹ liegt direkt am Jordan bei Kinneret Kvutsa, dem südlichen Nachbarort. Ha-Hanahar bedeutet nämlich ›am Ufer‹*«, erklärt mir die Frau.
Erst jetzt kapiere ich, dass dieses Restaurant wirklich direkt am Ufer des Jordan liegen muss. Sie erklären mir den Weg und so langsam kommt mir die Erleuchtung, dass ich diesen Ort kenne.
Das Restaurant liegt nämlich am gleichen Ort wie die Taufstelle der Baptisten. Das sogenannte „Yardenit“ möchte ich die Tage sowieso besuchen, kenne es aber auch schon von früheren Reisen. Ich verabschiede mich mit einem „Auf Wiedersehen“, fahre zurück auf den See-Genezareth-Highway und biege am kleinen Staudamm des Sees Genezareth rechts ab.
Nach wenigen Hundert Metern wird es mir klar, das ha-Hanahar liegt nicht bei der Taufstelle, sondern es ist die Taufstelle. Wie witzig ist das denn! Am Tag wird hier gebetet und getauft und am Abend getanzt und gefeiert, denn dafür soll das ha-Hanahar bekannt sein.
Ich bin gespannt, wie es wird, aber zuerst muss ich an der Security vorbei, die mir am Eingang den Weg versperrt. Nach kurzem Reisepass-Check und einer Leibesvisitation stehe ich auf dem großen Platz, wo am Tag Kreuze und biblische Postkarten verkauft werden. Direkt dahinter trennt ein Geländer den Platz vom Jordan.

Ein sehr netter und offensichtlich homosexueller Mann spricht mich an, ob ich reserviert habe. Es ist der Oberkellner, der jeden Gast am Eingang persönlich begrüßt. Mein „Nein“ irritiert ihn sichtlich, und als die Tür ins Restaurant kurz aufgeht, sehe ich auch warum. Der Laden platzt aus allen Nähten und so, wie ich das sehe, ist jeder Tisch besetzt.
»*Du kannst dich nur an die Theke setzen, wir sind heute ausgebucht, da Freitag ist*«, sagt der Oberkellner zu mir.

Damit habe ich kein Problem und nach dem Falafel habe ich auch keinen großen Hunger mehr. Mir ist eher nach Unterhaltung. So geleitet er mich persönlich bis zur Theke und übergibt mich regelrecht an den Barkeeper. So einen Service bin ich sonst in Israel gar nicht gewohnt, aber es gefällt mir.
Ich bestelle mir eine Cola und schaue mich um. Die Theke ist U-förmig und mittig im Restaurant platziert. Die Bude tobt regelrecht und es ist laut wie auf einem Metal-Konzert. Überall rennen die Leute durcheinander und die Kellner müssen sich zu jedem Tisch durchkämpfen.
Der Chef ist auch da und erst jetzt wird mir klar, die Bar ist in russischer Hand. Der Chef spricht russisch mit dem Barkeeper und der Mann der Security hatte auch einen russischen Akzent.
Kurz darauf setzen sich zwei aufgetakelte Damen um die 40 mir gegenüber an die Theke. Sie bestellen einen so lecker aussehenden Salatteller, dass ich den Barkeeper bitte, mir einen ebensolchen in der Küche zu bestellen.
Plötzlich setzt sich der Chef mit einem Steak auf dem Teller neben mich an die Theke. Von außen betrachtet lässt mir das Steak das Wasser im Mund zusammenlaufen, und als er es genüsslich anschneidet, ist es innen roh – wie gerade geschlachtet. Der Blick des Mannes füllt sich mit Zorn, dem er auch sogleich freien Lauf lässt. Er rennt zur Durchreiche, schleudert den Teller samt Steak durch die Küche und schreit das ganze Küchenpersonal auf Russisch zusammen, dass es selbst die Geräuschkulisse der Gäste überdeckt.
Kurz darauf kommt mein Salat mit Hähnchenfilet, den ich genüsslich verspeise. Auch der Chef bekommt sogleich sein zweites Steak serviert, das diesmal perfekt gebraten ist.
Obwohl oder gerade weil es so voll ist, ergibt sich für mich aber keine Konversation mit einem der Gäste und mir ist nach dem Essen genauso langweilig wie zuvor. Den Barkeeper kann ich auch nicht vollquatschen und so trinke ich noch etwas, zahle 90 Schekel und fahre nach Tiberias zurück, wo ich mich in mein Zimmer 905 begebe.

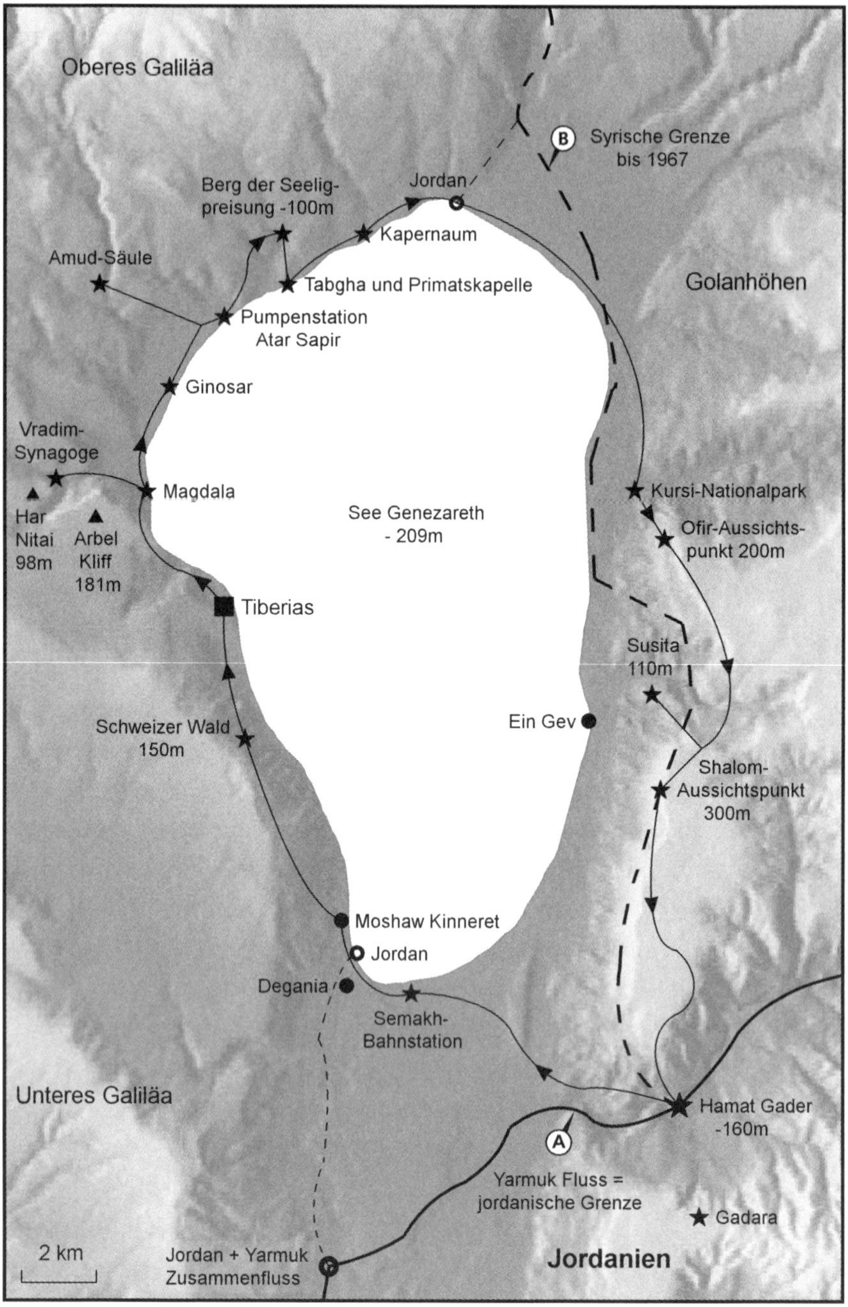
Oberes Galiläa
Syrische Grenze bis 1967
Jordan
Berg der Seeligpreisung -100m
Kapernaum
Amud-Säule
Tabgha und Primatskapelle
Golanhöhen
Pumpenstation Atar Sapir
Ginosar
Vradim-Synagoge
Magdala
Har Nitai 98m
Arbel Kliff 181m
See Genezareth - 209m
Kursi-Nationalpark
Ofir-Aussichtspunkt 200m
Tiberias
Susita 110m
Ein Gev
Schweizer Wald 150m
Shalom-Aussichtspunkt 300m
Moshaw Kinneret
Jordan
Degania
Semakh-Bahnstation
Unteres Galiläa
Hamat Gader -160m
Yarmuk Fluss = jordanische Grenze
Gadara
2 km
Jordan + Yarmuk Zusammenfluss
Jordanien

14. Tag – Samstag, 18.12.2010

Der heutige Tag steht ganz im Zeichen des Sees Genezareth, denn ich werde ihn komplett umrunden und die Sehenswürdigkeiten an seinen Ufern besichtigen. Auch ein kleiner Abstecher in die südlichen Golanhöhen ist eingeplant und meine Rundfahrt wird mich schließlich wieder nach Tiberias bringen.

Tiberias

Das Wetter ist beim Blick aus meinem Hotelzimmer leicht trübe, so werde ich meine See-Genezareth-Rundfahrt heute ohne perfekte Fernsicht durchführen müssen. Viel schlimmer für mich ist aber das stark eingeschränkte Frühstück. Es ist Sabbat und so gibt es nur alte Brötchen und keine frischen Omeletts. Der afrikanischen Zion-Gruppe scheint es aber zu schmecken und die vier Damen aus dem Fahrstuhl grinsen alle zu mir herüber.
Während des ganzen Frühstücks laufen drei Videokameras, die jede Kaubewegung der Zion-Gruppe aufzeichnen. Als ich auch noch vor die Linse komme, schaue ich den Mann hinter der Kamera böse an und mein genervter Blick lässt ihn seinen Drehversuch abbrechen.
Tiberias ist wieder wie ausgestorben und nur hier und dort läuft ein orthodoxer Jude mit hin- und herschwingenden Zöpfen die Straße entlang. Autos fahren kaum, so gelange ich schnell auf die 90 Richtung Norden und lasse Tiberias hinter mir.

Magdala

Mein erster kurzer Stopp ist das alte jüdische Dorf Magdala, wo die biblische Maria Magdalena gelebt haben soll. Sie wird in allen vier Evangelien in Bezug auf die Auferstehung Jesu erwähnt.
Weltberühmt wurde Maria Magdalena aber erst durch Dan Browns Buch „Sakrileg", wo sie als Frau Jesu dargestellt wird und beide sogar

ein Kind hatten. Schon länger kursiert dieses nicht ganz abzuweisende Gerücht durch die Welt. Auch wenn hier die in Ägypten gefundenen Nag-Hammadi-Papyri keine echten Beweise einer Ehe lieferten.
Mir geht eher durch den Kopf, wie wenig wahrscheinlich es ist, dass ein etwa 30-jähriger jüdischer Mann vor 2000 Jahren nicht verheiratet war!?

Die Sehenswürdigkeiten von Magdala beschränken sich auf ein paar eingezäunte Grundmauern. Doch inzwischen wird hier schwer gebaut, denn was Papst Benedikt XVI. bei seinem Besuch im Mai 2009 versprach, wird jetzt Realität. Hier bei Magdala entsteht ein neues christliches Pilgerzentrum und bei meinem Besuch stehen schon die ersten Betonpfeiler, denn es soll bereits am 12.12.2012 eröffnet werden.

Vradim-Synagoge

Ich fahre 2,5km landeinwärts zum arabisch geprägten Ort Hamam, der nördlich vom Har Nitai und dem Arbel-Kliff liegt. Hier möchte ich die hiesige, erst vor Kurzem ausgegrabene Synagoge besichtigen. Ihre Reste liegen gegenüber des arabischen Dorfes Hamam am nördlichen Hang des Har Nitai.

Ich parke am Ortsrand und folge dem Israel Trail, bis er zum Arbel-Kliff abzweigt. Ein Schild weist mir hier die Richtungen und Ziele der Wanderwege an. An sich ein normaler Wegweiser, aber alles, was auf Hebräisch oder Englisch mit „Synagoge" zu tun hat, wurde von den Schildern getilgt.
Leider kein seltenes Bild in Israel, wo einige arabische Israelis immer wieder versuchen, alles Jüdische nicht als geschichtliche Wahrheit zu akzeptieren. Schade, wie einige wenige die Geschichte entweder mangels Bildung oder aus Fanatismus mit Füßen treten. Da werden auch schon mal die 3500 Jahre alten Kanaaniter als Moslems deklariert und Moses als Anführer der Palästinenser ernannt, der sie aus Ägypten führte und nicht die Israeliten.

Ich wende mich vom Schild ab und mein Blick fällt auf das vor mir steil aufragende Arbel-Kliff, über dem gerade die Sonne aufgeht, sodass ich vor lauter Blendung kaum die Umrisse des Berges sehen kann. Kurz darauf biege ich im Wadi Arbel rechts ab und folge einem schmalen und steilen Pfad, der mich unterhalb des Har Nitai zur Synagoge bringen sollte.

Aus heiterem Himmel donnert es hinter mir, ein Felssturz hat sich vom Har Nitai gelöst. Dutzende Steine krachen laut und nur wenige Meter hinter mir über den Pfad ins Wadi. Einige sind so groß wie eine Waschmaschine und ich bin froh, nicht einige Sekunden später hier gewesen zu sein, das hätte böse enden können. Mal wieder der Beweis, wie gering das Risiko des Terrorismus eigentlich ist, die Natur tötet einen viel schneller.

Nachdem ich mich von dem Schrecken erholt habe, laufe ich an ersten Mauerresten vorbei und erreiche direkt dahinter die Reste der Synagoge. Sie liegt mit ihrer Südmauer im Hang und ist teils bis 1,5m hoch erhalten.
Auffallend sind die kontrastreichen Säulen, teils aus weißem Kalkstein, teils aus schwarzem Basalt. Gut erkennen lassen sich an der westlichen Mauer noch zwei Reihen von Sitzbänken, die ehemals alle Seitenwände der Synagoge säumten.
In den Hang an der südlichen Seite wurden Räume eingelassen. Diese Nebenräume waren für die Aufbewahrung von Schriften und für die Thora-Schüler gedacht, die hier die Schriften studierten.

Auf dem Rückweg hat die Blendung durch die Sonne abgenommen und ich erkenne das Arbel-Kliff mit all seinen Details. Dutzende von Höhlen liegen in der steilen Felsklippe und ich sehe ein Highlight in der Felswand, das ich morgen besuchen werde. So kehre ich zum Auto zurück und fahre wieder auf die 90 gen Norden.

Ginosar

Ich erreiche sogleich das in ganz Israel bekannte Kibbuz Ginosar am westlichen Ufer des Sees Genezareth. Mich interessiert aber nicht das weithin bekannte Kibbuzgästehaus, sondern das südlich angrenzende Yigal-Allon-Besucherzentrum, in dem Yigal Allon gedacht wird, der von 1937 bis 1980 in Ginosar lebte.
Allon war Soldat in der Haganah, General der IDF, Politiker der Arbeiterpartei und sein Wirken reichte bis in die höchsten Ämter des Staates Israel. Er entwickelte nach dem Sechs-Tage-Krieg den „Allon-Plan“, um die Westbank teilweise wieder an Jordanien zurückzugeben. Er machte sich auch stark für einen eigenen Staat der Drusen in den Golanhöhen und Südsyrien.
Allon setzte sich aber auch für die Rückkehr der vertriebenen und geflohenen Palästinenser ein. Mit seinem Tod 1980 starben auch seine Idee des Drusenstaates und praktisch all seine weiteren Visionen.
Das Besucherzentrum zeigt für 20 Schekel die Etappen seines Lebens und endet auf dem Dach mit einem herrlichen Ausblick über den See Genezareth.

Ein guter Zeitpunkt, wie ich finde, etwas über den See Genezareth zu erzählen, der auch „Kinneret-See“ oder „Meer von Galiläa“ genannt wird. Hier lebten schon vor über 750.000 Jahren erste Primaten. Dessen schriftliche Geschichte begann im Alten Testament, als das Volk Israel nach Kanaan kam und die künftigen Landesgrenzen und Wohngebiete der einzelnen Stämme festgelegt wurden:
»Die östliche Grenze gehe herab von Schefam nach Ribla östlich von Ajin. Danach gehe sie herab und ziehe sich hin längs der Höhen östlich vom See Kinneret und komme herab an den Jordan, dass ihr Ende sei das Salzmeer (Totes Meer). Das sei euer Land mit seiner Grenze ringsumher.« (4. Mose 34,10–12)
Auch hier hielten sich Briten und Franzosen an die biblischen Grenzen wie beim Tel Dan. Denn sie legten 1923 die Grenze zwischen Palästina und Syrien nicht durch den See Genezareth, sondern an dessen Ostufer

an den Golanhöhen entlang. Somit hatte Syrien seit 1923 niemals Zugang zum See Genezareth, denn im nordöstlichen Teil verläuft die Grenze 10m vor dem Ufer und im südlichen sogar 2km vom Ufer entfernt.

Der Name des Sees stammt von der antiken Stadt Kinneret, welche sich etwas nördlich vom Kibbuz Ginosar befand. Keinar war ein heidnischer Gott der hier siedelnden Phönizier und er nannte die Stadt nach seiner Gattin Kinneret. Diese Stadt wurde im 16.Jhd.v.Chr. gegründet.
In hellenistischer und römischer Zeit erlebte die Region eine besondere Blüte und viele Städte und Dörfer wurden gegründet, unter anderem Tiberias, Susita, Kapernaum und Korazim.
Im Jahr 1910 wurde hier das erste Kibbuz Degania südlich des Sees gegründet – der Anfang der Kibbuzbewegung.
Der heutige See ist 21 km lang und an seiner breitesten Stelle 12,5 km breit, die Wasserfläche beträgt ca. 160 km², abhängig vom Wasserpegel. Für seine Umrundung muss der Reisende 61km mit dem Pkw zurücklegen.
Der See wird insbesondere vom Jordan, der aus dem nördlich gelegenen Hula-Tal herbeifließt, und den Zuflüssen aus den Golanhöhen gespeist. Er ist mit -208,8m bis -214,87m, je nach Wasserstand, der tiefstgelegene See der Erde. Seine Wassertiefe beträgt bis zu 46m, die über einen Staudamm im Südwesten des Sees kontrolliert wird.
Direkt unter dem See verläuft die tektonische Grenze zwischen afrikanischer und arabischer Platte. Der See liegt somit auf dem Great Rift Valley, das sich bis nach Afrika erstreckt. Einfluss- und Ausflusspunkt haben sich innerhalb der letzten Jahrtausende aufgrund von Erdbeben mehrfach verschoben. Die letzte Verschiebung fand beim schweren Erdbeben von 1202 statt, wobei sich der Abfluss um 1,6km Richtung Süden verschob, wo er bis heute geblieben ist.
Aufgrund der starken Tektonik treten unter anderem bei Tiberias, Tabgha und Hamat Gader heiße Quellen aus dem Boden. Diese machten den See schon in der Antike zu einem beliebten Erholungsziel.

Es kommt auf dem See Genezareth am Abend immer wieder zu starken Stürmen. Diese werden durch große Temperaturunterschiede zwischen dem kühleren See und den heißen Tälern Galiläas entfacht. Ein Naturphänomen, das sogar eines der Wunder Jesu wissenschaftlich erklären könnte.

Ich verlasse die Dachterrasse und gehe zurück zum Haupteingang. Hier im Foyer befindet sich der heimliche Star des Yigal-Allon-Centers. Eine angrenzende Ausstellung widmet sich einem Sensationsfund aus dem Winter 1986, als zwei Männer aus Ginosar ein altes Boot im Schlamm des Sees fanden.

In einer aufwendigen Rettungsaktion gelang es, die Bootsreste zu bergen und sie für sieben Jahre in einem Konservierungsbad vor dauerhaftem Verfall zu bewahren. Heute ist dieses Boot hier im Allon-Center ausgestellt und eines der meistbesuchten Sehenswürdigkeiten am See Genezareth.

Als ich allein den Raum betrete, beginnt eine Videoshow, die mir den gesamten Prozess von der Bergung bis hin zur Konservierung näher bringt. Einige Meter weiter ruhen die Reste des Bootes auf einem Edelstahlgestell, das in einem angedeuteten See aus sanft beleuchteten Glasplatten steht.

Das Boot ist 8,2m lang und 2,3m breit, dabei konnte es bis zu 15 Personen über den See tragen. Okay, das allein macht das Boot noch nicht so spannend, aber die Radiokarbon-Analysen der 12 verwendeten Holzsorten und die Bautechnik datierten das Boot auf das 1.Jhd. und somit in die Zeit Jesu.

Es besteht also zumindest die theoretische Möglichkeit, dass Jesus selbst oder einer seiner Jünger mit genau diesem Boot über den See Genezareth fuhr. Daher wird das Boot auch als „Jesus-Boot“ bezeichnet, was dann doch wieder ziemlich weit hergeholt ist.

Aber selbst ohne diesen Passagier ist das Boot absolut sehenswert. Kaum zu glauben, wie der Schlamm das Holz 2000 Jahre lang konserviert hat. Ich verlasse Ginosar und fahre weiter nach Norden.

Amud-Säule

Kurz vor meinem nächsten Ziel biege ich Richtung Westen auf die 8077 ab und parke kurz darauf an der Stelle, wo das Wadi Amud – von Safed kommend – die Straße kreuzt. Ich folge einem steinigen, von Büschen und niedrigen Bäumen gesäumten Pfad Richtung Norden, immer tiefer in das schmaler werdende Tal hinein.

Hier und dort verläuft der Pfad im Flussbett, das nach dem großen Unwetter schon fast wieder ausgetrocknet ist. Das Tal wird enger und enger und die Hänge gehen langsam in senkrechte Felswände über. Ich laufe vorbei an Höhlen, die sich teils unerreichbar hoch über mir in den steilen Felsen befinden. In den zahlreichen Höhlen im Wadi Amud fanden Archäologen viele Beweise für unsere Vorfahren. Diese fanden hier optimale Bedingungen und insbesondere waren viele der Höhlen gut geschützt gegen Raubtiere und Feinde.

Nach einigen Hundert Metern erreiche ich die sogenannte „Amud-Säule", einen besonderen Fels, der wie eine Säule am Hang des Wadis aus dem Boden ragt. Während alles andere um ihn herum über die Jahrmillionen vom Wasser geschliffen wurde, steht er wie der Fels in der Brandung.

Seine Höhe kann ich nur auf etwa 25m schätzen und mein Versuch, den Fels zu umrunden, scheitert recht schnell. Der Hang ist so steil und mit hartem Gras überwuchert, dass ich keine Lust habe, mich bei der Kletterei noch zu verletzen. Darüber hinaus gibt es sowieso keine Möglichkeit, den Fels zu erklimmen, und so trete ich den Rückweg durch das Wadi an und fahre zurück zum Highway.

Wasserpumpstation Atar Sapir

Kurz bevor die flache Ebene zwischen Arbel-Kliff und dem nördlichen See anzusteigen beginnt, passiere ich ein hoch eingezäuntes Gelände, das des Nachts sogar mit Flutlicht erhellt ist. Hier befindet sich die Pumpstation des 1964 eröffneten „National Water Carrier"-Programms.

Es handelt sich dabei um eines der größten Wasserverteilsysteme der Welt. Pumpen entziehen hier dem See bis zu 28 m³ Wasser pro Sekunde. Anschließend wird das Wasser über einen offenen Kanal transportiert, der sich durch halb Galiläa zieht. Diesen Kanal habe ich ja bereits am 4. Tag bei Eilabun besichtigt. Dann wird das Wasser gereinigt und auf Trinkwasserqualität gebracht. Anschließend fließt das Wasser über eine Leitung mit 2,75 Meter Durchmesser in den Großraum Tel Aviv und weiter bis in die nördliche Wüste Negev. Der See ist somit das größte Süßwasserreservoir Israels und sein lebenswichtiges Wasser mit ein Grund für den Sechs-Tage-Krieg.

Die Folgen der massiven Wasserentnahme sind heute allgegenwärtig. Der Jordan ist südlich des Sees nur noch ein Rinnsal seiner selbst und das Tote Meer stirbt im Zeitraffer. Jeden Tag werden durch die Pumpen bis zu 2,4 Millionen Kubikmeter Wasser entnommen.
Mehrmals kratzte daher der See an seiner roten Linie von -213m, insbesondere seitdem deutlich weniger Regen fiel als in normalen Zeiten. So halten sich Zufluss, Wasserentnahme und Verdunstung oft nicht mehr die Waage; eine Drosselung der Pumpen war die Folge.
Erreicht der See die schwarze Linie bei -214,87m, darf kein Wasser mehr entnommen werden. Denn ein so niedriger Wasserstand wäre besonders kritisch, da das Tiefenwasser des Sees Salzwasser ist und nur von einer Süßwasserschicht bedeckt wird. Zudem würde – aus salzigen Tiefenquellen – mehr Salzwasser in den See gelangen, da mit sinkendem Pegel der Gegendruck abfällt. Selbst vom Mittelmeer könnte dann mit allen ökologischen und ökonomischen Folgen weiteres Salzwasser in den See gelangen.

Zuletzt war der See im Frühjahr 2004 gänzlich gefüllt und leerte sich fortan um 1m pro Jahr. Ende Oktober 2009 erreichte der See sein historisches Tief mit 214,37m. Seitdem geht es pro Jahr wieder um fast 70cm hinauf, nicht zuletzt aufgrund neuer Entsalzungsanlagen am Mittelmeer.

Leider sind die Meerwasserentsalzungsanlagen nicht nur gigantische Stromfresser, sondern ihr mit Salz gesättigtes Abwasser wird zurück ins Meer gepumpt und zerstört dort das Ökosystem. Auch kostet das Wasser aus solch einer Anlage mehr als dreimal so viel wie Grundwasser.

Was oft übersehen wird: Israel liefert viele Millionen Kubikmeter Wasser an Jordanien und an die palästinensische Autonomiebehörde. Israel selbst investiert viel, um Wasser einzusparen. Dies ist insbesondere durch den Anbau von Wein anstelle von Tomaten und dem sparsameren Einsatz von Wasser sehr erfolgreich.
Überall finden sich z.B. wasserlose Urinale, die genauso sauber sind wie unsere mit Wasserspülungen und kein bisschen riechen. Auch neue Ventilsensoren erkennen sofort ein Leck in den Rohrleitungen. Wieder eine Erfindung aus Israel, die weltweit die verfügbaren Ressourcen an Wasser verbessern wird.

Kein anderes Land verbraucht heute im Nahen Osten so wenig Wasser pro Kopf wie Israel, und das bei florierender Wirtschaft und zahlreichen Touristen. Dies lässt sich auch aus den Statistiken herauslesen, denn während um 2003 in den Sommermonaten noch 10–65mm pro Tag aus dem See Genezareth gepumpt wurden bzw. verdunsteten, hat sich dies in 2010 auf 5–55mm reduziert.

Berg der Seligpreisung

Gleich hinter der Pumpenstation beginnt die 90 über den angrenzenden Tel Kinneret anzusteigen. Auf diesem Hügel stand einst das antike Kinneret, das dem See seinen Namen gab. Heute erinnern kleinere Grabungsreste an die einst große Stadt, der ich heute aber keinen Besuch abstatte. Stattdessen fahre ich dahinter wieder leicht bergab und erreiche bei der Brotvermehrungskirche Tabga die Kreuzung der 90 und 87.

Ich bleibe auf der 90 Richtung Safed und trete das Gaspedal voll durch. Mit wimmernden Reifen schieße ich durch drei Kehren und überwinde dabei die 100Hm zum Berg der Seligpreisung. Hier angekommen wartet schon der Parkplatzwächter und knüpft mir 10 Schekel für den Parkplatz ab.

Es ist erstaunlich wenig los, so kann ich ganz entspannt durch den kleinen Park zur Kuppelkirche laufen. Diese wurde 1939 mit der Unterstützung Mussolinis erbaut.
Der Berg der Seligpreisungen ist die Stelle, wo laut christlicher Überlieferung Jesus die „Bergpredigt" abhielt und seine Jünger erwählte. Einen Beweis für den exakten Ort gibt es aber nicht, denn in der Bibel gibt es widersprüchliche Angaben, da Matthäus von einem Berg spricht und Lukas von einem ebenen Plateau.
Der 8-eckige Bau beherbergt im Inneren nur einen Altar mit einigen Kirchenbänken und einen Rundgang. Die runde Kuppel ist mit goldenen Mosaiken belegt und acht Fenster mit Inschriften der Bergpredigt durchfluten sie mit Licht.
Der 8-eckige Bau hat eine klare Bedeutung. Die 8 Seiten der Kirche sind je einer der Seligpreisungen gewidmet, die Jesus zu Beginn der Bergpredigt über die geistig Armen, die Leidtragenden, aussprach. In der Predigt beginnt jeder der acht Verse mit dem Wort „selig":
»*Selig, die arm sind vor Gott ...; Selig die Trauernden ...; Selig, die keine Gewalt anwenden ...; Selig, die hungern und dürsten ...; Selig die Barmherzigen ...; Selig, die ein reines Herz haben ...; Selig, die Frieden stiften ...; Selig, die um der Gerechtigkeit willen verfolgt werden.*«
Die Kuppel dagegen symbolisiert die neunte Seligpreisung: »*Selig seid ihr, wenn euch die Menschen um meinetwillen schmähen und verfolgen und reden allerlei Übles gegen euch, wenn sie damit lügen.*« *(Matthäus 5,1–11)*
Gerade in meinem Gedankengang über die Bergpredigt scheucht eine Nonne eine Schar Kinder, die zuvor sogar über den Altar geklettert sind, aus der Kirche. Die Nonne weist die Kinder vor den Toren der Kirche lautstark zurecht. Ich sehe es als Zeichen zu gehen, der Ort ist für mich

lange nicht so sehenswert, wie der Name vermuten lässt. Auch der Ausblick über den See ist vor lauter Bäumen nicht besonders gut.

In diesem Moment beginnt es leicht zu regnen und ich laufe direkt zum Auto. Als ich die erste Kehre bergab wieder erreiche, liegt ein Auto im Graben, dessen gesamte Front sich an den Felsen gefaltet hat.
Passiert ist den Insassen offensichtlich nichts, aber israelische Straßen sind nicht zuletzt so tückisch, weil der feine Staub in Verbindung mit dem Regen die Straßen in Rutschbahnen verwandelt. Etwas langsamer fahrend erreiche ich wieder die Highway-Kreuzung und biege links auf den Highway 87 ab, wo ich die am Seeufer liegende Brotvermehrungskirche und die Primatskapelle passiere.

Während die Brotvermehrungskirche an die Speisung der 5000 mit nur 5 Laiben Brot und 2 Fischen erinnert, soll Jesus nach seiner Kreuzigung an der Stelle der Primatskapelle erschienen sein und mit seinen Jüngern ein Mahl abgehalten haben. Dabei ernannte er Petrus, wie schon in Banias, zu seinem Nachfolger, indem er sagte:
»*Weide meine Lämmer!*« und »*Folge mir nach!*« *(Johannes 21,15.19)*
Besuchen werde ich beide Orte heute nicht, weil sie nicht so sehenswert sind und ich schon zwei Mal dort verweilte. Kurz darauf erreiche ich das 3km weiter östlich gelegene Kapernaum.

Kapernaum

Noch gut erinnere ich mich an das Jahr 2000, wo wir kurz vor dem Papst Kapernaum besuchten. Hunderte von Bussen blockierten damals den ganzen See und nichts ging mehr.

Heute parken ein einziger Bus und mein kleines Auto vor dem Eingang und der Bus kommt mir irgendwie bekannt vor. Genau, es ist die afrikanische Zion-Gruppe aus meinem Hotel. Ich werde also meine so heiß geliebten vier Afrikanerinnen aus dem Fahrstuhl gleich wiedersehen.

Ein Schriftzug vor dem Eingang macht auf eine Unsitte vieler Touristen aufmerksam. „No shorts" steht da, also keine kurzen Hosen. Manchmal muss ich mich hier für meine Landsleute schämen, die so knapp bekleidet an heiligen Stätten herumlaufen, dass sie damit auch in den Swingerclub gehen könnten. Da quellen ganz Brüste aus dem Dekolleté oder der Kamelhuf presst sich durch hauchdünne, viel zu enge Shorts, dass es selbst dem Reiseleiter die Sprache verschlägt.
In Israel mag man da ja noch ziemlich tolerant sein, aber wenn Sie in Jordanien auch als Mann eine kurze Hose tragen, wird sich kein Einheimischer mehr mit Ihnen abgeben.
Dennoch, an heiligen Stätten sollte man den Ort respektieren, egal ob man nun gläubig ist oder nicht. Im Nahen Osten ist lange Kleidung sowieso die bessere Wahl, denn nur sie schützt vor der Sonne und den Disteln. Schon mal einen Beduinen mit kurzer Hose und T-Shirt gesehen?
Am Eingang gibt es für den Unwissenden auch eine Überraschung, denn Kapernaum gehört laut Liste zu den Nationalparks. Damit ist aber der Kapernaum-Nationalpark einige Hundert Meter weiter gemeint, für den ohnehin kein Eintritt verlangt wird. Naja, muss ich nicht verstehen. Ich zahle daher schmale 3 Schekel Eintritt an einen christlichen Araber im kleinen Kassenhäuschen.
Der Regen ist schon wieder vorbei und die Luft schön frisch und kühl geworden. Das Pflaster von Kapernaum ist feucht und schimmert in der langsam wieder hervorkommenden Sonne.

Kapernaum war ein kleines Fischerdorf zu Zeiten Jesu, dessen Reste heute Hunderttausende von christlichen Pilgern anziehen. Die Zion-Gruppe verlässt gerade die alte Synagoge, ein guter Zeitpunkt, in Ruhe ganz allein durch das alte Gemäuer zu schlendern, bevor die nächsten Touristen die Stille der alten Synagoge stören.
Die Synagoge ist heute noch 3m hoch erhalten, an der Nordseite sogar fast bis zum Dach. 18 Säulen trugen einst den Dachaufbau. Mit dem angrenzenden Nebenraum misst sie ca. 25x30m und fasziniert mit ihren

untypisch weißen Steinen, wohingegen alle umliegenden Wohnhäuser aus schwarzem Basalt erbaut wurden.
Diesen Ort soll Jesus mehrfach besucht, er soll hier gepredigt und gelehrt haben. Ganz sicher fand dies aber nicht in dieser Synagoge statt, denn sie wurde erst im 3. oder 4.Jhd. erbaut. Sie steht aber auf Strukturen einer älteren Synagoge. Eine letzte Sicherheit, ob Jesus genau an dieser Stelle seine Anhänger um sich scharte:
»Und seine Zuhörer entsetzte, denn er lehrte gewaltig und nicht wie die Schriftgelehrten« (Matthäus 7,28–29), gibt es leider nicht.

Warum kam Jesus überhaupt an diesen so kleinen und unbedeutenden Ort? Vermutlich fürchtete er, wie Johannes der Täufer von König Herodes hingerichtet zu werden. So war dieser Ort abgelegen genug, um nicht weiter aufzufallen, und das angrenzende Königreich des Philippus hätte Jesus Zuflucht bieten können.
Hier fand Jesus viele seiner Jünger, der Bekannteste unter ihnen war auch zugleich der Erste, Simon Petrus, der mit seinem Bruder und späterem Jünger Andreas in Kapernaum lebte. Aber auch Jakobus, Johannes und Matthäus fand Jesus hier als Anhänger seiner Lehre.
In Kapernaum heilte Jesus Besessene und Kranke, darunter auch den Knecht eines römischen Hauptmannes und die Schwiegermutter des Simon Petrus.
Ich bin immer noch allein, und welche Ruhe heute über Kapernaum liegt, ist schon fast gespenstisch. Ich verlasse die Synagoge über das Südportal und blicke über die weitläufige Ausgrabung der Wohnhäuser von Kapernaum. Durch die Fundamentreste schlendere ich einem großen Betonbau entgegen, der wie ein Ufo wirkt und so gar nicht ins Bild der Ausgrabung passt. Es ist ein moderner Kirchenbau, der über dem Haus des Petrus errichtet wurde.
Auf acht Säulen schwebt der ganze Bau und spiegelt so das Oktogon der darunter liegenden Kirche aus dem Jahre 450 wieder. Diese Kirche wiederum steht auf den Resten des Domus Ecclesia, das Pilgern zum Gebet diente und sich mit einer Mauer umgab, die es vom Rest des

Dorfes trennte. Das Domus Ecclesia nutze wiederum das Haus des Simon Petrus, womit sich der Kreis schließt, denn Jesus soll eine Zeit lang im Haus des Simon Petrus gewohnt haben.
Ich blicke hinab in die Grabungsreste und erkenne die gut erhaltene doppelte Oktogon-Mauer der letzten Kirche. Sie ist überraschend klein und dürfte kaum 20 Pilgern einen Stehplatz geboten haben. Darunter liegen die Reste des Hauses von Petrus, die sich aber für den Laien nur schwer erschließen lassen. Der moderne Betonbau hingegen behindert die Sicht, denn er fällt zu Mitte hin ab, um die Lasten der Kirche aufnehmen zu können.
So wende ich mich ab, gehe um den Bau herum zur Treppe und gelange in die 8-eckige Kirche. Sie misst nur etwa 30m zwischen den gegenüberliegenden Ecken und besitzt einen östlichen Altar sowie 6 umlaufende Sitzreihen. In der Mitte befindet sich ein Geländer, das ein etwa 6x6m großes Feld umgibt. Dieses ist mit Glasscheiben belegt und ermöglicht einen Blick von oben auf das Haus des Petrus.
Die Zion-Gruppe ist auch hier – und wen sehe ich? Die vier Afrikanerinnen mit ihren bunten Kleidern. Sie stehen mit einigen Männern linker Hand des Altars und singen Lieder. Es hört sich sehr schön an, als ihre Stimmen durch die Kirche schallen. Zwei andere Frauen der Gruppe liegen vor dem Altar auf dem Fußboden und beten. Der Rest läuft mit Videokameras herum und hält jeden Moment fest.
Ich setze mich auf eine der Bänke und lausche dem Gesang, der fast Gospelqualität erreicht, auch wenn ich kein Wort verstehe, da sie in ihrer afrikanischen Landessprache singen.
Ein breiter Splittweg führt mich anschließend über ein paar Stufen hinab auf ein mit Kakteen gesäumtes Plateau am Ufer des Sees Genezareth. Hier ganz in der Nähe fuhr Jesus zum Fischfang und wirkte rund um den See seine Wunder, zwei davon auf dem See selbst, als er auf dessen Wasser ging:
»*Am Abend aber gingen seine Jünger hinab an den See, stiegen in ein Boot und fuhren über den See nach Kapernaum. Und es war schon finster geworden, und Jesus war noch nicht zu ihnen gekommen. Und der See wurde aufgewühlt von einem*

starken Wind. Als sie nun etwa eine Stunde gerudert hatten, sahen sie Jesus auf dem See gehen und nahe an das Boot kommen; und sie fürchteten sich. Er aber sprach zu ihnen: ›Ich bin's; fürchtet euch nicht!‹ Da wollten sie ihn ins Boot nehmen; und sogleich war das Boot am Land, wohin sie fahren wollten.« (Johannes 6,15–21)
und den Sturm bezwang:
»Und am Abend sprach er zu ihnen: ›Lasst uns hinüberfahren.‹ Und sie ließen das Volk gehen und nahmen ihn mit, wie er im Boot war, und es waren noch andere Boote bei ihm. Und es erhob sich ein großer Windwirbel, und die Wellen schlugen in das Boot, sodass das Boot schon voll wurde. Und er war hinten im Boot und schlief auf einem Kissen. Und sie weckten ihn auf und sprachen zu ihm: ›Meister, fragst du nicht danach, dass wir umkommen?‹ Und er stand auf und bedrohte den Wind und sprach zu dem Meer: ›Schweig und verstumme!‹ Und der Wind legte sich und es entstand eine große Stille. Und er sprach zu ihnen: ›Was seid ihr so furchtsam? Habt ihr noch keinen Glauben?‹ Sie aber fürchteten sich sehr und sprachen untereinander: ›Wer ist der?‹ Auch Wind und Meer sind ihm gehorsam!« (Markus 4,35–41)
Die Bezwingung des Sturmes lässt sich allerdings auch – wie erwähnt – auf die Wetterbedingungen zurückführen. Denn abends kommt es am See Genezareth regelmäßig zu heftigen Stürmen, die so schnell enden, wie sie gekommen sind. Wer diesen Sturm einmal – so wie meine Freundin und ich mehrfach – erlebt hat, kann sich ausmalen, was dieser mit einem kleinen Boot auf dem See macht.

Kursi-Nationalpark

Ich verlasse Kapernaum und fahre über den Jordan an die Ostseite des Sees Genezareth. Hier erreiche ich den idyllischen Kursi-Nationalpark, direkt an der Kreuzung der 92 und 789 gelegen. Keine 500m vom Seeufer entfernt entstand hier im 6.Jhd. das mit 123x145m größte byzantinische Kloster Israels.
Eine Inschrift in der Taufkapelle nennt das Jahr 585, ob dies die Erbauung datiert, ist jedoch unklar. Erbaut wurde dieses Kloster jedenfalls, um an die Heilung zweier Besessener durch Jesus zu gedenken:

»Und er kam ans andere Ufer in die Gegend der Gadarener. Da liefen ihm entgegen zwei Besessene, die kamen aus den Grabhöhlen und waren sehr gefährlich, sodass niemand diese Straße gehen konnte. Und sie schrien und sprachen: ›Was willst du von uns, du Sohn Gottes? Bist du hergekommen, uns zu quälen, ehe denn es Zeit ist?‹ Es war aber ferne von ihnen eine große Herde Säue auf der Weide. Da baten ihn die bösen Geister und sprachen: ›Willst du uns austreiben, so lass uns in die Herde Säue fahren.‹ Und er sprach: ›Fahret hin!‹ Da fuhren sie aus und fuhren in die Säue. Und siehe, die ganze Herde stürzte sich den Abhang hinunter ins Meer und ersoff im Wasser.« (Matthäus 8,28–32)

Das jordanische Gadara/Umm Quais gilt als weiterer möglicher Ort für die Tat Jesu, allerdings liegt es 8km vom See Genezareth entfernt und hat am Fuße der Berge keinen direkten Zugang zum See. Vielleicht entstammt die Geschichte auch jüdischen Satirikern, die mit den Schweinen römische Soldaten symbolisierten, um sie nicht namentlich nennen zu müssen.
Kursi gehört zu den israelischen Nationalparks und ich muss somit am Eingang nur meine Green Card vorzeigen. An der alten Klostermauer vorbei gelange ich zum Eingang des Klostergeländes. Einst führte von hier eine Pflasterstraße für die Pilger ans Seeufer. Dort befand sich das Fischerdorf Gadara mit dem damals größten Hafen am See Genezareth, von dem nichts mehr geblieben ist.

Ich betrete die Klosteranlage, lasse aber die vor mir liegende Kirche links liegen und folge dem Weg südlich zu den nur 100m entfernten Ausläufern der Golanhöhen. Hier entdeckten Archäologen erst 1980 eine kleine Kapelle 15Hm über dem Kloster. Eine Treppe führt mich die letzten Meter hinauf an einer Mauer vorbei, die einen Felsen schützt. Vielleicht wurde damals angenommen, dass Jesus von diesem Felsen sein Wunder vollbrachte.
Die Kapelle ist direkt an den Hang gebaut, aber nur noch in ihrer Grundform zu erkennen. Dafür begeistert mich der Blick über Kursi und den See Genezareth.

Jetzt wird es aber Zeit für die wundervolle 3-schiffige Kirche aus schwarzem Basalt mit ihren weißen runden Säulen und deren reich verzierten Kapitellen. Mit etwa 25x60m ist sie gewaltig für einen so abgelegenen Ort der damaligen Zeit.
Umgeben ist der Kirchenkomplex von blühenden Bäumen, Sträuchern und duftenden Rosen, die Kursi zu einem der schönsten Gärten überhaupt in Israel machen.

Ich betrete zuerst eine Vorhalle, die gut 2m hoch erhalten ist. Ein Kreuzgang führte einst um einen säulengetragenen Innenhof herum und ermöglichte auf der anderen Seite den Zugang zur Hauptkirche und zu den angrenzenden Nebenräumen.
Als ich das Kirchenschiff betrete, fallen mir sofort die 12 weißen Säulen auf. Diese trugen einst Rundbögen aus schwarzen Basaltsteinen, die zum Teil rekonstruiert wurden, und spannten den 10x15m großen Kirchenraum auf.
Die gegenüberliegende Apsis mit dem Altar ist über 6m hoch erhalten und trägt einen einzelnen Rundbogen mit 6m Durchmesser. Links und rechts neben den Säulenreihen haben sich die 15m langen Mosaike der Seitenschiffe gut erhalten und zeigen geometrische Muster und wundervolle Tier- und Fruchtdarstellungen, darunter Gänse, Tauben, Kormorane, Zitronen und Grapefruits.
In der südöstlichen Ecke blicke ich in das Baptisterium mit den Resten des Taufbeckens. Sehr untypisch ist die vorhandene Olivenölpresse in einem der nördlichen Seitenräume, evtl. wurde hier heiliges Öl hergestellt und an die Pilger verkauft. In den südlichen Räumen legten die Grabungen eine Krypta mit 30 Skeletten frei. Vermutlich begrub man hier die verstorbenen Mönche des Klosters.

Ich verlasse die Kirche und laufe zur wenige Meter daneben liegenden weiteren Ausgrabung. Hier befand sich ein Badehaus, eine einmalige Einrichtung in einem byzantinischen Kloster in Israel. Das Badehaus diente wohl weniger den Mönchen als den Pilgern. Dies zeigt auch die hohe Bedeutung von Kursi, denn während der byzantinischen Periode lehnten westliche Pilger es ab, Kapernaum oder Korazim zu besuchen, da diese Orte ja von Jesus verflucht wurden.

Mit dem Eindringen der Perser im Jahre 613 wurde Kursi schwer beschädigt, erreichte bis zum Erdbeben 746 nie wieder seine volle Größe und verschwand durch die Erdstöße vollständig aus der Geschichte.

Ofir-Aussichtspunkt

Mein Abstecher oberhalb von Kursi zum 400m höher gelegenen Ofir-Aussichtspunkt hat sich gelohnt. Es ist nämlich einer der wenigen offiziellen Aussichtspunkte über den See Genezareth, von dem man, bis auf einen ganz kleinen Teil südlich von Ein Gev, den ganzen See sehen kann.
Richtung Westen blicke ich über das Wasser, dort erhebt sich die steile Klippe von Arbel und etwas südlich davon liegt Tiberias. Viel weiter entfernt sehe ich noch den Har Tabor, die Berge um Nazareth, den Har Tir'an und den Har Meron.
Unter mir liegen Kursi und im Norden die Stätten Jesu. Hinter mir, gen Osten, blicke ich in das Tal des Flusses Samakh, der sich tief in die Golanhöhen gegraben hat.
Als ich meine Augen auf einen Punkt konzentriere, kann ich sogar den 8km entfernten gelben Kran über der gestern besuchten Umm-el-Kanatir-Synagoge erkennen. Dass mich meine Augen nicht getäuscht haben, beweist mir letztendlich mein Teleobjektiv, mit dem ich den Kran heranzoome.

Gerade diese Aussicht ist für mich immer wieder ein Reiz, noch mehr zu entdecken. Während der normale Tourist Tiberias und vielleicht noch das Arbel-Kliff erkannt hätte, ist für mich der Rundumblick voll mit Orten und Geschichte. Egal wo ich auch hinblicke, überall entsteht ein Bild des dortigen Ortes vor meinen Augen.

Susita

Ich folge der 789 weiter auf das Plateau der Golanhöhen, treffe auf den großen Highway 98 und fahre hier südlich wieder Richtung See Genezareth ab. Gleich darauf biege ich auf eine der schlechtesten Straßen in ganz Israel ab. Offiziell gesperrt folge ich ihr stetig bergab Richtung En Gev am See Genezareth. Kurz darauf taucht mein Ziel auf, die antike griechisch-römische Dekapolis-Stadt Hippos, auch Susita genannt.
Die Stadt liegt in einem breiten Tal auf einem 110m hohen Hügel, dessen Bergplateau einst die Stadt aufnahm. Dabei fällt das Plateau leicht zum See Genezareth hin ab und bot einst eine wohl einmalige Kulisse für die griechischen Erbauer. Diese nannten die Stadt Hippos, das „Pferd", weil sie bei der Form des Berges wohl an einen Pferderücken dachten; das aramäische „Susita" bedeutet ebenfalls „Pferd".
Die Stadt ist nur über einen Pfad im Norden oder den so einzigartigen Karrenweg im Süden über 17 Kehren zu erreichen. Ich wähle die geringeren Höhenmeter im Norden und erreiche – leicht außer Atem – die Reste des nördlichen Stadttores.
Auch hier hinterließ der Konflikt zwischen Israel und Syrien seine Spuren: Stacheldraht, Bunker und Minenfelder ziehen sich überall um Susita herum und leider auch durch Susita hindurch. Nach den ersten Ausgrabungen in den 50ern besetzte die israelische Armee diesen Ort und baute ihn zur Festung aus.
Dazu muss man wissen, dass die Grenze nach dem Unabhängigkeitskrieg zwischen Israel und Syrien eine entmilitarisierte Zone war. Ab Kursi wurde dieser Streifen auf 2km Breite ausgedehnt und schloss Susita mit ein. Um das Kibbuz Ein Gev schützen zu können, war Susita als vorgelagerter und erhöhter Posten daher ideal.

Etwas weiter erreiche ich den erhaltenen Teil des Dekumanus Maximus. Diese Hauptstraße zog sich einst von Ost nach West über den gesamten Hügel und verband die beiden Stadttore miteinander. Die quadratischen Pflastersteine aus schwarzem Basalt waren diagonal verlegt und verhin-

derten so Spurrinnen zwischen den Steinen. Links und rechts zweigten überall Eingänge, Plätze und Straßen ab.
Plötzlich fällt in einer byzantinischen Kirche mein Blick linker Hand auf gut ein Dutzend umgefallener Säulen. Sie liegen absolut parallel zueinander und zeugen vom Erdbeben im Jahre 746, das ganz Susita dem Erdboden gleichmachte. Aufgrund der Fallrichtung lässt sich bis heute die Richtung der Oberflächenwellen des Bebens erkennen.
Ich biege gleich darauf rechts ab und erreiche den Hauptteil der Ausgrabung. Hier haben die Archäologen zwei weitere byzantinische Kirchen und die Reste des griechischen Forums freigelegt. Beide Kirchen sind mit einem Hauptraum und einer großen Apsis klassisch aufgebaut. Links und rechts trennt eine Säulenreihe die schmaleren Seitenräume mit je einer kleineren Absis am Ende.
Die dritte Kirche zeigt sich kontrastreich mit einer Mischung aus weißen Kalksteinen und schwarzen Basaltsteinen. Diese dritte Kirche zeigt auch, dass Susita zu byzantinischer Zeit ein bedeutender Bischofssitz war.

Ich gelange wieder zum Dekumanus Maximus und zum westlichen Ende des Berges. Hier wartet ein kleines Theater auf mich. Die 180°-Tribüne ist nur noch ein Schutthaufen, zeigt aber den Grundriss des Theaters bis heute. Von hier blicke ich über den See Genezareth und sehe das unter mir am Ufer liegende Kibbuz En Gev. Dessen Besuch erspare ich mir auf dieser Reise.
Der einst zu Susita gehörende Hafen ist heute eine reine Touristenattraktion, in der täglich Dutzende von Bussen durch die so berühmten Fischrestaurants gelotst werden. Dabei stammen die Fische fast vollständig aus Aquakulturen, weil es im See kaum noch Fische gibt.

Schräg gegenüber dem Theater liegt das westliche Stadttor und von hier schlängelt sich der Serpentinenweg bis herunter zum Kibbuz En Gev. Ich laufe zurück, passiere das Forum wieder und entdecke hier noch ein großes unterirdisches Wasserreservoir. Zurück über den Dekumanus

Maximus verlasse ich Susita durch das östliche Tor und laufe bergab zum Auto. Ich fahre die Schlaglochpiste zurück in die Golanhöhen und folge der 98 weiter Richtung Süden.

Schalom-Aussichtspunkt

Direkt am südlichen Rand des Kibbuz Kfar Kharuv erreiche ich neben dem Har Bental den bekanntesten Aussichtspunkt der Golanhöhen, den Schalom-Aussichtspunkt.
Hier zeugen Reihen von Sitzbänken – mit Blick über den ganzen See Genezareth – und ein Kiosk von den Touristenscharen, die hier manchmal anzutreffen sind. Den Ort nutzen viele Reiseleiter, um stundenlang über die syrische Bedrohung, die Golanhöhen und den See Genezareth zu erzählen, während die Zuhörer in der Sonne schmoren.

Heute allerdings bin ich neben einem Pärchen ganz allein hier und der Kiosk ist geschlossen. Zwischen 1948 und 1967 diente dieser Aussichtspunkt der syrischen Armee, um mit Mörsern und Artillerie auf die umliegenden israelischen Dörfer und Tiberias zu schießen. Das Leben der israelischen Bewohner war daher oft nur in Bunkern und Schützengräben möglich.
Nachts hingegen überquerten syrische Terrorkommandos die Grenze nach Israel und vergruben Minen in den israelischen Feldern. So ging das bis zum Sechs-Tage-Krieg, in dem Israel diesen Zuständen ein Ende setzte.

Am Geländer blicke ich – über Kakteenfelder hinweg – 500Hm in die Tiefe bis zur Küstenlinie. Der Blick nach Norden lässt mich kurz verharren, denn nur schwer zu entdecken liegt hier die Stadt Hippos und verschwindet fast im hohen Gras des Berges und dem dahinter liegenden höheren Berg. Erst jetzt bemerke ich, dass ich die südliche Stadtmauer und die Westkirche nicht gesehen habe. Ein weiterer Grund für mich, bald wieder nach Israel zu reisen.

Hamat Gader

Zurück auf der 98 fahre ich 5km südlich und erreiche einen der mit 350m höchsten Punkte der südlichen Golanebene. Hier beginnt einer der schönsten, aber auch gefährlichsten Straßenabschnitte in Israel. Es geht in 8 Kehren steil bergab und auf den nächsten 5km werde ich 450Hm hinabfahren.
Nach der ersten Kehre passiere ich aber zuerst eine alte Panzersperre links und rechts der Straße. Betonbuckel säumen hier das Tal, die etwaige feindliche Panzer zumindest kurzzeitig stoppen konnten. Von früheren Besuchen weiß ich, dass hier – versteckt zwischen Bergen und Wäldern – Bunker der israelischen Armee liegen. Sie sind zumeist leer und zum Teil frei zugänglich.
Einen Bunker sehe ich auf einem Bergrücken, er überblickt das Yarmuk-Tal und die andere jordanische Seite. Ein kleiner Bunker einer ehemaligen Maschinengewehrstellung lässt mich kurz anhalten und in das Tal blicken.
Unten schlängeln sich der Yarmuk und die alte Linie der Hedschasbahn. Inmitten des Tales liegt – vom Yarmuk umflossen – eine grüne Oase. Es sind die heißen Quellen von Hamat Gader inmitten eines Waldes und zahlreichen Palmen.

Als ich etwas rechts an Hamat Gader vorbei blicke und meine Augen auf einen 4km entfernten Punkt fixiere, der 300Hm über mir in Jordanien liegt, erahne ich die römischen Säulen der Dekapolis-Stadt Gadara. Sie liegt dort oben auf einem weitläufigen Plateau und zumindest mit meiner Kamera kann ich einige Säulen des dortigen Cardo Maximus erkennen.

Erst jetzt wird es richtig steil und ich verlange meinem Mietwagen in den letzten 6 Kehren alles ab. Was für eine Freude es doch ist, vor den Kehren scharf anzubremsen, die Kurve anzuschneiden und den Wagen mit Vollgas aus der Kurve heraus wieder zu beschleunigen. Das Ganze untermalt mit lauter Metal-Musik aus meinem iPod und offenen Scheiben bei angenehmen 22°C. So muss sich Reisen anfühlen, denke ich mir, frei und nach eigenem Gutdünken.

Im Tal angekommen, habe ich die Wahl, links auf einer kleinen Nebenstraße nach Hamat Gader zu fahren oder rechts weiter dem Highway zu folgen. Ich überlege kurz, ob ich Hamat Gader besuche, entscheide mich dann aber dagegen, denn um die wenigen römischen Reste sehen zu können, müsste ich eine richtig teure Eintrittskarte für die moderne Therme kaufen.

So folge ich der 98 weiter zum See Genezareth, immer entlang des doppelten jordanischen Grenzzaunes. Direkt dahinter geht es senkrecht abwärts zum Ufer des Yarmuk. Alle paar Hundert Meter passiere ich massive Betonwände neben der Straße. Zuerst ist mir nicht klar, wozu diese dienen, dann geht mir aber ein Licht auf. Es sind Schutzwände, hinter die man sich bei Beschuss flüchten kann.

Aber hier an der jordanischen Grenze wurde schon ewig nicht mehr geschossen und so halte ich kurz am Zaun und blicke fast senkrecht hinab auf den 60m unter mir fließenden Yarmuk. Er wird an dieser Stelle von einer der Brücken der Hedschasbahn überspannt. Dies ist genau die Brücke, welche von der Haganah im Unabhängigkeitskrieg gesprengt wurde. Davon zeugt bis heute ein fehlendes Brückenelement, während das andere Element schief auf dem Brückenpfeiler hängt.

Als ich weiterfahre, überquere ich unbemerkt die nicht mehr vorhandenen Gleise der Hedschasbahn. Ab hier verläuft der kleine Damm der Eisenbahn rechts der Straße und hat somit das links liegende Yarmuk-Tal verlassen.
Ich folge der noch gut sichtbaren Strecke einige Hundert Meter, bis sie sich in den Feldern verliert. Aber ich weiß, wo sie wieder zum Vorschein kommt und lege einen kurzen Zwischenstopp am südlichsten Punkt des Sees Genezareth ein.

Semakh-Bahnstation

Hier hielt einst die Hedschasbahn im arabischen Dorf Semakh. Heute ist es ein Industriegebiet zwischen Degania und Ma'agan, da Semakh im Unabhängigkeitskrieg erobert und zerstört wurde. Semakh war offiziell die 7. Bahnstation der Hedschasbahn nach ihrer Abfahrt aus Haifa. In Wirklichkeit gab es aber mehr als doppelt so viele Bahnstationen, die zwischen den Hauptbahnhöfen ein Aufspringen auf den Zug ermöglichten.

Semakh nimmt hier eine besondere Stellung ein. Als sich der Konflikt zwischen Arabern und Juden Mitte der 30er Jahre immer mehr verschärfte, konnten die jüdischen Fahrgäste, die nach Tiberias reisen wollten, nicht mehr sicher im arabischen Semakh aussteigen. So wurde die provisorische Haltestelle „Jordan-Tal-Bahnstation" kurz vor Semakh eingerichtet, an die heute nichts mehr erinnert.

Die Reste der Semakh-Bahnstation entdecke ich gegenüber des Kinneret College auf einem Betriebsgelände. Das zweistöckige Hauptgebäude ist in einem schlechten Zustand und im Nachbargebäude bellt mich durch die verschlossene Metalltür ein Hund ziemlich aggressiv an. Das gesamte Gelände wirkt etwas verwahrlost und ein Zaun verhindert meinen Weg zum alten ovalen Wasserturm, der hinter ein paar Sträuchern versteckt liegt. So setze ich meinen Weg nach Tiberias fort.

Schweizer Wald

Diesmal wähle ich aber in der Dämmerung nicht den Highway am See entlang, sondern eine der schönsten Panoramastraßen Israels. Dazu biege ich beim Moschaw Kinneret kurz nach Degania ab, fahre steil bergauf nach Poriya, biege dann aber auf einen geteerten Feldweg ab und fahre über die Poriya-Quelle bis zur 7677, die ich quere, und kurz darauf erreiche ich die Jugendherberge „Tiber-Haus".

Hier folge ich der kleinen Straße und genieße das Panorama über dem See Genezareth, der langsam in der Dämmerung verschwindet, während die Golanhöhen in tiefem Rot des Sonnenuntergangs erstrahlen.

Nach einigen Kilometern verändert sich die Landschaft, aus Gras werden lichte Bäume, die sich schließlich zu einem „israelischen" Wald formieren. Ich habe den Schweizer Wald erreicht, der sich von hier bis zum 3km entfernten Tiberias entlangzieht. Die Bäume wurden von Schweizer Juden gestiftet und es ist definitiv der schönste Weg, den ich am See Genezareth entlangfahren kann. Ich passiere einige Aussichtspunkte und blicke über den bis zu 400Hm tiefer gelegenen See.

Kurz vor Tiberias sehe ich zwischen den Bäumen die Reste einer Kirche auf dem Berenike-Hügel. Sie liegt 150Hm unter mir auf einem vorgelagerten Hügelplateau.
Allerdings führt nur von Tiberias eine befahrbare Schotterstraße zur Berenike-Kirche, die morgen auf meinem Plan steht. So fahre ich weiter gen Norden und blicke kurz darauf durch einige Bäume über das dämmernde Tiberias. Hier endet der Wald und ich lande inmitten des Stadtteils Ramat.

Der Sabbat ist inzwischen vorbei und so kann ich unbesorgt wieder vor der Synagoge neben dem Hotel parken.

Tiberias

Als ich kurz darauf das Hotel betrete, sehe ich eine Frau am Internet-Terminal in der Lobby sitzen. Sie lächelt mich an und ich lächele zurück. Diese kurze Gestik wird mir in den nächsten Stunden so manche Nerven kosten.
Nach etlichen erfolglosen Versuchen, von der Fensterbank meines Hotelzimmers aus ein ungeschütztes WLAN zu ergattern, beschließe ich, mich an den eben noch freien PC in der Lobby zu setzen.

Der ungerade Fahrstuhl in meinem Stockwerk kommt und kommt nicht. Ich gehe also herunter in den 8. Stock und versuche es mit dem geraden Fahrstuhl. Das Einzige, was der aber macht, als ich den Knopf drücke, ist, irgendwo in einem unteren Stockwerk einen Alarmton auszulösen ... Na, toll!
Plötzlich erreicht der ungerade Fahrstuhl das 9. Stockwerk und ich renne die Treppe wieder hinauf und gelange endlich nach unten in die Lobby. Als sich die Tür öffnet, weiß ich, woher der inzwischen gut zwei Minuten andauernde Alarm kommt. Im 2. Stock hat jemand die Fahrstuhltür offen gelassen und ich habe mit meinem Knopfdruck im 8. Stock völlig ahnungslos den Alarm ausgelöst. Ich mache mir also die Mühe, gehe über die Treppe in den 2. Stock und schließe dort die Tür des geraden Fahrstuhls.

Als ich Richtung Lobby die Treppe wieder herunterlaufe, schaut mich die Dame vom Empfang ziemlich böse an. In ihrem Gesicht lese ich den Gedanken:
»*Schon wieder so ein Tourist, der den Fahrstuhl nicht bedienen kann!*«
Ich sage aus Verlegenheit nichts, komme mir aber irgendwie erwischt vor, dabei habe ich ja den Alarm abgestellt und nicht mutwillig verursacht. Hätte ich doch bloß gleich die Treppe genommen.

Freundlich grüße ich die junge Frau am gegenüberliegenden Internetplatz auf Englisch und sie lächelt mich schon wieder an. Dem englischen Slang nach ist sie Amerikanerin.
Am PC muss ich feststellen, dass er abgestürzt ist. Ich fackele nicht lange und drücke den Resetknopf. Plötzlich schreit meine PC-Nachbarin auf und ich zucke erschrocken zusammen. Tja, der Resetknopf gehörte offensichtlich zu ihrem PC und nicht zu meinem. Irgendwer muss die Kabel vertauscht haben.
Sie flucht, schaut mich über den Rand der Rücken an Rücken stehenden Monitore an und wir bekommen beide einen Lachflash. Wir scherzen und blödeln herum und sie drückt meinen Resetknopf.

Mein PC geht nach dem Neustart immer noch nicht und wir suchen unter dem Tisch nach dem Problem. Das Mauskabel ist nicht mit dem PC verbunden und ich stecke es wieder ein. Der PC findet die Maus aber nicht, also bitte ich Nici – ihren Namen habe ich inzwischen erfahren – wieder den Resetknopf für mich zu drücken. Wir lachen immer noch, dass es nur so durch die Lobby schallt.

Die Maus geht inzwischen, aber die Tastatur ist noch ohne Funktion. Wieder geht es unter den Tisch. Das Kabel ist okay, es muss wohl ein Treiberproblem sein. Also quatsche ich halt mit Nici und warte, dass ich an ihren PC kann. Sie ist aus Portland und zum ersten Mal in Israel. Wir können es nicht lassen und lachen schon wieder über die Reset-Geschichte.
Plötzlich gesellt sich eine Frau zu uns, die unverkennbar auch Amerikanerin ist. Nici stellt sie daraufhin als ihre Großmutter vor, mit der sie durch Israel reist. Gut gehalten, denk ich mir, denn die Großmutter wäre durchaus als Nicis Mutter durchgegangen. Es ist, genauso wie bei mir, ihr letzter Tag in Tiberias.

In meinem Kopf entsteht ein Gedanke: Die Großmutter geht bestimmt um 20:00 Uhr ins Bett, da kann ich ja mit der 23-jährigen Enkelin ausgehen. Ich werde mich in der Großmutter so was von täuschen, denn sie ist auf den zweiten Blick ziemlich aufgedreht und irgendwie überstylt, aber ich denke mir immer noch nichts dabei. Auf keinen Fall möchte ich wieder einen so langweiligen Abend erleben wie gestern, und ich soll nicht enttäuscht werden.
Ich frage Nici, was sie heute Abend so vorhat, woraufhin sie mir von einer jüdischen Familie erzählt, die sie gut kenne und mit der sie zum Tanz gehen wolle. Also wieder ein langweiliger Abend in Tiberias, einer Stadt, die am ausklingenden Sabbat in etwa so spannend ist wie Fußpilz.

Nici überlässt mir ihren PC und ich muss feststellen, dass die Tasten vertauscht sind, egal was ich drücke, es kommt immer ein anderes

Zeichen. Jetzt gebe ich entnervt auf und kehre auf mein Hotelzimmer zurück.

Gestern lief die Dusche noch ab, doch gerade quillt mein Duschwasser aus der Wartungsklappe und setzt das Bad unter Wasser. Ein typisch israelisches Hotelzimmer halt, wo nach der Erbauung des Hotels nicht mehr viel gewartet wird. Also putze ich erst das Bad und ziehe mir dann etwas einigermaßen Vorzeigbares an. Meine Schuhe hingegen riechen immer noch dermaßen, dass frische Socken sofort den Geruch der Schuhe in sich aufsaugen. Egal, denk ich mir, ich will ja nur was essen.

Da mich das Steak von gestern so angelacht hat, fahre ich schnell die 15 Minuten wieder Richtung Süden ins ha-Hanahar an den Jordan. Das Restaurant ist deutlich leerer als am Abend zuvor und ich setze mich erneut an die Theke, diesmal aber auf die gegenüberliegende Seite. Ich habe so wahnsinnig Lust auf Fleisch und bestelle mir wieder den leckeren Salat wie am Vortag und dazu das fettdurchzogene Entrecôte-Steak. Der Barkeeper von gestern ist heute nicht da, meine Konversation beschränkt sich also auf die paar Worte des Bestellvorgangs. Mehr wäre auch kaum möglich gewesen, denn hinter mir toben die Kinder von vier Familien, die hier gemeinsam an einem langen Tisch sitzen. Das Steak ist der glatte Wahnsinn; saftig, zart und fein gewürzt lasse ich es mir auf der Zunge zergehen. Für den Salat, das Steak und zwei Softgetränke zahle ich für diese Qualität faire 180 Schekel.

Ich fahre kurz darauf zurück nach Tiberias und schlendere noch etwas durch die Gassen am Hafen. Kaum bin ich 100m gelaufen, sitzt Nici vor einer Bar und winkt mich zu sich. Das nehme ich doch gerne an, bestelle mir eine Cola und quatsche mit ihr über verschiedenste Themen.
Nici erwähnt mir gegenüber, dass ihre Großmutter jemanden gesucht hat, der mit ihr nach Israel fliegt. Nici konnte wegen des College aber nur im Dezember und hätte ihre Wohnung weiterbezahlen müssen.

Schließlich hat Nicis Großmutter neben den Kosten für den Flug und das Hotelzimmer in Israel alle übrigen laufenden Kosten in den USA übernommen.
Sie haben sich aber bisher nicht getraut, einen Mietwagen zu nehmen und selbst zu fahren. Daher haben sie sich jeden Tag einen Fahrer bzw. ein Taxi gemietet, was sie bis zu 300 US-$ täglich gekostet hat. Da sag noch einer, die Amis seien pleite.

Ich frage Nici, wo denn überhaupt ihre Großmutter abgeblieben sei, denn es stehen zwei Biergläser auf dem Tisch. Angeblich tanzt sie drinnen mit einer Gruppe amerikanischer Teenager.
Tanzen? Bei dieser rockigen Musik, die selbst draußen noch lautstark zu hören ist? Und dann auch noch mit einer Gruppe Teenager? Ich komme mir von Nici veralbert vor, stehe auf und blicke durch die Glastüren ins Innere der Bar.
Ich traue meinen Augen kaum, da fliegt tatsächlich Nicis Großmutter mit wirbelnden Armen über die Tanzfläche und lässt die Teenager alt aussehen. Völlig verwirrt setze ich mich wieder zu Nici an den Tisch, während ihre Großmutter die Bude rockt.
»Ja, meine Großmutter ist schon ziemlich speziell«, sagt Nici zu mir.
Wie recht sie hat. Kurz darauf gesellt sich die völlig entspannt wirkende Großmutter zu uns an den Tisch und bestellt sich einen weiteren halben Liter Bier.

Wie aus dem Nichts fängt sie an, mich mit religiösen Fragen zu löchern. An was ich glaube und wie ich zu Gott stehe. Dies alles in einem Tempo und mit einer Aggressivität, dass ich gar nicht zum Antworten komme. Als sie eine kurze Pause macht und ich etwas flapsig antworte, dass ich nicht an Gott glaube, mir aber sicher bin, dass es Mose und Jesus als Menschen wirklich gab, sporne ich sie zu neuen Höchstleitungen an.
Sie habe Gott schon wahrhaftig kennengelernt. Wie ich es mir anmaßen könne, nicht an Gott zu glauben!? Nici versucht sie zu beruhigen und

entschuldigt sich mehrfach für ihre Großmutter, aber es hilft alles nichts. Diese fängt an, mir eine abenteuerliche Geschichte zu erzählen: »*Als ich eines Tages zu Hause die Türklinke berührte, haben mich Blitze durchfahren. Gott ist mir daraufhin erschienen und hat zu mir gesprochen!*«, sagt sie zu mir.

Jetzt bin ich nur noch genervt und gehe davon aus, dass sie endlich versteht, dass mich das überhaupt nicht interessiert. Mir bleibt aber auch nichts erspart, denn anstelle das Thema auf sich beruhen zu lassen, startet sie das nächste Kapitel: „Die Bekehrung".
Mit einer neuen Masche versucht sie mir anschließend ein schlechtes Gewissen einzureden und mir den Weg zu Gott näherzubringen. Mein Maß ist voll und ich bin nur einen kleinen Schritt davon entfernt, aufzustehen und zu gehen.
Doch genau in diesem Moment gesellt sich Nicis jüdische Bekannte Timna an unseren Tisch und endlich endet die Bekehrungszeremonie. Timna ist ein bisschen herrisch und kräftig gebaut. Ihr Englisch taugt kaum als Touristenenglisch und die Kommunikation mit ihr ist den gesamten Abend über recht abenteuerlich, da sie vieles völlig falsch versteht und teils ziemlich skurrile Antworten auf unsere Fragen gibt.

Nicis Großmutter tut in diesem Moment genau das Richtige und geht eine weitere Runde tanzen. Offen gesagt ist mir noch nie jemand so Radikales untergekommen, diese Frau würde selbst einen Salfisten noch zum Christentum bekehren wollen. Ich werde mir eine Begegnung mit ihr auf keinen Fall noch mal antun.
Nici, Timna und ich zahlen, lassen Nicis Großmutter tanzen und besuchen mit Timna das Geschäft ihres Cousins vor dem Parkplatz des Caesar-Hotels.
In der Bar sollte ein Wodka mit Energiedrink um die 20 US-$ kosten. Bei dem Cousin gibt's für Nici und Timna einen kostenlosen Wodka mit einer Red-Bull-Kopie und ich leere den Rest des puren Energiedrinks. Ich merke den beiden Mädels die Lust auf Alkohol an. Beide

wollen vorglühen für den Besuch einer anderen Tanzbar an der Tiberias-Promenade, denn dort soll auch am Samstagabend etwas los sein.
Wir laufen also die „Marktmeile" herunter zur Promenade. Fast alle Holzbuden sind geschlossen, die Touristen sind im Winter so rar, dass viele Besitzer erst gar nicht öffnen. Kurz vor der Uferpromenade halten wir an einem Verkaufsstand mit Tüchern, Röcken und Accessoires. Nici erklärt mir, das Timnas Mutter den Stand betreibt. Sie sitzt hier mit ihrem Bruder und einem weiteren Cousin.
Nicis Großmutter ist inzwischen auch hierher gekommen und stöbert derweilen in den kitschigen Sachen. Wir kommen mit Timnas Mutter ins Gespräch. Die ganze Familie wirkt deutlich mehr arabisch als jüdisch und ich gehe davon aus, dass sie nicht dem Judentum angehört. Auch damit liege ich mal wieder falsch, sie sind sogar recht gläubige Juden, auch wenn sie offensichtlich nicht so aussehen.

Wir laufen am nah gelegenen Lebanese-Restaurant vorbei und stehen nach 200m vor dem geschlossenen Tanzlokal, das wir besuchen wollten. Timna spricht einen Einheimischen an und der erzählt, dass es gestern Abend eine Schlägerei gab und dass, wie in Israel üblich, das Lokal deswegen für einen Monat von der Polizei geschlossen wurde. Ich schlage den beiden Mädels also meinen Gedanken vor, den ich schon die ganze Zeit im Kopf habe:
»*Lasst uns doch ins nah gelegene ha-Hanahar fahren, das wird euch bestimmt gefallen!*«, sage ich zu den beiden.

Timna kennt die Bar und überzeugt Nici mitzufahren. Mein Plan geht auf, denn Nicis Großmutter will nicht mitkommen, da es ihr zu spät wird. Der Cousin wird sie nach der Shopplünderung zurück ins Hotel fahren.
Dann muss ich mir noch eine Moralpredigt von Timnas Bruder anhören, der mir einzubläuen versucht, dass ich als Fahrer nichts trinken dürfe. Ich antworte ihm, dass ich im Allgemeinen keinen Alkohol trinke. Entweder er versteht mich nicht oder er kommt sich nicht ernst

genommen vor. Jedenfalls wiederholt er sich und ich erwidere noch einmal, dass ich keinen Alkohol trinke. Es hilft nichts, ich bekomme einen dritten Einlauf von ihm.
Endlich greift Timna ein und erklärt ihm, dass ich keinen Alkohol trinke. Jetzt hat er es anscheinend gerafft, dennoch schaut er mich ungläubig und etwas strafend an, so nach dem Motto: Wenn der keinen Alkohol trinkt, ist er mir noch mehr suspekt. Nici bekommt auch noch eine Moralpredigt von ihrer Großmutter und muss versprechen, um 01:00 Uhr wieder im Hotel zu sein.

Nach wenigen Minuten Fahrt erreiche ich, zum zweiten Mal an diesem Abend, das ha-Hanahar. Die Security ist zu der späteren Stunde wieder da, scheint mich aber noch vom Vortag zu kennen und lässt uns drei unbehelligt durch.
Der Chefkellner hingegen ist sichtlich überrascht, dass ich schon wieder da bin. Es habe mir hier wohl gut gefallen, merkt er nämlich an. Seine Überraschung wechselt aber schnell in Enttäuschung, als er bemerkt, dass die beiden Frauen zu mir gehören. Er scheint sich wohl Hoffnungen auf mich gemacht zu haben und muss gerade feststellen, dass ich nicht seinetwegen wiedergekommen bin.
Wir setzen uns draußen an der Promenade an einen runden Tisch, wo sich sonst die Pilger tummeln, und Nici und Timna bestellen sich Cocktails mit extra viel Alkohol. Beiden gefällt die Location sichtbar und wir quatschen ganz entspannt.
Nach etwa einer halben Stunde gehen die beiden auf die Toilette und lassen alle ihre Sachen am Tisch liegen. Was jetzt kommt, war natürlich klar: Den ganzen Abend hat Timnas Handy geschwiegen. Und kaum ist sie wenige Sekunden weg, klingelt es. Um die anderen Gäste nicht zu stören, drücke ich das Gespräch weg.
Keine gute Idee, denn damit stachele ich den Anrufer wohl zu Höchstleistungen an und er lässt es jetzt erst recht bimmeln. Ich lege meinen Daumen auf den Lautsprecher, um den Klingelton zu dämpfen. Es bimmelt aber ohne Pause. Endlich kommt Timna wieder und nimmt

das Gespräch an. Es ist, wie zu befürchten war, Timnas aufgebrachter Bruder mit einem Kontrollanruf. Ansonsten verläuft der Abend entspannt und mit guten Gesprächen zwischen Israel, Deutschland und den USA.

Gegen 00:30 Uhr treten wir den Rückweg an und ich setze Timna inmitten von Tiberias ab. Als ich mit Nici das Hotel Punkt 01:00 Uhr betreten will, ist die Tür verschlossen, aber unser Klopfen wird erhört und der Wachhabende vom Nachtdienst öffnet uns. Gerade als ich mich von Nici verabschieden will, trifft mich der Schock. Nicis Großmutter wartet schon in der Lobby auf uns.
Na super, das habe ich schon fast befürchtet. Schon startet ihr lautes Organ und sie quakt uns voll. In dem Augenblick kommt ein Hotelangestellter mit einem Tablett vorbei, auf dem ein paar alte Gebäckstücke liegen, und sie bringt den armen Kellner doch wirklich dazu, ihr welche abzugeben und diese sogar noch extra in der Küche zu erwärmen. Jetzt ist mein Maß endgültig voll, ich verabschiede mich schnellstmöglich von Großmutter und Enkelin und ziehe mich auf mein Hotelzimmer zurück.
Ich plane, morgen etwas später zum Frühstück zu gehen, denn Nicis Großmutter hatte erwähnt, dass sie ganz früh frühstücken werden, weil sie nach Jerusalem ins nächste Hotel wechseln wollen. Also gehe ich lieber kein Risiko ein, sie wiederzusehen und nehme mir vor, wenigstens eine Stunde später in den Speisesaal zu gehen.

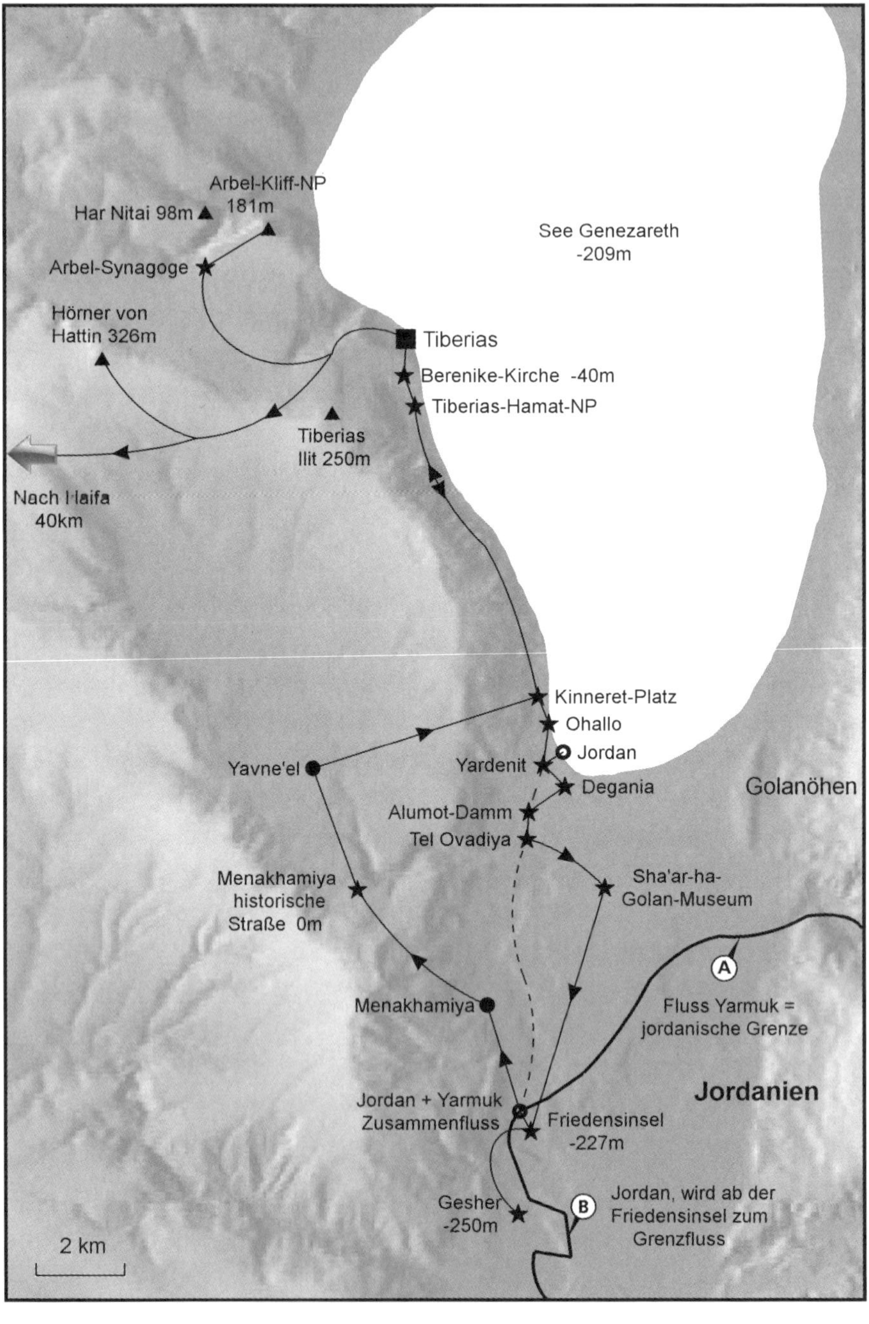

Arbel-Kliff-NP
181m
Har Nitai 98m
Arbel-Synagoge
Hörner von
Hattin 326m
Tiberias
Berenike-Kirche -40m
Tiberias-Hamat-NP
Tiberias
Ilit 250m
Nach Haifa
40km
See Genezareth
-209m
Kinneret-Platz
Ohallo
Jordan
Yardenit
Degania
Golanöhen
Yavne'el
Alumot-Damm
Tel Ovadiya
Menakhamiya
historische
Straße 0m
Sha'ar-ha-
Golan-Museum
A
Fluss Yarmuk =
jordanische Grenze
Menakhamiya
Jordanien
Jordan + Yarmuk
Zusammenfluss
Friedensinsel
-227m
Gesher
-250m
B
Jordan, wird ab der
Friedensinsel zum
Grenzfluss
2 km

15. Tag – Sonntag, 19.12.2010

Tiberias

Gegen 08:00 Uhr betrete ich den Speisesaal des Hotels. Die afrikanische Zion-Gruppe ist wieder da und zu meinem Verdruss auch Nicis Großmutter, die mir schon von Weitem winkt. Ich setze mich daher gleich zwei Tische weiter, da sie mit der Reiseleiterin der Zion-Gruppe spricht, oder sollte ich lieber sagen: lautstark gestikuliert.
Nicht ohne eine gewisse Belustigung beobachte ich während meines Frühstücks die Situation. Nicis Großmutter beackert die ganze Zeit die Reiseleiterin mit ihrem christlichen Fanatismus – wie sie die Blitze aus der Türklinke durchfahren und Gott mit ihr spricht – und erzählt ihr dieselbe Geschichte, die sie mir am Abend runtergebetet hat.

Das genervte Gesicht der Reiseleiterin bringt mich zum Schmunzeln. Kurz bevor ich fertig bin, kommt auch Nici zum Frühstück, sie sieht ziemlich müde aus und registriert mich kaum. Ich beende mein ausgiebiges Frühstück und verabschiede mich von ihr.
Ihrer Großmutter, die immer noch die völlig genervte Reiseleiterin volllabert, winke ich nur noch aus der Ferne zu. Meine paar Sachen sind schnell gepackt und schon verlasse ich endgültig das Hotel.

Berenike-Kirche

Mein Weg führt mich zuerst gen Süden, wo ich am Friedhof von Tiberias vom Küsten-Highway abbiege und durch ein Wohngebiet von Tiberias fahre. Jetzt geht es 170Hm hinauf, bis ich einen Felsvorsprung 1km südlich von Tiberias erreiche.
Hier liegt die Berenike-Kirche an einem der schönsten Orte am See Genezareth. Ich parke vor den Resten der byzantinischen Stadtmauer, die hier ab dem 6.Jhd. östlich vor der Berenike-Kirche einmal um Tiberias herumlief. Daher befindet sich hier ein Tor in der Mauer, das

einst den Zutritt zur Kirche nur von Westen, über den heutigen Schweizer Wald, ermöglichte.

Als eine der Töchter von Herodes Agrippas I. war Berenike sehr bekannt, warum dieser Berg aber zu ihrem Namen kam, ist bis heute unklar. Eigentlich war hier ihr Palast vermutet worden, aber die Ausgrabungen erbrachten dazu keine Beweise.
Etwas bergab laufend erreiche ich den einige Meter hoch erhaltenen Kirchenbau. Die Kirche war mit drei Apsiden, zahlreichen Nebenräumen und Mosaiken klassisch aufgebaut. Mit fast 30x50m Grundfläche und einer eigenen Zisterne gehörte sie aber zu den größten byzantinischen Kirchen im Land.
Die Kirche ist aber auch wegen zweier Besonderheiten bekannt geworden. Neben kultischen Gegenständen – die man im Inneren fand – war sie eine der ganz wenigen Kirchen, die während der islamischen Periode im 7. bis 11.Jhd. weiterhin als Kirche genutzt wurde.
Die Kreuzritter verstärkten später die Außenmauern der Kirche und bauten einen Glockenturm. Erst mit der Schlacht bei den Hörnern von Hattin und der Belagerung von Tiberias durch Saladin wurde die Kirche zerstört.

Ich laufe ein wenig in den Ruinen herum, betrachte die 70m³ fassende Zisterne, deren Putz bis heute erhalten ist und erreiche an der Nordwand eine sehr merkwürdige Tür.
Einst ein normaler Türdurchgang in einen Raum, wurde dieser zugemauert und mit zwei nur 60cm hohen Steintüren versehen, deren untere noch erhalten ist. So musste man in den Raum hineinkriechen, um ihn betreten zu können. Der Sinn dieser Umbaumaßnahmen erschließt sich mir aber nicht.
Ich betrete das Kirchenschiff im Osten. Es ist ähnlich dem von Kursi und die gut erhaltenen zwei Säulenreihen führen mich zur mittleren Apsis, wo einst der Altar stand. Sie ist umgeben von zwei Sitzreihen, auf denen vielleicht einst ein Chor sitzen konnte.

Ich laufe noch einmal außen um die Kirche herum und genieße den Ausblick – oder sollte ich lieber sagen: den Panoramablick. Links von mir zieht sich Tiberias scheinbar endlos vom Seeufer bis auf über 400m über den See hinaus. Zu meinen Füßen – zum Seeufer hin – liegt die römische Ausgrabung, die ich aber nur zum Teil sehen kann, ebenso wie der See selbst, dessen südlicher und nördlicher Rand von vorspringenden Hängen verdeckt wird.
Dennoch sehe ich gut 95% der Seefläche und blicke im Osten auf die steil ansteigenden Golanhöhen. Kein anderer Aussichtspunkt am See Genezareth hat so viel Flair wie der der Berenike-Kirche.

Tiberias-Hamat-Nationalpark

1,5km südlich von Tiberias erreiche ich die heißen Quellen, das sogenannte Tiberias Hamat. Am neuen Kreisel suche ich mir einen Parkplatz und quere die Straße zum Haupteingang.

Die Angestellte vom Nationalpark hat gerade die Pforten geöffnet. Ich reiche ihr meine Green Card und sie gibt mir einen kleinen Plan der Ausgrabung. Jetzt – am frühen Morgen – gönne ich mir einen kleinen Spaß. Anstelle zu sagen, dass ich die Ausgrabung 2004 schon einmal besucht habe, lasse ich die Frau einfach reden. Sie beginnt nämlich plötzlich und unaufgefordert damit, mir die Geschichte des Ortes zu erklären. Dummerweise muss sie das auf Englisch tun und bricht sich dabei regelrecht einen ab.
Ich versuche eine ernste Miene zu bewahren und so zu tun, als würde ich das alles zum ersten Mal hören. Ich bleibe eisern, lasse sie das volle Programm abspulen und bedanke mich anschließend für die kaum verständlichen Erläuterungen. Das war jetzt echt gemein und ich habe schon ein kleines schlechtes Gewissen, aber wirklich nur ein kleines.

Direkt hinter dem Eingang liegt ein osmanisches Dampfbad, das als kleines Museum ausgebaut wurde. Absolut gar nicht sehenswert sind hingegen die vielen Rohre und Pumpen, die rund um den Nationalpark die heißen Quellen anzapfen und das Wasser auf die andere Straßenseite in das moderne Thermalbad pumpen.

In der Mitte des nur gut 60x150m großen Nationalparks erreiche ich die Reste einer Synagoge aus dem beginnenden 3.Jhd. Eine moderne Dachkonstruktion schützt heute eines der handwerklich perfektesten Mosaike in Israel.
Der zentral gelegene Zodiak gilt als älteste bekannte Darstellung der Tierkreiszeichen in Mosaikform und umgibt den Sonnengott Helios. Unterhalb des Zodiaks sind zwei wundervolle Löwen dargestellt, die eine griechische Inschrift flankieren. Im oberen Teil sind jüdische Ritualgegenstände wie zwei 7-armige Leuchter, ein Thoraschrein und zwei Schofarhörner dargestellt.
Das Schofarhorn ist ein Blasinstrument aus Widderhorn oder Kuduhorn einer afrikanischen Antilopenart und steht für den Widder, der anstelle Isaaks geopfert wurde. Das Horn wird an bestimmten Feiertagen und zu in Thora und Talmud festgelegten Stellen geblasen, z.B. am jüdischen Neujahrsfest Rosch ha-Shanah und an Jom Kippur. Dabei sind die Töne und deren Tonfolge genau festgelegt. Fällt einer dieser Tage auf einen Sabbat, so darf ein Schofar nicht geblasen werden, denn das wäre ja Arbeit.
Sieben dieser Hörner sollen auch die Mauern von Jericho zum Einsturz gebracht haben, als Josua mit den Israeliten den Jordan überschritt und die Stadt eroberte.

Mein Weg führt mich zum südlichen Ende des Parks, hier läuft sanft das Wasser aus einer der Quellen und sammelt sich in einem kleinen Becken, von wo es in einer Rinne bergab läuft. Es riecht leicht soleartig und nach Schwefel. Als ich meine Finger ins Wasser halte, ziehe ich sie schnell wieder zurück, das Wasser ist viel heißer, als ich gedacht habe.
So endet mein Rundgang mit leicht verbrühten Fingern und ich folge dem kleinen – so kalt aussehenden – Rinnsal zurück zum Ausgang.

Kinneret-Platz

Mein nächster Stopp ist erneut das Moschaw Kinneret. Diesmal suche ich aber nicht das ha-Hanahar-Restaurant, sondern den dortigen alten Gründerplatz direkt an der Kreuzung von 90 und 767.
Dieser typische, fortartige Komplex mit umgebender Mauer und innenliegenden Gebäuden aus schwarzem Basaltstein wurde 1908 während der 2. Aliyha erbaut. Er diente als zentrales Gebäude der Siedlung und zum Schutz vor den damals regelmäßigen Überfällen durch die Araber.
Gegenüber vom Haupttor betrete ich das Büro, wo mich eine Frau empfängt, der ich für eine private Führung 17 Schekel bezahle. Sie heißt Sharon und führt mich durch eines der Gebäude, in dem Bilder der damaligen Zeit hängen.
Bei einem großen Bild, das den südlichen Teil des Sees Genezareth abbildet, bleibt sie stehen und fragt mich, was mir am Bild auffällt. Als ich antworte, dass es in fast jedem Museum in Galiläa hängt, fängt sie an zu lachen. Mit der Antwort hat sie wohl nicht gerechnet. Sie merkt schnell, dass ich nicht der übliche Tourist bin und so entwickelt sich das Gespräch viel detailreicher und tiefer als üblich.
Sie klärt mich mit dem Bild auf, denn für mich zeigt es nur das Moschaw Kinneret im Jahre 1912. Es zeigt aber auch nur einen einzigen Baum, so weit das Foto reicht.
Das ist mir so noch nie wirklich aufgefallen und deckt sich mit meiner Anmerkung vom 4. Tag über die damalige osmanische Baumsteuer. Das Bild ist stummer Zeuge der baumlosen und vertrockneten Landschaft unter osmanischer Herrschaft. So vertrocknet sah es in ganz Palästina um 1900 aus.

Wir queren den Innenhof zum Haus der Frauen. Es ist den jüdischen Frauen dieser Pionierzeit gewidmet und zeigt deren harte Arbeit unter schwierigsten Bedingungen. Aber es zeigt auch die Emanzipation der Frau in einer Männergesellschaft, insbesondere wo unter den Pionieren meistens 10 Männer auf eine Frau kamen.

Mir liegt schon seit Jahren eine Frage auf der Zunge und ich halte genau diesen jetzigen Moment für richtig, sie zu stellen. Ich frage Sharon, wie man sich denn in Bezug auf Sexualität eine Gemeinschaft mit einer Frau und über 10 Männern vorstellen muss.
Sharon ist kurz verdutzt, versteht aber schnell, worauf ich hinaus will. Sie erklärt mir, dass die Männer in den Frauen eher ihre Mütter sahen und nicht ein Sexobjekt. Alles war auf Arbeit und Urbarmachung des Bodens angelegt, für Privates gab es einfach kaum Platz. Gut, wieder etwas dazugelernt, denke ich mir und schon ist die Besichtigung zu Ende.
Sharon will mich aber gar nicht gehen lassen und so lande ich anschließend bei einem Tee in ihrem Büro. Ich erzähle Sharon, dass mir mal ein Kibbuznik erzählt hat, wie sie es früher mit Sex hielten, wo man sich ja mit vielen anderen ein Zelt teilen musste. Damals stellte man einfach einen Besen vor das Zelt, dann wusste jeder, dass dort gerade ein Pärchen zu Gange war. Sie stimmt mir zu, dass es so abgelaufen sei und jeder Kibbuznik dieses Zeichen kannte.
Wir unterhalten uns noch über verschiedenste Themen, und erst als eine angekündigte Besuchergruppe kommt, müssen wir uns voneinander verabschieden.

Ohallo

Zwischen dem Moschaw Kinneret und meinem nächsten Ziel Yardenit liegt das sogenannte Ohallo. Dazu erzähle ich hier nur die Geschichte des Ortes, denn heute liegt dieser wieder unter Wasser.
Dieser Strandabschnitt am See Genezareth förderte 1989 eine Sensation zu Tage. Durch den damals extrem niedrigen Wasserpegel kamen die Reste eines 23.000 Jahre alten Dorfes zum Vorschein. Archäologen fanden 6 ovale Hütten von 3x5m Grundfläche, die heute als die ältesten Hütten der Welt gelten. Eine Hütte war sogar mit einem Teppich aus geflochtenen Gräsern ausgelegt. Dazu fanden sie Feuerstellen, Backöfen, ein Grab und zahlreiche Gegenstände aller Art. Die 1,73m große

männliche Leiche aus dem Grab faszinierte dabei die Archäologen, nicht nur weil der Schädel eine Verletzung durch eine Waffe aufwies. Die Leiche lag auf dem Rücken, die Beine waren angewinkelt und die Hände gefaltet. Der Kopf lag auf drei Steinen und war nach Osten hin verdreht worden.

Auf der Grabungsfläche fanden die Archäologen über 90.000 verkohlte Pflanzensamen und Früchte wie Eicheln, Mandeln, Pistazien, Oliven, Feigen, Himbeeren und Trauben. Darunter auch Wildgerste und Emmer-Weizen. Insgesamt konnten 100 verschiedene Pflanzensorten ermittelt werden. Ein Beweis dafür, dass sich schon vor über 20.000 Jahren die Menschen vielfältig ernährten. Grund dafür waren wohl die größer werdende Bevölkerung und die langsame Abkehr von der anstrengenden und gefährlichen Jagd.
Dennoch pflegten die Bewohner von Ohallo parallel zum Ackerbau auch noch die Jagd, was durch den Fund von Fischskeletten, über 1000 Vögeln, Gazellen, Hasen, Füchsen und wilden Ebern belegt wurde.
Die Funde von kultivierten Ackerpflanzen gelten heute als die ältesten der Welt, dennoch wandten sich diese Menschen wohl wieder vom Getreideanbau ab, weil der Ertrag vermutlich nicht ausreichte. Daher kam es erst vor 10.000 Jahren zu größerem Anbau von Getreide im fruchtbaren Halbmond, der sich von Jerusalem über das Zweistromland bis an den Persischen Golf zog und als Wiege der Neolithischen Revolution gilt.
Spannend war auch der Fund von Ketten aus Muschelperlen, die von der Mittelmeerküste bis zu diesem Ort gelangt warnen, wohl ein Zeichen für Handel oder lange Wanderungen.

Yardenit

Dort, wo der Jordan den See Genezareth im Südwesten verlässt, fahre ich von der 90 ab und erreiche die heilige Stelle der Baptisten, die daran glauben, dass hier Jesus von Johannes dem Täufer getauft wurde.

Der Parkplatz von Yardenit ist gut gefüllt, ich gehe durch ein Besucherzentrum und betrete eine große Terrasse direkt am Ufer des Jordan. Ich muss schmunzeln, denn erst gestern saß ich, um es mal bildlich zu beschreiben, mit „Wein, Weib und Gesang“, an diesem heiligen Ort. Ebenfalls gut, dass die Gläubigen nicht wissen, dass ein südlich gelegener Damm hier für einen konstanten Wasserspiegel sorgt. Sonst gebe es hier wohl nur Schlamm und kein Jordan-Wasser mehr.
Einige Treppen führen in das klare Wasser, in dem sich große Welse tummeln. Plötzlich höre ich drei Betende etwa 10m entfernt im Jordan stehend laut „Halleluja“ rufen. Es sind zwei Afrikaner, die hier ihre Taufe erneuern lassen und sich dazu einen der ansässigen Taufpfarrer gemietet haben. Kein Scherz, hier kann man sich wirklich einen Pfarrer mieten.
Die drei im Jordan strecken ihre Hände unter noch lauterem „Halleluja“ gen Himmel. Sie winden und krümmen sich, als hätten sie Schmerzen, und stöhnen lauthals über den Fluss. Mir kommen Zweifel, ob es nicht doch eine Teufelsaustreibung ist und keine Taufe.

In dem Moment laufen zwei Afrikanerinnen an mir vorbei, die mich ziemlich ablenken. Beide tragen ein hauchdünnes weißes Gewand, mit dem sie gerade aus dem Jordan gestiegen sind. So durchnässt sind beide praktisch nackt.
Als ich meinen Blick wieder abwenden kann, haben sich die drei im Jordan auch wieder beruhigt und sprechen jetzt ein stilles Gebet. In diesem Moment kommt eine ganze Busgruppe ebenfalls in weißen Gewändern aus den Umkleidekabinen. Singend ziehen sie über den Platz und steigen – samt Mietpfarrer – die Treppen zum Jordan herunter.
Trotz meiner religiösen Toleranz wird mir das hier langsam zu viel. Nicht dass ich auch gleich im Jordan stehe und laut „Halleluja“ rufe.
Ich laufe am geschlossenen ha-Hanahar-Restaurant vorbei, verlasse den Vorplatz und werde durch den obligatorischen Souvenirshop mit Jesus-Bildern und Kreuzen geleitet.

Degania

Degania, was für ein Name in Israel, denn jedes Kind kennt das älteste Kibbuz des Landes. Zugleich wird es für mich mit die größte Enttäuschung dieser Reise werden.
Degania besteht aus zwei getrennten Ortsteilen, Degania Alef und Degania Bet. Degania A, wie es abgekürzt heißt, ist der ältere Ortsteil, er wurde 1910 bzw. 1912 gegründet. Degania B entstand, als die Einwohnerzahl von Degania A mehr als 25 Personen betrug und die Bewohner ihre geschlossene Lebensweise in Gefahr sahen.
So zog ein Teil der Bewohner etwas südlich und erbaute Degania B. Ziel dieser Überlegung war auch, auf diese Weise immer neue Ortschaften zu gründen und die Kibbuz-Bewegung weiter wachsen zu lassen.

Ich befinde mich inzwischen mitten in Degania A. Hier erwartet mich das typische israelische „Fort", also die ursprüngliche Siedlung der Gründer im klassischen quadratischen Innenhofformat, umgeben von Gebäuden und Ställen. Ein offensichtliches Büro betretend, frage ich nach dem Museum, das ich mir gerne ansehen möchte.
Das wäre nicht so einfach, da ich allein sei. Die nette Dame erklärt mir, dass ich mir dazu den Schlüssel im Büro etwas außerhalb des Hofes holen müsse. Dort angekommen klopfe ich und trage erneut meinen Wunsch vor, das Museum zu sehen und frage nach dem Schlüssel. Freundlich verweist man mich auf die Dame vom Café im Innenhof, diese habe den Schlüssel.
Gut, ich laufe also wieder zurück auf die andere Seite, betrete das dortige Café und spreche die Dame hinter der Theke auf den Schlüssel an. Sie schüttelt den Kopf und lässt mich wissen, dass sie noch nie den Schlüssel gehabt habe.

Langsam bin ich genervt und erzähle ihr von meinem Weg durch die Büros und dass ich von A über B nach C verwiesen wurde. Sie meint, die Dame aus dem Büro gegenüber müsse den Schlüssel haben. Okay,

da war ich zwar schon am Anfang, aber schaden kann es ja nicht, noch einmal zu fragen.
Die Dame, die mich zuerst weggeschickt hat, meint trocken, ich solle es ein weiteres Mal im Nachbargebäude, und zwar bei der Leiterin der Einrichtung versuchen. Gut, die Leiterin sollte ja wirklich den Schlüssel haben. Langsam komme ich mir vor wie im Hauptmann von Köpenick und betrete das zweistöckige Gebäude. Ich klopfe an jede Tür, aber nirgendwo finde ich jemanden. Jetzt ist mein Kanal endgültig voll und ich verlasse das so berühmte Degania A, indem man heute wohl den Service vergessen hat.

Mein Weg führt mich in die Plantagen südlich von Degania A und B zum Umm Juni, dem echten Gründungsort von Degania. Zehn Männer und zwei Frauen gründeten hier am 28.10.1910 ihre Siedlungsgemeinschaft, jedoch erst im Mai 1912 zogen die Bewohner zum heutigen Degania A um. Der Ort ist heute gesäumt von Dattelpalmen und als kleiner Park angelegt.
Auf einem Plateau oberhalb des Jordan steht der Nachbau des ersten kleinen Farmhauses. Es ist nicht schwer zu erraten, dass unten die Gerätschaften und das Vieh untergebracht waren und oben in einem einzigen Raum die Bewohner schliefen. Privatsphäre war hier sicherlich nicht gegeben und heute mag ich mir dieses Leben kaum noch vorstellen.

Alumot-Damm

Weiter fahre ich durch die Plantagen und Felder zum etwas östlich liegenden Alumot-Damm. Hier endet das, was vom Jordan übrig geblieben ist, in einer stinkenden und verdreckten Brühe, die voll ist mit Müll. Pumpen ziehen hier fast den letzten brauchbaren Tropfen aus dem Fluss und lassen ein erbärmliches Rinnsal übrig.
Das Wasser, das heute noch zwischen Jordanien und Israel zum Toten Meer hinabfließt, ist zum größten Teil Wasser aus dem Yarmuk und

nicht mehr aus dem Jordan. Willkommen in der israelischen Wasserrealität, besser kann ich diese Situation nicht beschreiben. Einfach abstoßend, dieser Ort, und ich will einfach nur noch weiter.

Tel Ovadiay

Ich fahre weiter südlich, immer dem Israel Trail folgend, auf einem ziemlich matschigen Feldweg dem Tel Ovadiay entgegen. Mit Schwung und durchdrehenden Rädern erklimmt mein Renault den kleinen Hügel. Zu sehen gibt es bis auf einen schönen Rundumblick nichts, dennoch ist der kleine Hügel geschichtlich interessant, fand man doch hier bei Grabungen 400.000 Jahre alte Siedlungsspuren unserer Vorfahren. Ein Zeichen dafür, wie fruchtbar die Region schon damals gewesen sein muss.

Den Hügel auf der anderen Seite herunterzufahren, ist kein Problem, aber der vor mir liegende Feldweg wird mich gleich auf die größte fahrerische Probe stellen, die ich je im Nahen Osten zu bestehen hatte. Als ich die Hälfte des immer weicher werdenden Weges gefahren bin, tauchen plötzlich tiefe Spurrinnen von einem Kettenfahrzeug auf.
Gut 30cm tief und 50cm breit ziehen sich die Spuren über gut 100m den Feldweg entlang. Kaum bemerke ich meine Lage, bin ich auch schon mittendrin und ich registriere sofort: Wenn du jetzt anhältst, bleibst du stecken. Also gebe ich dem Renault die Sporen und mit Vollgas und durchdrehenden Rädern, die den Schlamm meterweit über den Wagen schleudern, schliddere ich durch die tiefen Rinnen.
Der Unterboden liegt schon auf dem Schlamm auf, den ich bereits vor mir herschiebe. Ich weiß nicht wie, aber ich schaffe die Strecke, ohne stecken zu bleiben. Vor lauter Schlamm kann ich aber kaum noch aus den Fenstern sehen.

Ich parke und betrachte den Schlamassel. Das Auto ist über und über mit Schlamm überzogen, aber dieser Teil des Feldweges ist fest und ich erreiche kurz darauf wieder den Highway 90, wo ich sogleich zum Kibbuz Sha'ar ha-Golan abbiege.

Sha'ar-ha-Golan-Museum

Vor dem Eingang des Museums steht ein Elektrodreirad, ein übliches Fortbewegungsmittel im Kibbuz, mit dem meist die Senioren durch das Kibbuz heizen. Es gehört dem Museumsleiter, der mir ein Ticket verkauft und das Museum aufschließt.
Ausgestellt sind teils über 8000 Jahre alte Fundstücke, die in der Nähe des Kibbuz gefunden wurden und zur Yarmuk-Kultur gehören, da diese Menschen hier am Yarmuk, dem Grenzfluss zwischen Israel, Jordanien und Syrien, lebten. Seinen Windungen folgte auch die alte Hedschasbahn über teils abenteuerliche Brücken und Tunnel bis nach Dara im heutigen Syrien.
Als besondere Fundstücke betrachte ich glatte eiförmige Steine mit eingeritzten Kerben, die menschliche Gesichter darstellen, sowie einige Tonfiguren, die besonders weibliche Körper mit üppigen Hüften symbolisieren.
Ein elektronisches Kinderspiel lässt mich noch etwas im Museum verweilen. Durch das Drücken von Knöpfen muss ich Scherben zu einer Amphore zusammenbauen. Am Ende werde ich mit einer musikalischen Einlage belohnt, als ob ich den einarmigen Banditen geknackt hätte.
Das Außengelände zeigt noch einige Fundstücke wie Getreidemühlen und Tröge. Als ich mir diese angesehen habe, verabschiede ich mich vom Museumsleiter.

Friedensinsel

Ein politisches wie auch geschichtliches Highlight erwartet mich am Zusammenfluss von Jordan und dem von Osten kommenden Yarmuk, 7km südlich vom See Genezareth.

Hier, direkt im Grenzgebiet zu Jordanien, liegen gleich mehrere Sehenswürdigkeiten. Neben der Friedensinsel befinden sich an dieser Stelle die alte Naharhaim-Bahnstation der Hedschasbahn, das Rutenberg-Wasserkraftwerk und die Gedenkstätte der 7 Frauen.
Am Grenzzaun entlang erreiche ich die ersten Kanäle des Wasserkraftwerkes, passiere zwei bewaffnete IDF-Soldaten, die ziemlich gelangweilt an mir vorbeitrotten, und erreiche den Parkplatz. Gegenüber, hinter dem Grenzzaun, wehen die israelische und die jordanische Flagge einhellig nebeneinander und zeugen von der Besonderheit des Ortes.

Eine israelische Grenzpatrouille ist gerade mit ihrem Hummer-Geländewagen zum Mittagessen am kleinen Restaurant eingetroffen. Es fällt mir auf, dass dieser IDF-Hummer nicht gepanzert ist wie die Modelle an der libanesischen Grenze. Zwischen Israel und Jordanien ist es schon seit Jahren zu keinem größeren Zwischenfall mehr gekommen. Dafür sorgen auch die jordanischen Soldaten auf der anderen Seite. Einzig ein paar Waffen- oder Drogenschmuggler versuchen ab und an mal über diese Grenze nach Israel zu gelangen.
Während die Soldaten sich Sandwiches bestellen, mache ich mich schlau über die Eintrittspreise und den Ort. Die Führung über die Friedensinsel kostet 100 Schekel. Das ist nicht gerade günstig, aber ich bekomme dafür eine Privatführung und bestelle mir einen einheimischen Führer. Dieser kommt extra für mich aus dem nahegelegenen Kibbuz Ashdod Ya'akov. Mir bleiben gut 20 Minuten, mich umzuschauen und Ihnen etwas über die Geschichte des Ortes zu erzählen.

Die Geschichte von Naharhaim, was so viel wie „zwei Flüsse“ bedeutet, beginnt 1904 mit der örtlichen Fertigstellung der Hedschasbahn-Nebenstrecke vom syrischen Dara nach Haifa hier durch das Yarmuk-Tal.
Dazu wurden eine Brücke über den Yarmuk und die Naharhaim-Bahnstation direkt auf der Friedensinsel erbaut. Sie war damals mit 227m unter dem Meeresspiegel die zweittiefste Eisenbahnstation der

Welt. Nur die Gesher-Bahnstation 2km südlich war noch 23m tiefer gelegen.
Mit dem britischen Mandat wurde nach dem 1. Weltkrieg festgelegt, dass die Mitte von Jordan und Yarmuk die Grenze zu Transjordanien darstellt.
1919 kam der jüdisch-russische Ingenieur und Sozialist Pinchas Rutenberg nach Palästina und entwickelte die Idee, hier ein Wasserkraftwerk zu errichten. Erst 1926 erhielt er dazu die Genehmigung und verhandelte 1927 mit dem Emir Abdallah von Transjordanien über den Erwerb von 600 Hektar Land auf der Ostseite des Jordan, also auf transjordanischem Gebiet. Emir Abdallah stimmte dem Projekt zu und es kam zu einem einmaligen Verkauf von jordanischem Land an Palästina.
In den folgenden Jahren erbaute Rutenberg 1km südlich die Siedlung Tel Or, den Hügel des Lichts, für seine jüdischen Arbeiter. Diese wird noch heute von der jordanischen Armee genutzt. Um die Wasserfluten besser steuern zu können, ließ Rutenberg den Yarmuk-See und einen Beipasskanal zum Jordan bauen. Dennoch wurde 1932 das fast fertige Kraftwerk durch eine der Winterfluten des Yarmuk zerstört und konnte so erst 1933 eingeweiht werden. Dabei genoss er ein so großes Ansehen bei seinen Arbeitern, dass sie das Kraftwerk ohne Bezahlung wieder aufbauten.
Die drei Turbinen erzeugten für Haifa gerade einmal 18kW und somit ca. 25% des gesamten damaligen Stroms in Palästina. Mit dem 2. Weltkrieg panzerte Rutenberg die Fallrohre und das Turbinenhaus mit Beton – aus Angst vor Bombardierungen, die aber nie stattfanden.
Nach dem Unabhängigkeitskrieg 1948 legte Moshe Dajan die Formulierung des britischen Mandats wörtlich aus, nachdem alles Land östlich von Yarmuk und Jordan jordanisches Land ist. So verschob sich die alte Grenze zugunsten Israels, denn erinnern wir uns: Rutenberg leitete den Yarmuk durch den neuen Yarmuk-See und über einen neuen Kanal in den Jordan. So verlor Jordanien ein Stück Land. Der Haken an der Sache war nur, dass das Wasserkraftwerk in Jordanien lag und so kein Strom mehr produziert werden konnte.

Dies wäre auch heute nicht mehr möglich, denn 1959 begann der Bau des jordanischen König-Abdullah-Kanals, der das Wasser des Yarmuk anzapfte und sein Wasser auf über 100km Länge zu den Feldern bringt. So erreichen heute nur noch 10% der einstigen Wassermengen das Tote Meer. Jordanien und Israel sind somit beide verantwortlich für dessen Austrocknung.
1969 sprengte die israelische Armee eines der Fallrohre und legte so den Yarmuk-See trocken. Denn diesen nutzten immer mehr Terroristen, um schwimmend nach Israel einzudringen.
Erst am 26.10.1994 trat die Friedensinsel wieder ins Licht der Öffentlichkeit, denn hier unterzeichneten Yitzhak Rabin und König Hussein I. unter den Augen von Bill Clinton den Friedensvertrag zwischen Israel und Jordanien. Dabei erinnert sich König Hussein I. an den Vertrag zwischen Rutenberg und dem Emir Abdallah und als Zeichen des Friedens überließ der jordanische König die Friedensinsel Israel zur landwirtschaftlichen Nutzung. Schließlich habe Rutenberg das Land dem Emir ja rechtmäßig abgekauft.

Ich bin inzwischen auf einen Aussichtspunkt gestiegen und überblicke die Friedensinsel.
Genau in diesem Moment passiert das, was die Friedensinsel politisch so interessant und einzigartig macht. Ein israelischer Farmer fährt mit seinem Pickup durch den israelischen Grenzzaun, überquert die heute einzige intakte Brücke und erreicht den jordanischen Grenzposten auf der anderen Flussseite. Dort stoppt er kurz, grüßt den jordanischen Soldaten und fährt zu seinem Acker auf der Friedensinsel. Ein wirklich ganz besonderes Schauspiel zwischen Minenfeldern, Stacheldraht und Soldaten.

Zwischen dem kleinen Hügel, auf dem ich gerade stehe, und dem Besucherzentrum liegt die Gedenkstätte der 7 Frauen. Auf einer mit Kunstrasen und schwarzem Basalt überzogenen Fläche liegen 7 aufgeschüttete Grabhügel aus hellen Kiessteinen. Sie erinnern an einen

schrecklichen Zwischenfall vom 13.03.1997, der sich auf der Friedensinsel zutrug.
Bei einem Besuch mehrerer Schulklassen aus Beit Shemesh entwendete ein ehemaliger jordanischer Soldat palästinensischer Abstammung die Waffe eines Kameraden und eröffnete das Feuer auf die Schulkinder. Sieben Mädchen zwischen 14 und 15 Jahren starben, 8 weitere wurden verletzt und in das nächste jordanische Krankenhaus gebracht. Dort versammelten sich spontan viele Jordanier, um Blut für sie zu spenden, bis Israel die Verletzten mit Hubschraubern ausflog. König Hussein I. besuchte daraufhin alle Familien der Opfer in Beit Shemesh und kondolierte ihnen.
Seit diesem Vorfall dürfen nur noch jordanische Beduinen und keine Palästinenser mehr im Grenzbereich dienen und der Ort wird von IDF-Soldaten bewacht. Damit endet das letzte Kapitel der bewegten Geschichte der Friedensinsel, die eigentlich gar keine echte Insel ist.

Mein persönlicher Führer Amon ist angekommen, ich zeige ihm meinen Reisepass, trage mich in eine Liste ein und bekomme eine kleine Einweisung. Ich darf alles, nur bitte nicht die jordanischen Soldaten fotografieren. Anschließend fahren wir gemeinsam mit meinem Mietwagen bis vor das israelische Grenztor und Amon öffnet es.
Wir queren den Yarmuk über die ziemlich klappernde Stahlbrücke, die mit Holzbohlen belegt ist, und stehen vor dem jordanischen Kontrollpunkt. Man kennt sich und Amon scherzt mit dem jordanischen Soldaten. Ich zeige dem Soldaten meinen Reisepass, er winkt uns durch und schon sind wir auf der Friedensinsel.
Zuerst fahren wir auf den Hügel mit dem jordanischen Wachposten. Hier wurden der Friedensvertrag unterschrieben und die Schulklassen unter Feuer genommen. Ein komisches Gefühl, hier zu stehen, doch die zwei jordanischen Soldaten dösen auf dem Wachturm in der Sonne und registrieren uns gar nicht. 300m entfernt sitzen zwei IDF-Soldaten in einem kleinen Wachturm und halten Ausschau, während Amon mir die Geschichte erläutert.

Wir fahren weiter, immer am Jordan entlang, bis wir 200m vor dem Wasserkraftwerk anhalten. Leider kann man es nicht besichtigen und so sind Amons Erklärungen nur theoretischer Natur.
Weiter geht es zur Naharhaim-Eisenbahnstation, die noch gänzlich erhalten in der Landschaft steht. Die Bahnstation ist übersät mit alten Kritzeleien – Hinterlassenschaften wartender Passagiere. Eine trägt das Datum „1.4.1939“ und zeugt davon, wie langsam der Zug unterwegs war, denn Amon übersetzt einige Passagen, die von dem ewigen Warten auf den Zug erzählen.
So entstand wohl auch die lustige Geschichte über die Hedschasbahn, die besagt, dass man „vorne abspringen, in aller Ruhe Blumen pflücken und am hinteren Waggon wieder aufspringen konnte.“ So langsam soll die Eisenbahn gefahren sein.
Amon erzählt mir auch die Geschichte, wie die Bewohner vom nahen Kibbuz Ashdod Ya'akov gerade noch verhindern konnten, dass ein Jordanier die Bahnstation in neues Weiß tauchen konnte. Gut erkenne ich noch die ersten Pinselstriche an einer der Säulen, die abrupt enden, sodass die alten Texte der wartenden Reisenden gerettet werden konnten.
So endet die kleine Runde und wir kehren auf „echten“ israelischen Boden zurück. Ich bedanke mich für die interessante Führung und folge der Hedschasbahn weiter Richtung Süden.

Gesher

Ich erreiche sogleich das moderne Kibbuz Gesher, 3km südlich der Friedensinsel, und biege zum Jordan hin nach „Alt Gesher“ ab. Ich passiere eine alte Polizeistation aus dem Unabhängigkeitskrieg 1948, die übersät ist mit Einschusslöchern und Granattreffern.
1939 gründeten hier zum Teil auch deutsche Juden mit Hilfe von Edmond de Rothschild das Kibbuz Gesher in der Nähe der Polizeistation. Im April/Mai 1948 wurde Gesher schwer unter Beschuss genommen, auch durch irakische Truppen, die durch das Yarmuk-Tal vorstießen.

Nach Ende des Krieges 1948 verlegte man das Kibbuz aus Sicherheitsgründen 1km nach Westen an seine heutige Stelle.

Vor dem Eingang der Polizeistation steht ein Lkw der IDF und zwei Soldaten zerlegen in dessen Schatten gerade ihre M16. Ich gehe zu ihnen herüber und frage sie, ob ich die alte Polizeistation besichtigen könne. Sie antworteten, das sei heute nicht möglich, denn sie würden gerade den Häuserkampf trainieren. Ein lauter Knall im Gebäude, der von einer offensichtlichen Rauchgranate herrührt, unterstreicht in diesem Moment seine Aussage. So verabschiede ich mich und fahre einige Meter weiter zum Gesher-Besucherzentrum.
Hier muss ich leider erfahren, dass es mir nicht möglich ist, die Tour allein zu machen und dass gerade keine andere Gruppe da ist, der ich mich anschließen könnte. Ich kann nur eine Weile durch den kleinen Park laufen, möchte Ihnen aber die Geschichte des Ortes nicht vorenthalten.

Nur 150m von meinem Standort entfernt fließt der Jordan entlang, der für mich zugleich unerreichbar wie unsichtbar ist, denn durch den mit Stacheldraht gesicherten Grenzzaun gelange ich nur mit einer geführten Gruppe und der Erlaubnis der IDF. Dennoch sehe ich die alte osmanische Karawanserei sowie drei Brücken hinter dem Zaun.
Die drei Brücken sind es, die den Ort so besonders machen. Ganz links spannt sich die 2000 Jahre alte römische Brücke, die bis heute jeder Flut standgehalten hat. Mittig überspannt eine Straßenbrücke den Jordan und rechts verläuft die Brücke der ehemaligen Hedschasbahn. Heute zeugen noch drei Waggons auf der Brücke von der damaligen mit 250m unter dem Meeresspiegel am tiefsten gelegenen Eisenbahnstation der Welt.
Die römische Straße – aus dem südlichen Beit She'an kommend – verzweigte sich hier. Die linke Straße folgte dem Jordan weiter nach Norden Richtung Tiberias, während die rechte Route über die Brücke auf die andere Flussseite wechselte und nach Nordosten zur Dekapolis-

Stadt Gadara im heutigen Jordanien führte. Nur aus der Ferne zu schauen ist mir aber nicht genug, und so muss ich ohne Besichtigung von dannen ziehen. Auch im Mai 2012 war eine Besichtigung nicht möglich, aber aller guten Dinge sind drei.

Menakhamiya historische Straße

Ich fahre wieder auf den Highway 90, aber nicht weiter südlich, sondern zurück nach Norden bis zur Friedensinsel. Hier biege ich wie am 5. Tag nach Westen ab, diesmal aber nicht zum Menakhamiya-See, sondern ich fahre in das gleichnamige Kibbuz hinein.
Eigentlich möchte ich das kleine Museum im Ort besuchen, aber ich stehe vor verschlossener Tür und so durchquere ich den beschaulichen Ort und erreiche am Ende den leicht versteckten Abzweig zur Menakhamiya-Aussichtsstraße.
Die erst geschotterte und dann neu geteerte Straße bringt mich konstant bergauf und ich passiere Felder, ein paar Zitrusfruchtplantagen und fahre dann an bewaldeten Hängen vorbei, bis ich den Levi-Eshkol-Aussichtspunkt erreiche. Dieser liegt genau auf Meereshöhe und ich blicke über den 209m tiefer liegenden südlichen Teil des Sees Genezareth und die weiten Felder unter mir, durch die sich der Jordan schlängelt. Leider ist es zu diesig, um die Aussicht genießen zu können, und so folge ich der Straße weiter, die sich immer höher windet.

Mein Ziel ist das nordwestlich liegende Moschaw Yavne'el, das ich nach einigen Kilometern quer durch die Felder erreiche. Als ich durch Yavne'el fahre, um auf die 767 Richtung See Genezareth zu gelangen, stechen mir einige Grüppchen orthodoxer Juden ins Auge.
Nicht dass mich ihre besondere Kleidung noch überraschen könnte, aber diese hier sehen irgendwie anders aus und pflegen einen ganz besonderen Stil.
Schwarz-Weiß ist auch hier die grundlegende Farbkombination, aber die Kleidung ist irgendwie viel schicker als sonst üblich. Die Älteren tragen

wertvolle Pelzmützen und teils gigantische Bärte und fast jeder Erwachsene hat mindestens 3, eher 5, 7 oder mehr Kinder im Schlepptau.
Sie gehören zur Bratslav-Gemeinschaft, einer kleinen Gruppierung innerhalb der Chassidim-Juden, was so viel wie „die frommen Juden" bedeutet. Seit dem Tod des Rabbi Nachman im Jahre 1810 haben die Chassidim keinen lebenden Führer mehr. Die Chassidim stammen aus Osteuropa und wurden durch den Holocaust fast vollständig ausgelöscht. Heute erfreuen sie sich aber wieder eines großen Wachstums, nicht zuletzt wegen der sehr hohen Geburtenrate.
Rabbi Eliezer Shlomo Schik brachte einige seiner Anhänger nach Yavne'el, wo heute einige Hundert orthodoxe Chassidim-Juden leben, die eine strenge Verbundenheit zu Gott pflegen.
Alle strahlen Lebensfreude aus und Dutzende von Kindern mit ihren baumelnden weißen Bändern an ihren schwarzen Hosen und den weißen Mützen toben am Straßenrand und in Vorgärten.

Plötzlich springen mir in einer Kurve inmitten von Yavne'el zwei Hunde vor mein Auto und ich lege eine Vollbremsung hin, die sich gewaschen hat. Um ein Haar hätte ich zumindest einen von ihnen überfahren. Völlig desinteressiert toben die beiden kreuz und quer über die Straße und registrieren mich gar nicht. Als sich mein erster Schock gelegt hat, habe ich Yavne'el schon verlassen und fahre direkt zurück nach Tiberias.
Auf den Schreck bekomme ich Hunger, und da ich kurz vor Tiberias bin, fällt meine Wahl wieder auf einen Falafel. Parken ist in Tiberias im Innenstadtbereich zu bestimmten Tageszeiten nicht so einfach und ich will mir für einen Falafel auch nicht die Hacken ablaufen. So parke ich in der Nähe, ziehe mir aber kein Parkticket für die 10 Minuten.
Der Falafel schmeckt hervorragend, aber als ich zum Auto zurückkehre, steht ein Mann an meinem Auto und klemmt mir gerade einen Strafzettel unter den Wischer. Ich lasse mir nichts anmerken, gehe am Auto vorbei und warte in Sichtweite, bis der Mann weitergelaufen ist. Der Strafzettel ist für mich absolut unleserlich, da komplett auf Ivrit. Mich

lächelt nur der Betrag von 100 Schekel an, und wo, bitte schön, soll ich das überhaupt bezahlen, wenn ich nichts lesen kann?
So landet das Ticket in meinem Automüllbeutel und ich setze meine Fahrt fort. Nach einigen Wochen werde ich aber eines Besseren belehrt und mein Mietwagenverleiher bucht mir die 100 Schekel von meiner Kreditkarte ab.

Arbel-Kliff-Nationalpark

Ich verlasse Tiberias, fahre ein kurzes Stück steil bergauf über die 77 nach Westen, biege aber gleich rechts auf die 7717 zum Moschaw Arbel ab. In dem kleinen Moschaw hatten wir 2003 und 2004 unser Apartment und verbrachten eine schöne Zeit in dem kleinen Ort.

Arbel ist ein gutes Beispiel für den schnellen Wandel in Israel. Bis 2007 lag die hiesige historische Synagoge noch versteckt im Dornengestrüpp und das nahe Arbel-Kliff war völlig unerschlossen. Seit 2008 ist das Arbel-Kliff ein Nationalpark mit Kiosk, Toiletten und großem Parkplatz. Die Synagoge wurde freigelegt und auf dem Plateau soll zukünftig der größte Golfplatz Israels gebaut werden. Leider hat die Romantik des Ortes darunter schwer gelitten.
Wo wir 2004 noch allein in der Abendsonne auf dem Kliff sitzen konnten, tummeln sich heute ganze Busladungen von Besuchern und ein Zaun versperrt dem Abendromantiker den Weg.
Ich umfahre Arbel und gelange bergauf auf den 135m hoch gelegenen Parkplatz. Am Besucherzentrum begrüßt mich eine Frau, schaut mich und meine Gebirgsstiefel komisch an und erklärt mir den Ort. Sie weist mich darauf hin, dass ich genug Wasser mitnehmen soll, da die Wanderrunde 1,5h dauern soll. Dies quittiere ich mit einem nicht ganz ernst gemeinten „Wir werden sehen ...", denn ich kenne ja die sehr großzügigen israelischen Zeitangaben.
Nach kurzem Fußweg erreiche ich an der Steilklippe den höchsten Punkt des 181m hohen Arbel-Kliffs. Direkt dahinter fällt der Fels über

150m senkrecht ab. Das Arbel-Kliff lässt sich von fast jedem Punkt am See Genezareth und von weiten Teilen Galiläas sehen. Die senkrecht abfallende, fast 2km lange Klippe ist extrem markant. Insbesondere der einzige Baum oben auf dem Kliff sticht ins Auge.
Das Wadi Arbel trennt dabei das Arbel-Kliff vom westlich gegenüberliegenden 98m hohen Har Nitai. Zu dessen Füßen habe ich ja die Vradim-Synagoge bereits besucht.
Doch von hier oben ist die Aussicht viel spannender, denn der weite Blick über den 390m tiefer liegenden See Genezareth und hinüber zu den Golanhöhen ist unglaublich. Meine Aussicht reicht aber noch viel weiter. Im Norden verläuft die 90 im grünen Tal an Ginosar vorbei bis hin zum Berg der Seligpreisung. Selbst das 15km entfernte Safed auf 820m Höhe kann ich noch erkennen.
Im Südosten liegt Tiberias und im Südwesten blicke ich über den Talkessel von Arbel mit seinen großen Ackerflächen auf die Hörner von Hattin, wo die Kreuzritter sich Saladin geschlagen geben mussten. Ein besonderer Reiz des Arbel-Kliffs entsteht bei Dunkelheit, wenn die Lichter von Safed, Tiberias und den umliegenden Dörfern für ein ganz besonderes Flair sorgen.

Doch die Aussicht war nicht mein Hauptbeweggrund, das Arbel-Kliff zu besuchen, sondern die von oben unsichtbare Arbel-Festung, die sich im Kliff befindet. In den Fels getriebene Höhlen und Gänge boten den umliegenden jüdischen Bewohnern Schutz vor Bedrohungen.

Ich laufe am Rande des Kliffs Richtung See Genezareth, bis mich der markierte Weg steil bergab führt. Über Steinstufen und teilweise über Eisentritte im Fels geht es Meter für Meter bergab. An einer Stelle muss ich eine senkrechte, fast glatte 5m lange Stelle im Fels über Eisentritte überwinden. Alles in allem ist der Weg aber gut begehbar. Nach etwa 40Hm bergab erreiche ich den Fuß des Kliffs, hier beginnt der Hang, der bis hinunter in die Ebene abfällt, aber immer noch so steil ist, dass man ihn nur quer entlang laufen kann.

Der Weg wendet jetzt in entgegengesetzte westliche Richtung, immer am Fuß des Kliffs entlang. Ich laufe zuerst an einer großen natürlichen Höhle im Kliff vorbei. Die Höhle ist gut 15m hoch und spannt sich wie ein Zeltdach vom Kliff bis zum Boden.
Während der weitere Weg leicht bergab verläuft, steigt das Kliff zu meiner Linken immer weiter an, bis ich an der höchsten Stelle um einen Felsvorsprung biege und die Arbel-Festung mein Blickfeld füllt. In einer versteckten Einkerbung des Kliffs zeugen Mauern vor Höhlen und Treppen von der damaligen Festung, die hier auf mittiger Höhe im Kliff liegt.

Während der jüdischen Verfolgungen durch die Römer im Jüdischen Krieg 66–70n.Chr. suchten hier viele Juden Zuflucht. Auch Josephus Flavius berichtete in seinen Werken über das Arbel-Kliff, denn er versteckte hier Waffen im Kampf gegen Rom.
Wer heute vor dieser Festung steht, dem wird schnell klar, vor welchem Problem die Römer damals standen, die Aufständischen zur Aufgabe zu zwingen. Eine Einnahme der Höhlen von unten in der steilen Felswand war selbst oder gerade für die hochgerüstete römische Armee so gut wie unmöglich. So entschieden sie sich dafür, die Soldaten von oben zu den Höhlen abzuseilen und die hölzernen Zugänge in Brand zu stecken. So gelang es den Römern letztendlich doch, die Höhlen einzunehmen.
Die heutigen Festungsmauern mit ihren Schießscharten und schwarz abgesetzten Basaltsteinen sind aber keine 2000 Jahre alt, sondern stammen aus osmanischer Zeit.

Treppen führen zum zerstörten Eingang der Festung am Fuße des Kliffs, durch Gänge und über weitere Treppen gelange ich anschließend von einer Festungsebene zur nächsten.
Hier und dort gibt es noch Wasserspeicher und schmale Wege führen von Höhle zu Höhle, die teils zugemauert wurden. Mein Blick aus den Schießscharten lässt mich zum auf gleicher Höhe liegenden Har Nitai blicken und ich sehe auch die Reste der Vradim-Synagoge an dessen

Nordhang. Den See Genezareth kann ich nicht mehr sehen, dieser wird vom vorspringenden Arbel-Kliff verdeckt.

Ich kehre zum Fußweg zurück und folge dem Pfad weiter am Kliff entlang. Der Pfad steigt jetzt wieder an und das Kliff hingegen fällt leicht ab. Nach einigen Hundert Metern endet der Pfad vor einer fast senkrechten, gut 30m hohen Felswand. Diese muss ich jetzt über Eisentritte und an Stahlseilen entlang erklimmen, um wieder oben auf das Arbel-Kliff-Plateau zu gelangen.
Der Weg führt direkt zurück zum Besucherbereich, wo ich mir ein Eis kaufe und mich die Angestellte des Nationalparks etwas verwundert anschaut, weil ich schon wieder da bin. Sie redet gerade mit israelischen Besuchern, wendet sich dann aber mir zu.
»*45 Minuten für die ganze Runde inklusive der Festung*«, sage ich zu ihr. Sie schüttelt verwirrt den Kopf und antwortet:
»*Ich glaube, das ist neuer Rekord.*«

Dass ich total fertig bin und buchstäblich auf dem Zahnfleisch gehe, überspiele ich dabei, denn die Runde ist schon bei normalem Tempo ziemlich anstrengend. Das Eis lässt mich aber schnell wieder zu Kräften kommen.

Arbel-Synagoge

Auf meinem Weg zurück zum Moschaw Arbel stoppe ich an einem kleinen Parkplatz, von wo mich ein Fußweg zu den Resten der Arbel-Synagoge bringt. Hier, zwischen hohem Gras und Gestrüpp, lag vor ca. 1600 Jahren das jüdische Dorf Arbel. Von diesem zeugen heute nur noch die Synagoge aus dem 5.Jhd. und einige Sarkophage. Diese wurden von den Bewohnern Arbels beim Bau ihrer Häuser gefunden und anschließend zur Seite geräumt, um einem Baustopp zu entgehen.
Die Synagoge ist bis auf einige Säulen des Eingangportals und wenige Stützsäulen des Daches kaum noch erhalten. Die Verzierungen des

Eingangsportals lassen sich heute im Rockefeller-Museum in Jerusalem bestaunen.
Interessant hingegen ist aber die damalige Dichte an Synagogen, denn nur 1,4km nördlich liegt die Vradim-Synagoge, die ich am Tag 14 besucht habe, 3km nordöstlich die Synagoge von Magdalla, und nur 6km südöstlich liegt die Tiberias-Synagoge. Erst vor Kurzem entdeckte man in Khukok nördlich von hier eine weitere historische Synagoge, die wie die westlich liegende Amudim-Synagoge auch nur 7km entfernt liegt.
Ein klares Zeichen, wie wichtig Galiläa für das jüdische Leben wurde, nachdem der Tempel in Jerusalem im Jahre 70n.Chr. von den Römern zerstört worden war.
Insbesondere nach dem Bar-Kochba-Aufstand, wo die Römer den Juden einen Zutritt nach Jerusalem gänzlich untersagten, blühte das jüdische Leben in Galiläa auf.

Geschichtsschreiber berichteten, dass allein beim Bar-Kochba-Aufstand 132 bis 135n.Chr. ca. 600.000 Juden ums Leben kamen und etwa 1000 Städte und Dörfer vernichtet wurden. Geht man von rund 75 Mio. Bewohnern des damaligen Römischen Reiches aus, hat Rom somit jeden 125. Staatsbürger und etwa jeden 10. Juden umgebracht. Dieser Umstand erklärt auch, dass es Jahrzehnte dauerte, bis sich das jüdische Leben der Region wieder erholte. Erst gute 100 Jahre später – im 3. Jahrhundert – entstanden wieder zahlreiche prächtige Synagogen in Galiläa und den Golanhöhen.

Mit dem Bar-Kochba-Aufstand fand auch die Diaspora – die Zerstreuung der Juden – ihren Höhepunkt. Was unter dem Babylonischen Exil mit der Eroberung Jerusalems durch König Nebukadnezar II. 598v.Chr. begann und sich während der frühen römischen Zeit fortsetzte, endete mit dem Bar-Kochba-Aufstand gegen Rom.

Während des Babylonischen Exils lebten bereits viele Juden in Ägypten, die dorthin geflohen waren. Einige Juden blieben nach der Freilassung

in Babylon, wanderten über den Kaukasus gen Osteuropa oder kehrten heim ins Gelobte Land. Nach dem Bar-Kochba-Aufstand hingegen flohen die Juden in die damals bekannte Welt, insbesondere nach Afrika, Mesopotamien, Zentralasien und Europa.
Dies führte auch dazu, dass heute afrikanische Stämme und indische Volksgruppen davon berichten, dass sie einst Juden waren und noch immer jüdische Traditionen pflegen. Einige werden heute sogar als echte Juden anerkannt, andere kämpfen noch um diese Anerkennung.

Erwähnung muss aber noch finden, dass im Römischen Reich bereits die meisten Juden außerhalb des jüdischen Kernlandes von Judäa und Samaria lebten. Besonders im 1.Jhd.n.Chr. hatte es einen gewissen Schick, zum Judentum zu konvertieren. So lebten im gesamten Römischen Reich bereits Juden, die nicht zu den Diaspora-Juden gehörten, sondern einheimische Konvertiten waren.
Erst mit dem Verbot der jüdischen Konvertierung im Römischen Reich, dem Aufkommen des Christentums und dem späteren Islam gerät das Judentum unter so starken Druck, dass die Konvertierung praktisch erlischt, und Missionierung ist im Judentum strikt verboten.

Die Entwicklung der jüdischen Bevölkerungszahlen ist eigentlich erschreckend. Schaut man zurück in die Zeit um das Jahr 70n.Chr., gehen die Schätzungen von etwa 7 Mio. Juden weltweit bei einer Weltbevölkerung von insgesamt etwa 300 Mio. Menschen aus. Somit waren einst 2,3% der Menschen jüdisch. Heute leben weltweit schätzungsweise 15 Mio. Juden, das entspricht nur noch einem Anteil von ca. 0,2%.
Andere Bevölkerungsgruppen sind somit im Verhältnis um das 12-fache angewachsen, und das, obwohl jüdische Familien noch nie als kinderarm galten.

Gibt es einen plausiblen Grund dafür? Ja, den gibt es: die 2000 Jahre während Verfolgung der Juden. Dies dezimierte das jüdische Bevölkerungswachstum immer wieder unter das der anderen Völker.

Hörner von Hattin

Mein nächstes Ziel sind die Hörner von Hattin 2,5km südwestlich von meinem jetzigen Standpunkt. Diese zeigen sich als Vulkankegel mit einer nördlichen und südlichen Erhebung. Um sie zu erreichen, muss ich aber zurück auf die 77 und dort Richtung Westen bis kurz vor das ha-Galil-Industriegebiet fahren. Hier bringt mich eine Schotterpiste 50Hm unterhalb der Hörner von Hattin. Dort folge ich einem markierten Wanderweg, auf dem mir kurz darauf zwei Wanderer entgegenkommen. Sogleich erreiche ich das Plateau der südlich gelegenen Hattin-Erhebung.
Mein Blick fällt aber nicht zuerst auf die Aussicht, sondern auf einen Mann, der offensichtlich hier oben übernachten will, denn er kommt mir mit einem Bündel Äste für ein Lagerfeuer entgegen. Sein lautes „Schalom" wird vom Wind fast verschluckt und so winke ich ihm nur und betrachte die Reste einer alten Mauer, die offensichtlich den Berg schon lange vor den Kreuzrittern umgab. Wenige Meter weiter liegt der Schlafsack des Mannes, der auf der Suche nach noch mehr Holz ist.
Jetzt konzentriere ich mich aber auf den Ausblick, der wieder völlig anders ist als vom gegenüberliegenden Arbel-Kliff, denn ich stehe hier auf 326m und bin somit über 140m höher als auf dem Arbel-Kliff.
Der östliche See Genezareth liegt 535m unter mir und lässt sich nur in kleinen Teilen sehen, da das Arbel-Kliff und die Bergkette südlich von Tiberias mir den Blick versperren. Dafür ist mein Blick auf das nordöstlich liegende Arbel-Kliff unglaublich. Hell von der langsam untergehenden Sonne angestrahlt, steigt es sanft bis zum höchsten Punkt an. Dabei setzt es sich kontrastreich vom Blau des dahinter liegenden Sees ab. Links davon liegt der Har Nitai und beide Berge sind vom tiefen Wadi Arbel getrennt, durch das die letzten überlebenden Kreuzritter fliehen konnten.

Apropos Kreuzritter: Die verhängnisvolle Schlacht von Hattin begann mit einer Vorgeschichte. Rainald von Chatillon ließ 1186 eine arabische

Karawane überfallen und brach somit den Waffenstillstand zwischen Moslems und Christen. Dieser Zwischenfall führte letztendlich zum Verlust fast aller Kreuzritterburgen.
Da sich Rainald von Chatillon, Herr von Krak des Chevaliers in Syrien, weigerte, Geld zu bezahlen und die Gefangenen freizulassen, versammelte Saladin 1187 ein großes Heer. Mit 25.000 Soldaten überrannte er die Stadtmauer von Tiberias im Juni 1187. Nur die Zitadelle von Tiberias konnte er nicht einnehmen.
Graf Raimund von Tripolis, dessen Ehefrau und Kinder in Tiberias eingeschlossen waren, und König Guido von Jerusalem befanden sich zu diesem Zeitpunkt mit dem Hauptteil der Kreuzfahrerarmee in Akko. Die Truppen bestanden aus 1.200 Rittern, ungefähr 20.000 Fußsoldaten sowie Söldnern, insgesamt etwa 22.000 Mann.

Raimund hielt in Akko eine Rede, in welcher er darauf hinwies, dass ein Marsch von Akko nach Tiberias im Hochsommer dem Selbstmord gleichkäme, und versuchte seine Glaubensbrüder umzustimmen. Doch Rainald von Chatillon entgegnete ihm mit Spott und warf ihm vor, ein Feigling zu sein.
So ordnete König Guido den unverzüglichen Marsch gegen Saladin an. Zunächst sammelte sich das christliche Heer im sicheren Sepphoris bei Nazareth, wo es noch genügend Wasser gab und die Brunnen nicht von Saladins Spähern vergiftet worden waren. Raimund von Tripolis hielt hier eine zweite Rede, in der er vom Weitermarsch dringend abriet, denn es bestand die berechtigte Hoffnung, dass sich das Heer Saladins in der kommenden Zeit von selbst auflöste.
Seine Worte fanden Zustimmung, jedoch konnte der Großmeister der Templer den König überzeugen, Tiberias in jedem Fall zu erobern. Am nächsten Morgen, dem 03. Juli 1187, begann das christliche Heer, entgegen allen Beschwörungen durch Raimund, seinen Marsch in Richtung Tiberias.
Raimund musste dabei zur Strafe die Führung der Vorhut übernehmen. Der König und die schwer bewaffneten Reiter bildeten die Mitte und

die Templer und Johanniter die Nachhut. Kurz vor Tiberias, südlich der Hörner von Hattin, trafen sie auf das Heer von Saladin.
Von Anfang an setzten die leichten und wendigen arabischen Reiter den behäbigen Truppenteilen der Kreuzritter zu, indem sie die Ritter mit einem Pfeilhagel eindeckten. Außerdem ließ Saladin Sträucher und Gras der Umgebung entzünden, um die Luft noch stickiger und trockener zu machen. Damit schwächte er die Kreuzritter zusehends, die vor Erschöpfung und Wassermangel ohnehin schon gezeichnet waren.
Gegen Abend erreichte die Vorhut der Kreuzritter einen nur noch 1km vom Seeufer entfernten Punkt, denn ohne Wasser war ihr Schicksal schon besiegelt. Saladin hatte inzwischen seine Truppen verstärkt und versperrte ihnen erfolgreich den Weg, um sie vom Wasser abzuschneiden. So übernachteten die Christen auf der Südspitze der Hörner von Hattin, wo sie von Saladins Soldaten umzingelt wurden.
Am Morgen des 04. Juli 1187 versuchten die christlichen Truppen einen Ausfall in Richtung See Genezareth. Zuerst stellten die Araber sich nicht zum Kampf, sondern wichen zurück, deckten die Christen mit Pfeilen ein und brannten weiter alles nieder. Als die Christen erschöpft und desorganisiert aus dem Rauch kamen, erwartete Saladin sie bereits mit seinen geordneten Truppen. Er befahl seinen Soldaten den Angriff und ließ die christliche Vorhut bis zum letzten Mann niedermetzeln. Dabei eroberte Saladin auch das Heilige Kreuz der Kreuzritter.
Als Graf Raimund erkannte, dass die Schlacht verloren war, durchbrach er mit ca. 200 seiner Soldaten den nördlichen Flügel und entkam durch das Wadi Arbel. Der König und Fürst Rainald jedoch zogen sich mit den verbleibenden Truppen, bestehend aus Templern und Johannitern, auf die Südspitze der Hörner von Hattin zurück.
Nach mehreren Angriffswellen fiel das Lager, der König und seine Ritter wurden völlig erschöpft gefangen genommen. Saladin ließ den König und Fürst Rainald in sein Zelt bringen und reichte König Guido mit Eis gekühltes Wasser.
Fürst Rainald von Chatillon hingegen wurden seine Schandtaten aufgezählt, bis er schließlich von Saladin persönlich enthauptet wurde, so

berichten es zumindest die Überlieferungen. Anschließend ließ Saladin alle Templer und Johanniter hinrichten, nur König Guido wurde nach Damaskus gebracht, dort aber nach einiger Zeit freigelassen.
Die Folgen der Schlacht waren immens, denn die Besatzungen der Kreuzritterburgen waren stark reduziert worden, um genug Soldaten in die Schlacht führen zu können. Dies erleichterte Saladin deren Eroberung und so nahmen laut dem Chronisten Baha ad-Din seine Truppen bis September 1187 52 Städte und Festungen ein.
Nur einige Burgen wie Krak des Chevaliers in Syrien, Tripolis im Libanon und Belvoir im Jordan-Tal blieben in christlicher Hand. Jerusalem fiel Saladin am 02.10.1187 in die Hände. Die vernichtende Niederlage bei Hattin und der Verlust Jerusalems führten schließlich zum 3. Kreuzzug. Dennoch war die verlorene Schlacht bei den Hörnern von Hattin auch der Anfang vom Ende der Kreuzritter.

Jetzt bin ich völlig vom Ausblick abgeschweift, denn der reicht noch viel weiter, im Norden nach Safed, im Osten über die Golanhöhen, im Süden erhebt sich der 14km entfernte Har Tabor und im Westen sehe ich den 8km entfernten Har Tir'an mit seinem Aussichtsturm.
Von Tiberias sehe ich nur den oberen Teil, dafür ist inzwischen der fast volle Mond am klaren Himmel aufgegangen und die Sonne macht sich rar. Es wird Zeit für mich weiterzulaufen, denn ich will auch noch den nördlich liegenden Hattin-Berg erreichen.
Zwischen nördlichem und südlichem Hattin-Berg liegt ein 200m breiter Talkessel, der seine vulkanische Herkunft nicht verbergen kann. Hier wäre ein perfekter Ort für eine Siedlung, denke ich mir, denn sie wäre von keinem Punkt außerhalb einsehbar und leicht zu verteidigen.
Ich durchquere den Talkessel und eine kleine frische Grabung scheint meinen Gedanken an eine Besiedlung zu bestätigen. Der nördliche Berg ist über ein paar Steinblöcke schnell erklommen. Dahinter fällt der Hang steil ab, bis hinunter ins Arbel-Tal.
Ein einzelner Klippschliefer sitzt auf einem großen Stein und beobachtet mich misstrauisch, flüchtet aber nicht, und ich wende meinen Blick

noch einmal dem Arbel-Kliff zu. Langsam fallen die Schatten über das Kliff und es wird Zeit für mich, zum Auto zurückzukehren.

Inzwischen brennt ein kleines Lagerfeuer auf dem südlichen Berg und ich biege im Talkessel rechts auf eine Schotterstraße ab, die hier den Talkessel von Westen befahrbar macht und mich zum Auto bringt. Anschließend fahre ich zurück auf die 77 Richtung Haifa.

Als ich an der Golani-Kreuzung auf grünes Licht warte, schaue ich in den Rückspiegel und sehe einen weißen Volvo mit zwei arabisch anmutenden Insassen. Beide diskutieren heftig miteinander. Als die Ampel, wie in Israel üblich, von Rot direkt auf Grün springt, fahre ich los. Der Volvo hingegen beschleunigt extrem langsam, was meine Neugier weckt.
Ich werde langsamer, so dass der Volvo wieder aufschließt und nur einige Meter hinter mir fährt. Ich erkenne offensichtlich Vater und Sohn, der auch den Wagen lenkt. Plötzlich wechselt die verbale Diskussion in Handgreiflichkeiten und der Vater schlägt dem Sohn links und rechts ins Gesicht.
Der Volvo schlingert, bleibt aber auf der 2-spurigen Straße. Ich denke mir: Fahr langsam, das könnte noch spannender werden. Die Diskussion setzt sich noch heftiger fort, ich sehe im Rückspiegel fast nur noch die wirbelnden Arme und Hände des Vaters, der den Sohn weiter anschreit.
Plötzlich setzt es eine ganze Reihe neuer Ohrfeigen und der Volvo gerät erneut fast außer Kontrolle. Die nächste Ampel beendet leider unsere Schleichfahrt über die 77 und wir werden getrennt. Schade, es war gerade so spannend!

Haifa

Mein letzter Host Hadar wohnt inmitten von Haifa und ich habe mir, das bevorstehende Verkehrschaos in Haifa im Visier, die genaue GPS-

Koordinate ihrer Wohnung herausgesucht. Ohne die wäre ich in Haifa wahrscheinlich einige Stunden orientierungslos umhergefahren.
Ich begehe aber einen schweren Fehler, als ich auf die Idee komme, in Haifa einen Supermarkt anzusteuern. Anstelle den mir bereits bekannten Markt vor der Stadt anzufahren, biege ich von der 75 auf die 4 Richtung Akko ab, denn ich weiß, dass dort viele Shoppingcenter und Geschäfte liegen.
Während der Hauptverkehrszeit ist das aber eine ganz schlechte Idee, denn die 4, die durch Kiryat Bialik führt, ist schon bei wenig Verkehr eine Katastrophe, aber jetzt stecke ich regelrecht fest. Es geht im Zentimetertakt voran und ich fahre bei der ersten Gelegenheit auf die parallele Servicestraße und stelle den Wagen ab. Gegenüber erhebt sich ein gigantisches Shoppingcenter, in dem ich aber auch nach gründlicher Suche keinen Supermarkt finde. Ansonsten gibt es alles, was das Herz begehrt, und so kehre ich leicht genervt zum Auto zurück.
15 Minuten dauert es dann, bis ich wieder auf die 4 gelange, und eine Stunde, in der ich gerade mal 1km vorankomme, bis zur nächsten Wendemöglichkeit. Jetzt dauert es noch mal eine dreiviertel Stunde, bis ich auf der Gegenseite an meinen Ausgangsort zurückkehre.
Zwei Stunden Stau für eine Schnapsidee. Jetzt bin ich richtig genervt, besonders weil ich ja weiß, dass diese Straße fast immer verstopft ist. Mittlerweile wird an einer neuen Umgehungsstraße gearbeitet, die Kiryat Bialik umgehen wird.
Ab jetzt habe ich aber Glück, mein kartenloses GPS zeigt zwar nur die Richtung, aber das reicht völlig aus und ich nähere mich zügig meinem Ziel. Die Straßen werden immer enger und die Einbahnstraßen häufen sich, aber ich biege jedes Mal richtig ab. Nur die eigentliche Straße, in der Hadar wohnt, finde ich nicht. Ich frage einen Anwohner und schon nehme ich auch diese letzte Hürde und parke direkt vor Hadars Wohnblock.

Da Hausnummern aber in Israel eine Seltenheit sind, rufe ich Hadar an und sie holt mich an der Straße ab, um mich herzlich willkommen zu

heißen. Ihre Wohnung liegt in einem etwas bergab gelegenen Wohnblock im Erdgeschoss. Die Wohnung ist groß, recht ordentlich und Hadars Katze mustert mich ausgiebig. Hadar zeigt mir alles und ich packe meine Sachen aus.
Gleich am Eingang gelangt man in ein Esszimmer und in die Küche, den Flur entlang ins Wohn- und Arbeitszimmer. Vom Flur zweigt linker Hand ein zweiter Flur ab, der zur Toilette, zum Bad und zu Hadars Schlafzimmer führt.
Zum Willkommen macht sie mir einen Tee, der zwar lecker ist, in dem aber ziemlich große Brocken aus Teeblättern schwimmen, und das kann ich ja gar nicht leiden. Jedes Mal, wenn sie nicht in meine Richtung schaut, spucke ich die Brocken, die sich im Mund wie Rinde anfühlen, zurück in die Tasse. Irgendwie bekomme ich die große Tasse leer getrunken, lehne aber freundlich eine zweite Tasse ab.

Hadar möchte noch etwas arbeiten und so nutze ich die Zeit für eine Dusche. Das Bad wäre unspektakulär, wäre es nicht durch die Waschmaschine völlig überfüllt und die eigentliche Dusche außer Betrieb. Diese ist 5-eckig und nur gut zwei Drittel so groß wie eine uns geläufige Dusche. Das wäre auch nicht das Problem, wäre sie nicht mit Putzmitteln vollgestellt. Hadar nutzt offensichtlich nur die Badewanne zum Duschen und ich somit natürlich auch. Die Toilette hingegen ist in einem extra Raum untergebracht, der sehr klein ist und direkt an das Bad grenzt.

Wir beschließen, mit der Karmelit-U-Bahn hoch bis zur Endstation zu fahren. Dort gebe es laut Hadar eine gute Pizzeria. Der Eingang zur U-Bahn-Station ist nur gut hundert Meter von Hadars Wohnung entfernt und zwei Wachleute mustern uns beim Betreten.
Durchsucht werden wir nicht und Hadar zieht zwei Seniorentickets. Ich sehe mich schon im Gefängnis sitzen und sage zu Hadar, dass ich mir auch für nur wenige Schekel mehr ein reguläres Ticket kaufen kann. Sie winkt ab, denn die Tickets würden niemals geprüft und jeder in Haifa

kaufe ein Seniorenticket. Okay, warum schafft man dann nicht gleich die unterschiedlichen Tickets ab?
Ich habe ein schlechtes Gewissen, will aber auch nicht Nein sagen. So warten wir kurz, bis die U-Bahn – von einem Drahtseil gezogen – in die 4. Station einfährt. Wir betreten die U-Bahn, die im Winkel von 9° die 275Hm überwindet.
Die Karmelit-Bahn wurde 1956 mit 6 Stationen eröffnet und ist mit nur 1,8km Länge die kleinste U-Bahn der Welt. Auf der Bahn pendeln zwei Züge, die an einem gemeinsamen Seil hängen. Dazu gibt es in der Mitte der Strecke eine Ausweichstelle.
Schon sind wir oben angekommen und wechseln vor der U-Bahn-Station die Straßenseite. Ich hatte offen gesagt eine andere Vorstellung von der von Hadar empfohlenen Pizzeria, denn es ist bloß eine kleine Straßenpizzeria mit zwei Tischen an einer Nebenstraße. Was soll's, ich habe Hunger und die Familienpizza für 65 Schekel, die wir uns teilen, schmeckt besser als erwartet.

Wir reden über das, was wir so machen, und ich erfahre, dass sie hauptberuflich Filme mit hebräischen Untertiteln versieht, ohne die in Israel nichts ausgestrahlt wird, da ausländische Sendungen nicht übersetzt werden. Insbesondere übersetzt sie indische Filme, die bereits über einen englischen Untertitel verfügen. Aber auch israelische Sendungen und Filme versieht sie mit Untertiteln. Da ihr Verdienst aber zum Leben nicht ausreicht, schlägt sich Hadar mit weiteren Gelegenheitsjobs durch.
Nach dem Essen laufen wir wenige Meter in östliche Richtung, wo wir die Promenade des Dan-Panorama-Hotels erreichen. Von hier bietet sich ein freier Blick über das hell erleuchtete Haifa, das sich kontrastreich vom dunklen Meer absetzt. Nordöstlich in 13km Entfernung sehen wir auch noch die Lichter von Akko. Wir umrunden das Hotel und fahren mit der U-Bahn zurück zu Hadars Wohnung.
Wir quatschen noch einen Moment und gehen anschließend schlafen. Ich nächtige auf einer niedrigen, aber recht bequemen Couch. Zu

meiner Verwunderung lässt sich die Katze die gesamte Nacht nicht blicken und ich schlafe ausgezeichnet.

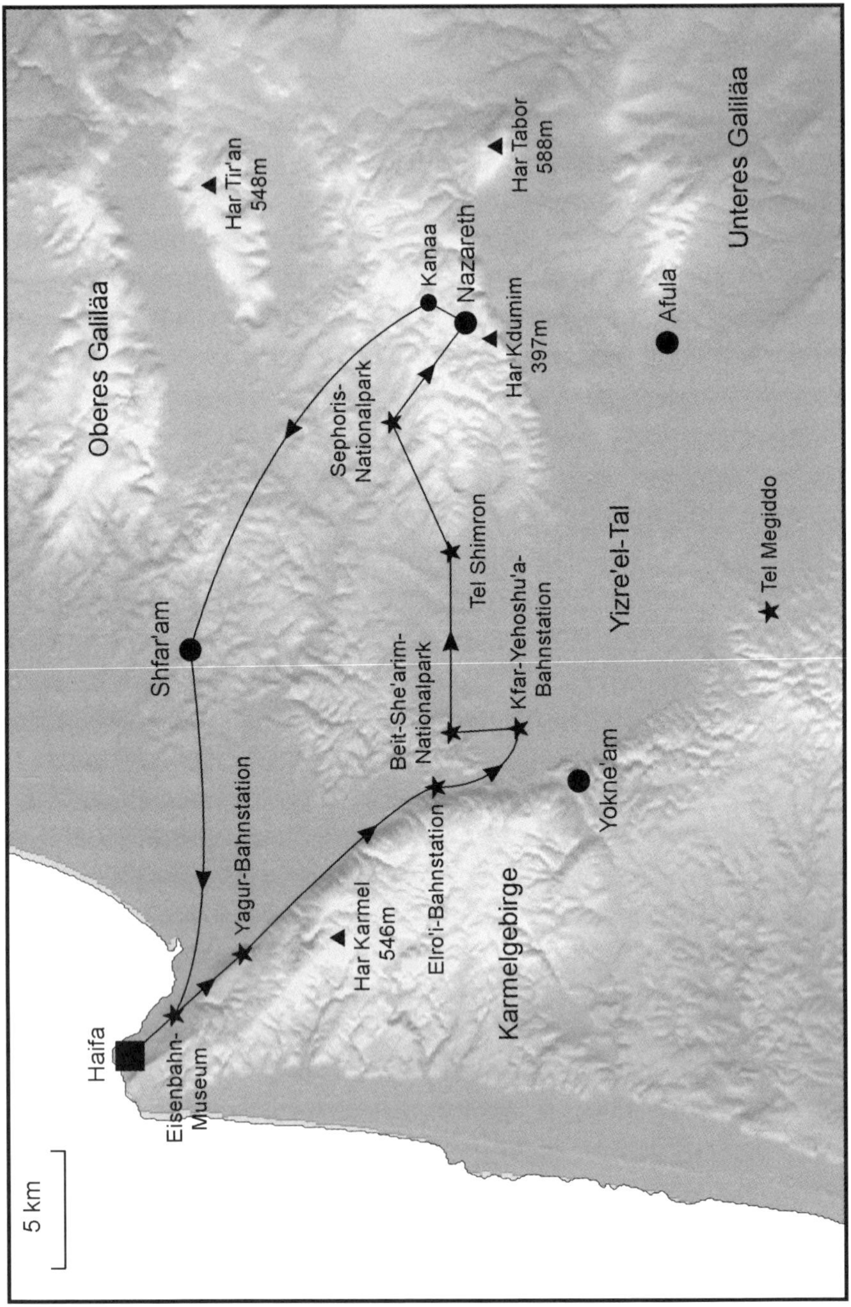

Oberes Galiläa
Har Tir'an
548m
Har Tabor
588m
Unteres Galiläa
Kanaa
Nazareth
Har Kdumim
397m
Afula
Sephoris-
Nationalpark
Tel Shimron
Yizre'el-Tal
Tel Megiddo
Shfar'am
Beit-She'arim-
Nationalpark
Kfar-Yehoshu'a-
Bahnstation
Yagur-Bahnstation
Elro'i-Bahnstation
Yokne'am
Har Karmel
546m
Karmelgebirge
Haifa
Eisenbahn-
Museum
5 km

16. Tag – Montag, 20.12.2010

Haifa

Am Morgen werde ich vor Hadar wach, mache mir mein inzwischen obligatorisches Müsli und esse einen Apfel dazu. Dann packe ich meine Sachen für den Tag, als Hadar um die Ecke schlürft. Sie grüßt mich freundlich, macht sich einen Kaffee und verschwindet im Bad.
Hadars Katze hingegen ist inzwischen dazu übergegangen, mich zu meiden oder gleich zu beißen, dabei habe ich ihr gar nichts getan.

Mit einigen Bissspuren starte ich so kurz darauf meinen ersten Ausflug von Haifa aus. Heute führt mich mein Weg an 3 Bahnstationen der Hedschasbahn entlang, ich besuche jüdische Gräber der Antike, schaue in der Heimatstadt Jesu vorbei und bestaune Mosaike in der alten Hauptstadt Galiläas. Am Ende des Tages werde ich unverhofft auf der Couch einer christlich-arabischen Familie landen, aber jetzt von Anfang an ...

Haifa-Eisenbahn-Museum

Meine erste Herausforderung des Tages besteht darin, den Eingang des Eisenbahnmuseums in Haifa zu finden. Ich weiß durch das GPS sehr genau, wo es sich befinden muss, aber wo der Eingang ist, weiß ich nicht. Es gibt einfach keine direkte Straße, die dorthin führt. Im Bereich des Hafens sind fast alle Straßen gesperrt, ich muss also irgendwo direkt in das südlich gelegene Industriegebiet, denn vom nördlichen gibt es definitiv keine Zufahrt.
Von der 4 folge ich somit einfach dem Schild zum Industriegebiet, dort angekommen fahre ich unwissend, aber mit Hilfe des GPS zumindest die Richtung vorgebend, durch die Industrieanlagen. Nach fast 2km kreuz und quer durch das Industriegebiet entdecke ich unter der Autobahnbrücke die völlig unscheinbare, aber bewachte Zufahrt zum Bahn-

gelände. Wer braucht schon Schilder, denke ich mir und fahre hinüber zum Wachhäuschen.
Der Wachmann nimmt mir meinen Reisepass ab und gibt mir dafür einen Besucherausweis. Auch eine Maßnahme, dass sich der Besucher benimmt. Ich fahre in das Gelände ein und erreiche nach wenigen Metern das nicht zu übersehende Museum. Im Außengelände und in einer alten Lokhalle warten viele Ausstellungsstücke auf den Besucher und ich betrete – über eine Rampe – zuerst die alte Lokhalle.
Im Kassenhäuschen sitzt ein älterer, ziemlich grimmiger Mann, der kein Wort Englisch versteht. Auch die anwesende Frau einige Meter weiter versteht mich nicht. Aber das mit den 20 Schekel Eintritt bekomme ich auch ohne Verständigung hin und beginne damit, mir die Waggons, Lokomotiven und anderen Ausstellungsstücke anzusehen. Insgesamt sind in der Halle vier Gleise verlegt und in einigen Waggons wird die Geschichte des Bahnhofs und der Eisenbahnlinie dargestellt.

Als ich meine Runde beende und die Lokhalle verlasse, kommt mir ein Mann entgegen und begrüßt mich. Er heißt Chen und ist der Leiter des Eisenbahnmuseums.
Wir sprechen kurz über mein Reiseführerprojekt und mein Interesse an der alten Hedschasbahn. Er erzählt mir, dass er selbst an einem Buch über die alte Eisenbahn arbeitet, es wäre aber zuerst nur auf Hebräisch verfügbar. Er sagt mir, wenn ich irgendwelche Fragen habe, könne ich ihn jederzeit ansprechen.

Wir verabschieden uns und ich laufe über eine Fußgängerbrücke, von der ich den nördlich gelegenen Haifa Tower in seiner ganzen Größe bestaunen kann. Ich quere dabei die zahlreichen Gleise der modernen Gleisanlage auf die andere Seite.
Hier steht das zweite Gebäude des Museums mit weiteren Ausstellungsstücken und technischen Dokumenten über Bau und Betrieb der Bahnlinie. Im Museum erwartet mich ein weiterer, diesmal aber unglaublich freundlicher älterer Herr.

Er merkt gleich, dass ich Deutscher bin und versucht daraufhin, mir auf Deutsch einen Überblick über die Ausstellung zu geben. Hätte er es bloß beim Englisch belassen, denn ich verstehe kaum ein Wort seiner Deutschfetzen. Ich frage ihn, ob er aus Deutschland stammt, was er verneint. Er habe Deutsch in der Schule gelernt. Er scheint aber zu bemerken, dass ich ihn kaum verstehe, und besteht darauf, per Telefon Hilfe zu holen.
Er gibt mir das Telefon – und wen habe ich dran? Chen! Ich muss schmunzeln und erkläre ihm, dass ich keine Hilfe benötige und mich der ältere Herr nur nicht richtig verstanden habe. Jetzt sind wir alle drei glücklich und ich schaue mich im Museum um.
Besonders interessant sind die alten Streckenpläne und Fotos. Eine kleine Briefmarkensammlung mit dem Thema „Eisenbahn" beendet meinen Rundgang. Ich bedanke und verabschiede mich, denn ich habe ein menschliches Bedürfnis.

Das Klo ist gleich um die Ecke und zu meiner Überraschung haben die Pinkelbecken kein Dach und können teilweise von der Straße eingesehen werden. Ich stehe hier jetzt also unter freiem blauem Himmel bei angenehmen 18°C und vorbeidonnernden Lkws und erleichtere mich.

Ich laufe noch einige Meter gen Norden, am alten Hauptgebäude des Bahnhofs von Haifa vorbei, und entdecke den eigentlichen Haupteingang zum Museum. Hier direkt an der Straße steht auch das Denkmal, welches 1905 zur Eröffnung der Hedschasbahn-Nebenstrecke Dara–Haifa aufgestellt wurde.

Mein Weg führt mich jetzt zurück über die Fußgängerbrücke – und wer wartet schon am Auto auf mich? Chen, mein neuer Schatten. Er winkt mir zu und fragt mich, ob alles okay sei und ob mir das Museum gefallen habe. Ich bejahe seine Frage und verabschiede mich nun endgültig. Beim Wächter gebe ich meinen Besucherausweis ab, bekomme meinen Reisepass zurück und verlasse Haifa gen Süden.

Yagur-Bahnstation

10km südöstlich von Haifa erreiche ich die Yagur-Eisenbahnstation im gleichnamigen Kibbuz Yagur. An die Bahnstation erinnern nur noch ein paar Meter Gleis und das kleine, typische Bahngebäude, das gerade renoviert wird. Eine Frau mit Aktentasche bespricht sich dort mit einem Bauarbeiter und ich bin sicher, das muss die Architektin sein.
Kurz darauf beendet sie das Gespräch und ich spreche sie an. Sie ist überaus nett und tatsächlich die Architektin. Sie erklärt mir, dass das Kibbuz ein Museum mit einer kleinen Abteilung über die Geschichte der Bahnstation einrichten wird.
Ich spreche sie auf die geplante neue Bahnlinie an, welche ab 2015 die alte Hedschasbahn teilweise wieder zu neuem Leben erwecken soll und von Haifa nach Beit She'an verlaufen wird.
Sie rümpft die Nase und beginnt auf die israelische Bahngesellschaft zu schimpfen, denn die würde vom Staat das Geld überall reingepumpt bekommen und es verschwenden. Diese Bahnlinie würde sich nie rechnen, was ich mit einem „Aber“ und einer nicht ganz ernst gemeinten Bemerkung untermale. Denn ich sage zu ihr, dass die Strecke später auch nach Amman und Damaskus weitergebaut werden soll ... im Jahre 2100 oder so. Die Baupläne dazu habe ich nämlich gerade im Eisenbahn-Museum gesehen.
Sie lacht und hat somit meine Andeutung offensichtlich verstanden. Was sie aber am meisten ärgert, ist, dass die neue Strecke genau an ihrem heute noch so ruhig gelegenen Haus vorbeilaufen wird. Kein Wunder, dass sie sauer auf die Bahngesellschaft ist. Ich verabschiede mich, da in zwei Wochen das Museum eröffnet werden soll und ich sie nicht länger aufhalten möchte.

Elro'i-Bahnstation

Ich folge der 70 südöstlich bis zur ha-Amakim-Kreuzung und fahre auf die 75. Kurz darauf parke ich an der Straße und laufe über eine 50m lange Brücke der Hedschasbahn, die hier den Kishon überquert. Die parallel zur Straße verlaufende Brücke ist heute noch mit allen Gleisen im Original erhalten und eine der größten in Israel. Im Flussbett wird aber gerade gebaggert und der nur 10m entfernte Highway stört ebenfalls die Ruhe an diesem Ort.

So fahre ich weiter nach Kiryat Tiv'on zum Ortsteil Elro'i, vorbei an riesigen Öltanks, und erreiche ich die Elro'i-Bahnstation.
Das Erste, was mir sofort ins Auge sticht, sind die im 45°-Winkel gen Himmel gebogenen Gleise, die sich vor der Bahnstation gute 8m in die Höhe recken.
Die Elro'i-Bahnstation war nur eine kleine Nebenstation, wo man mehr auf den Zug aufspringen musste, als dass er wirklich hielt. Die lediglich 3x4m große Haltestelle aus Backsteinen ist liebevoll renoviert und zeigt im Inneren Fotos und die alten Fahrpläne. Der kleine Unterstand ist typisch für die Nebenstationen an der Strecke und kaum mehr als ein Sonnenschutz.
28 Minuten benötigte die Hedschasbahn für die 15km lange Strecke von Haifa nach Elro'i, somit erreichte die Bahn eine durchschnittliche Geschwindigkeit von gerade einmal 30km/h. Vor der Bahnstation verlaufen einige Meter Gleise, auf denen alte Waggons stehen. Eine Lok hingegen fehlt, so schlendere ich kurz an den Waggons vorbei und verlasse den Ort wieder.

Kfar-Yehoshu'a-Bahnstation

Ich folge der Hedschasbahn-Trasse, quere die 722 und fahre gen Osten, bis ich kurz vor der Ramat-David-Luftwaffenbasis im Yizre'el-Tal die Kfar-Yehoshu'a-Bahnstation erreiche. Hier wurde ein kleines Museum in der 3. Hauptstation der Hedschasbahn eingerichtet. Heute stehe ich nach zwei erfolglosen Versuchen zum ersten Mal vor nicht verschlossenen Türen. Ich betrete das alte Eisenbahngebäude durch den Haupteingang. Zumindest denke ich, es sei der Haupteingang.

Mein Blick fällt auf ein paar Bilder, als mich plötzlich jemand ruft. Es klingt, als ob der Ruf aus dem ersten Stock kommt, und ich laufe die alte Holztreppe in den ersten Stock hinauf, aber dort hängen nur ein paar weitere Bilder und es ist niemand da.
Jemand ruft schon wieder, und jetzt hört es sich an, als käme es von unten. Ich gehe die knarzende Treppe also wieder hinab und finde erneut niemanden. Eine Seitentür bringt mich wieder nach draußen, doch hier ist auch niemand. Erst jetzt bemerke ich eine dritte Tür im Gebäude.
Dahinter sitzt eine leicht grinsende und wirr gekleidete Dame. Ich versuche ihr zu erklären, dass ich sie gesucht habe und nicht den Eintritt prellen wollte. Sie winkt ab und fragt mich, ob ich allein wäre, was ich bejahe. Sie erwarte gerade eine Besuchergruppe und hätte leider keine Zeit, mich herumzuführen. Es gäbe aber einen englischen Film, dieser würde zwar mittendrin immer abbrechen, ich bräuchte dafür aber auch keinen Eintritt zu bezahlen.

Ich bedanke mich freundlich für den gesparten Eintritt und sie führt mich zum Nachbargebäude, um den Film zu starten. Auf lustige Art und Weise wird mir hier die Geschichte der Eisenbahn nahe gebracht und wie angekündigt bricht mittendrin der Film ab. Naja, ich war ja vorgewarnt und betrete das Museum im Raum gegenüber.
Hier sind die wichtigsten Bahnstationen als Modell an drei Wänden aufgebaut. Ein kleiner H0-Zug fährt mit lautstarkem Zischen und Hornsignal von Station zu Station und symbolisiert dabei die historische Streckenlinie. Alte Fotos und Pläne erzählen die Geschichte der Hedschasbahn und gewähren einen guten Einblick in die damalige Zeit.

Als ich das Museum verlasse, sitzt die erwartete Busgruppe neben einem alten Waggon und die Dame vom Eingang ist lautstark dabei, den Besuchern die Geschichte des Ortes zu erzählen. Ich winke ihr kurz zu und gehe zum Auto, fahre zurück bis zur 722, wo ich nach Norden zum Beit-She'arim-Nationalpark abbiege.

Beit-She'arim-Nationalpark

Der Nationalpark Beit She'arim hat nichts mit dem gleichnamigen Ort 5km östlich zu tun, sondern liegt am Rande von Beit Zaid bei Kiryat Tiv'on. Neben kleineren Grabungsresten aus hellenistischer und römischer Zeit stehen hier die zahlreichen jüdischen Grabhöhlen im Vordergrund. Diese wurden im 2. bis 5.Jhd. von Hand tief in den weichen Fels getrieben und waren besonders bei wohlhabenden Juden aus Syrien, Libanon, Mesopotamien und Arabien als letzte Ruhestätte auf heiligem Boden beliebt.
Darüber hinaus war Beit She'arim nach dem Bar-Kochba-Aufstand 132 bis 135n.Chr. und der damit verbundenen Vertreibung aus Jerusalem der Sitz des höchsten jüdischen Gerichtshofes der Sanhedrin.

Vom Parkplatz sind es für mich nur wenige Meter zur ersten der insgesamt 14 Grabhöhlen. Kein einziger Besucher ist mit mir im Nationalpark und ich kann völlig ungestört die Gräber erkunden. Nicht alle sind zugänglich, aber die offenen entführen mich in eine eigene unterirdische Welt.

Es reihen sich Gräber an Gräber. Teilweise krieche ich mit meiner Taschenlampe durch kleine Türöffnungen, hinter denen sich große Kammern und weitläufige Gänge erstrecken.
Ich betrete als Letztes den Vorplatz zur Grabkammer Nr. 20, dessen rechteckiges Portal von drei Bögen gebildet wird, die jeweils einen eigenen Eingang haben. Schwere Türen aus Stein verschließen den Zugang im linken und rechten Torbogen. Nur die Steintür im mittleren Bogen ist offen.
Vor dem Portal döst eine Katze mit ihren zwei Jungen in der Sonne und ihre Augen beobachten ganz genau, was ich mache. Da ich sowieso etwas hungrig bin, nehme ich einen Energieriegel aus meiner Fototasche und verscheuche mit dieser Geste die kleinen Katzen, die sich sofort in eine seitliche Grabkammer flüchten.

Als sie bemerken, dass ich ihnen etwas abgeben will, trauen sie sich aber wieder hervor und die Mutter nähert sich mir ganz vorsichtig und schnappt sich das erste Stück meines Riegels. Ich fülle den drei Katzen noch etwas Wasser in eine Steinmulde und betrete die Grabanlage.

Als sich meine Augen an das fahle Licht gewöhnt haben, registriere ich, dass ich in der größten Grabanlage von Beit She'arim stehe. Der bogenförmige Haupttunnel ist ca. 5m breit, 3m hoch und wurde 75m tief in den Fels getrieben. Er wird bereits am Eingang von einigen Sarkophagen gesäumt. Gleich links zweigt mit 70m der längste Seitentunnel ab, er ist deutlich niedriger und vollgestellt mit Dutzenden von Sarkophagen. In die Wände sind Nischen gehauen, die weitere Leichen aufnehmen konnten. Hier und da zweigen weitere Eingänge ab, die zu Nebenkammern führen, welche auch wieder mit Sarkophagen und Nischen gefüllt sind.

Am Ende des Seitentunnels beendet eine letzte Grabkammer meinen Weg und zwingt mich zum Rückweg. Zurück am Hauptgang betrete ich gleich den nächsten Raum auf der linken Seite. Er enthält nur einen einzigen gewaltigen, mitten im Raum befindlichen Sarkophag, der zugleich auch einer der schönsten in Beit She'arim ist.

Verziert mit Adlern, Rinderköpfen und an den Längsseiten mit jeweils zwei Löwen, zieht er den Besucher in seinen Bann. Ich folge anschließend dem Hauptgang immer tiefer in den Fels; Kammer reiht sich an Kammer und Sarkophag an Sarkophag.

Am Ende öffnet sich eine größere Halle und ich sehe deutlich, dass der weitere Ausbau nicht vollendet wurde. Die Kammer liegt so tief im Berg, dass sie fast bis unter die Zufahrtstraße reicht und Anzeichen von Instabilität der Decke nicht zu übersehen sind.

Ich verlasse die Grabstätte und trete zurück in gleißendes Sonnenlicht. Vor dem Portal sitzt immer noch die Katze und wirkt ziemlich zufrieden. Ich fülle die Steinmulde erneut mit Wasser auf und gehe zurück zum Wagen, wo ich zwei mit Käse gefüllte Gebäckstückchen vertilge.

Eigentlich möchte ich noch gerne das römische Mausoleum besuchen, das ist aber nur an bestimmten Tagen mit einem Führer möglich, so bleibt mir nichts anderes übrig, als meine Tour fortzusetzen.

Tel Shimron

8km westlich von Nazareth und etwas nördlich der 75 erhebt sich der Tel Shimron als 170m hoher Hügel am Rande der 70Hm tiefer gelegenen Yizre'el-Ebene. Ab hier wachsen die Hügel stetig empor, bis sie bei Nazareth 477m erreichen.

Auf einer kleinen Straße erreiche ich den in ganz Israel bekannten Friedhof am Tel Shimron. Zu meiner Überraschung ist alles zugeparkt und gut 200 Israelis tummeln sich auf und vor dem Friedhof. Ich beschließe daher, zuerst auf den Tel Shimron zu laufen und die offensichtliche Beerdigung nicht zu stören.
Als ich an fünf Bussen vorbeigehe, bekomme ich langsam Zweifel, ob es wirklich eine Beerdigung ist, und spreche einen der Busfahrer an. Seine anschließende Geste schafft Klarheit, denn er hält sich das linke Auge zu und spricht vom General. Er meint natürlich Moshe Dajan, den so berühmten General und Politiker. Erst jetzt verstehe ich, dass es sich um eine Moshe-Dajan-Ausflugstour und keine Beerdigung handelt. Dajan verstarb am 16.10.1981 in Tel Aviv und hatte vor seinem Tod einen Traum, in dem er über den Tel Shimron lief. So wünschte er sich, hier auf dem Tel-Shimron-Friedhof beerdigt zu werden. Nicht zuletzt wohl auch, weil er mit seiner Familie eine Zeit lang im südwestlich liegenden Kibbuz Nahalal wohnte.

Ich laufe wie geplant erst mal auf den Tel Shimron, auf dem es aber rein gar nichts zu entdecken gibt. Einzig ein niedriger Holzturm, der wie ein Spielgerät für Kinder aussieht, ermöglicht einen kleinen Rundumblick. Auf meinem Rückweg entscheide ich mich für den kürzesten Weg direkt bergab.

Dies war definitiv keine so gute Idee, denn der Hang ist extrem steil und mit losem Geröll bedeckt. Als ich einen Moment nicht aufpasse, rutsche ich auf meinem Hintern und in einer Staubwolke einige Meter den Hang hinab. Zu meinem Glück hat es niemand gesehen, denn die Besucher steigen gerade in die Busse.

Als ich mich vom Staub befreit habe und wieder am Friedhof bin, hat dieser zur alten Stille zurückgefunden. So laufe ich allein zwischen den jüdischen Gräbern hindurch. Wären deren Aufschriften nicht in Hebräisch und die Grabsteine nicht zumeist aus hellem Stein, dann würde sich der Unterschied zu einem heimischen Friedhof gar nicht ergeben.

Das Grab von Moshe Dajan finde ich schnell, denn es ist mit frischen Blumen und vielen Steinen bedeckt. Kleine Steine auf ein jüdisches Grab zu legen, gilt als Zeichen der Anteilnahme. Diesen Brauch kennt wohl inzwischen jeder, der den Film „Schindlers Liste" gesehen hat.

Aber eigentlich war das mit Moshe Dajan purer Zufall, denn mich interessieren zwei ganz andere Persönlichkeiten, die hier begraben sind. Hier befinden sich nämlich die Gräber von Vater und Sohn der Familie Ramon, die beide für israelische Tragödien stehen.
Ilan Ramon war der erste israelische Astronaut. Er verglühte am 01.02.2003 beim Wiedereintritt des Columbia Spaceshuttles. Berühmt war Ilan Ramon aber schon vorher gewesen, denn er hatte zu den Piloten gehört, die in der Operation Opera am 07.06.1981 den irakischen Nuklearreaktor Osirak bombardierten.

Sein Sohn Assaf Ramon starb am 13.09.2009 während eines Übungsfluges, als seine F-16 bei Hebron aus ungeklärter Ursache abstürzte. Mit ihm starb auch die Hoffnung auf den nächsten israelischen Astronauten. Zu dieser Zeit war ich gerade mit meiner Freundin in Israel und jeder sprach von diesem Flugzeugabsturz und der Tragödie der Familie Ramon.

Beide Gräber liegen nebeneinander und sind nicht zu übersehen, denn Ilans Grab trägt eine in Israel wohl einmalige Gravierung des Space Shuttles auf dem Grabstein. Ilan Ramons sterbliche Überreste wurden 2003 als Erste der sieben Astronauten durch eine DNA-Analyse identifiziert. Für die Familie eine große Erleichterung, denn ohne zumindest ein Körperteil kann nach jüdischer Tradition keine Beerdigung stattfinden.
Jetzt aber genug vom Tod, denn ich lebe noch und meine nächstes Ziel erwartet mich schon.

Sepphoris-Nationalpark

6km nordöstlich vom Tel Shimron und 5km nordwestlich von Nazareth liegt Sepphoris, die ehemalige römische Hauptstadt der Provinz Galiläa.

Gegründet vom Makkabäer Alexander Jannäus im 2.Jhd.v.Chr., belagert von den Ptolemäern um 105v.Chr., wurde sie ab 63v.Chr. römisch. 4v.Chr. starb Herodes der Große und Judah ben Hezekiah nutzte die folgenden innerrömischen Konflikte zur Eroberung des herodianischen Palastes in Sepphoris und zettelte die Bewohner zum Aufstand an.
Zu diesem Zeitpunkt war Publius Quinctilius Varus, der uns aus der germanischen Varusschlacht bekannt ist, der römische Statthalter in Syrien und mit 3 befehligten Legionen einer der mächtigsten Männer Roms.
Varus schlug daraufhin den Aufstand brutal nieder, verkaufte alle Gefangenen als Sklaven und ließ Sepphoris dem Erdboden gleichmachen. Der Sohn von Herodes dem Großen, Herodes Antipas, ließ die Stadt daraufhin wieder aufbauen, machte sie bis 19n.Chr. zu seiner Hauptstadt und zog dann ins neu errichtete Tiberias um.
Der jüdische Feldherr und Geschichtsschreiber Josephus Flavius eroberte während des jüdischen Aufstandes ab 66n.Chr. zweimal die Stadt. Unter Byzanz wurde Sepphoris Bischofssitz und die Kreuzritter errichteten hier im 12.Jhd. den Wachturm Le Saforie.

Genug der Geschichte und rein in die Ausgrabung. Vom Eingangstor fahre ich 1km bis zum Besucherzentrum, dort wartet ein Modell von Sepphoris auf mich, das mir einen ersten Überblick über die Ausgrabung gibt. Mein Weg führt mich anschließend über die alte römische Straße, die direkt auf den westlichen Hügel zuläuft, mitten hinein in eines der alten römischen Wohnviertel.
Ich biege links auf eine kreuzende Straße, die bis heute die fast 2000 Jahre alten Karrenspuren in Form von tiefen Rillen konserviert hat. Der Unterschied zwischen beiden Straßen ist enorm, denn die Hauptstraße zeigt gar keine Karrenspuren. Entweder durften hier keine Karren fahren oder der Straßenbelag wurde noch einmal kurz vor dem Erdbeben 363n.Chr. erneuert und dabei bis zur Ausgrabung mit Schutt bedeckt.

In der Seitenstraße betrete ich die Reste einer überdachten römischen Villa. Deren Mosaike gehören zu den interessantesten in ganz Israel, denn das sogenannte Nil-Mosaik ist zwar kleiner als die Madaba-Karte in Jordanien, aber die Darstellungen und Details erreichen ein noch höheres Niveau. Neben einer Wasserstandsanzeige des Nils sind verschiedenste Tiere und die Stadt Alexandria dargestellt, zu der zwei Männer reiten.
Gleich nebenan zeigt ein kleineres Mosaik einen Zentauren, also die Darstellung eines Wesens, das halb Pferd, halb Mensch ist. Für mich ist es mit das schönste Mosaik in Israel. Gute ein halbes Dutzend weitere meist geometrische Mosaike bedecken den Boden der Villa.

Mein Weg führt mich auf den Hügel, der sich am westlichen Teil von Sepphoris erhebt. Eine Plattform ermöglicht mir dort den Blick auf ein weiteres Mosaik mit verschiedensten Darstellungen. Mein Blick verharrt dabei fasziniert auf der Darstellung eines Kaninchens, das Weintrauben von einer Rebe frisst.
Ich laufe weiter am südlichen Teil des Hügels entlang, wo der Weg am Ende von gut 3m hohen Kakteen gesäumt ist und über eine Treppe auf

den höchsten Punkt führt. Vor mir erhebt sich jetzt der Turm der Kreuzritter, doch der markierte Weg bringt mich zuerst zu einer weiteren römischen Villa.
Das völlig abgedunkelte und klimatisierte Gebäude, das zum Schutz der Villa darüber errichtet wurde, beherbergt ein äußerst sehenswertes Mosaik. Dies ist streng geometrisch aufgebaut und zeigt diverse Darstellungen in Rechteckform, u.a. die Hochzeit des Dionysos und verschiedene Prozessionen. Ich trete wieder ins grelle Tageslicht und erreiche den Turm der Kreuzritter.

Le Saforie ist ein niedriger, würfelartiger Turm mit quadratischer Grundfläche und einem einzigen Tor an der Südwestseite. Äußerlich bietet der Turm eine Besonderheit, denn in seinen vier Ecken wurden von den Kreuzrittern römische Sarkophage zum Bau der Außenmauer benutzt. Darüber hinaus lässt sich gut erkennen, dass der beschädigte Turm nach der Kreuzritter-Epoche im 18.Jhd. vom Beduinenherrscher Dhaher al-Omar renoviert wurde. Dies bezeugen die unterschiedlichen Steine und Strukturen in der Außenmauer.
Ich betrete den Turm und gleich hinter dem Eingang öffnet sich ein einziger großer zentraler Raum. Unter diesem Rittersaal befindet sich noch eine Zisterne, die früher das Regenwasser speicherte.
Zwischen Eingangstor und Rittersaal führt eine steile Treppe in den ersten Stock, wo heute ein kleines Museum untergebracht ist. Gezeigt werden Fundstücke aus Sepphoris und alles über die Geschichte des Ortes. Highlight ist ein kleines aramäisches Amulett aus Kupfer, das gegen Fieber eingesetzt wurde.
Von hier führt eine weitere Treppe auf das Dach des Turmes, von wo sich mir ein weiter Blick über das Umland bietet. Leider ist die Aussicht auf die umliegende Ausgrabung durch den bewaldeten Hügel etwas eingeschränkt. Im Westen, direkt unterhalb des Turms, liegen die Reste eines jüdischen Wohnviertels, wohin mich mein weiterer Weg führt.
Ich schlendere durch die alten jüdischen Häuser, deren Mikve deutlich für die jüdischen Bewohner sprechen.

Auf der Nordseite laufe ich den Hügel wieder hinab und erreiche das in den Hang gebaute römische Theater. Leider ist es nicht besonders gut erhalten und überzeugt auch nicht gerade durch majestätische Größe oder Lage. Doch ein Highlight erwartet mich noch etwas unterhalb Richtung Ausgang. Hier wurde eine alte Synagoge mit angrenzendem Ritualbad freigelegt.
Eine Halle umgibt heute das im Inneren liegende ca. 5x20m große Mosaik aus dem 5.Jhd. Der zentrale Zodiak mit seiner Darstellung der 12 Sternzeichen wird gesäumt von Löwen, einer Menora und der Darstellungen von Opfergaben. Die Mitte des Zodiak-Mosaiks zeigt eine Sonne auf einem Streitwagen, wobei hier die Sonne für den Sonnengott Helios steht. In den vier äußeren Ecken des Zodiaks werden die vier Jahreszeiten dargestellt und den drei jeweiligen Sternzeichen zugeordnet.

Ich verlasse die Ausgrabung und fahre zurück zum Ausgang des Nationalparks, doch bevor ich den Park verlasse, stoppe ich am Wasserversorgungssystem von Sepphoris. Ein kurzer Fußweg bringt mich zum gigantischen Wasserreservoir der gut 15Hm tiefer liegenden Stadt. Aquädukte aus den umliegenden Hügeln bis hin nach Nazareth brachten das Wasser bis kurz vor Sepphoris. Hier lief alles Wasser in einen in den Fels getriebenen Wasserspeicher, der wie ein natürlicher Canyon wirkt.

Eine Treppe führt mich gut 10m tief hinab in den geputzten, nur wenige Meter breiten Tunnel und ich laufe in das Reservoir hinein. Teilweise ist die Decke eingestürzt, dennoch kann ich mir gut vorstellen, wie einst das ganze Reservoir mit Fels überdacht war.
Nach einigen Metern endet die erste Kammer und ein schmaler Tunnel bringt mich in das zweite Reservoir. Erst jetzt werden mir die Ausmaße des Wasserspeichers bewusst, der ca. 4.500.000 Liter Wasser fassen konnte. Die Decke ist hier noch höher und ich bin bereits über 100m weit gelaufen.

Am Ende führt mich eine Treppe wieder aus dem über 250m langen Reservoir und ich werfe einen Blick zurück in die Tiefen eines der sehenswertesten Orte Israels.

Nazareth

Nazareth lasse ich auf dieser Reise aus, denn ich war dort schon einige Male. Ich berichte Ihnen aber von unserem Nazareth-Aufenthalt im September 2010.
Wir hatten auf dem Hinflug einen netten christlichen Araber kennengelernt, der mit uns in der Reihe saß. Er hieß Harun und studierte seit zwei Jahren Maschinenbau in Deutschland.
Sein Deutsch war schon fast akzentfrei und wir versprachen ihm, dass wir uns melden, wenn wir Nazareth besuchen. Er bot uns nämlich eine persönliche Führung durch seine Heimatstadt an, die wir uns nicht entgehen lassen wollen.

Einen Tag vorab rufen wir Harun an und verabreden uns um 10:00 Uhr am Maria-Brunnen mitten in Nazareth. Nach kurzem, aber heftigem Verkehrschaos erreichen wir die verabredete Stelle. Harun trifft fast zeitgleich ein und wir besuchen zuerst den inzwischen ausgetrockneten Brunnen. Dieser wurde nach der Mutter Jesu „Maria-Brunnen" genannt und ist unansehnlich mit Müll gefüllt. Hier soll Maria ihr Wasser geholt haben, um Jesus zu baden und um seine Kleidung zu waschen, denn der Brunnen ist die einzige bekannte Quelle aus Zeiten Jesu.

Gleich hinter dem Brunnen befindet sich das „Cactus", ein ganz besonderes Souvenirgeschäft. Das Besitzerpaar Elias und Martina ist an sich schon speziell, denn Elias ist original Israeli aus Nazareth und Martina ist Belgierin. Beide haben sich in Belgien beim Studium kennengelernt und sich hier in Nazareth diese neue Existenz aufgebaut.
Bei den Renovierungsarbeiten stießen die beiden auf eine Sensation, denn ihr gerade gekauftes Haus stand auf einem alten römischen Bade-

haus. Erst von der Altertumsbehörde nicht ernst genommen, gruben sich die zwei immer tiefer und weitläufiger unter ihrem Haus entlang. Untersuchungen ergaben dann, dass es bereits vor Christus erbaut worden sein musste, und somit ist es wahrscheinlich, dass auch Jesus dieses Badehaus nutzte.
Harun spricht für uns mit der Besitzerin auf Hebräisch über die Eintrittspreise und übersetzt uns dann alles auf Deutsch. Plötzlich sagt Martina zu uns: »*Dann können wir uns ja gleich auf Deutsch unterhalten.*«
Wir bekommen von der Hausherrin Tee und Gebäck sowie die geschichtlichen Fakten und eine Führung auf Deutsch, was dieses Erlebnis noch spannender macht.
Ihr Mann hat sich inzwischen schon unter das Nachbarhaus weitergegraben. Beide planen, in Kürze die zwei darauf stehenden Häuser abzureißen, um das gesamte Badehaus freilegen zu können.
Wir bedanken uns bei Elias und Martina, biegen um die Ecke und erreichen über einen kleinen Platz die griechisch-orthodoxe Verkündigungskirche, auch St.-Gabriel-Kirche genannt.

Die Kirche ist mit wunderschönen Bildern bemalt und voll von Besuchern. Harun erzählt uns, dass er in dieser Kirche getauft wurde, und als sein Vater 2009 verstarb, hielt seine Familie hier die Totenmesse ab.
Wir betreten einen seitlichen, in die Tiefe führenden Gang, der zur Maria-Quelle führt. Diese Quelle liegt etwas höher als der Maria-Brunnen, wird aber wohl vom selben Grundwasser gespeist. Viele Besucher drängeln sich vor dem Eisengitter des kleinen Brunnens und werfen Münzgeld hinein.
Die Quelle wirkt extrem trocken und ich habe den Verdacht, dass das wenige stehende Wasser der Quelle von Hand aufgefüllt wird, damit auch weiterhin Geld im Brunnen landet.

Zurück an unseren Autos steigen wir in Haruns Dreier-BMW ein, an dessen Innenspiegel das zu erwartende Kreuz hängt. Harun schimpft während der ganzen Fahrt auf die muslimischen Araber:

»Die Muslime haben eine so hohe Geburtenrate, dass die ganzen Christen aus Nazarethwegziehen, weil sie hier nicht mehr unter der Übermacht der Muslime leben wollen!«

Als eine Moschee neben der Verkündigungs-Basilika gebaut werden sollte, wurde der Konflikt beider Religionen weiter angeheizt. Letztendlich kaufte die Kirche den muslimischen Arabern das Grundstück für ihre Moschee vor der Nase weg. Eine Entwicklung in ganz Israel, wo die wenigen Christen und Armenier immer mehr zwischen Islam und Judentum zerrieben werden.
Wir fahren oder sollte ich besser sagen: rasen durch die engen Gassen von Nazareth. Harun kennt alle Schleichwege, die teils so schmal sind, dass wir die Spiegel kurz anklappen müssen. Wir sind auf dem Weg zur „Mensa Christi" inmitten der kleinen Gassen Nazareths.
Wir erreichen schließlich zu Fuß die im Jahre 1861 von den Franziskanern auf einem Kalksteinblock erbaute kleine Kirche. An diesem „Tisch" soll Jesus nach seiner Auferstehung mit seinen Jüngern gesessen haben. Das Kirchengelände ist leider abgeschlossen und so setzen wir unsere halsbrecherische Fahrt durch Nazareth fort.

Wir sind auf dem Weg zur südlichen Hauptkreuzung in Nazareth, wo sich die 60 und die 75 kreuzen. Etwas erhöht liegt ein großes Einkaufscenter und von diesem ausgehend erhoffe ich mir, auf den angrenzenden Hügel zu gelangen. Wir haben Glück, denn vom Parkplatz führt eine Schotterstraße auf den Hügel und der Zaun um das Einkaufscenter hat – wie üblich – ein so großes Loch, dass wir zu Fuß auf den Hügel gelangen.
Harun ist überrascht, denn er kennt die hier stehende „Kapelle unserer Herrin des Entsetzens" gar nicht, dabei liegt sie inmitten von Nazareth. Die Kapelle ist in sehr schlechtem Zustand und teils mit arabischer Schrift beschmiert.
Laut Lukasevangelium soll Maria an dieser Stelle gestanden haben, als Jesus auf der Flucht vor einem wütenden Mob in den Abgrund gesto-

ßen wurde und er einfach „durch sie hindurchging". Dies soll sich am gegenüberliegenden Har Kedumim zugetragen haben.
Im Mai 2009 predigte auf diesem nahen Berg Papst Benedikt XVI. bei seinem Nazareth-Besuch. Die extra dafür gebaute Bühne ist auch aus dieser Entfernung gut zu sehen.
Viel interessanter als die Kapelle ist aber der Blick über fast ganz Nazareth, der von hier oben möglich ist. Gut zu erkennen ist die Kessellage Nazareths. Diese war einer der Gründe, warum sich hier Menschen ansiedelten, denn die umliegenden Berge schützten die Bewohner vor feindlichen Blicken.

Wir kehren zum Wagen zurück und fahren wieder in die Innenstadt zur Verkündigungsbasilika. Dieser gewaltige, aber schmucklose Betonbau aus den 60er Jahren ist die größte Kirche im Nahen Osten und steht auf den Resten älterer Kirchen, die bis zurück zur byzantinischen Zeit reichen. Sie wurde über der Grotte erbaut, wo der Erzengel Gabriel Maria offenbarte, dass sie bald Gottes Sohn gebären würde:
»*Und im sechsten Monat ward der Engel Gabriel gesandt von Gott in eine Stadt in Galiläa, die heißt Nazareth, zu einer Jungfrau, die vertraut war einem Manne mit Namen Joseph, vom Hause David, und die Jungfrau hieß Maria. Und der Engel kam zu ihr hinein und sprach: ›Gegrüßet seist du, Holdselige! Der HERR ist mit dir …‹ Da sie aber ihn sah, erschrak sie über seine Rede und gedachte: Welch ein Gruß ist das? Und der Engel sprach zu ihr: ›Fürchte dich nicht, Maria! Du hast Gnade bei Gott gefunden. Siehe, du wirst schwanger werden und einen Sohn gebären, des Namen sollst du Jesus heißen. Der wird groß sein und ein Sohn des Höchsten genannt werden; und Gott der HERR wird ihm den Stuhl seines Vaters David geben; und er wird ein König sein über das Haus Jakob ewiglich, und seines Königreiches wird kein Ende sein.*« *(Lukas 1,26–33)*

Nach einer kurzen Runde durch die Kirche besuchen wir noch die direkt nördlich liegende St.-Josephs-Kirche. Der Kirchenbau wurde an dieser Stelle errichtet, weil hier Josefs Tischlerwerkstatt gestanden haben soll.

Wir schlendern noch etwas über den nahen arabischen Markt und fahren zurück zum Maria-Brunnen. Harun will dort mit uns in seinem Lieblingsrestaurant noch etwas essen gehen.
Wir bestellen uns sehr leckeres gebackenes Hähnchen und beenden damit unseren Nazareth-Ausflug. Wir danken Harun sehr, dass er uns seine Heimatstadt gezeigt hat, und verabschieden uns voneinander.

Kanaa

5km nordöstlich von Nazareth liegt einer der vier möglichen Orte für das biblische Kanaa, wo nach dem Johannesevangelium Jesus sein erstes Wunder wirkte und Wasser zu Wein verwandelte.
Der Weg von Nazareth nach Kanaa führt heute allerdings durch ziemlich verstopfte Straßen und endet an einer gesonderten Parkspur der Hauptstraße.
Die hier immer wartenden Touristenbusse ersparen dem Individualreisenden jegliche Beschilderung und die umliegenden Geschäfte, die religiösen Kitsch anbieten, tun ihr Übriges, damit Besucher den Weg finden. Gleich der erste Shop wird von einer afrikanischen Busgruppe belagert, die sich mit Kreuzen, Jesustellern und natürlich Wein eindecken.
Der Weg führt mich in eine Seitengasse, die ebenfalls von Geschäften gesäumt ist. Es ist erstaunlich wenig los. Die sonst mit Touristen gefüllte Gasse ist menschenleer und ich passiere die verschlossene Kapelle des Heiligen Bartholomäus. Kurz darauf erreiche ich den Eingang zum Vorhof der Hochzeitskirche.
Zu meinem Erstaunen bin ich der einzige Besucher in der sonst so überlaufenen Kirche. Ein offensichtlicher Priester grüßt mich im Vorhof freundlich. Er ist gerade dabei, eine Lichterkette auszupacken, um den Weihnachtsbaum zu schmücken. Die 20°C und strahlende Sonne lassen diesen Anblick irgendwie unwirklich erscheinen.
Das sehenswerte Portal der Kirche mit den schönen Statuen und den kleinen türkisfarbenen Dachkuppeln lässt sich nur schwer fassen, denn

die Kirche ist eng umbaut. Nur vom Vorhof ist ein Blick auf das gesamte Portal möglich.

Ich betrete die Kirche und bin erstaunt über das sehr kleine Kirchenschiff mit den wenigen Sitzplätzen. Die Sonne strahlt durch die Fenster im Kirchenturm und taucht den Altarraum in helles Licht.
Die 1883 erbaute Kirche steht auf den Grundmauern einer Moschee, die ihrerseits auf den Resten einer Synagoge erbaut wurde. Dies beweist ein aramäisches Mosaik aus dem 5.Jhd., das unter dem Fußboden der Moschee gefunden wurde.
Von der heutigen Kirchenebene gelange ich ein Stockwerk tiefer zu den alten Grundmauern. Der verwinkelte Weg führt in eine Grotte unter der Kirche hindurch, bis ich auf der anderen Seite in die Hochzeitskirche zurückkehre.
Als ich den Vorhof wieder betrete, wirkt der Priester mit seiner Lichterkette ziemlich verzweifelt, denn er hat keinen Ständer für den Tannenbaum. So versucht er, mit einer Hand die Lichterkette anzubringen, während er mit der anderen Hand den Tannenbaum hält. Ich gehe zu ihm herüber und gebe ihm zu verstehen, dass ich den Baum halten kann.
Erleichterung zeichnet sein Gesicht und er befestigt seine letzten 10 Lampen. Genau in diesem Augenblick betritt eine Busladung Japaner den Vorhof der Kirche und mit der Ruhe ist es nun vorbei. Schlimmer ist aber noch, dass ich vor der Kirche stehe und einen Weihnachtsbaum mit inzwischen leuchtender Lichterkette halte.
So endet mein Besuch in Kanaa als weihnachtsbaumhaltende Touristenattraktion für Japaner. Davor hat mich jetzt auch kein Wunder mehr gerettet.

Shfar'am

Zurück am Wagen fahre ich nördlich, verlasse das arabische Kanaa und folge der 77 gen Westen. Wo sich die 77 mit der 79 kreuzt, befindet sich

aktuell eine der größten Baustellen in Galiläa. Um die alltäglichen Ampelstaus zu reduzieren, wird hier ein neues Highway-Kreuz gebaut, das kurz vor der Fertigstellung ist.
Ich folge jetzt der 79 Richtung Haifa, bis ich die arabische Stadt Shfar'am erreiche. Kurz vor der Dämmerung fahre ich in die unübersichtliche und chaotische Stadt hinein.

Obwohl ich die Festung schon aus der Ferne gesehen habe und ihrer Richtung gefolgt bin, fordern mir die letzten Meter alles an Orientierung ab. Mein GPS hat sich in den engen Gassen längst verabschiedet und von der Burg ist in der Enge der Stadt nichts mehr zu sehen. Ich fahre bergauf, bergab durch immer schmalere Gassen, während Einbahnstraßen mich zwingen, mehrfach im Kreis zu fahren.
Erst im dritten Anlauf erreiche ich den höchsten Punkt der Altstadt und stehe am Rande der Burg. Leider ist die auf den Grundmauern der Kreuzritterburg Le Saffran errichtete ottomanische Burg verschlossen. Dennoch laufe ich ein wenig durch die umliegenden engen Gassen und erreiche die fast komplett erhaltene 70m lange Südmauer.

Zahlreiche Kirchen und ein Kloster finden sich auch noch in Shfar'am, aber mein größtes Interesse an Shfar'am sind alte byzantinische Gräber. Diese zu finden gestaltet sich aber noch schwieriger. Nach einigen erfolglosen Runden durch die Gassen stelle ich meinen Wagen ab und versuche mein Glück zu Fuß.

In einer kleinen Seitenstraße grüßt mich ein Mann aus dem 1. Stock seines Hauses. Ich frage ihn, ob er die Gräber kenne, woraufhin er nickt und die Treppe zu mir herunterkommt. Inzwischen sind auch Frau, Sohn und Tochter aus dem Haus gekommen und grüßen mich freundlich. Es sind Christen, wie sich erkennen lässt. Links vom Haus gibt es eine kleine Höhle und der Mann erwähnt sichtlich stolz, dass seine Frau hier eine kleine Gebetsnische eingerichtet hat. Dies ist durch Kerzen und heilige Figuren auch nicht zu übersehen.

Das erste der fünf byzantinischen Gräber liegt direkt gegenüber, unterhalb einer Betonmauer. Es ist schlicht und wegen des großen Regens überflutet. Die anderen vier Gräber liegen auf einem Privatgrundstück und ziehen sich an der Straße entlang. Zwei davon sind atemberaubend mit Tier- und Pflanzendarstellungen sowie geometrischen Mustern verziert, wie ich sie in dieser Form noch nie gesehen habe. Besonders auffällig ist eine symbolisierte Sonne mit einem Gesicht, flankiert von Löwen, Vögeln und Weintrauben. In einem Grab ist sogar noch eine Hälfte der beiden Verschlusstüren aus Stein erhalten.

Die Familie lädt mich ein, sie nach meiner Besichtigung der Gräber zu besuchen, und da ich nichts mehr vorhabe, möchte ich ihre Gastfreundschaft nicht ablehnen. So sitze ich wenig später in einem fremden Wohnzimmer. Die Wohnung ist hochwertig eingerichtet und sehr gepflegt. Mir werden Tee und Gebäck gereicht, aber ich muss unbedingt mal auf die Toilette.
Das Bad ist modern und sauber bis in jede Ecke, beherbergt aber eine unscheinbare Tücke. Als ich die Spülung betätige, passiert rein gar nichts, kein einziger Tropfen rinnt ins Klobecken.
Oh nein, nicht schon wieder so eine Peinlichkeit. Nur gut, dass ich nur pinkeln musste! Erst jetzt sehe ich, dass die Toilette gar nicht am Wasseranschluss angeschlossen ist. Es bleibt mir also nichts anderes übrig, als den Hausherrn über seine nicht funktionierende Toilette zu informieren. Er lächelt und meint, dass der Hund die Wasserleitung gefressen habe und sie noch keinen neuen Schlauch gekauft hätten.
Wir sitzen alle zusammen vor dem laufenden Fernseher und sprechen über Politik, Israel und Deutschland, insbesondere über deutsche Autos. Der Vater erzählt mir außerdem, dass er schon einige Male in Deutschland zu Besuch war.

Ich frage, ob Shfar'am hauptsächlich von christlichen Arabern bewohnt ist, und mir wird erklärt, dass Shfar'am in drei Viertel aufgeteilt ist. In diesem Teil leben zumeist nur Christen, was bei der üppigen Weih-

nachtsbeleuchtung auch kaum zu übersehen ist. Die zwei anderen Teile sind von Muslimen und Drusen bewohnt.
Man lebe friedlich und ohne größere Konflikte seit Jahrhunderten nebeneinander. Ob mein Gastgeber dabei mit Absicht die Unruhen zwischen Drusen und Christen im Juni 2009 außer Acht lässt, ist mir im Moment nicht ganz klar. Vielleicht hält er ja 12 Verletzte und verwüstete Geschäfte nicht für einen größeren Konflikt. Damals riefen sogar die Kirchenglocken die Christen zur Kirche, um sie gegen aufgebrachte Drusen zu verteidigen.
Auslöser war ein privater Streit zwischen einem drusischen und einem christlichen Mann. Am Ende trennte die israelische Polizei die Konfliktparteien und setzte der Gewalt ein Ende, um es nicht zu einem zweiten Maghar-Pogrom kommen zu lassen.

Nach etwa einer Stunde und guten Gesprächen breche ich auf Richtung Haifa und werde von der Familie sehr freundlich verabschiedet.
Auf dem Weg zum Highway halte ich hinter einem BMW mit folgendem Schriftzug auf der Heckscheibe: „Don't try to fuck me", was so viel heißt wie: „Versuch mich nicht zu ficken". Als ich den Wagen überhole, sitzt eine junge, blondierte Araberin am Steuer und ich muss grinsen, wie westlich und real das Leben so mancher israelischer Araber geworden ist.

Haifa

Heute begehe ich nicht den gleichen Fehler wie gestern und umfahre großzügig die Stauzone vor Haifa. Fast gänzlich ohne GPS-Hilfe finde ich anschließend zu Hadars Wohnung zurück.
Am gegenüber aufgestellten Müllcontainer sucht ein älterer, sichtbar verarmter Mann nach Plastikflaschen. Ein Anblick, der wahrlich nicht selten ist in Israel, obwohl hier das Flaschenpfand nur ein Drittel dessen beträgt, was in Deutschland üblich ist. Da erinnere ich mich an meinen Müllberg im Kofferraum, suche gut 10 Flaschen zusammen und gebe

sie dem Mann. Dieser freut sich sichtlich und bedankt sich mehrfach bei mir.

Hadar fragt mich gleich, als sie mir öffnet, welche Sehenswürdigkeiten ich an diesem Tag besucht habe, und ich erzähle ihr kurz von meinen Erlebnissen. Hadar erklärt mir, dass sie kurzfristig noch eine Sendung mit Untertiteln versehen muss, und so habe ich gut zwei Stunden Zeit zum Duschen, um Bilder abzuspeichern und meine Satellitenkarten zu bearbeiten.
So langsam quält mich aber der Hunger. Hadar hat Mitleid mit mir und unterbricht ihre Arbeit. Wir entscheiden uns, wieder mit der Karmelit-Bahn auf den Karmel zu fahren, dort kennt Hadar ein Thai-Restaurant. Es heißt „Giraffe“ und ist gefüllt bis auf den letzten Platz. In der offenen Küche zaubern die Köche leckere Gerichte, die mich nicht enttäuschen, und mir wird das beste asiatische Essen serviert, das ich je bekommen habe.
Hadar und ich diskutieren dabei über Politik und Gesellschaft. Hadar erzählt mir auch von einer älteren Britin, die vor einigen Wochen für drei Nächte als Couchsurfer bei ihr war. Die Dame scheint Hadar extrem genervt zu haben, denn sie ließ sich den ganzen Tag bedienen und plünderte ihre Küche. In der ganzen Zeit verließ sie zudem nicht einmal Hadars Wohnung, um sich Haifa anzuschauen.
Ich lade Hadar ein und zahle für uns beide günstige 150 Schekel für ein üppiges 2-Gang-Menü. Dann verlassen wir das Restaurant. Da es nach 22:00 Uhr ist, fährt die Karmelit-Bahn nicht mehr und wir müssen mit dem Bus zurückfahren.
Wir haben Glück, der Bus steht gerade an der Haltestelle und ich fahre jetzt zum ersten Mal in Israel mit dem Bus. Der Fahrer rast – wie zu erwarten war – den Karmel hinab und wir erreichen zügig die nur zwei Straßen von Hadars Wohnung entfernte Bushaltestelle.

Hadar bittet mich kurz darauf um Rat, denn sie bearbeitet gerade Untertitel für eine Auto-Sendung. Sie meint, es würde von einem „Can-Bus“

gesprochen und sie wisse nicht, was dies sei. Ich erkläre Hadar, dass es sich dabei um eine Vernetzung der elektrischen Fahrzeugkomponenten handelt, und helfe ihr, die technischen Zusammenhänge zu verstehen.
Ich frage sie, was das für ein Gefühl ist, wenn sie die eigene Arbeit im Fernsehen sieht? Ihre Antwort überrascht mich. Sie sagt, sie könne es nicht leiden, die eigenen Fehler im Fernsehen zu sehen, daher habe sie auch keinen Fernseher. Dass sie gar keinen Fernseher hat, ist mir bisher nicht aufgefallen. Was wohl daran liegt, dass ich seit über 14 Tagen kein Fernsehen mehr geschaut habe und es überhaupt nicht vermisse.
Langsam wird es Zeit, ins Bett oder besser gesagt auf die Couch zu gehen. Hadar ist auch gerade fertig geworden und ich bette mich zum letzten Mal auf dieser Reise bei einem Host und schlafe wieder ausgezeichnet.

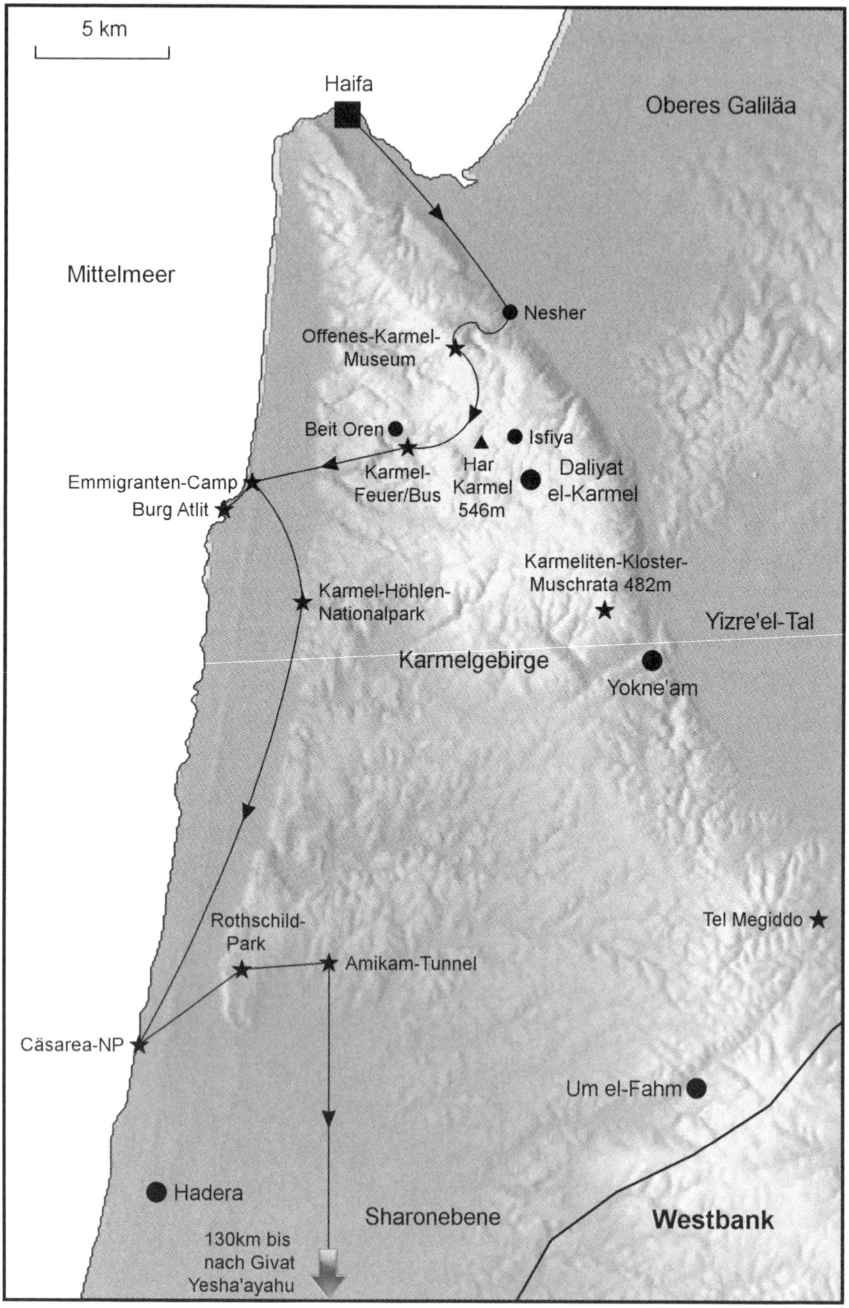
5 km
Haifa
Oberes Galiläa
Mittelmeer
Nesher
Offenes-Karmel-
Museum
Beit Oren
Isfiya
Har
Karmel
546m
Daliyat
el-Karmel
Karmel-
Feuer/Bus
Emmigranten-Camp
Burg Atlit
Karmeliten-Kloster-
Muschrata 482m
Karmel-Höhlen-
Nationalpark
Yizre'el-Tal
Karmelgebirge
Yokne'am
Rothschild-
Park
Amikam-Tunnel
Tel Megiddo
Cäsarea-NP
Um el-Fahm
Hadera
Sharonebene
Westbank
130km bis
nach Givat
Yesha'ayahu

17. Tag – Dienstag, 21.12.2010

Haifa

Auch diese Nacht hat mich Hadars Katze nicht besucht und so wache ich ganz entspannt auf. Hadar schläft noch, während ich damit beginne, meine Sachen einzupacken und mir mein Frühstück zu machen.
Hadar ist kurz darauf auch auf den Beinen und ihre Katze wuselt bissig um mich herum. Unsere Verabschiedung ist recht kurz, aber herzlich und ich wünsche Hadar alles Gute.

Offenes Karmel-Museum

Ich habe mich entschieden, südlich von Haifa die 7212 zu nutzen, um in das Karmelgebirge zu gelangen. Höhenmeter um Höhenmeter schnurrt mein Renault in drei engen Kehren die 440Hm hinauf. Meine Fahrt wird begleitet von dem schon von Weitem zu sehenden Hochhaus der Haifa-Universität. Dieses überragte das ganze Karmelgebirge, wirkt aber etwas deplatziert.

Als sich der Wald lichtet, kann ich weit über die Bucht von Haifa blicken, auch wenn sie mit den vielen Industrieanlagen nicht die schönste Aussicht in Israel bietet.

Anschließend passiere ich die historische Karmel-Straße, die hier als Schotterpiste von der Straße abzweigt. Sie führt über das drusische Isfiya bis zum 10km südlich liegenden Karmeliten-Kloster. Aus leidiger Erfahrung ist diese Straße aber für einen Pkw kaum befahrbar. Daher folge ich der 7212 weiter, bis ich, oben auf dem höchsten Punkt angekommen, auf die 672 gelange. Diese ist die wohl wichtigste Straßenverbindung im Karmelgebirge.
Ich biege zuerst rechts ab Richtung Haifa und erreiche nur wenige Meter vor der Haifa-Universität das „Offene Karmel-Museum". Dieses

Museum ist eine Sammelstelle archäologischer Funde aus ganz Israel, die hierhin umgesetzt oder hier rekonstruiert wurden.
Ich parke neben einem anderen Wagen direkt gegenüber einer Olivenölpresse. Erst als ich mich der Presse nähere, sehe ich deren Ausmaße. Sie beherbergt gleich drei Pressen in einem Gebäudekomplex. Diese Presse wurde vor den Baumaschinen des Haifa-Tunnels gerettet und hier wieder aufgebaut. Ein Weg führt mich durch den lichten Wald und bringt mich an weiteren historischen Gebäuden und Gräbern vorbei.
Unerwartet erreiche ich eine kleine geteerte Nebenstraße. Direkt gegenüber befindet sich eine Feuerwache und ein Kamerateam ist gerade anwesend, während ein Löschwagen ständig mit Blaulicht hin und her fährt. Ich tippe darauf, dass sie gerade einen Beitrag zum Karmel-Feuer drehen, das erst 15 Tage zurückliegt.

Als ich meinen Wagen wieder erreiche, setzt gerade der neben mir parkende Wagen mit vier Männern zurück. Der Fahrer öffnet sein Fenster und spricht mich zuerst auf Ivrit und dann auf Englisch an. Ich solle doch meine Sachen in den Kofferraum legen und Diebe nicht dazu animieren, meinen Wagen aufzubrechen.
Ich bedanke mich für den Hinweis, und obwohl ich meine Laptoptasche unsichtbar mit Klamotten abgedeckt habe, lege ich sie dann doch lieber in den Kofferraum.
Wenige Meter weiter erreiche ich einen Aussichtspunkt, der aber wegen einiger Bäume nur einen begrenzten Ausblick über die östliche Ebene und die Bucht von Haifa ermöglicht. Dennoch reicht mein Blick gen Norden die Küste entlang bis zur 26km entfernten Stadt Nahariya und dem davor liegenden Akko.

Ich fahre zurück zur 672 und folge ihr in südlicher Richtung nach Isfiya. Zwei Wochen nach dem großen Karmel-Feuer sehe ich dort die ersten Schäden der Flammen. Diese haben sich bis zur Straße kurz vor dem Drusenort Isfiya gefressen. Von hier stammen auch die drei Jugendlichen, die den Waldbrand verursachten. Während einer von ihnen die Kohle seiner Wasserpfeife unachtsam in den Wald warf, entfachten die anderen beiden an anderer Stelle ein Lagerfeuer.

Ich ändere meine Fahrtrichtung nach Westen, fahre über die 721 Richtung Mittelmeer und sehe die ersten verbrannten Hügel und Täler. Kurz darauf passiere ich das leicht geschwärzte Damun-Gefängnis, das während des Feuers mit ungeahnten Schlagzeilen ins Gespräch kam. Nachdem die Häftlinge evakuiert worden waren, verließen die letzten Justizangestellten das Gefängnisgelände in einem Bus und fuhren die gleiche Strecke, wie ich sie jetzt fahre.

Im Bus saßen zu diesem Zeitpunkt 44 Menschen, die sich nach nicht einmal zwei Kilometern mit dem Tod konfrontiert sahen. Beim nahen Kibbuz Beit Oren geriet der Bus in einen Feuersturm, aus dem es kein Entkommen mehr gab. 41 von ihnen verbrannten als Leichenstapel vor den Bustüren, wie später Rettungskräfte berichteten. Nur drei von ihnen gelang die Flucht aus der Flammenhölle.

Direkt hinter dem Bus fuhr die Polizeipräsidentin von Haifa, eine in Israel berühmte Persönlichkeit, die als einzige Frau in dieser hohen Position arbeitete. Ihr Körper verbrannte zu 90% und sie starb einige Tage später im Rambam-Krankenhaus von Haifa. Insgesamt kamen im Karmel-Feuer 44 Menschen ums Leben.

Israel war völlig unvorbereitet auf ein so großes Feuer. Nur kleine Löschflugzeuge standen bereit und die Feuerwehren waren nicht nur zu wenige, sondern auch völlig veraltet.

In Israel gilt immer das Motto: „Die Armee wird es schon richten." Dass die Armee keine Brände löschen kann, musste sich Israel aber schnell eingestehen.

Noch während des Brandes versprach die Regierung Abhilfe und in 2011 wurden neue Löschflugzeuge angeschafft, die im gleichen Jahr schon über 100 Brände bekämpfen konnten. Die Feuerwehr wurde um 300 Mann, zahlreiche Fahrzeuge und 8 neue Stationen aufgestockt.

Dennoch wäre die Feuerwehr in Israel bei größeren Katastrophen wie Erdbeben völlig überfordert, hier müsste es dann doch die Armee richten. Während in Deutschland jeder 80. Einwohner in der Feuerwehr aktiv ist, ist es in Israel nur jeder 4000., denn freiwillige Feuerwehrleute gibt es kaum.

Ich fahre in Richtung des Kibbuz Beit Oren, möchte mich aber nicht in die Menge der Schaulustigen einreihen, die zu Hunderten die verbrannte Ortschaft besuchen. In einer Kurve unterhalb von Beit Oren ist plötzlich Verkehrschaos angesagt und ich muss anhalten. Der Grund erschließt sich mir schnell, denn ich habe die Stelle erreicht, an der 42 Menschen verbrannten. Hier stehen etliche Israelis, israelische Flaggen wehen am Straßenrand und Blumen markieren den Ort der Tragödie.

Ich folge der Straße weiter, die von verbrannten Bäumen gesäumt ist, und gelange auf eine einspurige Brücke. Erst von hier sehe ich die verbrannten Häuser in Beit Oren genauer. Aus der Entfernung wirkt das Kibbuz relativ normal, aber mein Teleobjektiv lässt mich die ausgebrannten Wohnungen und Häuser deutlich erkennen.
Widersprüchlich ist mein Bild, dass grüne Bäume neben verbrannten stehen und manche Hügel unberührt und satt grün sind, wohingegen andere vom Feuer verzehrt wurden. Insgesamt fielen dem Feuer 5 Millionen Bäume zum Opfer.
Offen gesagt habe ich genug von Zerstörung und folge der 721 bergab, bis ich das Karmelgebirge hinter mir lasse und den Highway 4 am schmalen Küstenstreifen erreiche. Hier folge ich der Straße 721 zur Küste Richtung Atlit und quere über eine Brücke den parallel zur 4 verlaufenden Highway 2.

Emigranten-Camp

Mein Ziel an der Küste ist das in den späten 1930ern errichtete Emigranten-Camp der britischen Armee. Hier internierten die Briten jüdische

Einwanderer, die zumeist aus Europa ins Gelobte Land flohen. So galten viele Einwanderer nach britischem Recht als illegal eingewandert.
Denn mit dem Weißbuch von 1939 durften nur noch 75.000 Juden pro Jahr nach Palästina einwandern. In Wirklichkeit kamen aber viel mehr, insbesondere durch die Verfolgung im Dritten Reich. Ab 1945 kamen die Überlebenden des Holocaust noch hinzu.

Heute ist das Internierungslager ein Museum und ich kann eine kleine Reisegruppe begleiten, um die Videoshow auf Englisch zu sehen. Das Video ist steinalt und von so schlechter Bildqualität, dass ich mich lediglich auf den Text konzentriere. Die 30 Schekel Eintritt waren definitiv überhöht, denke ich mir gerade.
Ich laufe einige Meter über das Gelände. Dessen damalige Größe lässt sich heute nur noch erahnen, denn es sind lediglich ein paar Baracken und ein zentrales Gebäude erhalten. In diesem wurden die ankommenden Gefangenen in Frauen und Männern getrennt, entkleidet und einem DDT-Desinfektionsbad unterzogen. Eine Prozedur, die wohl so manchem Holocaustüberlebenden einen tiefen Schock der Erinnerungen versetzt haben muss.

Am 10. Oktober 1945 befreite die jüdische Untergrundarmee Palmach 200 Gefangene und floh mit dem gesamten Tross im Schutze der Dunkelheit über das Karmelgebirge. Unter den Untergrundkämpfern befand sich auch der heutige israelische Präsident Yitzhak Rabin.
Als sie den Ort Beit Oren erreichten, wurden sie von den Briten entdeckt. Diese konnten aber nicht eingreifen, denn fast die gesamte Bevölkerung aus Haifa war ihnen entgegengelaufen, nahm die Flüchtlinge in ihre Mitte und geleitete sie sicher nach Haifa.
So mussten die Briten zusehen, wie ihre Gefangenen in Haifa in der Masse untertauchten und nicht mehr greifbar waren. Daraufhin begannen die Briten, alle illegalen jüdischen Einwanderer nach Zypern zu verlegen und dort zu inhaftieren. Einige Juden schickten sie sogar zurück bis nach Hamburg in ein ehemaliges KZ-Lager.

Kaum vorzustellen, wie sich ein Holocaustüberlebender gefühlt haben muss, der kurz vor der Küste Palästinas abgefangen und zurück nach Deutschland gebracht wurde.

Burg Atlit

Einen Kilometer südwestlich des Emigranten-Camps liegen die Reste der Kreuzritterburg Atlit auf einer Halbinsel im Mittelmeer. Ich freue mich sehr auf die Burg, da ich schon viel über den wichtigen Hafen und den vorgelagerten Festungswall gelesen habe. Als ich mich der Burg nähere und dabei immer am Strand entlang fahre, überkommen mich erste Befürchtungen, dass aus meiner Besichtigung nichts wird. Ein Armeeposten blockiert kurz vor der Burg die Straße und drei Soldaten werden auf mich aufmerksam. Um sie und mich nicht in Schwierigkeiten zu bringen, parke ich den Wagen 50m vor dem Posten und stelle den Motor ab. Ich steige aus, winke und rufe den Soldaten mit ihren schussbereiten Schnellfeuergewehren ein „Schalom" zu.
Sogleich entspannt sich die Situation und ich schlendere auf die drei zu. Ich spreche den Wachhabenden an und er teilt mir zu meiner Enttäuschung mit, dass der gesamte Küstenabschnitt militärisches Sperrgebiet sei und ich die Burg nicht besuchen könne. Also verabschiede ich mich zwangsweise von den Soldaten, die jetzt ganz entspannt wirken, und kehre um.
Wie ich später von Yifat erfahre, kam die Eliteeinheit, welche die Gaza-Flottille stoppte und sich am 31. Mai 2010 auf das Mavi-Marmara-Schiff abseilte, aus dieser Armeebasis. Hier wird nämlich die Elite der israelischen Navy ausgebildet. Kein Wunder, dass Touristen hier nicht willkommen sind.

Ich stoppe aber kurz darauf an der Küstenstraße. Hier führt mich ein Pfad hinauf auf einen 10m hohen sandigen Wall. Was wie eine Düne wirkt, ist in Wahrheit ein uraltes Korallenriff, welches dem Karmelgebirge 2km vorgelagert ist. Dieser Wall zieht sich hier viele Kilometer die

Küste entlang und wird vom Highway 2 mehrfach zerschnitten. Einst reichte das Meer bis an das Karmelgebirge heran, weil der Meeresspiegel in Warmzeiten viel höher lag.

Ich erreiche einen etwas skurril wirkenden Aussichtsturm aus Beton, der mich an eine Maya-Pyramide erinnert, und blicke über den Küstenstreifen. Gen Norden sehe ich die Ausläufer von Haifa und die Bürotürme einiger Konzerne wie Intel, Philips und Israel Electric. Richtung Westen liegt die Kreuzritterburg und im Osten das Karmelgebirge. Aber was liegt denn da im Süden?

Es ist der „Karta"-Wachturm der Kreuzritter. Dieser vorgelagerte Turm ermöglichte den Blick hinter das Korallenriff und die Überwachung der historischen Küstenstraße von Haifa nach Cäsarea.

Zu meiner Überraschung wurde der 30x30m große Sockel des Wachturms aus dem weichen Gestein geschlagen. Dieser Sockel ist 3m hoch und bildete einen Burggraben mit einer Schutzmauer um den Turm herum. Die dabei entstandenen Steinblöcke dienten zum Bau des Turmes. Davon zeugen bis heute einige Reihen von mit Muscheln durchzogenen Steinquadern, welche die Grundmauer auf dem Sockel bilden.

Über Stufen und Eisentritte gelange ich auf den Sockel, muss aber aufpassen, nicht in einige überwachsene Löcher zu treten. Es sind Zisternen, die in den Fels gegraben wurden. Zahlreiche Wasserrinnen kanalisierten dazu das Wasser in die Sammelbecken.

Besonders interessant ist eine außen am Sockel verlaufende Rinne, die einst zugemauert gewesen sein muss und in einem versteckten Wasserbecken endet. Das Wasserbecken selbst liegt in einem Schacht des Sockels und konnte aus dem Inneren des Turmes erreicht werden, war aber für Angreifer nicht einsehbar.

Vom östlichen Rand des Sockels blicke ich über einen Innenhof und einen vorgelagerten Graben. Angreifer mussten also gleich zwei Hindernisse überwinden, um bis zum Turm zu gelangen. Ob das kleine Holztor in der Mauer aber lange standgehalten hätte, mag ich doch stark anzweifeln. Dafür war es auch nur ein Wachturm, mit einer starken Burg Atlit im Rücken, die Schutz für den Rückzug bot.

Ich schlendere noch etwas auf dem Riff herum, entdecke viele weitere Kammern, Gänge und Zisternen und kehre dann zum Auto zurück.

Karmel-Höhlen-Nationalpark

Zurück auf der 4 erreiche ich etwas weiter südlich den Karmel-Höhlen-Nationalpark mit seiner charakteristischen Klippe am westlichen Rand des Karmelgebirges.

Der Park ist wie ausgestorben, nur eine Angestellte des Nationalparks grüßt mich vor dem Besucherzentrum. Wir kommen kurz ins Gespräch und ich erzähle ihr, dass ich jetzt zum dritten Mal hier bin. Sie antwortet etwas überrascht:

»*Wirklich dreimal? Die meisten Israelis kennen diesen Ort gar nicht.*«

»*Na, da haben sie aber etwas verpasst*«, antworte ich mit einem Lächeln.

»*Genau!*«, ist ihre Antwort, und sie erwähnt nebenbei, dass sie mich leider nicht führen könne, weil sie auf eine angemeldete Gruppe warten müsse.

Ich frage sie, ob es die „Freak Show" in der großen Höhle noch gibt. Sie ist erst irritiert, versteht dann aber, worauf ich hinaus will und fängt an zu lachen. *„Ja, die gibt es immer noch"*, meint sie und merkt an, dass ich wohl wirklich schon mal hier war.

So gehe ich durch die Drehtür und stapfe die paar Treppen hinauf zur tiefsten der etwa 10 Höhlen, die sich an der Klippe gruppieren. Ich befinde mich hier etwa 30m über dem heutigen Meeresspiegel und stehe damit am damaligen Strand des Mittelmeeres. Vor Millionen von Jahren veränderte sich der Meeresspiegel durch Klimaveränderungen und parallel dazu wuchs aufgrund tektonischer Kräfte auch das Karmelgebirge empor.

Der Eingang zur Höhle ist mit einem neuen Maschendraht versperrt, damit keine Fledermäuse hineingelangen können. Denn die Besucher stören die empfindlichen Fledermäuse mit ihrem Lärm und den Blitzen.

Wie tief diese Höhle in den Berg reicht, kann ich nur auf ca. 100m schätzen. Dafür weiß ich, was mich in der Höhle erwartet, nämlich eine echte israelische Kuriosität.
Ich nenne es die „Freak Show“, denn am Ende der Höhle hängt ein alter Projektor in einem Gitterkäfig, der seine Bilder auf eine Leinwand an der Felswand projiziert. So weit, so gut, und da nichts los ist, muss ich den Projektor auch noch selbst bedienen. Dazu gibt es am Höhleneingang einen Schalter, wo ich selbst „Englisch“ oder „Hebräisch“ auswählen kann. Ich drücke die Englisch-Taste, laufe in die Höhle und stehe abwartend in der Dunkelheit.

Der Besucher erwartet jetzt wohl eine fundierte Darstellung über unsere Vorfahren und die Geschichte der Höhlen. Was jedoch kommt, ist der Knaller, auf den ich mich schon freue.
Auf der Leinwand läuft nämlich ein viel zu dunkles Video der 1954er Qualität des ersten Godzilla-Films. Ein paar affenähnliche Wesen huschen mit Fackeln über die Bildfläche und entdecken die Höhle. Vermutlich laufen anschließend ein paar Jagdszenen. Erkennen kann ich zumindest ein paar springende Antilopen; es könnten aber auch Hirsche sein, so schlecht ist das Bild.
Das gruselige 60er-Jahre-Video in dieser völlig dunklen Höhle anzuschauen, hat wirklich etwas Verstörendes. Ich kann nicht anders, ich muss es einfach tun und lache laut los, dass es durch die ganze Höhle schallt.
Wenigstens endet das Video ohne die üblichen heroischen Abschlusssequenzen mit spielenden Kindern und patriotisch wehenden israelischen Flaggen. Wenn dieses Video einmal durch ein modernes ersetzt wird, dann verlieren die Höhlen sicherlich einen großen Teil ihres Reizes.

Etwas weiter den Hang hinauf erreiche ich eine etwas kleinere Höhle, die nur wenige Meter tief ist. In ihr sitzen drei Puppen einer Neandertaler-Familie, die gut in das Video gepasst hätten.

Einen noch höheren Meeresspiegel beweist die dritte Höhle an der Klippe. Sie liegt auf einem heutigen Niveau von etwa 50m über dem Meer und füllte sich einst mit Meeressand.

Grabungen beweisen, dass hier schon vor ca. 1Mio. Jahren die Acheuléen-Kultur mit ihren typischen Faustkeilen lebte. Vor etwa 450.000 Jahren lebten hier Angehörige der Mugharan-Kultur und vor 250.000 Jahren besiedelten Neandertaler die Höhle. Davon zeugt der Fund eines Frauenskeletts. Mit den Neandertalern beginnt auch das Zeitalter des Moustérien.
Etwa 200.000 Jahre später stürzte die Höhle teilweise ein, wobei sich ein 10m hoher Schacht bildete, der oben auf dem Plateau wieder ans Tageslicht gelangte. So kam die Höhle auch zu ihrem hebräischen Namen „Tanur-Höhle" – oder wie wir sagen würden: „Kaminschacht-Höhle".

Dies sind die drei Haupthöhlen des Nationalparks, die weiteren sind nur kleine Mulden, andere liegen unerreichbar in der Klippe. So verlasse ich den Nationalpark wieder und hoffe, auch beim nächsten Besuch die „Freak Show"noch vorzufinden.

Cäsarea-Nationalpark

Als sich mir die nächste Gelegenheit bietet, fahre ich auf den großen Küsten-Highway 2. Dieser bringt mich nach 20km direkt nach Cäsarea an das große Stromkraftwerk mit seinen drei 300m hohen Kraftwerkstürmen. Diese unablässig rauchenden Türme sind sogar beim Landeanflug auf Tel Aviv aus dem Flugzeug zu sehen.
Mit 2600MW ist das Orot-Rabin-Kohlekraftwerk die größte Energiequelle Israels, dabei verbrennen hier 18.000 Tonnen Kohle pro Tag, womit knapp ein Viertel des israelischen Strombedarfs gedeckt wird.
2009 wurde direkt neben das Kraftwerk eine weitere Meerwasserentsalzungsanlage gebaut. Passend, da diese Anlagen für ihren Stromhunger berüchtigt sind.

Doch deswegen bin ich hier nicht vom Highway abgefahren, sondern wegen des nördlich davon liegenden Cäsarea-Nationalparks, einem der meistbesuchten Orte in Israel. Davon zeugt nicht zuletzt der 3 Hektar große Parkplatz. Zählt man alle Bauwerke zusammen, erstreckt sich Cäsarea über 4km am Mittelmeer entlang, bis sein weltberühmtes Aquädukt ins Landesinnere abbiegt.
Die größte Stadtmauer erstreckte sich während der byzantinischen Periode als Oval über 1km ins Landesinnere und endete an einem über 1,5km breiten Küstenstreifen.

Unter den Griechen erobert, die hier lediglich eine kleine Siedlung mit einem Wachturm vorfanden, wuchs Cäsarea unter den Römern zu einer der wichtigsten Hafenstädte an der Levante. König Herodes baute dazu die Stadt aus und nannte sie dem Kaiser Augustus zu Ehren Cäsarea. Die Stadt wurde 6n.Chr. sogar Sitz des römischen Statthalters und kam während des jüdischen Aufstandes zu zweifelhaften Ehren.
Hier ließen viele Juden ihr Leben in der Arena oder wurden als Sklaven nach Rom verschifft. Doch auch die Christen hatten keine gute Geschichte in Cäsarea, denn Paulus wurde hier zwei Jahre lang gefangen gehalten, anschließend nach Rom verschifft und dort geköpft. Nur Petrus bewirkte hier mit der Taufe des Centurion einen christlichen Moment.
Nach der Zerstörung Jerusalems wurde Cäsarea für fast 500 Jahre die Hauptstadt Palästinas, bis es von den einfallenden Arabern zerstört wurde. 1101 nutzten als Erste wieder die Kreuzritter den so wichtigen Tiefseehafen, verloren die Stadt aber 1187 an Saladin. Nach der Rückeroberung bauten die Kreuzritter Cäsarea 1251 zur uneinnehmbaren Festung aus, die nichtsdestotrotz 1291 vom Sultan Baibars erstürmt wurde.
Doch all dies verblasste mit einem archäologischen Fund aus dem Jahre 1961, der in Cäsarea ans Tageslicht kam. Auf einer Steintafel tauchte der bis heute einzige schriftliche Beweis für Pontius Pilatus auf, der Jesus zum Tod am Kreuz verurteilte.

Dessen Deutung war zwar schwierig, da die Tafel nur teils erhalten war, aber sicher taucht darin auf: „Pilatus, Präfekt von Judäa“. Sie wurde zur Einweihung des neuen Leuchtturmes aufgestellt, der von Pilatus in Auftrag gegeben worden war.

Ich habe jetzt zwei Möglichkeiten, entweder kann ich durch den südlichen Eingang – am Theater – oder den nördlichen Eingang – an der Kreuzritterfeste – das antike Cäsarea betreten. Ich entscheide mich für den nördlichen Eingang und kaufe mir dort einen frischen, aus Granatäpfeln gepressten Saft.
Am Strohhalm saugend laufe ich über die Brücke, die den imposanten Burggraben überspannt. Bedingt durch die Lage der Burg, die sich auf einer Küstenebene befand, zogen die Kreuzritter einen gut 6m tiefen und 8m breiten Burggraben, der sich mit 1km Länge um die Stadt zieht. Dabei bauten sie keine senkrechte Burgmauer, sondern ein Bollwerk. Dieses steigt zuerst 6m hoch im 60°-Winkel empor, um dann in eine senkrechte, 4m dicke Mauer mit Schießscharten überzugehen.
Der gesamte Burggraben ist dabei durch 15 vorgelagerte Türme und zwei gewaltige Ecktürme versetzt. Als ich genau hinschaue, entdecke ich 25m nördlich der Brücke einen kleinen Eingang in der Burgmauer. Dieser ist 1m über dem Grund des Burggrabens platziert. Es ist ein gut zu verteidigender Geheimgang, der einen Ausfall in den Graben ermöglichte.

Ich betrete jetzt aber das abgewinkelte und 10x20m große Torhaus, dessen dreifaches Kreuzgewölbe sofort meine Blicke auf sich zieht. Dahinter öffnet sich die 12 Hektar große Stadt der Kreuzritter, die von Ludwig IX. so ausgebaut wurde, wie sie heute zu sehen ist.
Ich gehe durch ein Grabungsfeld und erreiche zwischen Meer und Burggraben eine begrünte Fläche. Es ist der antike römische Hafen, der heute unter der Erde liegt.
Einst führte von hier eine Treppe hinauf in die Südostecke der heutigen Kreuzfahrerstadt. Dort ließ Herodes eine Akropolis aufschütten, auf

dessen Plateau ein römischer Tempel errichtet wurde, der den Hafen überblickte. Unter Byzanz entstand auf dem Tempel eine erste 8-eckige Kirche. Die Kreuzritter hingegen bauten ihre 3-schiffige Kirche direkt daneben.
Zwischen dem Hafen der Römer und dem heutigen, noch erhaltenen Hafen der Kreuzritter liegen einige Restaurants und Shops sowie eine osmanische Moschee mit kleinem Minarett. Gleich darauf schließt sich das Hafenbecken mit seiner nördlichen Umfassungsmauer und dem südlichen, 250m langen Kai an, auf dem auch das Museum liegt.
Ich habe Glück, zu jeder vollen Stunde läuft dort eine Videopräsentation, die mir die Geschichte von Cäsarea näherbringen möchte, und es ist 5 Minuten vor 11:00 Uhr. Nach etwa 20 Minuten endet die informative Videoshow und ich schlendere über den Hafenkai. Einige Taucher und Angler gehen hier ihrem Hobby nach und gen Norden erblicke ich nicht nur feine Sandstrände, sondern auch die Bögen des großen Aquäduktes, das ich anschließend besuchen werde.

Ich verlasse die Kreuzfahrerstadt durch die zerstörte südliche Mauer und gelange, nachdem ich ein Stück am Meer entlang gegangen bin, in den gut erhaltenen römisch-byzantinischen Teil von Cäsarea. Vorbei an Gebäuden mit prächtigen Mosaiken, Lagerräumen, einer Taverne und der Therme, erreiche ich die 300m lange Pferderennbahn direkt am Mittelmeer.
Dieses Hippodrom ist nur mäßig erhalten, wurde später zu einem Amphitheater umgebaut und unter Byzanz mittig mit einem Palast überbaut. Die Grundform des Hippodroms und die teilweise noch erhaltene Tribüne geben mir aber einen guten Einblick, wie die Rennbahn einmal aussah. In der letzten Bauphase bot sie 15.000 Besuchern Platz. Insbesondere die Lage dürfte einmalig sein, denn die Zuschauer konnten über die Rennwagen hinweg direkt auf das Meer blicken.

Am südlichen Ende des Hippodroms ragt eine kleine Halbinsel 180m weit ins Meer hinaus. Auf dem kargen Stück Felsen lag einst der römische Palast des Königs Herodes, auf deren Resten ich gerade herumlaufe. Der obere Teil war eine säulenumstandene Empfangshalle, wohingegen der etwa 3m tiefer gelegene Teil einen Salzwasserpool beherbergte, der heute vom Meer umspült wird und alle Mauern weggerissen hat.

Etwas weiter südlich ist hinter dem Hippodrom das römische Theater zu sehen. Es bot mit 80m Durchmesser vielen Tausend Besuchern Platz. Das inzwischen renovierte Theater wird heute noch für Veranstaltungen genutzt.
Ich steige 25 Sitzreihen empor und genieße den schönen Rundumblick über das Meer und die Ruinen von Cäsarea. Nur die rauchenden Schlote und das Kohlenschiff am Kai des Kraftwerkes beeinträchtigen die Wirkung dieses so magischen Ortes.

Ich verlasse Cäsarea durch den südlichen Eingang, laufe an einem Dutzend Reisebussen vorbei und fahre vom Parkplatz eine kleine Nebenstraße Richtung Osten.

Nach wenigen Hundert Metern erreiche ich eine Bananenplantage, die komplett mit Netzen überspannt ist. Gleich gegenüber parke ich und springe über einen Schlagbaum, der mir die Zufahrt versperrt. Immer meinem GPS folgend, suche ich abseits der üblichen Touristenwege nach dem größten Bauwerk Cäsareas.
Der Weg bringt mich zu einem versteckten Stoppelfeld. Der Farmer, dem ich hier begegne, ackert ein wohl einmaliges Feld, denn er bestellt den Boden in einem der größten Hippodrome außerhalb Roms.
Erhalten ist praktisch nichts, lediglich Hecken markieren den Umriss und ein moderner Betonobelisk markiert die Mitte der Rennbahn. Mit 430m Länge ist dieses Hippodrom nur 10m kürzer als das größte Hippodrom der Levante im libanesischen Tyros. Allerdings ist das im Vergleich zum 580m langen Circus Maximus in Rom dann doch wieder klein. Dennoch hatte es die doppelte Grundfläche des benachbarten Hippodroms am Meer.

Ich laufe noch ein wenig auf dem Stoppelacker herum, entdecke aber nichts Interessantes und kehre zurück zum Auto. Am folgenden Kreisel fahre ich nördlich zum Aquädukt, halte aber an einem lichten Wald und laufe den sanften Hügel hinauf.

Auf ihm fand man die Reste einer byzantinischen Villa aus dem 6. oder 7.Jhd. mit einem der schönsten Mosaike Israels, dem Vogelmosaik. Die zentrale Mosaikfläche von etwa 10x12m ist umgeben von einem Rand aus Tierdarstellungen. Ich entdecke Antilopen, Elefanten, Löwen, Hunde und viele weitere Tierarten.
Der innere Bereich ist den Vogeldarstellungen vorenthalten, diese beschränken sich nicht auf eine Handvoll Vögel, sondern 120 Kreise zeigen 120 Vögel, aber nur 12 Arten. Das Besondere daran ist, dass es 10x12 Felder sind, und im jeweils nächsten Feld ist der jeweilige Vogel um ein Feld versetzt. Blickt man jetzt von irgendeiner Seite auf das Mosaik, wirkt es wie 120 verschiedene Vögel. Blickt man aber diagonal, sind alle Vögel einer Diagonale gleich – einfach nur wunderschön!
Ergänzt wird das Vogelmosaik von weiteren umgebenden Mosaiken. Sie ergänzen das Vogelmosaik und machen diese alte Villa, von der sonst nichts erhalten blieb, so einzigartig.

Ich folge mit meinem Wagen der Sackgasse bis zum Ende und parke nur wenige Meter vor dem Aquädukt direkt am Sandstrand. Hier endet das doppelte, gut 4m hohe Aquädukt, denn die restlichen 500m bis zur alten Stadtmauer von Cäsarea wurden Opfer der Wellen. Heute trennt nur 40m feiner Sandstrand das Aquädukt vom Meer.
Ich laufe durch den Sand unter den 2m hohen Bögen hindurch und blicke über den leeren Strand. Einst stand hier nur ein Aquädukt, bis es durch eine zweites, exakt parallel verlaufendes erweitert wurde. Die unzähligen Bögen ziehen sich von hier durch die Dünen, bis das Aquädukt nach 2km im 45°-Winkel in das Landesinnere abbiegt. Dort mussten die römischen Architekten einen Tunnel graben lassen, um den 25m hohen Hügel hinter dem Sandstrand zu überwinden.

Dahinter zieht sich das eine Aquädukt 9km nordöstlich bis zu seiner Quelle in den Hügeln bei Zikhron Ya'akov, während das zweite bis zu einer zweiten Quelle beim Moschaw Amikam an den östlichen Hügeln entlangläuft. Dazu später mehr, denn jetzt fahre ich zuerst nach Zikhron Ya'akov zum Rothschild-Park.

Rothschild-Park

Bei den Israelis als Gan ha-Nadiv, „Hügel des Wohltäters", bekannt, erreiche ich kurz darauf den südlich von Zikhron Ya'akov gelegenen Rothschild-Park.

Dieser Park wurde 1954 zu Ehren des Barons Edmond James de Rothschild und seiner Frankfurter Frau Adelheid de Rothschild angelegt. Beide wurden anschließend von ihren Pariser Gräbern mit einer israelischen Fregatte und militärischen Ehren in den Rothschild-Park umgebettet.

Der Baron de Rothschild war der Sohn von James de Rothschild, dem französischen Zweig dieser jüdischen Bankiersfamilie. Er galt bei seinem Tod 1868 als der reichste Mann der Welt. Sein Sohn, der Baron de Rothschild, kümmerte sich nicht mehr um das Bankwesen, sondern unterstützte zeitlebens mit seiner Frau den Zionismus. Ab 1882 kaufte er erstes Land in Palästina und übergab bis zu seinem Tod 500km² Land an die von ihm gegründete „Jewish Colonization Association". Dies sind immerhin 2,4% der Kernfläche des heutigen Israels.

Russischen Juden finanzierte er die Flucht vor den dortigen Pogromen nach Palästina, wo der Baron die Gründung von Zikhron Ya'akov, Rishon Le-Tsiyon bei Tel Aviv und vielen weiteren Dörfern unterstützte. Der Baron de Rothschild brachte aber auch den Wein nach Israel, denn er besaß bereits berühmte Weingüter in Frankreich.

Seine Frau Adelheid finanzierte aus eigenen Mitteln viele soziale Projekte in Palästina. Ihr erstgeborener Sohn James Armand de Rothschild und seine Frau Dorothy de Rothschild halfen dem Baron de Rothschild

und setzten sein Lebenswerk nach seinem Tod 1943 fort. Beide finanzierten zum Beispiel große Teile der Baukosten für die Knesset und den Obersten Israelischen Gerichtshof.
Heute kann man klar sagen, der Erwerb von Land war mit der Gründungsfunke Israels und der Baron de Rothschild war mindestens so viel ein Vater Israels wie Theodor Herzl oder Ben Gurion. Denn ob Israel ohne die Gelder des jüdischen Bankiers heute so oder überhaupt existieren würde, darf bezweifelt werden.

Die Geschichte dahinter hat jedenfalls etwas Tragisch-Ironisches, denn durch den im Mittelalter gewachsenen Judenhass kamen viele jüdische Familien als Geldverleiher, Bankiers und Advokaten zu ungeahntem Reichtum, denn die meisten einfachen Berufe blieben ihnen ja verwehrt. Am Ende war es aber genau diese Ausgrenzung, welche die Juden reich machte und die ihnen genug Geld bescherte, dass sie das Land ihrer Träume einfach kaufen konnten.
So schufen Jahrhunderte an Judenhass die finanzielle Grundlage für einen eigenen jüdischen Staat und noch mehr Hass, weil die Juden ja nicht nur Juden waren, sondern auch noch reiche Juden. Während christliche Europäer und muslimische Araber hingegen oft bettelarm waren, strotzten viele Juden vor Reichtum, der ihnen durch antijüdische Gesetze fast aufgezwungen wurde.

Ich stehe inzwischen am Eingang zum Park, für den kein Eintritt verlangt wird. Der Rothschild-Park ist wie eine Insel auf dem mit 130m höchsten Punkt mitten im Khotem-ha-Karmel-Wald. Der Park ist eine bunte Kombination aus Blumenbeeten, exotischen Pflanzen, Palmen und Bäumen.
Ich laufe die Wege entlang, bestaune ein Meer aus Blumen, steige über Terrassen mit Kakteen, die von Wasser umspült werden, und erreiche einen Rosengarten mit zwei Dattelpalmen.
Erst nach einigem Suchen finde ich den etwas versteckten Weg in die unterirdische Grabstätte der de Rothschilds. Etwas abseits der Haupt-

wege stehe ich jetzt vor einem massiven Eisentor. Es ist verschlossen, denn nur am Sabbat können die beiden Gräber besichtigt werden.
Das Grab wirkt von außen wie die unterirdischen Gräber von Beit She'arim, nur sind sie viel moderner und aus Beton. Hinter den zwei schweren Steintüren führt ein Tunnel hinab bis zu den beiden Gräbern, so wie auch schon vor 2000 Jahren in Beit She'arim bestattet wurde.

Ich verlasse den Park, quere den Parkplatz, komme an fünf Masten mit israelischen Fahnen vorbei und folge einem steinigen Pfad stetig bergab durch niedriges Buschwerk. Nach 700m lichtet sich das Grün und vor mir taucht mein nächstes Ziel auf, das Badehaus des Königs Herodes.
Zuerst erreiche ich ein algendurchzogenes Wasserbecken, an dessen Rand eine feuerrote Libelle sitzt. Gerade, als ich sie fotografieren will, springt ein Hund im vollen Lauf in die grüne Brühe. Die Libelle flieht und ich bin nass. Die hinterherrennende Hundebesitzerin entschuldigt sich vielmals bei mir, als ich schon dabei bin, meine Kamera zu trocknen.
Direkt dahinter liegt ein römisches Schwimmbecken. Es ist trocken und wird nur von einem Rinnsal durchflossen. Einst fasste es 200m³ Wasser und noch heute führt die römische Steintreppe hinab.
Angrenzend bedeckt ein modernes Metalldach das kleine römische Badehaus. Mit etwa 5x12m war es ein sehr privates Badehaus für nur eine Handvoll Auserwählte.
Es ist klassisch aufgebaut und so betrat der Badegast zuerst das kalte Frigidarium, legte seine Kleider ab und zog Holzschuhe an. Hier ließ man sich reinigen und trat dann in das ca. 22°C warme Tepidarium. Hier wurde der Körper eingeölt und massiert, ferner gab es ein kleines Wasserbecken und Sitzbänke. Anschließend folgte das bis zu 50°C heiße Caldarium mit einem weiteren Wasserbecken.
Im Moment bestaune ich gerade die sehr gut erhaltenen Stützpfeiler des Caldariums. Sie tragen noch immer die Schalungselemente, auf die der Mörtel gegossen wurde, und Teile der Mosaike. Zwischen den Pfeilern strömte die heiße Luft aus dem angrenzenden Holzofen, mit dem das

Badehaus beheizt wurde. Anschließend nahm der Badegast noch ein Kaltbad und beendete so den Badbesuch.

Ich gehe durch das Badehaus zurück und folge dem Wasserlauf zu seiner Quelle. Ein etwa 1m tiefer Schacht, der einst mit Platten abgedeckt war, die im 60°-Winkel stehend den Schacht abdeckten, führt mich zur Tzur-Quelle. Diese Quelle entspringt aber nicht einfach dem Fels, sondern hier wurde ein Tunnel künstlich in den Hang getrieben.
Er endet an zwei Gittertüren mit einer dahinter befindlichen Quelle, die das Wasser aus dem Felsen hervorquellen lässt. Wo ich nicht mehr weiterkomme, quetschen sich zwei kleine Mädchen durch die Gitterstäbe und planschen in der Quelle herum. Wie gerne wäre ich in diesem Moment auch noch mal so jung.
Das Tzur-Aquädukt wurde wie das Badehaus bereits vor Christus erbaut. Ich folge der Wasserrinne wieder zum Ausgang, laufe den Hang hinauf und befinde mich direkt über der Höhle. In einem Lichtschacht blicke ich noch einmal von oben in die Höhle der Quelle und laufe dann einen parallelen Pfad wieder zurück zum Rothschild-Park.

Ganz in der Nähe liegt auch die Kebara-Höhle, hier fanden Forscher 1983 eine einmalige Sensation, ein 60.000 Jahre altes Zungenbein eines Neandertalers. Es ist der weltweit einzige Beweis, dass die Neandertaler zumindest Laute oder sogar eine einfache Sprache beherrschten. Leider reicht meine Zeit nicht mehr, die Höhle zu besuchen.

Amikam-Tunnel

Es ist so weit, denn ich berichte jetzt von der letzten Sehenswürdigkeit in diesem Buch. Diesen Besuch vollzog ich allerdings gemeinsam mit meiner Freundin während der Sukkot-Feiertage im September 2010.
Sukkot ist das eine Woche dauernde israelische Laubhüttenfest und war in kanaanitischer Zeit eine Art Erntedankfest. Erst mit dem babylonischen Exil erinnert es an den Auszug der Israeliten aus Ägypten. Dazu

werden überall kleine Hütten aus Palmwedeln errichtet und mit bunten Girlanden und Lampen geschmückt.
Während dieser Zeit sieht man überall Israelis, die Palmwedel kaufen oder sie einfach am Straßenrand klauen. Danach beladen sie damit ihr Autodach, bis alle Fensterscheiben fast vollständig verschlossen sind, fahren mit der Ladung nach Hause und errichten im Garten ihre Laubhütte, die besonders bei den Kindern überaus beliebt ist. Wer etwas auf sich hält, der übernachtet dann die ganze Woche in dieser Hütte oder zeltet zum Gedenken an die Vorfahren.

Nur wenige Kilometer östlich des Rothschild-Parks liegt das beschauliche Moschaw Amikam. In dessen umliegenden Hügeln entspringt eine der beiden nach Cäsarea laufenden Aquädukte.
Dieser Abschnitt des Aquäduktes stellt einen besonderen Teil der insgesamt 16km langen Wasserleitung dar. Die Römer bauten hier nicht die klassischen Rundbögen, sondern schlugen einen kilometerlangen Tunnel in den weichen Felsen. Dieser ist kurz vor dem Moschaw im Alona-Park auf einer Länge von 270m zu Fuß begehbar.
Auch heute wird das Wasser aus dem Kanal noch genutzt, denn es fließt später in einen offenen Kanal, der alles Wasser der umliegenden Quellen und Bäche einsammelt. Anschließend wird es zu einem Speicherbecken bei Pardes Khana-Karkhur geleitet.

Wir erwischen noch die letzte Führung am Abend, haben aber ein paar Minuten Zeit, bis sie beginnt. Daher setzen wir uns vor dem Eingang an einen leeren Picknicktisch.
Einige streunende Katzen wecken dabei die Aufmerksamkeit meiner Freundin, bis sich plötzlich ein ultraorthodoxer Jude zu uns gesellt. Sein Schuh ist offen und er stützt sich auf unsere Bank, um seinen Schnürsenkel zuzubinden.
Er war uns schon zuvor mit seinen Kindern aufgefallen, weil er mit einem geflochtenen Palmwedel und einer Frucht in der Hand immer wieder Leute ansprach und mit ihnen betete. Seine Kleidung ist klas-

sisch: schwarzer Hut, weißes Hemd und schwarze Hose mit den üblichen geknoteten Schnüren an der Seite.

Haben Sie sich auch immer schon gefragt, wofür diese geknoteten Schnüre am Hosenbund gut sind? Sie stehen für die „Mitzwot“, die 613 Gebote und Verbote im jüdischen Glauben. Diese sind entweder im Talmud enthalten oder wurden von Rabbinern festgelegt, darunter fallen auch die christlichen Zehn Gebote der Bibel.
Aus diesem Grund sind es auch immer genau 613 Knoten, denn jeder Einzelne soll den Träger immer an diese 248 Gebote und 365 Verbote erinnern. Bis auf die drei Verbote Mord, Götzendienst und nicht erlaubte geschlechtliche Beziehung darf jedes Verbot auch am Sabbat missachtet werden, wenn Gefahr für Leib und Leben besteht.

Wovon wollte ich eigentlich berichten? Ach ja: Der orthodoxe Jude kommt an unseren Tisch und spricht uns an. Ich verstehe ihn akustisch zuerst nicht, weil er ein derbes Englisch spricht und die tobenden Kinder so laut sind. Er wiederholt sich und erst meine Freundin merkt an, dass er mich gefragt hat, ob wir Juden seien, was ich verneine.
Er verabschiedet sich daraufhin freundlich und wendet sich anderen umstehenden Leuten zu, die er ebenfalls anspricht, ihnen den Palmwedel und die Frucht in die Hand drückt und ein kleines Gebet anstimmt. Man stelle sich in Deutschland vor: Ein Pfarrer läuft zum Erntedankfest mit Ähre und Apfel durch die Gegend, spricht wahllos Leute an und spricht dabei das Vaterunser ...

So pilgert der Orthodoxe von Besucher zu Besucher, bis wir zur Besichtigung aufgerufen werden. Eine jüngere Frau namens Zipora stellt sich als Führerin vor und uns kommen erste Zweifel, denn Zipora trägt eine Wathose, die ihr bis unter die Achseln reicht. Wird das Wasser im Tunnel wirklich so tief sein, obwohl es ein trockener Hochsommer war? Zuerst erhalten wir eine kleine Einführung mit einem Video über die Entstehung des Tunnels. Da wir nur Englisch sprechen, bittet Zipora

uns anschließend, mit ihr vorweg zu gehen. Sehr zum Verdruss der etwa 10 Kinder aus der Besuchergruppe, die eigentlich vorne sein wollten.
Wir steigen über eine Treppe etwa 5m tief hinab in den gut 2m hohen und 80cm breiten Tunnel. Sanft plätschert das Wasser am Boden entlang, so schlimm kann es also nicht werden, denken wir uns. Wir müssen aber höllisch aufpassen, denn der Grund ist glitschig und Vertiefungen im Boden sind wegen der aufgewühlten Brühe nicht zu sehen.
So schliddern wir Meter für Meter durch den Tunnel und passieren alle 50m einen steilen Notausgang. Hier und dort erklärt uns Zipora etwas, z.B. kleine Mulden, in denen Öllämpchen standen. Dabei leuchtet sie mit einer Taschenlampe, die am Eingang auch an die Kinder verteilt wurden. Mit einer Leuchtkraft von gut zwei Kerzen hat sie allerdings das Wort „Taschenlampe“ kaum verdient.
Ich erlaube mir einen Scherz und drücke auf den Knopf meiner mitgebrachten Highend-LED-Taschenlampe. Sofort taucht sie den gesamten Tunnel in gleißendes weißes Licht, dass sich die Kinder direkt hinter uns die Augen zuhalten. Ziporas Reaktion ist, nachdem sie wieder etwas sehen kann, kurz, aber eindeutig:
»*Wo kann ich diese Taschenlampe kaufen?*«, fragt sie.
Wir lachen herzlich darüber und gehen weiter.

Plötzlich kommen wir an eine Stelle, an der Zipora uns vorwarnt, dass es jetzt tiefer wird. Was zuerst bis an die Knöchel schwappte, reicht uns jetzt schon an die Knie. Plötzlich beginnen hinter uns die Kinder zu kreischen. Erst jetzt wird uns klar, dass die Kleinsten schon bis zur Hüfte im Wasser stehen – und das Wasser ist ziemlich kalt.
Das Wasser wird mit jedem Schritt tiefer und reicht uns Erwachsenen inzwischen bis knapp unter den Schritt. Die ersten Väter tragen bereits ihre Kleinsten und im Tunnel herrschen locker 120 Dezibel wegen des Kindergeschreis. Meine Freundin macht sich langsam echte Sorgen, dass es noch tiefer wird, aber da im Moment wenig Wasser durch den Tunnel strömt, bleibt zumindest unser Intimbereich vom kalten Nass verschont.

Wir erreichen schließlich das Ende des Tunnels und bedanken uns bei Zipora für die gute Führung und das witzige Abenteuer. Erst als wir der steilen Treppe wieder ins Tageslicht folgen, bemerken wir den Wasserrand unter unserem Schritt. Wir sehen aus wie Bettnässer und lachen lauthals los, der Anblick und das gerade Erlebte waren einfach zu witzig.

Givat Yesha'ayahu

Ich trete jetzt meinen letzten längeren Weg an, denn ich muss sehr früh am Flughafen sein und so habe ich mich schon vor der Reise entschieden, die letzte Nacht so nah wie möglich am Ben-Gurion-Flughafen zu verbringen.

Rund um Amikam endet auch das Karmelgebirge in sanften Hügeln und geht in die Sharonebene über, die ich neben vielen anderen Sehenswürdigkeiten im nächsten Teil dieses Buches besuchen werde.
Ich fahre zum Highway 6 und folge ihm wieder bis zur 1, dem großen Highway, der Tel Aviv mit Jerusalem verbindet. Dann folge ich der 1 Richtung Jerusalem und biege auf die 38 nach Beit Shemesh ab, lasse es aber links liegen und erreiche einige Kilometer weiter südlich nach insgesamt 130km das kleine Moschaw Givat Yesha'ayahu.
Hier wohnen, 30km südwestlich von Jerusalem, Elena und Uri mit zwei ihrer vier Kinder, die ich bereits von unserem letzten Israel-Aufenthalt kenne. Wir hatten uns zu dem Zeitpunkt für einige Tage ihre große Suite gemietet und sie sind uns seitdem gute Bekannte.

Als ich auf dem Grundstück parke, steht Uri auf dem leicht geschwärzten Dach unserer damaligen Suite. Er winkt mir und klettert die Leiter herunter. Unsere Begrüßung ist überaus freundlich und ich erfahre, dass er und Elena vor drei Tagen den Kamin in einer der beiden neuen Suiten zum ersten Mal ausprobieren wollten. Die Suite war nämlich erst im Sommer fertig geworden und wir gehörten zu den ersten Gästen.

Nach einigen Minuten züngelten dann die Flammen aus dem Holzdach. Mit Hilfe der Nachbarn und der Feuerwehr konnte aber der Brand schnell gelöscht werden. Das Dach der Suite ist eine in Israel wohl einzigartige Konstruktion nach Schweizer Vorbild. Ganz ohne Nägel und Schrauben erbaut, macht sich Uri gerade ziemliche Sorgen um die Reparatur.

Zum Glück habe ich aber ihre günstigere Wohnung für 450 Schekel gebucht. Diese liegt direkt im Kellergeschoss ihres Hauses. Uri lädt mich für später ein, weil er die Reparatur am Dach bei Tageslicht fortsetzen will und seine Frau Elena noch außer Haus ist.

Ich dusche und bereite mich auf meine Abreise vor, indem ich meine Sachen sortiere, das Auto leerräume und alles, was ich nicht mehr benötige, entweder für Uri und Elena zurücklasse oder wegwerfe. In meinen Koffer stopfe ich alles einfach wahllos hinein. Ich muss sowieso am Flughafen alles wieder auspacken, da bin ich mir sicher. Daher lege ich die Elektrogeräte auch ganz nach oben und stopfe sie nicht zum Schutz in die Schuhe.

Es ist inzwischen dunkel und ich schaue kurz bei den beiden vorbei und frage, ob sie einen Tipp für ein Restaurant haben. Sie empfehlen mir eines im Kibbuz Beit Guvrin. Dieses wäre erst vor Kurzem von zwei Frauen eröffnet und sie beide hätten dort auch schon gut gegessen. Elena meldet mich telefonisch an, ich müsse lediglich durch das abends geschlossene Kibbuztor gelangen.

Ich fahre also einige Kilometer südlich nach Beit Guvrin und warte kurz vor dem Kibbuztor, bis ein anderer Autofahrer dieses per Fernbedienung öffnet und ich ihm folge. Das Restaurant ist gut beschildert, wirkt beim Betreten aufgrund der hellen Holzvertäfelung aber eher wie eine Dorfkneipe in Südtirol.

Hinter der Theke grüßt mich eine Frau, eine weitere lugt aus der Küche hervor und in einer Ecke sitzen einige Jugendliche. Ich nehme an einem kleinen Tisch Platz und zu meiner Überraschung gibt es keine Speisekarte. Bevor ich mir jetzt die ganze Karte in einem etwas dürftigen

Englisch erklären lasse, greife ich einfach vor und bitte die Frau, mir einfach einen Salat und irgendein Hauptgericht zu bringen.
Sie schaut mich verdutzt und etwas hilflos an und beginnt mir dann doch die ganze Speisekarte zu erklären. Ich verstehe nur die Hälfte und bin am Ende genauso schlau wie vorher.
Jetzt bin ich noch unsicherer, bestelle irgendeinen Salat und als Hauptgericht die Empfehlung des Hauses und gebe somit den Ball wieder zurück. Sie sieht inzwischen verzweifelt aus und ich habe immer noch Hunger. Sie empfiehlt mir letztendlich Nudeln in Tomatensauce, die ich auch sogleich bestelle.
Kurz darauf bekommen die Jugendlichen Pizza. Na super, von Pizza hat sie gar nichts erwähnt, jetzt will ich meine Bestellung aber auch nicht mehr ändern.
Ein Ehepaar betritt mit seinem gut zwei Jahre alten Sohn das Restaurant und setzt sich mir schräg gegenüber. Sie sind allem Anschein nach orthodox gläubige Juden, dafür aber sehr alternativ angezogen. So würde sich wohl niemand in Deutschland in ein Restaurant setzten.
Der Sohn darf natürlich alles und ich fürchte, dass er gleich neben mir steht und irgendwas von mir will. Doch zu meiner Überraschung und aller antiautoritären Erziehung zum Trotz ist der Kleine total entspannt und ruhig. Beide Eltern spielen und sorgen sich so liebevoll um ihn, wie ich es in Deutschland selten sehe.
Ein wohl guter Zeitpunkt, eine ganz besondere Eigenart der Israelis zu nennen, denn noch nie habe ich erlebt, dass jüdische Eltern eines ihrer Kinder ausgeschimpft oder gar geschlagen hätten. In Deutschland sehe ich das fast täglich und bei arabischen Israelis leider auch.
Kinder dürfen in Israel wirklich alles und ihre Eltern tun alles, was ihnen möglich ist. Wer sein Kind öffentlich schlägt, dem ist ein Polizeieinsatz sicher, das bestätigten mir mehrere Israelis. So ein Verhalten würde absolut nicht toleriert.

Mein Salat nähert sich – oder sollte ich lieber sagen: Meine Schüssel Salat nähert sich. Angemacht mit gegrilltem zyprischem Halloumi-Käse,

Nüssen, Tomaten und einem leckeren Dressing, dazu ein ganzer Laib Brot als Beilage, lasse ich mir den deliziösen Salat schmecken. Kurz darauf kommt schon mein Hauptgang, eine riesen Portion Nudeln mit selbst gemachter Tomatensauce, die einfach nur lecker ist.
Die Jugendlichen zahlen und verlassen das Restaurant, auch für mich wird es jetzt langsam Zeit zu gehen, da ich ja noch bei Elena und Uri vorbeischauen möchte. Ich zahle 115 Schekel und verlasse mit einer netten Verabschiedung und mehr als gesättigt das Restaurant.
Es wird, ohne dass ich es jetzt weiß, mein erster und letzter Besuch des Restaurants sein, denn einige Monate später müssen beide Frauen mangels ausreichenden Umsatzes schließen.
Zurück in Givat Yesha'ayahu klopfe ich bei Elena und Uri an der Haustür und werde gleich hereingebeten. Ich danke für den Restaurant-Tipp und bekomme etwas zu trinken und selbst gemachtes Gebäck. Die beiden Töchter sind auch da. Der älteste Sohn ist inzwischen ausgezogen und der Jüngere ist bei der Armee als Fotograf.
Wir reden noch kurz über den Dachstuhlbrand und ich höre dabei heraus, dass sich die beiden bei Kaminfeuer in ihrer Suite vergnügen wollten. Da war wohl nicht nur die Stimmung heiß.
Von meiner Freundin lasse ich auch ein paar Grüße da und erzähle ihnen, dass es ihr wieder besser geht und wir den ganz besonderen Arztbesuch genossen haben. Mehr davon im zweiten Teil dieses Buches.

Ich berichte Elena und Uri von den 17 Tagen meiner Reise. Als ich die Friedensinsel von Tag 15 erwähne, schauen sich Elena und Uri verliebt an und grinsen über beide Ohren. Uri erzählt mir daraufhin, dass er Elena dort während ihrer Armeezeit beim Schwimmen im Jordan kennengelernt hat. Na, wenn das nicht schon wieder eine sexuelle Andeutung war, denke ich mir, so wie die beiden sich gerade Blicke zuwerfen.
Der Abend ist bereits weit vorangeschritten und so verabschiede ich mich von Elena und Uri, denn ich muss gegen 04:30 Uhr am nächsten

Morgen aufstehen. Ich verspreche den beiden, sie wieder zu besuchen, und vergesse dabei völlig, das Apartment zu bezahlen. Nach meiner letzten Dusche in Israel packe ich meine Reste zusammen und haue mich ins Bett.

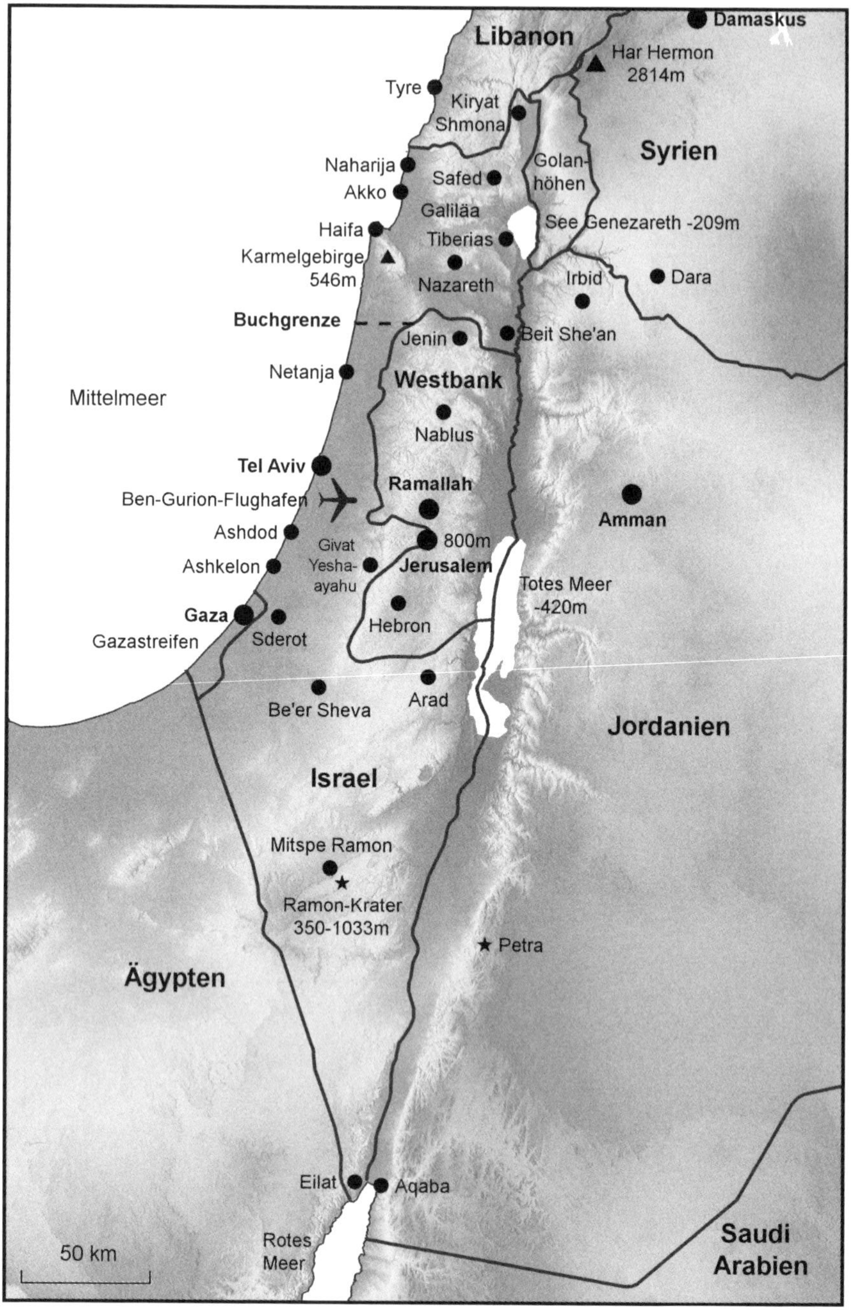
Damaskus
Libanon
Har Hermon
2814m
Tyre
Kiryat
Shmona
Syrien
Naharija
Safed
Golan-
höhen
Akko
Galiläa
Haifa
See Genezareth -209m
Tiberias
Karmelgebirge
546m
Nazareth
Irbid
Dara
Buchgrenze
Jenin
Beit She'an
Netanja
Westbank
Mittelmeer
Nablus
Tel Aviv
Ramallah
Ben-Gurion-Flughafen
Amman
Ashdod
800m
Givat
Yesha-
ayahu
Ashkelon
Jerusalem
Totes Meer
-420m
Gaza
Hebron
Sderot
Gazastreifen
Arad
Be'er Sheva
Jordanien
Israel
Mitspe Ramon
Ramon-Krater
350-1033m
Petra
Ägypten
Eilat
Aqaba
Rotes
Meer
50 km
Saudi
Arabien

18. Tag – Mittwoch, 22.12.2010

Heimflug

Es ist 4:30 Uhr, als mich mein Handywecker aus dem Schlaf reißt. Erst langsam wird mir klar: Das war es jetzt, ich muss die unliebsame Heimreise antreten.
Ein karges und völlig übersüßtes Cerealien-Frühstück begleitet meinen langsamen Aufwachprozess. Erst jetzt bemerke ich, dass ich Elena und Uri noch die Bezahlung für das Apartment schuldig bin. Ich möchte die zwei natürlich jetzt nicht wecken, also lege ich 500 anstelle der vereinbarten 450 Schekel auf den Tisch. Dann packe ich die letzten Kleinigkeiten ein und schließe die Tür hinter mir.

Jetzt ist es offiziell, ich bin ab sofort auf dem Heimweg nach 3169km Fahrtstrecke kreuz und quer durch den Norden Israels.
Die Fahrt zum Flughafen verläuft reibungslos, ich will aber diesmal einen „Schleichweg" versuchen. So folge ich nicht der Beschilderung „Ben-Gurion-Airport", sondern biege auf die 40 ab. Hier gibt es etwas versteckt die einzige Tankstelle direkt am Ben-Gurion-Flughafen. Und weil ich den Mietwagen sowieso mit vollem Tank zurückgeben muss, freut sich der Tankwart über ein gutes Trinkgeld und ich bin mein Kleingeld endlich los.

Von der Tankstelle gelange ich durch einen kleinen Nebencheckpoint direkt in das Flughafengelände. Ich zeige kurz meinen Pass an der Seitenscheibe und werde von einer Frau mit Maschinenpistole einfach durchgewunken. Dahinter stehen noch zwei Wachmänner mit schussbereiten M16-Gewehren, die ganz genau beobachten, wer das Flughafengelände betritt.
Es passiert genau das, was meine Absicht war, denn ich erreiche direkt die Autovermietung am UPS-Gebäude und muss nicht kreuz und quer über das ganze Flughafengelände fahren.

Ich stelle den Wagen auf der markierten Eldan-„car return"-Stellfläche ab und lade alles aus, während drei Eldan-Mitarbeiter tatenlos aus gut 30m Entfernung zusehen. Ich nehme meine Sachen und laufe zum Eldan-Gebäude.
Erst jetzt bequemt sich einer der Angestellten, mich anzusprechen und sagt, er müsse erst noch den Wagen abnehmen. Dazu hätte er seit 5 Minuten Zeit gehabt. So muss ich mit dem ganzen Gepäck wieder zurück zum Auto laufen.
In diesem Moment bin ich aber guter Dinge, dass er die von mir kaputtgefahrene Felge und Radkappe nicht sieht. Denn er hat wohl die ganze Nacht durchgefeiert und kontrolliert mehr schlecht als recht. Somit ist die Kontrolle nach wenigen Sekunden erledigt und ich stelle mich an die Bushaltestelle vor das Eldan-Büro.

Auf der anderen Seite – bei Avis – stehen noch zwei orthodoxe Juden mit ziemlich viel Gepäck, die auch auf den Bus warten. Ich steige als Letzter ein und grüße die beiden. Sie haben ihre Koffer in den freien Mittelraum gestellt und ich will nicht schon wieder sitzen. So kommt, was bei einem israelischen Busfahrer kommen muss: Schon in der ersten Kurve bekomme ich alle vier Koffer der beiden Orthodoxen ab, als sie quer durch den Bus fliegen. Sie bemühen sich, sie besser zu verstauen, allerdings mit mäßigem Erfolg.
Der Busfahrer ignoriert gekonnt die Situation und konzentriert sich nur darauf, wie er die nächste Kurve so schnell wie möglich durchfahren kann. Ich entferne mich aus der Schusslinie und überlasse die vier umherfliegenden Koffer sich selbst, bis wir das neue Terminal 3 erreichen.

Nach wenigen Metern stehe ich in der Abflughalle, wo schon die lange Schlange den Weg zur El-Al-Sicherheitskontrolle weist. Ich stelle mich an und werde gleich ziemlich schroff gefragt, wo ich denn hinfliegen wolle. Diese gespielte Unhöflichkeit ist absolut normal und gehört zum Sicherheitsritual. Ich stehe keine zwei Minuten und werde in eine dritte

Reihe geleitet, wo ich gleich darauf von einem Mitarbeiter der El-Al-Security befragt werde.
Es gibt wieder die klassischen Standardfragen. Wer denn den Koffer gepackt hätte, was ich in Israel gemacht habe usw. Ich werde freundlich darauf hingewiesen, dass dies nicht persönlich gemeint sei und nur meiner Sicherheit diene. Ich bekomme meinen Reisepass zurück und mir wird ein guter Flug gewünscht.

Schon stehe ich vor der Röntgenanlage, wo mein Koffer auf das Band gelegt wird, während ich zum Ausgang der Röntgenanlage gehe.
Da ich einen Aufkleber mit einer „5" auf die Rückseite meines Reisepasses bekommen habe, gelte ich als besonders „gefährlich" und werde natürlich mit meinem Koffer zur Einzelkontrolle einige Meter weiter geschickt.

Genau hier erlebte ein Bekannter Anfang 2011 sein persönliches Nirwana, weil er einen Grundsatz israelischer Sicherheitsvorkehrungen missachtete und ihm seine Frau ohne sein Wissen ein Buch in den Koffer gepackt hatte.
»*Haben Sie ein Buch im Koffer?*«, fragte ihn der Security Mitarbeiter.
Woraufhin er dies natürlich verneinte, denn er hatte wissentlich kein Buch in seinen Koffer gepackt.
»*Haben Sie ein Buch im Koffer?*«, fragte der Mann ihn erneut.
Wieder verneinte er diese ihm absurd erscheinende und offensichtliche Fangfrage, die oft an diesem Punkt der Kontrolle gestellt wird.
Ich glaube, ich muss nicht näher erläutern, wie der Bekannte dreinschaute, als plötzlich der Security-Mitarbeiter ein Buch aus seinem Koffer zog.
Seine vielleicht unüberlegte und schockbedingte Antwort machte alles nur noch schlimmer:
»*Das Buch muss mir meine Frau in den Koffer gesteckt haben!*«
Ein großer Fehler, denn zuvor war er ja gefragt worden, ob er den Koffer allein gepackt und immer beaufsichtigt habe.

Was dann folgte, kann ich nur erahnen, denn mein Bekannter wollte mir von dieser Geschichte keine weiteren Details erzählen.

Ein junger, sehr netter Mann bittet mich, meinen Koffer zu öffnen und ihm alle Elektrogeräte zu geben. Ich packe also zwei Fotoapparate, vier Ladegeräte, Handy, GPS, iPod, Laptop und Maus aus. Er schaut mich etwas überrascht an und ich erkläre ihm, dass ich zum Arbeiten in Israel war.
Jetzt folgt einmal wieder die Sprengstoffkontrolle. Der Mann nimmt eine Wischprobe von allen Elektrogeräten, der Kleidung und aus allen Fächern meines Gepäcks. In weiser Voraussicht hatte ich mir ja erst gar keine große Mühe mit dem Einpacken gemacht, denn damit war zu rechnen.
Er findet natürlich nichts, bedankt sich für meine Mithilfe und packt mit mir zusammen alles fein säuberlich wieder ein.
Dann begleitet er mich mit einem überaus netten Small Talk bis zum Check-in. Vermutlich, damit ich nichts mehr vom Handgepäck in den Koffer umpacken kann. Er wartet, bis ich den Koffer am Schalter abgegeben habe, zeigt mir den Weg zum Gate und verabschiedet sich freundlich von mir.

Schon stehe ich in einer kleinen Einkaufspassage, wo sich die Personenkontrolle anschließt. Da ich nicht mehr essen oder etwas kaufen will, gehe ich gleich durch die Kontrolle. Ich werde freundlich begrüßt und gebeten, meine Sachen in Kunststoffkisten zu legen. Dann werden meine Elektrogeräte aus dem Handgepäck auf Sprengstoff getestet. Die Frau an der Kontrolle ist extrem freundlich und zurückhaltend, ich habe kaum das Gefühl, mich in einer Kontrolle zu befinden.
Ich erreiche die Passkontrolle, die mich keine Minute aufhält, und gelange anschließend in den langen Gang zur großen Abflughalle. Jetzt, 18 Tage später, befahre ich die Rolltreppe in umgekehrter Richtung und mir kommen die ankommenden Israel-Reisenden entgegen. Wie gerne würde ich mit ihnen tauschen.

Alles in allem haben sämtliche Kontrollen und Wege nur etwa 30 Minuten gedauert, als ich die Abflughalle betrete. Der Wasserfall rauscht in der Mitte aus der Decke und rechter Hand bietet ein Rabbi Gebetsriemen und weitere religiöse Utensilien an.
Mein Gate erreiche ich nur wenige Minuten später. Dort kaufe ich mir für meine letzten Schekel noch etwas zu trinken und eine Packung Halva, eine süße Leckerei aus Ölsamen und Zucker.
Kurz darauf kann ich schon einsteigen und habe Glück, denn neben meinem Fensterplatz bleibt der mittlere Sitz frei, obwohl die Maschine fast ausgebucht ist. Ich kann mich somit ausbreiten.

Kurz nach dem Start landeinwärts beschreibt die El-Al-Maschine eine 180°-Kurve in starker Seitenneigung, die mich direkt auf die Felder unter mir blicken lässt. Ich entdecke plötzlich eine mir unbekannte Ruine südlich des Flughafens. Eine Neugier steigt in mir auf und es juckt mich jetzt schon wieder in den Fingern, mein nächstes Flugticket nach Israel zu kaufen. Ich kann einfach nicht anders und will wissen, was ich da unten am Boden noch nicht kenne.
Als die Boeing an Tel Aviv vorbeifliegt und das Mittelmeer blau unter mir schimmert, starte ich mein Notebook und beginne mit diesem Buch, ganz spontan und ohne Ahnung, was daraus werden wird.
Nur mein allererstes koscheres „Good Morning Israel"-Frühstück der El Al unterbricht kurz die Eindrücke von 18 Tagen, die ich gerade zu Papier bringe und die am Ende 21 Monate Arbeit in Anspruch nehmen werden.

Wieder in Frankfurt gelandet, ist das Erste, was ich mache, mir ein herzhaft belegtes Schinkenbrötchen zu kaufen.
Herrlich, wie Heimat schmecken kann, aber die Sehnsucht nach Israel ist schon wieder da ...

Fortsetzung folgt!

Ich hoffe, dieses Buch hat Ihr Interesse an Israel geweckt oder sogar Ihren Entschluss gefestigt, nach Israel zu reisen.

Möchten Sie mehr über Israel erfahren, eine Israel-Reise planen und über den 2. Teil des Buches „Geheimes Israel – Der Süden" zwischen Haifa und Eilat auf dem Laufenden bleiben?

Dann besuchen Sie meine Webseite und nutzen Sie den dortigen Newsletter.

www.geheimes-israel.de

Danksagung

Mein ganz besonderer Dank gilt zuerst der Daimler Chrysler AG bzw. der heutigen Daimler AG. Der Daimler-Konzern finanzierte im Jahr 2000 vollständig meine erste Israel-Studienreise im Wert von über 5000DM, die je einem Auszubildenden aus den deutschen Daimler-Werken ermöglicht wurde.
Ohne diese Israel-Studienreise wäre wohl niemals meine Liebe zu diesem Land entstanden und Sie würden heute mit großer Sicherheit nur leere Seiten in Händen halten. Hiermit möchte ich auch noch meinem damaligen Ausbildungsmeister Herrn Jürgen Söder danken, der diese Reise an mich herangetragen hat.

Ein liebevoller Dank gilt vor allem meiner Freundin, mit der ich zwei Wochen vor meiner ersten Israel-Reise im Jahr 2000 zusammenkam. Sie begleitete mich somit immer, wenn es um das Thema Israel ging, und reiste mit mir, ohne genau zu wissen, worauf sie sich einließ, nach Israel und in dessen Nachbarländer Jordanien und Libanon.
Sie kletterte mit mir über Berge, watete durch Flüsse, kroch mit mir in Höhlen, ging bei Maschinengewehrfeuer in Deckung, wechselte mit mir Reifen, lief mit mir kilometerweit in die falsche Richtung, ertrug Sandstürme bei 45°C, musste mit jeder Katze schmusen, die wir trafen, rettete Tiere von der Straße, verjagte Esel folternde Beduinenkinder und war stetig bereit, immer wieder mit mir zu reisen.
Sie ließ mich aber auch allein reisen, was dieses Buch erst möglich machte, und unterstütze mich nicht nur finanziell, sondern ertrug auch alle Höhen und Tiefen der letzten Jahre mit mir gemeinsam.

Ich liebe Dich!